DEPARTS

An Introductory Course

BARBARA L. LYONS

HOLT, RINEHART AND WINSTON
New York　San Francisco　Toronto　London

Library of Congress Cataloging in Publication Data

Lyons, Barbara L
Départs.

Includes index.
1. French language—Grammar—1950-   I. Title.
PC2112.L96   448'.2'421   77-12971
ISBN 0-03-023071-3

Départs
by Barbara L. Lyons
Copyright © 1978 by Holt, Rinehart and Winston
All Rights Reserved
Printed in the United States of America
8 9 0 1 2   039 9 8 7 6 5 4 3 2 1

DEPARTS

Contents

Preface **ix**

CHAPITRE UN: Débuts 2
    I.   The Phonetic Alphabet, Diacritical Marks, Punctuation, and Capitalization **4**
    II. Present Tense of *-er* Verbs; the Subject Pronouns **6**
    III. Characteristics of the French Sound System **8**

CHAPITRE DEUX: La Rentrée 12
    I.   Present Tense of *être*; the Pronoun *on* **14**
    II. Definite and Indefinite Articles **16**
    III. Gender and Number of Nouns and Adjectives **17**
    IV. Demonstrative Adjectives; *c'est* and *ce sont* **20**
    Pronunciation: Front Vowels **22**

CHAPITRE TROIS: L'Université 26
    I.   Question Formation **28**
    II. Present Tense of *aller* **31**
    III. Negation **32**
    IV. The Prepositions *à* and *de* **34**
    Pronunciation: Back Vowels **36**

CHAPITRE QUATRE: Au Restaurant 40
    I.   Present Tense of *avoir*; Expressions with *avoir* **42**
    II. Adjectives: Masculine, Feminine, and Plural; Position **43**
    III. Spelling Changes in Certain *-er* Verbs (like *manger, commencer, payer*) **47**
    IV. Cardinal Numbers 1–20 **48**
    Pronunciation: Rounded Vowels **49**

LA PUBLICITÉ 53

CHAPITRE CINQ: Loisirs 56
    I.   The Partitive 58
    II.   Present Tense of *-ir* verbs (like *finir*) 62
    III. Cardinal Numbers 21 and Above 63
    IV. Time of Day 64
    Pronunciation: Nasal Vowels 67

PREMIÈRE RÉCAPITULATION 70

CHAPITRE SIX: Le Thanksgiving à Québec 74
    I.   Possessive Adjectives 76
    II.   Present Tense of *-ir* Verbs (like *partir*) 78
    III. Interrogatives 79
    IV. Months, Dates, Seasons, and Days of the Week 82
    Pronunciation: Consonants /p/, /t/, and /k/ 84

CHAPITRE SEPT: En Voyage 88
    I.   Present Tense of *faire* and Expressions with *faire* 90
    II.   Direct Object Pronouns 92
    III. Indirect Object Pronouns 94
    IV. Present Tense of *voir, croire, lire, dire,* and *boire* 95
    Pronunciation: Consonants /g/, /b/, and /d/ 97

CHAPITRE HUIT: Les Commissions 100
    I.   Present Tense of Regular *-re* Verbs 102
    II.   Relative Pronouns 103
    III. Present Tense of *venir*; *venir de* + Infinitive 106
    IV. Ordinal and Collective Numbers 107
    Pronunciation: Consonants /l/ and /r/ 109

LE CINÉMA FRANÇAIS 111

CHAPITRE NEUF: Les Magasins 114
    I.   Comparative and Superlative Adjectives 116
    II.   Adverbs 118
    III. Spelling Changes in Certain *-er* Verbs (like *appeler, jeter, acheter, préférer*) 120
    IV. Reflexive Verbs 122
    Pronunciation: Consonants /s/, /ʃ/, /z/, /ʒ/, /f/, /v/ 125

CHAPITRE DIX: Paris–Villars 128
    I.   Present Tense of *vouloir* and *pouvoir* 130
    II.   Regular Past Participles; the *passé composé* with *avoir* 131
    III. The *passé composé* with *être* 134
    IV. *Y* and *en* 136
    Pronunciation: Nasal Consonants /m/, /n/, and /ɲ/ 137

DEUXIÈME RÉCAPITULATION   140

CHAPITRE ONZE: Au Club Méd   144
    I.   Present Tense of *mettre, écrire,* and *prendre*   146
    II.   Irregular Past Participles   148
    III.   Prepositions with Geographical Names and Terms   150
    IV.   *L'Impératif* (The Imperative)   152
    Pronunciation: Semi-vowels /j/, /w/, and /ɥ/   154

CHAPITRE DOUZE: En Bretagne   158
    I.   Infinitive Constructions   160
    II.   *L'Imparfait* (The Imperfect Tense)   162
    III.   *L'Imparfait* vs. *le passé composé*   164
    Pronunciation: the Unstable /ə/   166

LES SPORTS   170

CHAPITRE TREIZE: Hep, Taxi!   172
    I.   Stressed Pronouns   174
    II.   Additional Negative Constructions   176
    III.   Verbs ending in *-uire*   179
    Pronunciation: Rhythm and Intonation   181

CHAPITRE QUATORZE: La Médecine   184
    I.   Obligational Expressions   186
    II.   *Savoir* and *connaître,* and Verbs Conjugated like *connaître*   188
    III.   Demonstrative Adjectives and Pronouns, and Indefinite Demonstratives   190
    IV.   Verbs Ending in *-aindre, -eindre, -oindre*   192
    Pronunciation: Liaison   194

CHAPITRE QUINZE: Le Téléphone   198
    I.   *Le Subjonctif* (The Subjunctive)   200
    II.   More Uses of the Subjunctive, and the Subjunctive vs. the Infinitive   203
    III.   Irregular Present Subjunctives   205
    IV.   Verbs Ending in *-aire* and the Verb *valoir*   207

TROISIÈME RÉCAPITULATION   212

CHAPITRE SEIZE: Au Maroc   216
    I.   The Subjunctive after Certain Conjunctions   218
    II.   The Impersonal *il* and Expressions Using *il* + Indicative or *il* + Subjunctive   220
    III.   Le *Plus-que-parfait* (The Pluperfect Tense)   222
    IV.   The Verb *devoir*   223

COMMENT ÉCRIRE UNE LETTRE EN FRANÇAIS 228

CHAPITRE DIX-SEPT: Les Coutumes 230
    I. Possessive Pronouns 232
    II. *Le Futur* (The Future Tense) 234
    III. Indefinite Adjectives and Pronouns 236
    IV. Verbs Conjugated like *recevoir* 239

CHAPITRE DIX-HUIT: À Montparnasse 242
    I. *Le Futur Antérieur* (The Future Perfect) 244
    II. Verbs Conjugated like *ouvrir*, and the Verb *suivre* 245
    III. Expressions of Time and Duration (I) 247
    IV. Verbs Having Multiple Uses and Meanings 250

CHAPITRE DIX-NEUF: L'Art en France 254
    I. *La Voix Passive* (The Passive Voice) 258
    II. Expressions of Time and Duration (II) 260
    III. *Le Conditionnel* (The Conditional) 262

CHAPITRE VINGT: Réflexions d'un Cancre 266
    I. *Le Conditionnel Passé* (The Conditional Perfect) and Review of *si* clauses 268
    II. *Faire Causatif* 270
    III. *Le Participe Présent* (The Present Participle) 271

QUATRIÈME RÉCAPITULATION 277

À QUOI SERT LE FRANÇAIS 284

Appendix 287
    Verb Charts 288
    Glossary of Grammatical Terms 313

Vocabularies 317
    French-English Vocabulary 318
    English-French Vocabulary 342

Index 349

Preface

Départs is a unique beginner's text ideally suited for a one-term intensive course that meets daily or for a year-length course that meets three times a week or less. The text is designed to give the instructor as much flexibility as possible in creating a course that presents the essentials of the French language. Emphasis is given to thorough study and practice of the fundamentals in varied and interesting contexts rather than to extensive introduction to the fine points of the language. A major feature of the book is the photo essays at the beginning of each chapter that present some aspect of the culture of France or the French-speaking world. Through photos and narrative, each essay vividly elaborates upon a theme which is further developed throughout the chapter and provides a broad context for the mini-dialogues that illustrate new grammatical structures. Other special features are the concise grammar explanations with abundant examples, the personalized questions designed to elicit students' opinions and genuine topical discussion, the variety of exercises and class activities to choose from, and the supplementary illustrated readings that we believe will appeal to the students of French.

Organization

This book consists of twenty chapters, four review sections, and five illustrated supplementary readings. The first chapter emphasizes pronunciation and presents *-er* verbs, common classroom expressions, simple vocabulary, and structures enabling students to introduce themselves in French. Each of the subsequent chapters is divided into four parts:
1. *Photo essay.* Accompanied by comprehension questions and personalized discussion questions or special activities.
2. *Constructions.* Three to four grammar topics, each introduced by a mini-dialogue and accompanied by exercises ranging from very simple oral drills to more challenging work, including personalized questions.
3. *Pronunciation.* Presentation of and drill in a specific aspect of the French sound system (through Chapter 14).

4. *Activités.* Directed oral and written activities that make use of and reinforce the grammar, vocabulary, and cultural presentation of the chapter. *Activités* are followed by the chapter vocabulary list.

Flexibility

The chapters are organized around a specific theme, reflected in the topic of the photo essay, the mini-dialogues, and the *activités*. The photo essay and visuals help to broaden the student's view of France, the French-speaking world, and its customs, people, and institutions. According to the instructor's preference, the essay may be read and discussed as either the introduction or the summation for a chapter. If it is used as an introduction, the instructor can have the students deduce the new constructions to be encountered in the chapter. The class will be able to do this, since new constructions are used sparingly in the essay in the context of previously learned vocabulary and constructions.

    The mini-dialogues realistically illustrate new grammar points while providing added insight into the attitudes and culture of French speakers in more specific contexts. They enable the instructor to present and work with a single grammar problem and to proceed to exercises on this problem before going on to the next. Again, flexibility is the keynote: each mini-dialogue can be used either before or after the new grammar point has been explained in class. As with the photo essay, if the dialogue is used first, the instructor can have the students deduce the grammar explanation to be learned. This is easy because the dialogues build upon and reinforce previously learned vocabulary. If the instructor chooses, the mini-dialogue can be used after students have mastered a grammar point; in this case the mini-dialogue gives students the opportunity to check their manipulation of the new structures in a meaningful context.

    The vocabulary in the mini-dialogues, as in the photo essay, has been carefully controlled, and the situations are relevant topics of conversation. The pattern drills, which appear after each grammar explanation, also appear on the language tapes. The personalized questions in the *Votre Point de Vue* sections relate the topic of the chapter and mini-dialogue to the students' own lives and opinions. They are written to be directed to the students by the instructor, but they can be modified in many ways in order to elicit different responses.

    After every fourth chapter there is an illustrated supplementary reading. The instructor may present and use these readings for enrichment in any way he or she wants. The text, the photographs, and the questions can be a springboard for a variety of classroom or home assignments.

    The four review sections (after Chapters 5, 10, 15, and 20) facilitate review of grammar points and provide review exercises which the students can do at home as a self-test.

Supplementary materials

The following components accompany *Départs:*

Cahier de laboratoire et d'exercices and tape program. Each laboratory chapter corresponds to the respective chapter in the textbook. There is one 20- to 30-minute laboratory session per chapter, which includes a dramatic reading of one mini-dialogue for oral practice, the pattern drills in the text and additional grammar exercises, pronunciation exercises, a listening comprehension passage based on the photo essay followed by comprehension questions, and finally, a dictation.

Each laboratory chapter is followed by a workbook chapter corresponding to the same respective chapter in *Départs* and providing additional practice of the grammatical structures through a variety of written assignments. The workbook segment may be used as a self-study manual or it may be assigned to give students practice in writing or additional work in specific problem areas.

Manuel du professeur. Suggestions are given in this manual for the use of the textbook. Sample lesson plans and sample tests are also provided as well as the responses to the review sections in *Départs* and the tape program key.

Reader. To give students additional reading practice, the program offers a set of basic readings which may be introduced midway through the course. This reader contains ten easy-to-read selections from well-known authors, and cultural readings that focus on geography, people, arts, and institutions of the French-speaking world. The selections are short and have been carefully annotated. There is a glossary of literary and cultural terms that provides additional information on French literary movements and concepts and on French institutions. The vocabulary has been carefully controlled. All difficult words have been glossed in the margin. Each reading selection is preceded by a short vocabulary list, which includes the most common French words pertaining to the particular subject. Each selection is followed by comprehension questions and exercises for vocabulary development.

Acknowledgments

Some material used in *Départs* is based upon that in *First-Year French* by Elizabeth G. Joiner, Stanley L. Shinall and Georges A. Perla (Holt, Rinehart and Winston). I am also indebted to Marilyn Hofer, development editor, for many useful and practical suggestions, to Cliff Browder, for assistance in integrating essay and dialogue materials, to Vivian Hammerman for assistance in compiling the end vocabulary, to Bonnie Keller for the photographic research, and to the reviewers whose comments have helped to shape this text.

B.L.L.

DEPARTS

Chapitre I

Débuts

Je m'appelle Monsieur Cardin. Je suis professeur de français. Je parle anglais et je parle français. Mais en classe nous parlons toujours français!

Je m'appelle Mark Lewis. Je suis étudiant. Je parle un peu° français. Mais je travaille beaucoup pour la classe de français—comme tout le monde.°

un peu *a little*   comme tout le monde *like everyone else*

Je m'appelle Jacqueline Sanders. Je suis étudiante. «Jacqueline» est un nom° français, mais je parle seulement° anglais. J'étudie le français et j'écoute très attentivement° le professeur!

un nom *a name*   seulement *only*
attentivement *attentively*

questions

1. Monsieur Cardin parle français ou (*or*) anglais? 2. Monsieur Lewis parle français? 3. Jacqueline Sanders parle français? 4. Les étudiants parlent français ou anglais en classe? 5. Les étudiants travaillent beaucoup pour la classe de français?

votre point de vue

Présentez-vous à la classe avec des phrases qui commencent: (Introduce yourself to the class with sentences that begin:)

Je m'appelle . . .
Je suis . . .
Je parle . . .
J'étudie . . .
Je travaille . . .

Constructions

I. The Phonetic Alphabet, Diacritical Marks, Punctuation, and Capitalization

LE PROFESSEUR: Bonjour. Je m'appelle Madame Lenoir. Comment vous appelez-vous, mademoiselle? Répondez en français, s'il vous plaît.
JOAN: Je m'appelle Joan. Comment dit-on «Joan» en français?
LE PROFESSEUR: On dit «Jeanne», mademoiselle. Et vous, monsieur, comment vous appelez-vous?
CHARLES: Je m'appelle Charles Allen. Comment dit-on «Charles» en français?
LE PROFESSEUR: On dit «Charles», monsieur. Fermez les livres et répétez. Qu'est-ce que c'est?
LA CLASSE: Qu'est-ce que c'est?
LE PROFESSEUR: C'est un livre.
LA CLASSE: C'est un livre.
LE PROFESSEUR: Monsieur Allen, qu'est-ce que c'est?
CHARLES: C'est un livre.

1. Comment s'appelle le professeur? (Il (Elle) s'appelle . . .) 2. Comment dit-on «Joan» en français? 3. Comment dit-on «Charles» en français? 4. Comment dit-on «What is this?» en français?

A. Like English spelling, French spelling is not phonetic. If it were, each word would be pronounced as it is spelled and every letter would be pronounced. In reality, the same sound can be indicated by several letters or groups of letters. Certain letters do not correspond to any sound at all. For example the three words **l'eau, lot,** and **lots** are pronounced the same way. In order to facilitate pronunciation, the phonetic alphabet is used in the pronunciation sections of this text. In the phonetic alphabet each symbol corresponds to a sound. Thus the three words **l'eau, lot,** and **lots** are all transcribed as /lo/. Each word is composed of two distinct sounds, the consonant /l/ and the vowel /o/. These sounds are called phonemes. The slashes indicate a phonetic transcription.

B. The French written alphabet has the same number of letters as the English alphabet. There are also certain diacritical marks written above or below certain letters that usually serve a phonetic purpose.

1. The **accent aigu** (*acute accent*) appears over the letter *e*. The **accent aigu** (´) indicates a closed *e*, /e/, as in the word **bébé**.

   Pronounce: répondez   éléphant   université
   écoutez   André   répétez

2. The **accent grave** (*grave accent*) appears over the letters *e* and *a*, and on the word **où**. The **accent grave** (`) indicates an open *e*, /ɛ/, as in the word **verre**. On the letter *a*, the **accent grave** indicates a front vowel /a/.

   Pronounce: à   là   père   très
   Contrast: frère/étudiant   père/éléphant

3. The **accent circonflexe** (*circumflex accent*) appears over the vowels *a, e, i, o,* and *u*. The **accent circonflexe** (^) indicates the back vowel /a/, as in the word **âme**, the open /ɛ/, as in the word **verre**, the front vowel /i/, as in the word **pipe**, the back vowel /o/, as in the word **mot**, and the rounded vowel /y/, as in the word **butte**.

   Pronounce: pâte   tête   hôtel   île   Jérôme
   âge   fenêtre   côte   Nîmes   sûr

4. The **tréma** (¨) (*diaresis*) appears over the second of two vowels to indicate a new syllable.

   Pronounce: Noël   naïf

5. The **cédille** (*cedilla*) appears under the letter *c*. The **cédille** (¸) indicates that the *c* is pronounced /s/.

   Pronounce: garçon   leçon   français   François

C. French capitalization is similar to English capitalization. The first word in a sentence is capitalized, as are proper names. However, adjectives of nationality and names of languages are not capitalized.

| français | *French (adjective)* | le français | *French (language)* |
| anglais | *English (adjective)* | l'anglais | *English (language)* |

Similarly: **russe, le russe** (*Russian*); **chinois, le chinois** (*Chinese*).

D. Rather than quotation marks, French uses an initial dash to indicate dialogue.

—Comment vous appelez-vous? *"What is your name?"*
—Je m'appelle Pauline. *"My name is Pauline."*

Quotation marks are also used in French, as for instance to cite a phrase. But they are written differently than in English, and are called **guillemets**.

On dit «comment vous appelez-vous?» *We say, "What is your name?"*

II. Present Tense of *-er* Verbs; the Subject Pronouns

HENRI: Bonjour, Simone. *Tu étudies* la leçon?
SIMONE: Oui. *Je regarde* les exercices. Ah, voilà Monsieur Laval, le professeur. Bonjour, monsieur.
MONSIEUR LAVAL: Bonjour. *Vous trouvez* la leçon difficile?
HENRI ET SIMONE: Non. mais *nous travaillons* beaucoup.
MONSIEUR LAVAL: Bon! À tout à l'heure.

1. Simone étudie? 2. Simone regarde les exercices? 3. Comment s'appelle le professeur? 4. Simone et Henri travaillent beaucoup?

The base form of verbs is the infinitive. There are two major categories of French verbs, regular verbs (**les verbes réguliers**) and irregular verbs (**les verbes irréguliers**). Regular verbs follow set patterns for conjugation. They are divided into three groups, depending on whether their infinitives end in **-er**, **-ir**, or **-re**. To form the present tense, drop the infinitive ending and add the personal endings. The personal endings for **-er** verbs are: **-e, -es, -e, -ons, -ez, -ent. Parler** (*to speak*) is a regular **-er** verb.

parler

PERSON	SINGULAR		PLURAL	
first	je parl**e**	*I speak*	nous parl**ons**	*we speak*
second	tu parl**es**	*you speak*	vous parl**ez**	*you speak*
third	il parl**e**	*he speaks*	ils parl**ent**	*they speak*
	elle parl**e**	*she speaks*	elles parl**ent**	

Some other regular **-er** verbs are:

aimer *to like, love*
chercher *to look for*
détester *to hate*
écouter *to listen to*
étudier *to study*

inviter *to invite*
préparer *to prepare*
regarder *to look at, to watch*
travailler *to work*
trouver *to find*

Tu cherches le professeur.
Jean travaille?
Ils regardent la télévision.

You are looking for (look for) the teacher.
Is John working? (Does John work?)
They watch (are watching, do watch) television.

CHAPITRE UN

Nous parlons français.
We speak (are speaking, do speak) French.

Vous trouvez la leçon facile ou difficile?
Do you find (are you finding) the lesson easy or difficult?

Je déteste la classe, mais j'aime le professeur.
I hate the class, but I like the teacher.

B. In French there are two ways of speaking directly to another person: **tu**, the familiar form, and **vous**, the formal form. **Tu** is generally used when speaking to close friends, family members, children, and fellow students. **Vous** is used when speaking to older people, professors, and people you do not know well. **Vous** is also the plural form of **tu**, used when you are talking to two or more persons.

Jeanne, tu aimes la classe de français?
Jeanne, do you like the French class?

Vous étudiez à l'université.
You are studying at the university.

Ils (they) refers to a group in which some or all the members are masculine. **Elles** refers only to groups in which all the members are feminine.

Henri et Marie, ils cherchent le professeur.
Henri and Marie are looking for the teacher.

Marie et Claire, elles écoutent attentivement.
Marie and Claire are listening attentively.

travaux pratiques

1. Remplacez le mot en italique par les mots suggérés. Changez les verbes aussi. (Replace the word in italics by the suggested words. Change the verbs also.)

    a. *Jean-Pierre* aime la liberté.
       1. nous 2. vous 3. il 4. Marie 5. tu 6. je
    b. *Tu* parles russe?
       1. il 2. vous 3. elle 4. ils 5. nous

2. Changez les phrases suivantes du singulier au pluriel selon le modèle. (Change the following sentences from singular to plural according to the model.)

    Je trouve le livre difficile. → **Nous trouvons le livre difficile.**

    1. Je trouve Hélène difficile.
    2. Elle invite la classe.
    3. Tu aimes la musique?
    4. Elle déteste la télévision.
    5. Tu travailles beaucoup?
    6. Il cherche le professeur.

3. Répondez aux questions suivantes selon les modèles. (Answer the following questions according to the models.)

    Hélène étudie le français. (et vous?) → **J'étudie le français aussi.**
    Henri prépare la leçon. (et Simone?) → **Simone prépare la leçon aussi.**
    Marc écoute le professeur. (et Jeanne et vous?)
    → **Nous écoutons le professeur aussi.**

1. Jeanne trouve la classe difficile. (et vous?)
2. Pierre écoute la musique. (et les filles?)
3. Le professeur aime la discipline. (et les étudiants?)
4. Christine travaille beaucoup. (et Marie et vous?)
5. Paul étudie le chinois. (et Nicole?)

III. Characteristics of the French Sound System

LE PROFESSEUR: Bonjour. Je m'appelle Monsieur Lenoir.
LA CLASSE: Bonjour, monsieur.
LE PROFESSEUR: Comment dit-on *notebook* en français?
LA CLASSE: On dit «le cahier».
LE PROFESSEUR: Bien. Marie, ouvrez la fenêtre, et Paul, ouvrez la porte, s'il vous plaît. Jeanne, comment s'appelle la fille à la porte?
JEANNE: La fille s'appelle Marie et le garçon avec Marie s'appelle Paul.
LE PROFESSEUR: Très bien, Jeanne. Marie, Peter est absent?
MARIE: Non, Peter est présent, mais Janet est absente.
LE PROFESSEUR: Merci, Marie.

1. Comment dit-on *notebook* en français? 2. Comment s'appelle la fille à la porte? 3. Comment s'appelle le garçon avec Marie? 4. Peter est présent?

A. When words end in consonants in Frenchn the consonants quite often are not pronounced.

| vous | comment | on | Charles | et |
| ouvrez | plaît | dit | bien | pas |

Frequently, the consonants **e, r,** and **l** are pronounced when they occur at the end of a word.

Marc   bonjour   il   parc   Lenoir   Michel   Paul

B. Vowels + **m** or **n** in final position in a syllable are usually nasal. Here the **m** or **n** is not pronounced, but shows that the preceding vowel is nasal:

| un | bon | blanc |
| lun/di | bon/té | blan/cheur |

Normally, a vowel + double **m** or **n** is not nasal.

| comment | Anne | nous sommes |
| dommage | ennemi | donner |

C. Sometimes a silent consonant at the end of a word *is* pronounced with the first vowel of the following word. This linking is called **liaison.**

| vous‿appelez | Nous‿aimons | elles‿étudient |
| Comment dit-‿on? | à tout‿à l'heure | c'est‿un livre |

D. *Elision* is the dropping of a final vowel before another vowel. Elision occurs primarily in one-syllable words and is marked by an apostrophe.

le	l'étudiant	me	je m'appelle
la	l'étudiante	se	il s'appelle
ce	c'est	que	Qu'est-ce que c'est
je	j'étudie	si (before **il, ils**)	s'il vous plaît

E. In English, the *stressed syllable* varies with each word: Cánada, Canádian, imitátion. In French, the individual word or spoken chain (a group of words) has a certain regularity. The last syllable of a word, or of a spoken chain, is stressed or slightly elongated.

Pronounce: répétez   à tout à l'heure   répondez en français
               /ʀe-pe-té/   /a-tu-ta-lœʀ/   /ʀe-pɔ̃-dé ɑ̃-fʀɑ̃-sɛ́/
                1 2 3   1 2 3 4   1 2 3 1 2 3

F. French *intonation* differs from that of English in that the rhythm of speech is more regular and fewer words are stressed.

   1. In both statements and commands the voice falls at the end of the utterance.

Pronounce: Ouvrez la porte.   Elle s'appelle Marianne.
               Asseyez-vous.   Je suis professeur.

   2. In questions where a yes or no answer is expected, the voice rises at the end of the utterance.

Pronounce: Tu travailles?   Il s'appelle Paul?
               On dit «le cahier»?   C'est le livre?

   3. In questions where more than a yes or no answer is expected, the voice falls at the end of the utterance.

Pronounce: Comment vous appelez-vous?   Qu'est-ce que c'est?
               Comment s'appelle-t-il?   Comment dit-on *notebook*?

travaux pratiques

Prononcez après le professeur. (Pronounce after your professor.)

1. C'est un livre.
2. C'est un garçon.
3. Vous étudiez à l'université.
4. C'est un exercice.
5. Nous parlons beaucoup.
6. Vous vous appelez Marc?
7. Comment dit-on «Robert» en français?
8. Ils écoutent le professeur.
9. Il est étudiant?
10. Vous aimez la télévision?

votre point de vue

1. Vous parlez français? 2. Vous aimez l'université? 3. Vous regardez souvent (*often*) la télévision? 4. Vous aimez la liberté ou la discipline? 5. Vous trouvez le français facile ou difficile?

Activités

situation

Act out the following situation in French.

A: Ask B what his/her name is.
B: Reply.
A: Ask what the name is in French.
B: Reply with the French equivalent.

trouvez

Find a word in the vocabulary list that contains the same sound as the sound in boldface in each of the following words. Remember that the same sound may be spelled differently in different words.

répond**ez** → univers**i**té

b**on**jour	comm**ent**	prem**ier**	b**on**soir	prof**esseur**
ferm**ez**	pr**é**sent	t**u**	p**our**	**au** revoir

10
dix

CHAPITRE UN

vocabulaire

Greetings
bonjour   *good morning*
au revoir   *good-bye*
à tout à l'heure   *see you later*

Questions and Answers
Comment vous appelez-vous?   *What is your name?*
Je m'appelle . . .   *My name is . . .*
Comment s'appelle . . .   *What is . . . name?*
Il s'appelle . . .   *His name is . . .*
Elle s'appelle . . .   *Her name is . . .*
Comment dit-on . . . ?   *How do you say . . . ?*
On dit . . .   *We say . . .*
Qu'est-ce que c'est?   *What is it?*
C'est . . .   *It is . . .*

Commands
Asseyez-vous.   *Sit down.*
Fermez . . .   *Close . . .*
Ouvrez . . .   *Open . . .*
Répondez en français.   *Answer in French.*
Répétez.   *Repeat.*

le cahier   *notebook*
la classe   *class;* **en classe**   *in class*
le début   *beginning*
l' étudiant (m), **l'étudiante** (f)   *student*
l' exercice (m)   *exercise*
la fenêtre   *window*
la fille   *girl*
le garçon   *boy*
la leçon   *lesson*
le livre   *book*
  mademoiselle   *Miss*
  monsieur   *Mr.; sir*
le point de vue   *opinion*
la porte   *door*
le professeur   *teacher, professor*
l' université (f)   *university*

  aimer   *to like, to love*
  chercher   *to look for*
  détester   *to hate, dislike*

écouter   *to listen to*
étudier   *to study*
inviter   *to invite*
parler   *to speak, to talk*
préparer   *to prepare*
regarder   *to look at, to watch*
travailler   *to work*
trouver   *to find*

anglais   *English*
bon   *good*
chinois   *Chinese*
difficile   *difficult*
facile   *easy*
français   *French*
russe   *Russian*

aussi   *also, too*
beaucoup   *a lot, very much*
bien   *good, well*
comment   *how*
toujours   *always*
très   *very*

à   *at*
avec   *with*
de   *of*
en   *in*
pour   *for; in order to*

et   *and*
mais   *but*
ou   *or*

en français   *in French*
Il est présent/absent.   *He is present/absent.*
Elle est présente/absente.   *She is present/absent.*
Je suis étudiant(e).   *I am a student.*
Je suis professeur.   *I am a professor (teacher).*
merci   *thank you*
non   *no*
oui   *yes*
s'il vous plaît   *please*
voilà   *there is, there are*

Chapitre 2

La Rentrée

C'est la rentrée. Les classes recommencent après les grandes vacances. Il y a des° étudiants devant l'entrée de l'université. Ils retrouvent des camarades de lycée.

des *some*

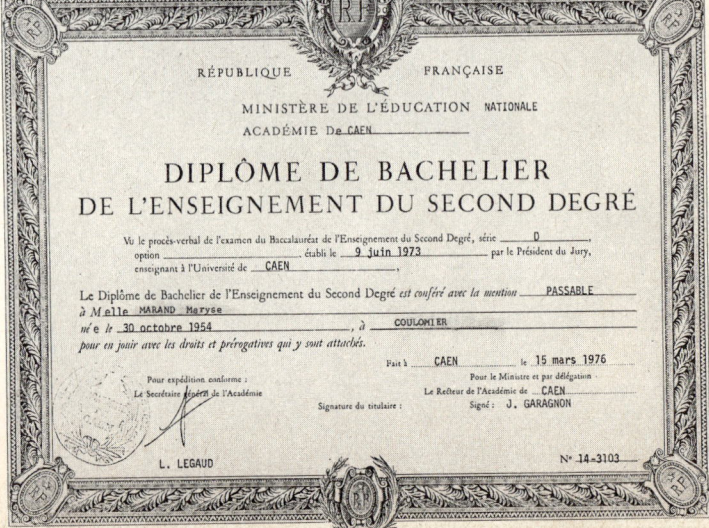

Certains étudiants retrouvent des amis
spéciaux.° Ici un étudiant, Pierre, parle avec
une° amie, Pauline. Ils sont° dans le même
cours d'anglais. Pierre est spécialiste
d'anglais. Pauline est spécialiste de
psychologie.

    spéciaux *special*   une *a*   Ils sont *they are*

Voilà plusieurs° camarades de lycée. Au°
lycée, ils ont fait° les études secondaires. Un
examen, le baccalauréat ou « le bac », a
terminé° ces° études. Maintenant, ils
commencent les études à l'université.

plusieurs *several*   au *at the*   ont fait *did*
a terminé *terminated*   ces *these*

Pauline quitte° Pierre après quelques°
minutes. Elle est en retard pour un
séminaire. Et Pierre a° un cours obligatoire,
une classe de civilisation. Quelle barbe!°

    quitte *leaves*   quelques *several*   a *has*
    Quelle barbe! *What a drag!*

questions

1. Qui (*Who*) sont devant l'entrée de l'université? 2. Des camarades de lycée se retrouvent à la rentrée? 3. Les camarades de lycée commencent les études à l'université? 4. Le baccalauréat termine les études à l'université? 5. Pauline est spécialiste d'anglais? 6. Pierre est en retard pour un séminaire?

votre point de vue

Décrivez la rentrée à votre université. Par example, dites si: (Describe the resumption of classes at your university. For example, say if:)

1. Les classes recommencent.
2. Vous retrouvez des camarades de lycée.
3. Vous retrouvez un ami spécial ou une amie spéciale.
4. Vous commencez des cours obligatoires.
5. Vous êtes en retard ou en avance pour les classes.

CONSTRUCTIONS

I. Present Tense of *être*; the Pronoun *on*

JEAN-PIERRE: Tiens! Voilà Paul devant l'entrée. Il *est* toujours à l'heure.
JACQUELINE: Il *est* avec Marie. Elle *est* sympathique.
PAUL: Bonjour, Jacqueline. Salut, Jean-Pierre. Vous *êtes* en avance pour la classe d'anglais.
JEAN-PIERRE: Salut. Nous *sommes* toujours en avance pour les classes à la rentrée.
JACQUELINE: Marie, tu *es* dans la classe d'anglais aussi?
MARIE: Oui, je *suis* dans la même classe.

1. Paul est devant la porte? 2. Jean-Pierre est toujours en avance pour la classe d'anglais? 3. Marie est dans la classe d'anglais aussi?

A. The present tense of **être** (*to be*) is:

être	
je suis	nous sommes
tu es	vous êtes
il/elle est	ils/elles sont

Je suis en avance.	I am early.
Vous êtes devant l'entrée.	You are in front of the entrance.
Nous sommes dans la même classe.	We are in the same class.
La femme est charmante.	The woman is charming.
Tu es spécialiste d'anglais?	You're an English major?

B. The indefinite pronoun **on** is used in much the same way that words like *they, one, we, you,* and *people* are used in English. **On** requires the third person singular form of the verb, regardless of whether it refers to one or more persons.

On est dans la même classe de russe.	They (we, you) are in the same Russian class.
On est toujours en retard.	They (one, we, you, people) are always late.

travaux pratiques

1. *Remplacez le mot en italique par les mots suggérés. Changez les verbes aussi.* (Replace the word in italics by the suggested words. Change the verbs also.)

    Vous êtes à l'heure.
    1. elle 2. Jean et Jacqueline 3. ils 4. nous 5. tu

2. *Répondez aux questions suivantes selon les modèles.* (Answer the following questions according to the models.)

    Paul est toujours à l'heure. (et vous?) → **Je suis toujours à l'heure aussi.**
    Marie est en classe. (et Marc?) → **Il est en classe aussi.**

    1. Je suis en avance. (et vous?)
    2. Nous sommes dans la même classe. (et Brigitte?)
    3. Marc et Paul sont toujours en retard. (et vous?)
    4. Les garçons sont difficiles. (et les filles?)
    5. Hélène est sympathique. (et Jean-Pierre?)

3. *Complétez les phrases suivantes avec la forme correcte du verbe* **être**. *Ensuite, lisez le dialogue avec un(e) autre camarade.* (Complete the following sentences with the correct form of the verb **être**. Then read the dialogue with another classmate.)

    1. ANDRÉ: Bonjour, Nicole. Je _____ dans la classe de civilisation avec Marie. Tu _____ aussi dans la classe de civilisation?
       NICOLE: Oui, nous _____ dans la même classe. Et Paul?
       ANDRÉ: Non, il _____ dans la classe de philosophie.
    2. PIERRE: La classe de civilisation _____ difficile?
       JACQUES: Oui, mais le professeur _____ sympathique.
       PIERRE: Ah, je _____ en retard! À tout à l'heure.

votre point de vue

1. Vous êtes étudiant ou professeur? 2. Vous êtes dans la classe de chinois ou de français? 3. La vie universitaire est difficile ou facile? 4. La civilisation est simple ou compliquée?

II. Definite and Indefinite Articles

MARC: C'est difficile, *la* rentrée! *les* étudiants, *les* professeurs, *le* travail!
CATHERINE: Tiens! Voilà Pauline.
MARC: Où?
CATHERINE: À droite, dans *le* corridor.
MARC: Elle est très sympathique. Et *le* garçon avec Pauline?
CATHERINE: C'est *un* étudiant aussi. Il s'appelle Paul Leclerc, *un* étudiant dans *la* classe de psychologie.

1. La rentrée est facile? 2. Où est Pauline? 3. Comment s'appelle le garçon avec Pauline? 4. Il est dans quelle (*what*) classe?

A. All French nouns are either masculine or feminine in gender. You can logically expect that French words for *wife, mother,* or *sister* will be feminine, and that the words for *father, husband, uncle,* etc. will be masculine. However, no logic will enable you to predict the gender of the French words for objects, such as *house, book,* or *school,* or of concepts, such as *understanding,* or *value*. For this reason, it is important that you learn the gender of each new noun.

B. The definite article precedes a noun used in a specific or general sense.

Definite Articles

	SINGULAR	PLURAL
MASCULINE	le, l'	les
FEMININE	la, l'	les

L' occurs when **le** or **la** is followed by a noun beginning with a vowel or with a mute (or inaspirate) **h**, such as in **l'étudiant** or **l'homme**.

1. When indicating a specific noun, the definite article is equivalent to the English *the*.

   Ouvrez la porte.   *Open the door.*
   Le cours est obligatoire.   *The course is required.*

2. When indicating a noun used in a general sense, the definite article conveys the idea of *all* or *in general*.

   La patience est une vertu.   *Patience is a virtue.*
   La vie est dure.   *Life is hard.*
   L'homme est mortel.   *Man is mortal.*

C. The singular indefinite article **un, une** means *a* or *an*. The plural indefinite article **des** indicates more than one, but an unspecified number.

Indefinite Articles

	SINGULAR	PLURAL
MASCULINE	un	des
FEMININE	une	des

Il y a un Américain dans la classe.
Il y a des Américains dans la classe.
Il y a une Américaine dans la classe.
Il y a des Américaines dans la classe.

There is an American (m) in the class.
There are some Americans (m) in the class.
There is an American (f) in the class.
There are some Americans (f) in the class.

The indefinite article is frequently omitted after **être** when an unmodified noun of profession follows.

Monsieur Lenard est professeur.
Jeanne est étudiante.

Mr. Lenard is a teacher.
Jeanne is a student.

D. Since all nouns in French have gender, personal pronouns replacing these nouns must reflect the gender of the nouns.

L'entrée est ici?—Non, elle est à gauche.
Le travail est nécessaire?—Oui, il est nécessaire.

Is the entrance here?–No, it's on the left.
The work is necessary?–Yes, it is necessary.

travaux pratiques

1. *Remplacez les mots en italique par les mots suggérés. Faites aussi attention à l'article.* (Replace the word in italics by the suggested words. Also pay attention to the article.)

    a. Voilà *l'entrée.*
    1. porte 2. livre 3. homme 4. garçons 5. fenêtre
    b. Voilà *une porte.*
    1. fille 2. classe 3. camarades 4. professeur d'anglais 5. spécialistes

2. *Donnez l'équivalent français des phrases suivantes.* (Give the French equivalent of the following sentences.)

    1. The woman is here.
    2. The man is a teacher.
    3. Patience is a virtue.
    4. There is a Frenchman in the class.
    5. There are some Russians in the class.
    6. We are in the same class.
    7. The course is required.

III. Gender and Number of Nouns and Adjectives

LE PROFESSEUR: Vous êtes des *étudiants universitaires.* Vous êtes *contents* de la vie?
JEAN-PAUL: La *rentrée* est toujours *difficile,* mais *je* suis assez *content.*
FRANÇOISE: La *vie universitaire* est très *intéressante.*

LE PROFESSEUR: Les *professeurs* sont *compétents* et *sympathiques*?
JEAN-PAUL: Oui, en général.

1. Jean-Paul est content de la vie universitaire? 2. La vie universitaire est intéressante? 3. Les professeurs sont compétents?

A. Many nouns can be changed from the masculine to the feminine by adding **-e.**

L'étudiant est dans la classe.	The student (male) is in the class.
L'étudiante est dans la classe.	The student (female) is in the class.

Nouns referring to professions are frequently used in the masculine to refer to both men and women in the profession (**l'architecte, le professeur, le médecin, le journaliste,** etc.)

Il est médecin.	He is a doctor.
Elle est médecin.	She is a doctor.

There are some clues which enable you to tell the gender of some nouns:

1. Nouns that end in **-ment** are usually masculine.

le gouvernement	government
le monument	monument

2. Nouns that end in **-té** or **-tion** are usually feminine.

la difficulté	difficulty	la traduction	translation
la beauté	beauty	les informations	news

B. Most nouns are made plural by adding **-s** to the singular form.

la femme/les femmes	woman/women
le monument/les monuments	monument/monuments

1. Nouns that end in **s, x,** or **z** have the same forms in the plural as in the singular.

le cours/les cours	course/courses
la voix/les voix	voice/voices
le nez/les nez	nose/noses

2. Nouns that end in **-eau** in the singular are made plural by adding **-x**.

le chapeau/les chapeaux	hat/hats
l'eau/les eaux	water/waters

3. Nouns that end in **-al** or **-ail** in the singular are usually made plural by changing **-al** or **-ail** to **-aux**.

l'animal/les animaux	animal/animals
le journal/les journaux	newspaper/newspapers
le travail/les travaux	work/works

C. Adjectives must always agree in number and in gender with the noun they modify.

1. The most common way of changing an adjective from its masculine form to its feminine form is by adding -e.

   Paul est content.　　　　　　　Paul is happy.
   Pauline est contente.　　　　　Pauline is happy.

2. Adjectives ending in -e have the same masculine and feminine form.

   Le cours est difficile.　　　　The course is difficult.
   La classe est difficile.　　　The class is difficult.

D. The plural of most adjectives is formed by adding -s to the singular form.

   Paul est content.　　　　　　　　　　　Paul is happy.
   Paul et Richard sont contents.　　　Paul and Richard are happy.

   Jeanne est intelligente.　　　　　　　　Jeanne is intelligent.
   Jeanne et Marie sont intelligentes.　Jeanne and Marie are intelligent.

   Adjectives ending in -s have the same form in the plural as in the singular.

   Paul est français.　　　　　　　　　　Paul is French.
   Paul et Richard sont français.　　　Paul and Richard are French.

E. Most descriptive adjectives follow the nouns they modify.

   Mademoiselle Dupont est un professeur fantastique.　　Miss Dupont is a fantastic professor.
   Les étudiants universitaires sont intelligents.　　　　University students are intelligent.

F. Groups of mixed gender require the masculine form of both nouns and adjectives.

   Marc est un étudiant américain.　　　　　　　　Marc is an American student.
   Louise est une étudiante américaine.　　　　　Louise is an American student.
   Marc et Louise sont des étudiants américains.　Marc and Louise are American students.

travaux pratiques

1. *Changez les phrases suivantes du singulier au pluriel ou vice versa.* (Change the following sentences from singular to plural or vice versa.)

   a. Voilà la porte. → **Voilà les portes.**

   1. Voilà le cahier.
   2. Voilà le garçon.
   3. Voilà le devoir.
   4. Voilà le chapeau.
   5. Voilà l'animal.
   6. Voilà l'étudiante.
   7. Voilà le journal.

19
dix-neuf　　　　　　　　　　　　　　　　　　　　　　　　　　CHAPITRE DEUX

b. Voilà les portes. → **Voilà la porte.**

1. Voilà les devoirs.
2. Voilà les animaux.
3. Voilà les travaux.
4. Voilà les chapeaux.
5. Voilà les journaux.
6. Voilà les cours.
7. Voilà les étudiantes.

2. *Complétez les phrases suivantes selon le modèle.* (Complete the following sentences according to the model.)

Les filles sont _____ (content). → **Les filles sont contentes.**

1. Le cours est _____ (difficile).
2. Paul et Francine sont _____ (américain).
3. Carole est _____ (français).
4. Le professeur est _____ (compétent).
5. Les cours sont _____ (difficile).
6. La vie est _____ (compliqué).

3. *Répondez aux questions suivantes selon le modèle.* (Answer the questions according to the model.)

Les garçons sont intelligents. (et les filles?) → **Elles sont intelligentes aussi.**

1. Les étudiantes sont contentes. (et les étudiants?)
2. Le livre est facile. (et les classes?)
3. Les garçons sont américains. (et les filles?)
4. Les Françaises sont intéressantes. (et les Américaines?)
5. La vertu est fatigante. (et le vice?)

4. *Donnez l'équivalent français des phrases suivantes.* (Give the French equivalent of the following sentences.)

1. The professor is English.
2. Paul is French.
3. The books are interesting.
4. Monique and Pauline are American.
5. Paul and Henri are intelligent.
6. The seminar is fantastic!
7. Anne and Jeanne are happy.
8. She is a doctor.

votre point de vue

1. Vous êtes américain(e)? 2. Vous êtes grand(e) ou petit(e)? 3. Les examens sont nécessaires? 4. Le travail est fatigant? 5. Le président est sympathique? 6. Les animaux sont intelligents? 7. La vertu est rare?

IV. Demonstrative Adjectives; *c'est* and *ce sont*

CAROLE: Voilà Monsieur Lenôtre, avec des amis.
LOUIS: *C'est* le professeur de *cette* classe?
CAROLE: Oui et *c'est* un professeur excellent.

LOUIS: Tiens! L'auteur de *ce* livre s'appelle Lenôtre. *C'est* le même Monsieur Lenôtre?
CAROLE: Oui, bien sûr.

1. Avec qui (*whom*) est Monsieur Lenôtre? 2. C'est un professeur compétent? 3. Comment s'appelle l'auteur du livre de français?

Demonstrative Adjectives

	SINGULAR	PLURAL
MASCULINE	ce, cet	ces
FEMININE	cette	ces

A. The demonstrative adjectives **ce, cet, cette,** and **ces** are used to mean *this, that, these,* or *those.* **Ce** is used before a masculine singular noun unless it begins with a vowel or inaspirate *h*, in which case **cet** is used. Before a feminine singular noun, **cette** is used. The plural of all three forms is **ces.**

Ce livre est intéressant.	*This (that) book is interesting.*
Cet étudiant s'appelle Henri.	*This (that) student is named Henri.*
Cette femme est intéressante.	*This (that) woman is interesting.*
Ces animaux sont intelligents.	*These (those) animals are intelligent.*

Since no distinction is made between *this* and *that* or *these* and *those,* **-ci** (from **ici,** *here*) and **-là** (*there*) can be added to the noun for clarification.

| Ce livre est ridicule. | *This book is ridiculous.* |
| Cette fille-là est dans la classe de sociologie. | *That girl is in the sociology class.* |

B. **Ce,** a demonstrative pronoun, is often used with **être** in place of **il, elle, ils,** or **elles.** When used with **est,** it is elided to **c'est.** The plural of **c'est** is **ce sont.**

Voilà une jolie fille.	*There is a pretty girl.*
C'est Louise.	*It's (she is, that is) Louise.*
Il y a un monsieur à l'entrée.	*There is a gentleman at the entrance.*
C'est l'ami de Paul.	*It's (he is, that is) Paul's friend.*
Voici des livres.	*Here are some books.*
Ce sont des livres de français.	*They are French books.*
C'est important?	*It's important?*
Oui, c'est important.	*Yes, it's important.*

A common noun following **c'est** or **ce sont** must be preceded by a definite or indefinite article. When an adjective alone follows the expression **c'est,** it is in the masculine form.

travaux pratiques

1. *Remplacez le mot en italique par les mots suggérés.* (Replace the word in italics by the suggested words.)

a. Cette *fille* est dans ce cours.
   1. garçon 2. étudiant 3. étudiante 4. monsieur.
b. C'est *la porte*.
   1. l'entrée 2. le professeur 3. les étudiantes 4. Marc et Françoise 5. la vie

2. *Changez les phrases suivantes du singulier au pluriel ou vice versa.* (Change the following sentences from the singular to the plural or vice versa.)

   C'est un garçon intelligent. → **Ce sont des garçons intelligents.**
   Ce sont des portes. → **C'est une porte.**

   1. C'est un vice terrible.
   2. C'est un monument important.
   3. Ce sont des travaux nécessaires.
   4. C'est une femme difficile.
   5. Ce sont des gouvernements ridicules.
   6. Ce sont des situations intéressantes.

3. *Changez les expressions suivantes du pluriel au singulier.* (Change the following expressions from the plural to the singular.)

   ces leçons → **cette leçon**
   ces étudiants → **cet étudiant**

   1. ces livres 2. ces étudiantes 3. ces Chinois 4. ces journaux 5. ces portes 6. ces chapeaux

Pronunciation: Front Vowels

A. The front vowel /i/ is formed with the lips very spread.

   KEY WORD: **pipe**
   Pronounce: mine   nid   midi   il dit
               si   lit   il lit il rit

B. The front vowel /e/ is formed with the lips slightly less spread.

   KEY WORD: **bébé**
   Pronounce: les   thé   ces nez   les bébés   étudiants
               nez   épée   ses épées les thés   et

C. The front vowel /ɛ/ is formed with the mouth fairly wide open.

   KEY WORD: **verre**
   Pronounce: père   frère   serre   cherche   treize
               mère   terre   vert   chère   sept

D. The front vowel /a/ is formed with the mouth wide open.

   KEY WORD: **plat**
   Pronounce: ma   sa   cas   quatre
               ta   rat   tabac   va

22
vingt-deux

CHAPITRE DEUX

E. *Now that you have seen the four front vowels individually, pronounce the following:*

cherchez-les   ces terres   il dit merci
il est midi   il est vert   c'est la vérité
il est ouvert il est à Paris elle met les verres

Note that the third person singular form of **être** (**il est**) is usually pronounced /e/ but opens up to /ɛ/ when a liaison occurs.

ACTIVITÉS

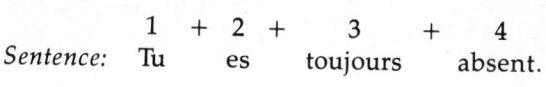

écrivez

Work with a partner to create as many sentences as possible within a time limit set by your instructor. Every sentence should follow one of the following patterns.

```
              1  +  2  +    3    +    4
Sentence:     Tu    es    toujours    absent.

                  1        +  2  +   4
Sentence:    Jacques et Marc  sont  en retard.
```

Be sure that your sentences are logical and grammatically correct.

1	2	3	4
Tu			
Je			avec des amis.
Vous			compétent(e)(s).
Le professeur	sont		étudiant(e)(s) d'anglais.
Jean et Marc	suis	toujours	en retard.
Les étudiants	est	très	en avance.
Le monsieur	sommes	aussi	dans le séminaire.
Nous	es	assez	sympathique(s).
Pauline	êtes		intelligent(e)(s).
Elles			américains.
Ils			ridicules.
On			absent(e)(s).

23
vingt-trois   CHAPITRE DEUX

vocabulaire

l' **Américain** (m), l'**Américaine** (f) American
l' **ami** (m), l'**amie** (f) friend
l' **animal** (m) animal
l' **auteur** (m) author
le **camarade** (m, f) friend, acquaintance
le **chapeau** hat
le **cours** course (in school)
le **devoir** homework
l' **entrée** (f) entrance
l' **étude** (f) study
l' **examen** (m) exam, test
la **femme** woman
le **Français** Frenchman; la **Française** Frenchwoman
le **gouvernement** government
l' **homme** (m) man
le **journal** newspaper
le **lycée** secondary school
le **monsieur** gentleman
la **rentrée** resumption of classes
le **séminaire** seminar
le **spécialiste** (m, f) specialist, major
le **travail** work
les **vacances** (pl/f) vacation; les **grandes vacances** summer vacation
la **vertu** vertue
le **vice** vice
la **vie** life

24
vingt-quatre

CHAPITRE DEUX

commencer *to begin*
déjeuner *to have lunch*
être *to be*
recommencer *to begin again*
retrouver *to meet*
terminer *to end*

américain, américaine *American*
compétent, compétente *competent*
compliqué, compliquée *complicated*
content, contente (de) *happy (with)*
dur, dure *hard*
fantastique *fantastic*
fatigant, fatigante *tiring*
grand, grande *big, tall*
intéressant, intéressante *interesting*
jeune *young*
joli, jolie *pretty*
le même, la même, les mêmes *the same*
nécessaire *necessary*
obligatoire *required, compulsory*
petit, petite *small, little, short*

ridicule *ridiculous*
sympathique *nice, likable*
universitaire *of the university*

assez *enough; fairly*
ici *here*
maintenant *now*
où *where*
vite *fast*

après *after*
dans *in*
devant *in front of*
à droite *on the right*
à gauche *on the left*
à l'heure *on time*
bien sûr *of course, sure*
en avance *early*
en général *generally, as a rule*
en retard *late*
il y a *there is, there are*
salut *hi, hello*
Tiens! *Hey!*
voici *here is, here are*

Chapitre 3

L'Université

Est-ce que les universités françaises sont différentes des universités américaines? Oui et non. . . . On pense généralement que les universités françaises sont très anciennes. C'est vrai. La Sorbonne, la plus connue° des universités parisiennes, date du Moyen Âge.°

la plus connue *the best known*
Moyen Âge *Middle Ages*

Comme aux États-Unis, le jeune homme ou la jeune fille écoute des conférences données par° le professeur. Mais généralement les classes sont beaucoup plus grandes.° Le professeur est assis, ou quelquefois debout, dans un large amphithéâtre au milieu° d'un groupe énorme d'étudiants. Les étudiants écoutent le professeur, mais ils contribuent peu en classe.

données par *given by*   plus grandes *larger*
au milieu *in the middle*

Les examens sont administrés à une date fixe° et dans de grandes salles communes. En juin° les étudiants passent les examens finals et les contrôles, des examens d'une heure.° Certains autres étudiants présentent,° à la fin de l'année scolaire,° le concours. Le concours est l'examen d'entrée pour les grandes écoles—l'École des Beaux-Arts et l'École Polytechnique, par exemple.

fixe *fixed*   juin *June*
une heure *one hour*
présentent *take*
année scolaire *school year*

Les étudiants français travaillent beaucoup, mais ils s'amusent° aussi—comme les étudiants partout! À Paris, les étudiants aiment flâner sur le boulevard Saint Michel, le grand boulevard du Quartier Latin où habitent un grand nombre d'étudiants. Ils entrent souvent dans un café pour prendre quelque chose,° pour parler et pour regarder les passants.° Ou ils longent le boulevard et ils arrivent enfin au grand parc, le Jardin du Luxembourg.

ils s'amusent *they have a good time*
prendre quelque chose *have a bite of something*
les passants *passers-by*

questions

1. Les universités françaises sont très anciennes? 2. Les classes à l'université française sont différentes des classes aux États-Unis? 3. Les étudiants français contribuent beaucoup en classe? 4. Où sont administrés les examens? 5. Comment s'appelle l'examen d'entrée pour les grandes écoles? 6. Les étudiants français travaillent-ils toujours? 7. Où est-ce que les étudiants aiment flâner à Paris? 8. Où entrent les étudiants souvent dans le Quartier Latin?

votre point de vue

Parlez de votre université. Considérez, par exemple . . . (Talk about your university. Consider, for example . . .)

1. si l'université est ancienne ou nouvelle. 2. si les classes sont grandes ou petites et si les étudiants parlent en classe. 3. si les étudiants travaillent trop et s'amusent peu, ou vice versa. 4. si les étudiants aiment les sports ou s'ils aiment prendre quelque chose et parler.

Constructions

I. Question Formation

MICHEL: Bonjour, Suzanne. C'est ici le cours de littérature anglaise, *n'est-ce pas?*
SUZANNE: Oui, c'est ça. *Est-ce que* tu es dans le cours aussi?
MICHEL: Oui. Voilà Monsieur Laval, le professeur.
SUZANNE: *Comment est-il?* Intéressant ou barbant?
MICHEL: Il est très compétent.
SUZANNE: Ah, bon! un professeur compétent, une matière intéressante, et Michel dans le même cours!

1. Est-ce que c'est le cours de littérature anglaise? 2. Comment est le professeur? 3. Suzanne est contente? Pourquoi?

A. There are various ways to form questions in French. One is by a rise in intonation at the end of a statement, with no change in word order.

Vous êtes dans le même cours d'anglais.	You are in the same English class.
Vous êtes dans le même cours d'anglais?	You are in the same English class?

B. Another way to pose a question is to precede a statement by the expression **Est-ce que**. **Que** is changed to **qu'** before a vowel.

Tu es à l'heure.	*You are on time.*
Est-ce que tu es à l'heure?	*Are you on time?*
Il est optimiste.	*He is optimistic.*
Est-ce qu'il est optimiste?	*Is he optimistic?*

C. The interrogative phrase **n'est-ce pas** may be added to a statement in order to form a question.

Vous êtes réaliste.	*You are a realist.*
Vous êtes réaliste, n'est-ce pas?	*You are a realist, aren't you?*

D. A question may also be formed by inversion: the subject follows the verb.

Tu vas à la classe de sociologie.	*You are going to the sociology class.*
Vas-tu à la classe de sociologie?	*Are you going to the sociology class?*
Nous sommes en avance.	*We are early.*
Sommes-nous en avance?	*Are we early?*

In the above examples, the subjects are pronouns. If the subject is a noun, both the noun and a subject pronoun must be used. The noun precedes the verb, and the subject pronoun follows. The subject pronoun is connected to the verb with a hyphen.

Marie est à l'heure.	*Marie is on time.*
Marie est-elle à l'heure?	*Is Marie on time?*
Nicole est debout.	*Nicole is standing.*
Nicole est-elle debout?	*Is Nicole standing?*

An exception to this rule occurs with the pronoun **je**, which is rarely inverted. Use the expression **est-ce que** to form questions with **je**.

Je vais à l'université.	*I go to the university.*
Est-ce que je vais à l'université?—Oui.	*Am I going to the university?—Yes!*

When the third person singular form (**il**, **elle**, or **on**) ends in a vowel, a **-t-** is inserted between the verb and the subject pronoun.

On va à la classe.	*They are going to class.*
Va-t-on à la classe?	*Are they going to class?*
Jean écoute la conférence.	*Jean is listening to the lecture.*
Jean écoute-t-il la conférence?	*Is Jean listening to the lecture?*

E. Questions may also be formed by using interrogative words at the beginning of a question. Interrogative words may be followed by **est-ce que** or inversion.

Où est Paul?	*Where is Paul?*
Comment est le professeur?	*What's the professor like?*
Quand partez-vous?	*When are you leaving?*
Quand est-ce que vous partez?	

CHAPITRE TROIS

When not used with **est-ce que**, however, **pourquoi** requires complex inversion.

Pourquoi Marie est-elle contente?   *Why is Marie happy?*

travaux pratiques

1. *Faites des questions en employant 1)* **l'intonation** *et 2)* **est-ce que** *selon le modèle.* (Form questions using 1) intonation and 2) **est-ce que** according to the model.)

   Je suis en retard. → (1) **Je suis en retard?** → (2) **Est-ce que je suis en retard?**

   1. L'examen est difficile.
   2. Il est impossible.
   3. Je suis assis.
   4. Elle est américaine.
   5. C'est un journaliste compétent.
   6. Le professeur est barbant.

2. *Faites des questions en employant* **l'inversion,** *selon les modèles.* (Form questions with inversion according to the models.)

   Elle est contente. → **Est-elle contente?**
   Le professeur est intéressant. → **Le professeur est-il intéressant?**

   1. La matière est intéressante.
   2. Il est intelligent.
   3. Les études sont nécessaires.
   4. Les garçons aiment les sports.
   5. Elle retrouve un ami spécial.
   6. Vous êtes en avance.

3. *Faites des questions en employant 1)* **est-ce que** *et 2)* **n'est-ce pas** *selon le modèle.* (Form questions using 1) **est-ce que** and 2) **n'est-ce pas** according to the model.)

   Oui, le professeur est content. → (1) **Est-ce que le professeur est content?**
   (2) **Le professeur est content, n'est-ce pas?**

   1. Oui, ils sont réalistes.
   2. Oui, elle parle trop.
   3. Oui, Paul va bien.
   4. Oui, Mme Defarge est sympathique.
   5. Oui, M. Laval est debout.
   6. Oui, c'est une camarade intelligente.

4. *Posez les questions suivantes en français à un(e) autre étudiant(e).* (Ask another student the following questions in French.)

   1. if he or she is English
   2. if you are on time
   3. what the teacher's name is
   4. why life is difficult

votre point de vue

1. Êtes-vous optimiste ou pessimiste? 2. Êtes-vous idéaliste ou réaliste? 3. En général, arrivez-vous à l'heure, en avance ou en retard? 4. Les examens sont-ils nécessaires ou superflus (*superfluous*)?

II. Present Tense of *aller*

ÉTIENNE: Bonjour, Michel. Comment *vas*-tu?
MICHEL: Ça *va*, merci. Tu *vas* en classe?
ÉTIENNE: Non, *je vais* préparer un examen. Le sujet est difficile et je *vais* travailler à la bibliothèque.
MICHEL: Eh bien, courage!

1. Comment va Michel? 2. Où va Étienne? 3. Pourquoi Étienne va-t-il à la bibliothèque?

A. The present tense of **aller** (*to go*) is:

aller	
je vais	nous allons
tu vas	vous allez
il/elle va	ils/elles vont

Je vais à la porte.	I am going to the door.
Nous allons en classe.	We are going to class.
Ils vont à la porte.	They are going to the door.
Elles vont au parc.	They are going to the park.

B. **Aller** is also used in expressions indicating a state of health.

Comment vas-tu?	How are you?
Nous allons assez bien.	We are O.K.
Elle va très bien aussi.	She is fine also.
Ils vont mal.	They aren't well.
Comment allez-vous?	How are you?
Ça va.	O.K.

C. The present tense of **aller** + infinitive is used to express a future action or event.

Tu vas préparer l'examen.	You are going to study (prepare) for the exam.
Nous allons flâner sur le boulevard.	We are going to stroll along the boulevard.
Vont-ils terminer le travail?	Are they going to finish the work?

travaux pratiques

1. *Remplacez le mot en italique par les mots suggérés.*

   a. *Il* va bien.
      1. nous 2. Jean-Pierre 3. je 4. Marie et Nicole 5. tu 6. Paul et Marie
   b. *Pauline* va étudier demain.
      1. je 2. tu 3. nous 4. Caroline et Jeanine 5. vous

2. *Répondez aux questions suivantes selon le modèle.*

Marie, elle va très bien. (et Paul?) → **Il va bien aussi.**

1. Je vais au Quartier Latin. (et vous?)
2. Tu vas très bien. (et les garçons?)
3. Elle va flâner sur les boulevards. (et les garçons et les filles?)
4. Vous allez bien. (et le président?)

3. *Changez les phrases suivantes du singulier au pluriel ou vice versa, selon le modèle.*

Je vais chercher Marie. → **Nous allons chercher Marie.**
Elles vont étudier. → **Elle va étudier.**

1. Il va inviter un ami.
2. Nous allons étudier.
3. Ils vont travailler.
4. Vous allez chercher un travail.
5. Elle va préparer l'examen.
6. Tu vas inviter les camarades.
7. Je vais terminer le livre.

votre point de vue

Décrivez ce que vous allez faire demain en employant les expressions suivantes. (Describe what you will do tomorrow, using the following expressions.)

aller à l'université → **Demain je vais aller à l'université.**

aller au cours d'anglais
préparer un examen
flâner sur le boulevard
inviter des amis
regardez la télévision
parler peu mais travailler beaucoup

III. Negation

NICOLE: Salut, Georgette. Où vas-tu?
GEORGETTE: Je vais à l'université. Mais *pas* en autobus. Je cherche un taxi.
NICOLE: Un taxi! Tu *n'*es *pas* riche!
GEORGETTE: Ce *n'*est *pas* trop cher. Je vais en taxi pour *ne pas* être en retard.

1. Où va Georgette? 2. Va-t-elle en autobus? 3. Georgette est-elle riche? 4. Pourquoi va-t-elle en taxi?

A. French sentences can be made negative by adding **ne ... pas**. **Ne** is placed before the conjugated verb and **pas** after it. The **-e** of **ne** is elided before words beginning with a vowel or an inaspirate **h**.

Je ne trouve pas la leçon difficile.	I don't find the lesson difficult.
Il n'aime pas le travail.	He does not like the work.
Nous n'allons pas étudier avant midi.	We are not going to study before noon.

Observe the word order in negative interrogative sentences. When inversion is used, **ne** is placed before the conjugated verb and **pas** follows the pronoun.

Vous n'aimez pas la classe de français?	You don't like the French class?
Est-ce que vous n'étudiez pas l'anglais?	Aren't you studying English?
N'allons-nous pas être en retard?	Aren't we going to be late?
Marie n'aime-t-elle pas les taxis?	Doesn't Marie like taxis?

When an infinitive is negated, **ne pas** precedes it.

«Être ou ne pas être, c'est là la question.»	"To be or not to be, that is the question."
Il étudie pour ne pas échouer.	He is studying in order not to fail.

B. **Ne . . . jamais** is used to mean *never*.

Vous ne regardez jamais la télévision?	You never watch television?
Je ne vais jamais à cette classe.	I never go to that class.

Note that **jamais** without **ne** means *ever*.

Regardez-vous jamais la télévision?	Do you ever watch television?

C. **Ne . . . plus** is used to mean *no longer*.

Il ne travaille plus.	He is no longer working.
Nous ne parlons plus de la matière.	We no longer speak about the subject.

travaux pratiques

1. *Remplacez le mot en italique par les mots suggérés.*
   a. *Jacqueline* ne va pas en classe.
      1. nous 2. vous 3. tu 4. Paul et Jean 5. Louis
   b. *Il* n'est jamais en retard.
      1. Louise 2. vous 3. nous 4. Henri et Simone 5. je
   c. *Elle* n'aime plus ce livre.
      1. nous 2. Philippe 3. tu 4. les étudiants 5. Michel

2. *Changez les phrases suivantes selon le modèle.*

   Je suis en retard. → **Je ne suis pas en retard.**

   1. Marie étudie.
   2. Ils passent l'examen.
   3. Tu aimes la musique.
   4. Vont-ils échouer?
   5. Est-elle riche?
   6. Le taxi est cher.

3. *Répondez négativement aux questions suivantes selon le modèle.* (Respond negatively to the following questions according to the model.)

   Vas-tu chercher le professeur? (retrouver les camarades)
   → **Non, je ne vais pas chercher le professeur. Je vais retrouver les camarades.**

1. Vous allez déjeuner avec Marie? (travailler avec Paul)
2. Va-t-elle flâner sur le boulevard? (étudier)
3. Est-ce qu'ils vont inviter Jean au restaurant? (inviter le prof au café)
4. Vas-tu préparer l'examen final? (déjeuner)
5. Va-t-il aller en autobus? (chercher un taxi)

votre point de vue

1. Allez-vous souvent à l'université en taxi? 2. Est-ce qu'un grand nombre d'étudiants à l'université sont riches? 3. Êtes-vous découragé(e) au début de l'année scolaire? Et à la fin? 4. Les jeunes sont-ils en général réactionnaires (*reactionaries*)? 5. Les adultes sont-ils souvent révolutionnaires (*revolutionaries*)? 6. Et vous, êtes-vous révolutionnaire ou réactionnaire?

IV. The Prepositions *à* and *de*

ALAIN: *Au* cours *d'*anglais parle-t-on anglais ou français?
CHANTAL: Anglais, bien sûr. Le professeur est un Américain *de* l'université *de* Chicago.
ALAIN: Les étudiants préparent-ils l'examen oral *de* l'université?
CHANTAL: Oui, et le professeur encourage la classe *à* étudier et *à* parler anglais.

1. Parle-t-on anglais ou français au cours d'anglais? 2. Le professeur est-il anglais? 3. Alain va-t-il au cours d'anglais pour préparer l'examen de l'université? 4. Le professeur encourage-t-il les étudiants à étudier l'anglais?

A. The preposition **à** can introduce a location, an indirect object (a person or object to whom or to which the action is addressed), or an infinitive. When one verb follows another, the second is in the infinitive.

L'université est à Paris.	The university is in Paris.
Le professeur parle à la classe.	The professor speaks to the class.
Il encourage les étudiants à étudier.	He encourages the students to study.

When **à** precedes the definite articles (**le, la, l'**, and **les**), the following forms are used:

à + Definite Article
à + le → **au**
à + la → à la
à + l' → à l'
à + les → **aux**

Tu vas au cours.	You are going to the class.
Je vais à la classe.	I am going to class.
Vous êtes étudiant(e) à l'université?	You are a student at the university?
Ils vont aux cours.	They are going to (*the*) classes.

CHAPITRE TROIS

B. The preposition **de** may show origin or possession. It may introduce an infinitive, or it may introduce a noun which describes another noun.

C'est une camarade de Paris. *She's a friend from Paris.*
Le professeur demande à la *The professor asks the class to*
  classe d'étudier. *study.*
C'est ici le cours d'anglais. *The English course is here.*

When **de** precedes the definite articles (**le, la, l', les**), the following forms are used:

de + Definite Article
de + le → **du**
de + la → de la
de + l' → de l'
de + les → **des**

Ils parlent du gouvernement. *They're talking about the government.*
Le travail de la classe est facile. *The work in class is easy.*
L'importance de l'argent est énorme. *The importance of money is enormous.*
Les chapeaux des jeunes filles *The girls' hats are ridiculous.*
  sont ridicules.

travaux pratiques

1. Remplacez les mots en italique par les mots suggérés.
   a. Va-t-il *à la porte?*
      1. la fenêtre 2. le café 3. le lycée 4. les cours de littérature
      5. l'université 6. la classe de sociologie
   b. Parle-t-il *à l'étudiante?*
      1. le garçon 2. la fille 3. l'ami de Marc 4. les journalistes 5. le président
   c. C'est le point de vue de *Jeanne.*
      1. la fille 2. l'étudiant 3. Marc 4. la camarade de Marie 5. les capitalistes 6. le révolutionnaire

2. Donnez l'équivalent français des phrases suivantes, puis lisez la conversation avec un(e) autre étudiant(e). (Give the French equivalent of the following sentences, then read the conversation with another student.)

MARC: There's Jean-Pierre. He's talking to a girl.
PAUL: He's always talking to girls. He never goes to the French class.
MARC: He often goes to the café with some (**quelques**) friends. They talk about sports and politics (**la politique**). Jean-Pierre's point of view is interesting.
PAUL: But he's not a student. He doesn't like work.
MARC: He likes life.

votre point de vue

1. Est-ce que vous admirez Jean-Pierre? 2. Allez-vous souvent au café?
3. Parlez-vous souvent des études? de la philosophie? des problèmes de la vie moderne? 4. Avez-vous un point de vue intéressant?

Pronunciation: Back Vowels

A. The back vowel /ɑ/ is formed with a maximum opening of the mouth (much wider than for /a/ plat). The tongue moves back and does not touch the lower teeth. The tip of the tongue remains lowered.

KEY WORD: **tasse**
Pronounce: **r**ase   **b**as
         passer **p**âte

B. The back vowel /ɔ/ is formed with the back part of the tongue slightly raised towards the palate. Medium opening of the mouth (as for /ɛ/ verre), but lips are slightly forward and rounded.

KEY WORD: **pomme**
Pronounce: **h**omme   il **d**onne **al**ors
         hôtel   **c**orps   j'**ad**ore

C. The back vowel /o/ is formed with the back part of the tongue raised towards the palate. The tongue pulls back but the tip of the tongue remains lowered. The lips are forward and very rounded.

KEY WORD: **tasse**
Pronounce: **f**aux   **c**au   il f**au**t   v**ô**tre
         beau   l**o**to   **au**to   l**o**t

D. The back vowel /u/ is formed with the mouth almost closed. The lips are very close together and very rounded. The tip of the tongue remains lowered but the back of the tongue is raised towards the soft palate so that the tongue is pulled towards the back of the mouth.

KEY WORD: **fou**
Pronounce: t**ou**jours   j**ou**rnal   s**ou**vent
         ouvrez   c**ou**rs   **ou**

E. Now that you have seen the four back vowels individually, pronounce the following:

Il d**o**nne la p**o**mme   L'h**o**mme c**ou**rt
Le j**ou**rnal est **ou**vert   Il faut bea**u**c**ou**p d'eau
La t**a**sse est s**ou**s la table J'ad**o**re l'eau ch**au**de

36
trente-six

CHAPITRE TROIS

Activités

sondage

Use the form below as the basis for an interview with a classmate. You may wish to tabulate results for the entire class.

	d'accord	pas d'accord	sans opinion
1. Les profs sont en général très bons.			
2. La télévision est en général ridicule.			
3. Le mariage est nécessaire.			
4. Les Américains sont optimistes.			
5. Les étudiants sont en général réalistes.			
6. Les jeunes sont trop dociles.			
7. La pollution est inévitable.			
8. En Amérique, les sports sont trop commercialisés (*commercialized*).			

situation

Imagine that you are introduced to a French exchange student who has been in this university only a few weeks. Using the vocabulary you have learned so far, formulate at least five questions you would ask this student. Note: at least one question might begin with «**Comment trouvez-vous . . . ?**»

vocabulaire

l' **année scolaire** (f) *school year*
l' **argent** (m) *money*
l' **autobus** (m) *bus* city
la **bibliothèque** *library*
la **conférence** *lecture*
les **États-Unis** (pl/m) *United States*
la **fin** *end*
le **jardin** *garden*
la **littérature** *literature*
la **matière** *subject matter*
le **nombre** *number*
le **président** *president*
la **salle** *room;* la **salle de classe** *classroom*
le **sondage** *survey*
le **sport** *sport*
le **sujet** *subject*
la **traduction** (f) *translation*

accepter *to accept*
aller bien *to be all right, to be O.K., to be well;* **aller mal** *to be not well, to be ill*
arriver *to arrive*
demander *to ask*
échouer *to fail, to flunk*
encourager *to encourage*
entrer *to enter*
flâner *to stroll*
habiter *to live, to reside*
longer *to walk along (a street)*
parler de *to talk about*
passer un examen *to take a test*
penser *to think*

ancien, ancienne *old, ancient*
assis, assise *seated*
autre *other*
barbant, barbante (colloq.) *boring*
cher, chère *expensive*
debout (invariable) *standing*
vrai, vraie *true*

aujourd'hui *today*
demain *tomorrow*
enfin *finally*
généralement *generally*
jamais *ever*
partout *everywhere*
peu *little*
pourquoi *why*
quand *when*
quelquefois *sometimes*
souvent *often*
trop *too much, too*

comme *like, as*
entre *between*
sur *on*

si *if*

ça va *O.K.*
Comment est (le professeur)? *What's the (professor) like?*
d'accord *agreed*
eh bien *well*
par exemple *for example*

le car (greyhound bus)

Chapitre 4

Au Restaurant

Vous aimez dîner dans un restaurant? Les Français le font° souvent: la cuisine est un art bien apprécié en France. Bien sûr, on ne va pas généralement à «La Tour d'Argent», restaurant très cher et très fameux à Paris! Mais les Français aiment bien fréquenter les bons petits restaurants de quartier.

le font *do it*

MENU

HORS-D'ŒUVRE

LA COQUILLE ST. JACQUES A LA PROVENCALE
SHELL OF SEA SCALLOPS SAUTEED

LE SOUFFLE AU FROMAGE
THE PUFFIEST CHEESE SOUFFLE

LA QUICHE LORRAINE
OPEN FACED HAM, CHEESE, BACON AND CUSTARD PIE

GRILLADES OU POISSONS

LE COQ AU VIN
CHICKEN SIMMERED IN RED WINE AND ONIONS AND MUSHROOMS

L'ENTRECOTE BORDELAISE
PRIME SIRLOIN STEAK WITH BORDELAISE SAUCE

LES FILETS DE SOLE BONNE FEMME
FILLETS OF SOLE WITH MUSHROOMS AND WINE SAUCE

DESSERTS

Café
Thé

LA MOUSSE AU CHOCOLAT
CHOCOLATE MOUSSE

LA PECHE MELBA
VANILLA ICE CREAM WITH MELBA PEACH

LA POIRE BELLE HELENE
VANILLA ICE CREAM WITH PEAR AND CHOCOLATE SAUCE

CAMEMBERT BRIE

Voir notre carte des vins au verso

Dans un restaurant français, vous commencez par examiner le menu, et vous choisissez° un nombre de plats. Pendant que° vous regardez le menu, le garçon pose le couvert.°

vous choisissez *you choose*   pendant que *while*
pose le couvert *puts down the place setting*

Si vous avez faim vous commandez, pour commencer, un hors d'oeuvre—du pâté, par exemple—et après, une grillade° ou du poisson avec des légumes. Le plat du jour, la spécialité du jour au restaurant, est souvent excellent. Si vous êtes comme les Français, vous mangez du pain avec chaque° plat, et vous commandez probablement° une bouteille de vin.

grillade *grilled meat*   chaque *each*
probablement *probably*

Vous terminez, bien sûr, par° du dessert et par du café. Enfin, le garçon apporte l'addition. Si le service est compris,° vous payez le prix indiqué sur le menu. Quand le menu dit «service 10% (ou 12 ou 15%) en plus»,° vous ajoutez° cette somme au prix du repas. En tout cas,° vous n'êtes pas obligé de laisser un pourboire. Mais si le repas a été° excellent, et le service bon, vous allez probablement laisser un peu de monnaie pour le garçon—comme les Français.

par *with*   compris *included*
en plus *in addition*   ajoutez *add*
en tout cas *in any case*
a été *has been*

questions

1. Les Français vont souvent à un restaurant très cher comme «La Tour d'Argent»? 2. Décrivez (*Describe*) les plats différents d'un dîner au restaurant. 3. Comment un repas français est-il différent d'un repas américain? 4. Qu'est-ce qui (*What*) termine le repas dans un restaurant français? 5. Si le service est bon, que (*what*) laissez-vous pour le garçon ou la serveuse?

votre point de vue

Regardez le menu français à la page 40 et commandez un repas entier. Vous êtes le (la) client(e); un(e) autre étudiant(e) est le garçon ou la serveuse. Puis, changez de rôle. (*Look at the French menu and order a full meal. You are the customer; another student is the waiter or waitress. Then change roles.*)

CONSTRUCTIONS

I. Present Tense of *avoir*; Expressions with *avoir*

ROGER: Bonjour, Philippe. Comment ça va? Tu *as l'air fatigué*.
PHILIPPE: Je n'*ai* pas *sommeil*, mais j'*ai* très *faim*. On déjeune ensemble, n'est-ce pas?
ROGER: D'accord. Je propose «Chez Antoine». Ce restaurant *a* un peu d'ambiance et on mange bien.

1. Philippe a-t-il l'air fatigué? 2. Est-ce que Philippe a sommeil? 3. Où vont Roger et Philippe? 4. Comment est «Chez Antoine»?

A. **Avoir** (*to have*) is an irregular verb in the present tense.

avoir

j' ai	nous avons
tu as	vous avez
il/elle a	ils/elles ont

Avez-vous un journal?   *Do you have a newspaper?*
Il a les livres, n'est-ce pas?   *He has the books, doesn't he?*
Ils ont un petit appartement.   *They have a small apartment.*

B. The verb **avoir** is often used in expressions indicating physical reactions such as being cold, hot, hungry, thirsty, where in English we use the verb *to be*. Some of these expressions and others are listed below. The prepositions in parentheses are used when a noun object or an infinitive follows. (**J'ai besoin de** travailler, **j'ai peur de** l'examen.)

avoir l'air (de)   *to seem*   avoir envie (de)   *to want*
avoir (vingt) ans   *to be (twenty) years old*   avoir peur (de)   *to be afraid (of)*
avoir besoin (de)   *to need*   avoir raison   *to be right*

avoir tort   *to be wrong*
avoir sommeil   *to be sleepy*
avoir froid   *to be cold*

avoir chaud   *to be hot*
avoir faim   *to be hungry*
avoir soif   *to be thirsty*

J'ai vingt ans.
Elle a faim et soif.
Nous avons besoin de repos.
Vous avez chaud?
Jeanne a l'air contente.
J'ai envie d'un coca.

I am twenty years old.
She is hungry and thirsty.
We need rest.
Are you warm?
Jeanne seems happy.
I feel like having a coke.

travaux pratiques

1. *Remplacez le mot en italique par les mots suggérés.*
   a. Il a *faim*.
      1. nous 2. Marie 3. Marie et Anne 4. tu 5. je 6. vous
   b. A-t-*elle* chaud?
      1. il 2. vous 3. nous 4. ils 5. on

2. *Répondez aux questions suivantes selon le modèle.*

   Pierre a peur. (et Jean?) → **Il a peur aussi.**

   1. Marie a l'air fatiguée. (et les camarades?)
   2. Nous avons besoin d'étudier. (et vous?)
   3. Pierre et Jean ont froid. (et Marie?)
   4. Elle a raison. (et nous?)
   5. J'ai envie de parler français. (et Jeanne et vous?)

3. *Donnez l'équivalent français des phrases suivantes.*

   1. You seem happy.
   2. I am hungry and thirsty.
   3. You are right.
   4. They need to study.
   5. We are hot and sleepy.
   6. He feels like going to the French restaurant.

votre point de vue

1. Quel âge avez-vous? 2. Au début de l'année scolaire, avez-vous l'air triste ou content(e)? 3. À la fin de l'année scolaire, les étudiants ont-ils besoin de repos (*rest*)? Et les professeurs? 4. Les professeurs ont-ils quelquefois tort? 5. Les jeunes ont-ils besoin de discipline? 6. Les femmes ont-elles besoin de libération?

II. Adjectives: Masculine, Feminine, and Plural; Position

ALICE: Je suis *heureuse* de dîner dans ce restaurant. La cuisine est *bonne* et pas trop *chère*.

43
quarante-trois   CHAPITRE QUATRE

GEORGES: Oui, c'est *sensationnelle*.
ALICE: Et je trouve l'ambiance très *intéressante* dans ce *vieux* quartier.

1. Pourquoi Alice est-elle heureuse de dîner dans le restaurant? 2. Comment Georges trouve-t-il le restaurant? 3. Comment est-ce qu'Alice trouve l'ambiance?

A. In Chapter 2 you saw the most common way of changing a masculine adjective to its feminine form: to add an **-e** to the masculine form.

Un homme compétent.	*A competent man.*
Une femme compétente.	*A competent woman.*

1. There are other patterns for changing an adjective from its masculine form to its feminine form.

Adjective ending **-eux** changes to **-euse**.

André est généreux.	*André is generous.*
Pauline est généreuse.	*Pauline is generous.*

Adjective ending **-f** changes to **-ve**:

Jean est actif.	*Jean is active.*
Sylvie est active.	*Sylvie is active.*

Adjective endings **-iel, -el, -il, -ien,** and **-on** double the last consonant and add **-e:**

C'est un cahier confidentiel.	*It is a confidential book.*
C'est une lettre confidentielle.	*It is a confidential letter.*
Le garçon est cruel.	*The boy is cruel.*
La fille est cruelle.	*The girl is cruel.*
Marc est canadien.	*Marc is Canadian.*
Anne est canadienne.	*Anne is Canadian.*
Il est gentil.	*He is nice.*
Elle est gentille.	*She is nice.*
Le pain est bon.	*The bread is good.*
La viande est bonne.	*The meat is good.*

Adjective ending **-er** changes to **-ère**:

C'est le dernier train.	*It's the last train.*
C'est la denière station de métro.	*It's the last subway station.*

Adjective ending **-eau** changes to **-elle**:

C'est un nouveau livre.	*It's a new book.*
C'est une nouvelle histoire.	*It's a new story.*
C'est un beau garçon.	*He's a handsome boy.*
C'est une belle fille.	*She's a beautiful girl.*

Adjective ending **-g** changes to **-gue**:

Le menu est long.	*The menu is long.*
La classe est longue.	*The class is long.*

Some feminine adjective endings are unpredictable.

Le pain est frais.	The bread is fresh.
La viande est fraîche.	The meat is fresh.
Le vin est blanc.	The wine is white.
La serviette est blanche.	The napkin is white.
C'est un vieux restaurant.	It's an old restaurant.
C'est une vieille maison.	It's an old house.
Ton père est fou.	Your father's crazy.
Ta mère est folle.	Your mother's crazy.

2. Some adjectives have two masculine forms. The second masculine form is used when the adjective is followed by a noun beginning with a vowel or an inaspirate **h**.

C'est un vieux livre.	It's an old book.
C'est un vieil arbre.	It's an old tree.
C'est un nouveau train.	It's a new train.
C'est un nouvel autobus.	It's a new bus.
C'est un beau garçon.	He's a handsome boy.
C'est un bel homme.	He's a handsome man.

B. The most common plural adjective formation is to add an **-s** to the singular adjective. There are other patterns.

Adjective ending **-eau** changes to **-eaux**:

Le nouveau train.	The new train.
Les nouveaux trains.	The new trains.
Le beau décor.	The beautiful décor.
Les beaux décors.	The beautiful décors.

Adjective ending **-al** changes to **-aux**:

Le dîner familial.	The family dinner.
Les dîners familiaux.	The family dinners.

Adjectives ending in **-s** and **-x** are the same in the plural as in the singular.

Jean est heureux.	Jean is happy.
Jean et François sont heureux.	Jean and François are happy.
Le cahier est gris.	The notebook is gray.
Les cahiers sont gris.	The notebooks are gray.

All feminine adjective endings take an **-s** in the plural.

Jeanne est heureuse.	Jeanne is happy.
Jeanne et Claire sont heureuses.	Jeanne and Claire are happy.

C. Most descriptive adjectives normally follow the nouns they modify.

C'est un homme intelligent.	He's an intelligent man.
Paul est un homme jaloux.	Paul is a jealous man.
C'est un livre noir.	It's a black book.

Certain very common adjectives normally precede the nouns they modify.

autre *other*	grand *big*	mauvais *bad*
beau *beautiful*	jeune *young*	petit *little*
bon *good*	joli *pretty*	vieux *old*
gentil *nice*	long *long*	

C'est un bel homme.   He's a handsome man.
C'est une jolie fille.   She's a pretty girl.
C'est une longue histoire.   It's a long story.
C'est un vieux quartier.   It's an old neighborhood.

Bon and **mauvais** generally precede the nouns they modify; with the expression **avoir l'air,** they follow.

C'est un bon livre.   It's a good book.
C'est une mauvaise histoire.   It's a bad story.
L'omelette a l'air bon.   The omelette looks good.

travaux pratiques

1. *Remplacez le mot en italique par la forme convenable des mots suggérés.* (Replace the word in italics with the correct form of the suggested words.)

   a. Pauline est *généreuse*.
      1. actif 2. beau 3. cruel 4. sérieux 5. gentil
   b. L'université est *grande*.
      1. bon 2. cher 3. nouveau 4. beau 5. vieux
   c. C'est un *grand* arbre.
      1. beau 2. vieux 3. petit 4. noir 5. nouveau

2. *Répondez aux questions suivantes selon le modèle.*

   Jean est intelligent. (et Jeanne?) → **Elle est intelligente aussi.**

   1. Antoine est généreux. (et Antoinette?)
   2. Georges est sportif. (et Georgette?)
   3. François est sérieux. (et Françoise?)
   4. Paul est beau. (et Pauline?)
   5. Christian est nouveau. (et Christiane?)
   6. Marcel est intelligent. (et Marcelline?)

3. *Répondez négativement aux questions suivantes. Ensuite faites des phrases affirmatives avec les adjectives entre parenthèses.* (Answer the following questions negatively. Then make affirmative sentences using the adjectives in parentheses.)

   La classe est barbante? (intéressant)
   → **Non, elle n'est pas barbante. Elle est intéressante.**

   1. Les filles sont-elles tristes? (content)
   2. Les garçons sont sympathiques? (fatigant)
   3. Josie et Nicole sont petites? (grand)
   4. Georges et Pierre sont-ils difficiles? (gentil)
   5. Les cousins de Jean sont jeunes? (vieux)
   6. Est-ce que Marie est raisonnable? (fou)

4. *Faites des phrases selon le modèle.*

Marie a un livre. Le livre est vieux. → **Marie a un vieux livre.**

1. Nous avons une cousine. Elle est belle.
2. Josie a un chapeau. Le chapeau est blanc.
3. Les étudiants ont un cours. Le cours est stimulant.
4. Tu as un ami. L'ami est sérieux.
5. Mme Duval a une fille. La fille est indépendante.
6. M. Cornet a un arbre. L'arbre est beau.
7. M. et Mme Dupont ont un fils. Le fils est jeune.

votre point de vue

1. La cuisine est-elle importante en France? en Amérique? 2. Les étudiants américains sont-ils en général sérieux ou frivoles? 3. Et les professeurs, ont-ils l'air indifférent, ou sont-ils sympathiques et gentils? 4. Êtes-vous sportif (sportive)? 5. Les Américaines sont-elles trop indépendantes? 6. Et les pères américains, sont-ils strictes ou indulgents, raisonnables ou déraisonnables?

III. Spelling Changes in Certain *-er* Verbs (like *manger, commencer, payer*)

FÉLIX: Je *commence* à avoir faim. On *mange* au restaurant?
SERGE: Oui, mais tu vas *payer*? Je n'ai pas d'argent. *Mangeons*-nous «Chez Antoine» ou à «La Source»?
FÉLIX: J'aime «Chez Antoine».

1. Félix a-t-il faim? 2. Qui (*who*) va payer le repas? Pourquoi? 3. Où Félix et Serge vont-ils déjeuner?

A. Verbs ending in **-cer** and **-ger** have an orthographic change in the **nous** form. This change is made in order to keep the "soft" -g and -c sound. For the **-cer** verbs a cedilla is added to the c (ç); for the **-ger** verbs an -e is added after the -g.

manger		commencer	
je mange	nous mangeons	je commence	nous commençons
tu manges	vous mangez	tu commences	vous commencez
il/elle mange	ils/elles mangent	il/elle commence	ils/elles commencent

Changer (*to change*) is conjugated like **manger**.

Nous mangeons «Chez Antoine».   *We eat at "Antoine's."*
Nous commençons à avoir faim.   *We are starting to get hungry.*
Nous changeons d'autobus.   *We are changing buses.*

B. Verbs ending in **-yer** change the -y to -i before a silent **e**, thus for all persons except **nous** and **vous**. **Payer** (*to pay*) is conjugated as follows:

payer	
je paie	nous payons
tu paies	vous payez
il/elle paie	ils/elles paient

Essayer (*to try*), **ennuyer** (*to bore*), and **envoyer** (*to send*) are conjugated like **payer**.

Tu paies l'addition? — You are paying the bill?
Elle n'essaie pas de travailler. — She is not trying to work.

travaux pratiques

1. *Faites des phrases selon le modèle.*

   a. Pierre/étudier. → **Pierre commence à étudier.**

   1. Je/avoir faim.
   2. Nous/envoyer les invitations.
   3. Vous/manger.
   4. Tu/être raisonnable.
   5. Les clients/examiner le menu.

   b. Marie/changer. → **Marie essaie de changer.**

   1. Je/trouver un travail.
   2. Les étudiants/parler français.
   3. Jean/être généreux.
   4. Nous/arriver à l'heure.
   5. Carole et vous/préparer l'examen.

2. *Changez les phrases suivantes du singulier au pluriel ou vice versa.*

   1. Je mange au restaurant.
   2. Tu paies le dîner?
   3. J'essaie de téléphoner au restaurant.
   4. Je commence à avoir faim.
   5. Vous ennuyez les camarades.

votre point de vue

1. Où allez-vous quand vous commencez à avoir faim? Et quand vous commencez à avoir soif? 2. Essayez-vous de travailler quand vous avez sommeil? 3. Mangez-vous souvent à l'université? Si oui, est-ce que les repas sont délicieux, passables ou immangeables? 4. Laissez-vous un pourboire dans un restaurant? Pourquoi ou pourquoi pas?

IV. Cardinal Numbers 1-20

LUCIE: Combien font *deux* et *deux*?
HENRI: *Deux* et *deux* font *quatre*; *quatre* et *quatre* font *huit* et *huit* et *huit* font

seize. Et puis, *seize* moins *huit* font *huit*; *huit* moins *quatre* font *quatre* et . . .

1. Deux et deux font six? 2. Combien font quatre et quatre? 3. Combien font seize moins huit?

The cardinal numbers from one to twenty are:

1 un, une	6 six	11 onze	16 seize
2 deux	7 sept	12 douze	17 dix-sept
3 trois	8 huit	13 treize	18 dix-huit
4 quatre	9 neuf	14 quatorze	19 dix-neuf
5 cinq	10 dix	15 quinze	20 vingt

Only the number *one* (**un, une**) changes when it modifies a feminine noun.

Huit et huit font seize. — Eight and eight are (literally, *make*) sixteen.

Combien font deux et deux? — How much are two and two?
Vingt moins deux font dix-huit. — Twenty minus two is eighteen.

—Combien d'étudiants sont dans la classe? — "How many students are in the class?"
—Il y a dix-neuf étudiants dans la classe. — "There are nineteen students in the class."

travaux pratiques

1. *Lisez les chiffres suivants en français.* (Read the following numbers in French.)

   2 1 7 13 11 5 6 20 18 12

2. *Comptez par deux de deux à vingt.* (Count from two to twenty by twos.)

   2, 4, . . .

3. *Répondez aux questions suivantes selon le modèle.*

   Combien font treize moins deux? → **Treize moins deux font onze.**

   1. Combien font dix et quatre?
   2. Combien font treize moins dix?
   3. Combien font six et huit?
   4. Combien font neuf moins cinq?
   5. Combien font dix-neuf et un?
   6. Combien font trois moins un?
   7. Combien font trois et seize?
   8. Combien font dix-huit moins quinze?

Pronunciation: Rounded Vowels

A. The rounded vowel /y/ is formed with the lips very pursed and very rounded. The tip of the tongue touches the lower teeth (as for /i/ pipe).

49
quarante-neuf

CHAPITRE QUATRE

KEY WORD: butte
Pronounce: une usine   jupe   dune
utile   ému   lune

B. The rounded vowel /ø/ is formed with the mouth almost closed. The lips are pursed and rounded. The tip of the tongue touches the lower teeth and the sides of the tongue are raised.

KEY WORD: deux
Pronounce: bleu   peu   feu
les yeux

C. The rounded vowel /œ/ is formed with the mouth open wider than for /ø/ deux. The lips are slightly pursed and rounded. The tip of the tongue touches the lower teeth. The sides of the tongue are raised.

KEY WORD: fleur
Pronounce: œuf   sœur   beurre   pleurs   œil
couleur   malheur   heure   spectateur

D. The rounded vowel /ə/ is called *mute* or *unstable*. It is very close to /œ/ fleur but the mouth is slightly less open. This vowel may or may not be pronounced, depending upon the preference of the speaker and its phonetic position.

KEY WORD: menu
Pronounce: monsieur   quelque chose
prenez   pardessus   vendredi

E. *Now that you have practiced these vowels individually, pronounce the following:*

Qu'est-ce que vous faites?   J'ai peur.
prenez   C'est utile.
Il donne la fleur à sa sœur.   C'est un malheur.

ACTIVITÉS

écrivez

Work with a partner to create as many sentences as possible within a time limit set by your instructor. Make sure that your sentences make sense!

Exemple: J'ai peur /quand/ préparer un examen.
→ **J'ai peur quand je prépare un examen.**

		parler français.
		être fatigué(e).
		écouter une conférence.
		ne pas déjeuner.
j'ai peur		travailler trop.
j'ai faim		regarder un menu.
j'ai l'air triste	quand	laisser un petit pourboire.
j'ai l'air content(e)		flâner sur le boulevard.
j'ai sommeil		échouer à l'examen.
		payer l'addition.
		retrouver des camarades.
		préparer un examen.
		dîner dans un mauvais restaurant.

décidez

Masculine and Feminine:

List under each heading the adjectives which you think apply in general to each sex. Adjectives which apply equally to both sexes should be listed in both columns. Compare your choices with those of your classmates.

compétent	cruel	généreux	réaliste
agressif	indépendant	intelligent	sérieux
difficile	subtil	sympathique	naïf
compliqué	sentimental	raisonnable	calme
sportif	inconstant	optimiste	actif
impossible			

Using the adjectives above, and from the previous lessons, describe the ideal man or woman.

L'homme idéal est . . .   La femme idéale est . . .

vocabulaire

l' **addition** (f) *check, bill*
l' **ambiance** (f) *atmosphere*
l' **an** (m) *year;* **avoir vingt ans** *to be twenty years old*
l' **arbre** (m) *tree*
la **bouteille** *bottle*
le **café** *coffee; café*
le **client,** la **cliente** *customer, patron*

CHAPITRE QUATRE

la **cuisine** *kitchen; cooking*
le **dessert** *desert*
le **dîner** *dinner*
la **fille** *daughter; girl*
le **fils** *son*
le **garçon** *waiter; boy*
le **hors-d'œuvre** *appetizer*
le **légume** *vegetable*
la **monnaie** *small change, money, coins*
le **pain** *bread*
le **plat** *dish;* **plat du jour** *daily specialty*
le **poisson** *fish*
le **pourboire** *tip*
le **prix** *price*
le **quartier** *neighborhood*
le **repas** *meal*
la **serveuse** *waitress*
la **somme** *total*
la **viande** *meat*
le **vin** *wine*

apporter *to bring*
avoir *to have*
changer *to change;* **changer de** *to change one thing for another*
commander *to order*
commencer (à) *to begin (to)*
compter *to count*
dîner *to dine, to have dinner*
ennuyer *to bore*
envoyer *to send*
essayer (de) *to try (to)*
laisser *to leave (behind)*
manger *to eat*
payer *to pay, to pay for*

actif, active *active*
agréable *pleasant*

beau, bel, belle *handsome, beautiful*
blanc, blanche *white*
bon, bonne *good*
cruel, cruelle *cruel*
délicieux, délicieuse *delicious*
fatigué, fatiguée *tired*
fou, folle *crazy*
généreux, généreuse *generous*
gentil, gentille *nice*
heureux, heureuse *happy*
idéal, idéale *ideal*
indépendant, indépendante *independent*
long, longue *long*
mauvais, mauvaise *bad*
noir, noire *black*
nouveau, nouvel, nouvelle *new*
raisonnable *reasonable*
sérieux, sérieuse *serious*
sportif, sportive *athletic*
stimulant, stimulante *stimulating*
triste *sad*
vieux, vieil, vieille *old*

avant *before (time)*
bientôt *soon*
combien *how much, how many;* **Combien font . . . ?** *How much are . . . ?*
ensemble *together*
moins *minus*
probablement *probably*
seulement *only*
tard *late*

avoir: See also the idioms with *avoir* on pp. 42-43
un peu de *a little*

La Publicité

Voilà des exemples de la publicité (*advertising*) française:

Peggy Sage aime les femmes belles et intelligentes

Ecusson de Cristal d'Arques: un cristal d'une solidité exceptionnelle.

Ecusson   *shield (name of pattern)*
solidité   *solidity*

un jean, des baskets, votre silver match, c'est le week-end!

baskets   *sneakers*
votre   *your*

29^F 50

SILVER MATCH
briquet pour le WEEK-END

53
cinquante-trois   **LA PUBLICITÉ**

bien elevée
  well brought-up
trouble *troubled*
occupé *occupied*

moins *less*

Activités

1. On emploie beaucoup d'adjectifs descriptifs dans ces réclames. Cherchez et donnez des exemples de ces adjectifs. (*Many descriptive adjectives are used in these advertisements. Look for and give examples of these adjectives.*)
2. Voilà une photographie sans légende. Essayez de créer une réclame pour le restaurant ou pour le vin ou pour les huîtres ou pour le pain. (*Here is a photograph without a caption. Try to create an advertisement for either the restaurant or the wine or the oysters or the bread.*)

LA PUBLICITÉ

votre point de vue

1. Trouvez-vous ces exemples de la publicité française agréables? Sont-ils frivoles ou sérieux? Sont-ils intéressants ou barbants? Sont-ils mauvais ou raisonnables? Avez-vous envie d'un de ces produits (*products*)?
2. Ces réclames sont-elles semblables (*similar*) à la publicité américaine ou sont-elles différentes?
3. Aimez-vous les réclames à la télévision? Donnez des exemples des réclames agréables ou désagréables (*disagreeable*).

LA PUBLICITÉ

Chapitre 5

Loisirs

il est huit heure do matin

C'est le début de la journée. J'ai beaucoup de choses à faire,° et pourtant° j'ai envie de tout faire sauf travailler. Alors je ferme les yeux, je rêve . . . Et me voilà au milieu des Alpes avec une amie spéciale, et le monde à mes pieds, au loin.° Et puis non . . . j'ai toujours trop froid dans les montagnes.

à faire *to do*   pourtant *yet*   au loin *in the distance*

il est midi

Alors nous allons à la Côte d'Azur.° Je trouve un camping parce que c'est bon marché° et je n'ai pas beaucoup à dépenser° . . . et me voilà sur la plage. Tout est paix,° je suis heureux. Soudain, j'ai mal à la tête. Pourquoi est-ce que j'attrape° toujours des coups de soleil?

Côte d'Azur *Mediterranean coast*   bon marché *inexpensive*   dépenser *to spend*
paix *peace*   j'attrape *I get*   coup de soleil *sunburn*

Les montagnes et la plage sont trop loin. Pourquoi ne pas chercher le confort à la terrasse d'un café avec des copains et une bonne conversation? Ça coûte peu et tout le monde est détendu.° Quelle° façon agréable de passer un après-midi paresseux!

        détendu *relaxed*   Quelle *What a*

Et le soir, si ça marche bien,° une pièce de théâtre . . . ou du moins° un film. Oui, je vais au cinéma avec Marcelle—si elle est libre. Le "Z" de Costa Gavras joue au Gaumont Palace. Revoir Yves Montand dans un film, c'est toujours une expérience extraordinaire. Et après, nous pouvons° flâner sur les boulevards et parler du film, peut-être jusqu'à très tard!°

    ça marche bien *things go well*
    du moins *at least*   nous pouvons *we can*
    jusqu'à très tard *maybe until very late*

questions

1. Le narrateur a-t-il envie de travailler? 2. Pourquoi ne trouve-t-il pas les Alpes tout à fait (*completely*) agréables? 3. Trouve-t-il la Côte d'Azur préférable? 4. Soudain il a mal à la tête. Pourquoi? 5. Comment va-t-il passer probablement l'après-midi? 6. Le café a-t-il certains avantages pour un paresseux? 7. Le narrateur va-t-il au théâtre le soir? 8. Après le film, que (*what*) va-t-on faire (*do*) jusqu'à très tard?

votre point de vue

1. Comment aimez-vous passer un après-midi paresseux? 2. Aimez-vous fermer les yeux et rêver? Où allez-vous dans vos (*your*) rêves? 3. Pour les vacances, allez-vous aux montagnes ou à la plage? Pourquoi? 4. Où allez-vous pour prendre quelque chose (*to have a bite of something*) et parler avec des copains? 5. Les étudiants américains vont-ils souvent au cinéma? Si non, pourquoi pas? Si oui, est-ce qu'ils cherchent au cinéma une expérience artistique sérieuse, comme les jeunes Français, ou seulement une distraction?

CONSTRUCTIONS

I. The Partitive — indefinite plural

PIERRE: Tu n'as pas *d*'argent? Alors voilà vingt francs—mais c'est la dernière fois.
MICHEL: Tu es généreux! Non, mais vraiment, merci. J'ai *de la* petite monnaie. On va au cinéma aujourd'hui et . . .
PIERRE: Et après au café . . . la belle soirée! Tu n'oublies pas que nous avons besoin *de* pain et *de* lait!
MICHEL: D'accord, je vais *en* chercher avant le film. À bientôt.

1. Est-ce que Pierre a de l'argent? 2. Michel a-t-il de la petite monnaie? 3. Pierre est-il généreux? 4. Quand est-ce que Michel va au cinéma? 5. De quoi (*what*) ont-ils besoin?

A. In Chapter 2 you learned that **des**, the plural of the indefinite article **un(e)**, expresses the idea of *some* with the nouns one can count: one student, two students, etc.

des étudiants   some students
des livres   some books

This plural **des** is in fact expressed three ways in English: by *some*, *any*, or the use of the noun alone.

Avez-vous des livres?   { Do you have some books?
 Do you have any books?
 Do you have books?

In the case of mass nouns—abstract nouns like *courage, patience, time, work*, etc., and concrete nouns which one speaks of in terms of measure rather than number, like *coffee, bread, money*, etc.—the idea of *some* is expressed by **de** + definite article: **du, de l', de la, des**. This form is called the partitive article.

du courage *(some) courage*   de la monnaie *some change*
de la glace *some ice cream*   de l'eau *some water*
du café *some coffee*   du travail *some work*

Here again, English has three equivalents: *some, any,* or the use of the noun alone.

Avez-vous de l'argent?   *Do you have some money?*
                         Do you have any money
                         Do you have money?

Mass nouns may also be spoken of in general terms, in which case one uses the definite article.

La patience est une vertu.   *Patience is a virtue.*
J'aime le lait.   *I like milk.*
L'argent est nécessaire.   *Money is necessary.*

Note that these statements apply not to *some*, but to *all* the patience, milk, and money in the world.

B. The indefinite and partitive articles are expressed by **de** alone after a negative verb.

J'ai un livre.   *I have a book.*
Je n'ai pas de livre.   *I don't have a (any) book.*

Il trouve des journaux.   *He finds some newspapers.*
Il ne trouve pas de journaux.   *He doesn't find any newspapers.*
                                    (He finds no newspapers.)

Tu as de l'argent.   *You have (some) money.*
Tu n'as pas d'argent.   *You haven't any money. (You have no money.)*

But the definite article is not affected by negation.

J'ai les bonbons.   *I have the candy.*
Je n'ai pas les bonbons.   *I don't have the candy.*

Il aime la discipline.   *He likes discipline.*
Il n'aime pas la discipline.   *He doesn't like discipline.*

C. The partitive and indefinite plural articles are dropped:

1. after most expressions of quantity: **beaucoup de** (*much, a lot of, many*), **peu de** (*little, few*), **combien de** (*how much, how many*), **assez de** (*enough*), **trop de** (*too much, too many*).

Vous avez beaucoup de patience?   *You have a lot of patience?*
Combien de places y a-t-il?   *How many seats are there?*
J'ai peu de temps.   *I don't have much time.*

2. after verbs followed by the preposition **de**.

   J'ai besoin d'argent. — I need money.
   Il manque d'intelligence. — He lacks intelligence.

   3. after the preposition **sans** (*without*).

   On n'entre pas sans billet. — You can't get in without a ticket.

D. The plural indefinite article **des** becomes **de** before a plural adjective.

J'ai de bons copains. — I have (some) good friends.
Il cherche de vieux livres. — He's looking for (some) old books.

But if the adjective is considered an essential part of the noun, the plural indefinite article remains **des**.

Il y a des jeunes filles dans la classe. — There are some girls in the class.
Elle mange des petits pois. — She's eating peas.

E. The pronoun **en** can replace nouns preceded by a partitive or indefinite article. It is placed before the verb.

Marie a des billets. — Marie has tickets.
Marie en a. — Marie has some.
Marie en a deux. — Marie has two.

—A-t-il des bonbons? — Does he have any candy?
—Oui, il en a. — Yes, he has some.

—Y a-t-il du café? — Is there any coffee?
—Oui, il y en a. — Yes, there is.

1. In the negative, **en** follows **ne** and thus precedes the verb.

Marie n'a pas de classes. — Marie has no classes.
Marie n'en a pas. — Marie doesn't have any.

Il en a. — He has some.
Il n'en a pas. — He doesn't have any.

2. In the interrogative with inversion, **en** precedes the verb.

Il en a. — He has some
En a-t-il? — Does he have any?

Y a-t-il du café? — Is there any coffee?
Oui, il y en a. — Yes, there is.
Y en a-t-il beaucoup? — Is there a lot?
Oui, il y en a assez. — Yes, there is enough.

travaux pratiques

1. Remplacez les mots en italique par la forme partitive des mots suggérés.

J'ai *du pain*.
1. le vin 2. l'eau 3. le temps 4. la soupe 5. la glace 6. la patience 7. le courage

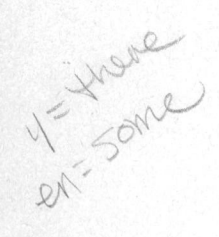

2. *Répondez affirmativement puis négativement aux questions suivantes selon le modèle.*

Avez-vous du pain? → **Oui, j'ai du pain.**
→ **Non, je n'ai pas de pain.**

1. Avez-vous des bonbons?
2. Avez-vous de la monnaie?
3. Avez-vous du vin?
4. Avez-vous de l'eau?
5. Avez-vous des billets?
6. Avez-vous de la patience?

3. *Changez les phrases suivantes du singulier au pluriel ou vice versa selon le modèle.*

C'est un joli chapeau. → **Ce sont de jolis chapeaux.**

1. C'est un vieux livre.
2. Ce sont de bons copains.
3. C'est un nouveau chapeau.
4. Ce sont des étudiantes intelligentes.
5. C'est un nouvel ami.
6. Ce sont de beaux arbres.

4. *Répondez affirmativement aux questions suivantes selon le modèle.*

Marie a des bonbons. (et Georges?) → **Il en a aussi.**

1. Les copains ont du vin. (et vous?)
2. Nous avons de l'argent. (et les filles?)
3. Pierre a des vices secrets. (et Nicole?)
4. Tu as du pain. (et nous?)
5. Christine a de la glace. (et Josie et vous?)

5. *Donnez l'équivalent français des phrases suivantes.*

1. Paul lacks courage. 2. Suzanne has patience. 3. The restaurant needs atmosphere. 4. He is without intelligence. 5. They have little time. 6. Do you have good friends at the university? 7. I have some. 8. I have too many. 9. I have two.

6. *Complétez les phrases suivantes avec un des articles entre parenthèses.*

1. J'aime _____ (du, le) pain. 2. _____ (Du, Le) communisme est dangereux! 3. Charles a _____ (des, les) problèmes énormes. 4. Ils détestent _____ (de la, la) violence. 5. Est-ce qu'elle a _____ (des, les) amis? 6. En général, _____ (des, les) Français sont très réalistes.

votre point de vue

1. Avez-vous de l'ambition? Est-ce une ambition excessive ou modeste? 2. Avez-vous de la patience? En avez-vous beaucoup ou peu? 3. Manquez-vous d'argent? 4. Les femmes manquent-elles d'intelligence? 5. Les hommes manquent-ils de tact? 6. Avez-vous souvent besoin de courage? Quand, par exemple? 7. Avez-vous des vices secrets? En avez-vous beaucoup ou peu? Est-ce que tout le monde en a?

II. Present Tense of -ir Verbs (like finir)

MARCEL: Tu *finis* bientôt les devoirs?
LOUIS: Non, je *réfléchis* au film d'hier soir. C'est un vrai tour de force!
MARCEL: Oui. Les films de Truffaut *réussissent* toujours bien.

1. Est-ce que Louis finit ses devoirs? 2. Louis trouve-t-il le film d'hier soir exceptionnel? 3. Comment sont les films de Truffaut, selon Marcel?

A. The second major group of French verbs has the infinitive ending in **-ir**. **Finir** (*to finish*), a regular verb of this group, is conjugated as follows:

finir	
je fin**is**	nous fin**issons**
tu fin**is**	vous fin**issez**
il/elle fin**it**	ils/elles fin**issent**

Some verbs conjugated like **finir** are:

choisir to choose	réfléchir (à) to reflect (on), to think (about)
obéir to obey	
réussir (à) to succeed (in), to pass (an exam)	remplir (de) to fill (with)

Paul réussit toujours aux examens.   Paul always passes his exams.
Le garçon remplit les verres.   The waiter fills the glasses.
Nous réfléchissons aux films   We are thinking about Bergman's
    de Bergman.   films.

travaux pratiques

1. *Remplacez le mot en italique par les mots suggérés.*

    a. Finissez-*vous* les devoirs?
        1. elle 2. ils 3. on 4. tu 5. nous
    b. *Elle* choisit un film.
        1. tu 2. Nicole et Marie 3. nous 4. ils 5. je

2. *Changez les phrases suivantes du singulier au pluriel ou vice versa selon le modèle.*

    Réussis-tu à terminer le travail? → **Réussissez-vous à terminer le travail?**
    Finissent-ils à minuit? → **Finit-il à minuit?**

    1. Obéit-il aux règles?   4. Tu réussis?
    2. Je choisis un film.   5. Vous réfléchissez?
    3. Nous remplissons les verres.

votre point de vue

1. Un miroir réfléchit sans parler. Parlez-vous sans réfléchir? 2. Peut-on (*Can one*) réussir sans argent? Si oui, de quoi (*what*) a-t-on besoin—d'industrie,

d'ambition, d'influence? 3. Obéissez-vous toujours à la loi? 4. Les Américains obéissent-ils en général à la loi? Voici une liste de certaines institutions et de certains groupes. À votre avis (*in your opinion*), lesquels (*which ones*) obéissent, et lesquels n'obéissent pas, à la loi?

les riches
les pauvres (*poor*)
la police
les étudiants
les journalistes
les syndicats (*unions*)
les grandes compagnies
les gangsters
les sénateurs
le F.B.I.
les révolutionnaires

III. Cardinal Numbers 21 and Above

20 vingt	21 vingt et un	22 vingt-deux
30 trente	31 trente et un	33 trente-trois
40 quarante	41 quarante et un	44 quarante-quatre
50 cinquante	51 cinquante et un	55 cinquante-cinq
60 soixante	61 soixante et un	66 soixante-six
70 soixante-dix	71 soixante et onze	77 soixante-dix-sept
80 quatre-vingts	81 quatre-vingt-un	88 quatre-vingt-huit
90 quatre-vingt-dix	91 quatre-vingt-onze	99 quatre-vingt-dix-neuf
100 cent	101 cent un	
200 deux cents	201 deux cent un	

1.000 mille
2.000 deux mille
1.000.000 un million
1.000.000.000 un milliard

1. In writing the numbers from 20 to 100, the conjunction **et** (*and*) is used in 21, 31, 41, 51, 61, and 71. All the other compound numbers below 100 are linked by hyphens.

   Il y a soixante et onze acteurs dans le film.
   Il y a quarante-quatre professeurs ici.

   There are seventy-one actors in the film.
   There are forty-four professors here.

2. The plural **quatre-vingts** and **cents** drop the -s when a number follows. **Mille** is invariable. **Un million** and **un milliard** are nouns and are followed by **de** when they precede a noun.

   Il y a quatre-vingt-quatre places dans la salle.
   Il y a deux mille livres dans la bibliothèque.
   Il a un million de francs.

   There are eighty-four seats in the room.
   There are two thousand books in the library.
   He has a million francs.

3. In writing arabic numerals, the French use periods where we use commas, and commas where we use periods.

Il y a 1.000 étudiants. There are 1,000 students.
0,25% des étudiants sont français. 0.25% of the students are French.

travaux pratiques

1. *Lisez, puis écrivez en français.*

425 **Quatre cent vingt-cinq**
80 **Quatre-vingts**

91	60	101	76
44	80	55	83
1,000	70	500	92

2. *Comptez par cinq de cinq à cent.*

5 . . . 10 . . .

votre point de vue

Estimez le prix (en dollars américains) des objets suivants.

un piano   **mille dollars**

1. un dîner dans un bon restaurant 2. un texte de français 3. un transistor 4. des jeans 5. deux places pour un film 6. une télévision en couleur 7. une nouvelle auto

IV. Time of Day

MARIANNE: Il est *10 heures du soir* et tu travailles toujours!
CHANTAL: Je termine bientôt. Vas-tu au musée demain?
MARIANNE: Oui, je vais passer *la journée* avec Jean au musée, puis nous allons dîner au restaurant.
CHANTAL: Je vais passer *la matinée* à la bibliothèque, puis il y a un bon film de Lelouche au Gaumont Palace. Il commence à *14 heures*.

1. Chantal travaille-t-elle encore? 2. Est-ce que Chantal va au musée? 3. Marianne et Jean vont-ils dîner au restaurant? 4. Chantal va-t-elle au cinéma? 5. Le film commence à 12 heures?

A. The French day is divided into:

le matin   *morning*   le soir   *evening*
l'après-midi (m)   *afternoon*   la nuit   *night*

The word for *day* (**le jour**) is lengthened to **la journée** when one speaks of the daytime spent or to be spent. Similarly **le matin** and **le soir** become **la matinée** and **la soirée**. No preposition is needed to translate *in the morning, in the afternoon,* etc.

Il travaille le jour. / He works days (by day).
Il travaille toute la journée. / He works all day.
J'ai des cours le matin. / I have courses in the morning (mornings).
Je vais passer la matinée à la bibliothèque. / I'm going to spend the morning at the library.
Ce soir nous allons au cinéma. / This evening we are going to the movies.

B. The two most common expressions for time are **Quelle heure est-il?** (*What time is it?*) and **À quelle heure . . . ?** (*At what time . . . ?*).

Quelle heure est-il? / What time is it?
Il est onze heures. / It is eleven o'clock.
À quelle heure dînez-vous? / At what time do you have dinner?
Je dîne à six heures. / I have dinner at six o'clock.

C. To express the time between the hour and the half-hour, state the hour plus the minutes past the hour.

Il est une heure dix. / It is 1:10.
Il est quatre heures vingt. / It is 4:20.
Il est onze heures vingt-cinq. / It is 11:25.

D. To express the time between the half-hour and the hour, subtract the number of minutes from the next hour by using **moins**.

Il est huit heures moins dix. / It is 7:50.
Il est deux heures moins cinq. / It is 1:55.
Il est neuf heures moins vingt. / It is 8:40.

E. A quarter past the hour and a quarter till the next hour are expressed by **quinze** or **quart**. Half past the hour is expressed by **trente** or **demie**.

Il est huit heures moins quinze (moins le quart). / It is 7:45.
Il est cinq heures quinze (et quart). / It is 5:15.
Il est huit heures trente (et demie). / It is 8:30.

Note that **demie** (*half*) is feminine in the previous example since it modifies **heure**. The words **midi** (*noon*) and **minuit** (*midnight*) are masculine in gender; therefore, 12:30 A.M. is **minuit et demi** and 12:30 P.M. is **midi et demi**.

F. The expressions **du matin** (*in the morning,* A.M.), **de l'après-midi** (*in the afternoon,* P.M.), and **du soir** (*in the evening,* P.M.) are sometimes added for precision.

Le train arrive à sept heures du matin. / The train arrives at 7:00 A.M.
Le film commence à huit heures du soir. / The film begins at 8:00 P.M.
La séance commence à deux heures de l'après-midi. / The showing begins at 2:00 P.M.

G. The twenty-four-hour system for telling time is much more widely used in France than in the United States. It is used in official and social announcements. It is necessary to be familiar with it in order to understand plane, bus, train, concert, film, and theater schedules as well as visiting hours for museums, hospitals, etc. When time is given on the radio, television, or by time information services, the twenty-four-hour system is used.

Il est 19 heures.	*It is 7:00* P.M.
Le train arrive à 14 heures.	*The train arrives at 2:00* P.M.

travaux pratiques

1. *Remplacez l'heure en italique par les heures suggérées.*

   La classe finit *à deux heures et quart.*

   1. at 12:00 noon 2. at 8:45 A.M. 3. at 9:30 A.M. 4. at 3:15 P.M. 5. at 11:05 A.M. 6. at 1:10 P.M.

2. *Répondez aux questions suivantes selon le modèle.*

   À quelle heure commence le cours? (10:15)
   → **Le cours commence à dix heures et quart.**

   1. À quelle heure déjeunez-vous? (12:30) 2. À quelle heure termine le cours de français? (2:20) 3. À quelle heure allez-vous au café? (4:15) 4. À quelle heure passez-vous l'examen? (3:00) 5. À quelle heure dînez-vous? (6:00) 6. À quelle heure allez-vous au cinéma? (7:00) 7. À quelle heure commence le film? (7:30).

3. *Faites des phrases avec les mots suggérés selon le modèle.*

   5:00/avoir faim → **À cinq heures, elle a faim.**

   1. 5:15/trouver un bon petit restaurant
   2. 5:30/regarder le menu
   3. 5:45/choisir du poisson et du vin blanc
   4. 6:00/commencer le dîner
   5. 6:30/finir le dîner
   6. 6:45/payer l'addition

votre point de vue

Décrivez une soirée avec les verbes suivants. Donnez l'heure de l'événement (event). Commencez par: «À trois heures, j'invite un(e) ami(e) au cinéma. À trois heures et demie on choisit un film.»

inviter un(e) ami(e) au cinéma
choisir un film
chercher le cinéma
regarder le film
aller au café
parler du film
trouver le film sensationnel, médiocre, ridicule, etc.

Pronunciation: Nasal Vowels

A. The nasal vowel /ɛ̃/ is formed with the tip of the tongue on the lower teeth. The opening of the mouth is the same as for /ɛ/, as in **verre**, but some air is allowed to escape through the nose.

KEY WORD: **vin**
Pronounce: train certain main sain
fin lapin vingt pain
Contrast: verre/vin mine/main
père/pain fine/fin

B. The nasal vowel /œ̃/ is formed with the tongue in the same position as for /ɛ̃/ **vin** but the lips are placed forward and rounded.

KEY-WORD: **brun**
Pronounce: **un** aucun chacun

In everyday conversation the pronunciation of **un** as /œ̃/ seems to be disappearing. It is being replaced by /ɛ̃/.

C. The nasal vowel /ɔ̃/ is formed with lips very rounded and forward. The mouth is almost closed and the tongue is pulled back.

KEY-WORD: **pont**
Pronounce: mon long nom
son don ils font c'est long
Contrast: donne/don mot/mon
pot/pont lot/long

D. The nasal vowel /ɑ̃/ has the same tongue position as for /ɑ/, as in **tasse**. The mouth is open and some air passes through the nose.

KEY-WORD: **blanc**
Pronounce: dans grand attends parents
enfant encore prends temps
j'en ai content Jean an
Contrast: bas/banc prenez/prends dit/dans
sa/sans terre/temps ta/attends

E. *Now that you have seen the four nasal vowels individually, pronounce the following:*

mon lapin vingt longs pains son vin
c'est le printemps elle a bon teint j'ai vingt ans
maintenant grand-parents son enfant

Activités

sondage

Use the form below as the basis for an interview with one or several classmates.

	d'accord	pas d'accord	sans opinion
1. Robert Redford est un bon acteur.			
2. Un étudiant sérieux obéit toujours au professeur.			
3. Les films français sont supérieurs aux films américains.			
4. La pornographie n'est jamais justifiée.			
5. Les actrices françaises sont toujours belles.			
6. Le public américain n'a pas de goût (taste).			
7. Les étudiants américains sont calmes, dociles, indifférents, sans passion et sans l'esprit (spirit) de révolte.			

décrivez

Describe your day at the university to another student. He or she will take notes as you talk and will then describe your day to the rest of the class. Don't forget to include the hour of each class, the hour when you have lunch, etc.— Here are the names of some of the courses you may be taking:

le cours de biologie, de mathématiques, de philosophie, d'anglais, de français, de sociologie, de psychologie, d'histoire, de géographie

situation

A friend has invited you to go to a film with him (her) this afternoon. You really have a lot to do and decide to decline the invitation. Explain why you can't go with him (her) and tell him (her) all the things you need to do instead. (Example: **J'ai besoin d'étudier, puis je vais . . .**)

vocabulaire

l' **acteur** (m) *actor;* l'**actrice** (f) *actress*
l' **après-midi** (m) *afternoon*
la **bibliothèque** *library*
le **billet** *ticket*
les **bonbons** (pl/m) *candy*
la **brièveté** *brevity*
la **chose** *thing*
le **cinéma** *movies; movie theater*
le **copain,** la **copine** *pal, chum, friend*
l' **eau** (f) *water*
l' **énigme** (f) *puzzle*
la **façon** *way*
la **fois** *time (occasion)*
le **franc** *franc*
la **glace** *ice cream*
l' **heure** (f) *hour*
la **jeune fille** *girl*
la **journée** *day; daytime*
le **lait** *milk*
la **loi** *law*
le **loisir** *leisure, spare time*
le **matin** *morning*
la **matinée** *morning*
le **midi** *noon*
le **minuit** *midnight*
le **monde** *world*
la **montagne** *mountain*
le **musée** *museum*
le **mystère** *mystery*
la **nuit** *night*
les **petits pois** (pl/m) *peas*
la **pièce de théâtre** *play*
le **pied** *foot*
la **place** *seat*
la **plage** *beach*
la **règle** *rule*
le **soir** *evening*
la **soirée** *evening*
le **temps** *time (quantity)*
la **tête** *head*
le **tour de force** *ingenious accomplishment*
le **verre** *glass*
les **yeux** (pl/m) *eyes*

choisir *to choose*
coûter *to cost*
décider *to decide*
fermer *to close*
jouer *to play*
manquer de *to lack*
montrer *to show*
obéir à *to obey*
oublier *to forget*
réfléchir (à) *to reflect (on), to think (about)*
remplir (de) *to fill (with)*
rêver *to dream*
réussir (à) *to succeed (in), to pass (an exam)*

libre *free*
métaphysique *metaphysical*
paresseux, paresseuse *lazy*

alors *then*
loin *far*
puis *then*
soudain *suddenly*
vraiment *really*

jusqu'à *until*
par *by*
sans *without*
sauf *except*

À bientôt. *See you soon.*
À quelle heure . . . ? *At what time . . . ?*
avoir mal à la tête *to have a headache*
hier soir *last night*
Me voilà. *Here I am.*
peut-être *perhaps*
Quelle heure est-il? *What time is it?*
tout *everything*
tout le monde *everyone*

Première Récapitulation

I. the present tense; the future with *aller*

Review regular **-er** verbs (Chapter 1) and regular **-ir** verbs (Chapter 5). Review also the irregular verbs **être** (Chapter 2), **aller** (Chapter 3), and **avoir** (Chapter 4).

A. *Changez les phrases suivantes du singulier au pluriel ou vice versa.*

1. Ils retrouvent Mme Duval. 2. Tu vas au café? 3. Nous étudions trop. 4. Elle passe l'examen. 5. Je suis optimiste. 6. Il a faim? 7. Vous terminez les études? 8. Nous avons raison. 9. Je cherche le chapeau. 10. Elles écoutent le professeur. 11. Tu as les billets? 12. Il va échouer. 13. Elle choisit la classe de sociologie. 14. J'obéis aux règles. 15. Ils finissent le repas.

B. *Changez les phrases suivantes selon le modèle.*

Il a peur. → **Il va avoir peur.**

1. Je vais au café. 2. Elle est sérieuse. 3. Il a sommeil. 4. Ils déjeunent. 5. Nous changeons de restaurant. 6. Tu étudies? 7. Le garçon apporte l'addition. 8. Vous réfléchissez aux problèmes de la vie.

II. negation (chapter 3)

Changez les phrases de l'exercice I.A. de l'affirmatif au négatif.

III. question formation (chapter 3)

A. *Faites au moins deux questions pour chacune des phrases suivantes selon le modèle.* (Form at least two questions for each of the following sentences according to the model.)

Oui, il écoute la conférence. → **Écoute-t-il la conférence?**
Est-ce qu'il écoute la conférence?
Il écoute la conférence?

1. Oui, elles réussissent toujours. 2. Non, je ne suis pas américaine. 3. Non, je n'invite pas tout le monde. 4. Oui, Jean-Pierre parle souvent aux jeunes filles. 5. Non, je n'aime pas la discipline.

B. *Changez les questions suivantes de l'affirmatif au négatif.*

1. Vas-tu au restaurant? 2. Avez-vous sommeil? 3. Examine-t-il le menu? 4. Vont-ils échouer?

IV. definite and indefinite articles with nouns (chapter 2)

Changez les noms suivants du pluriel au singulier.

1. des livres
2. des questions
3. les garçons
4. les animaux
5. des examens
6. des restaurants
7. les chapeaux
8. les étudiants
9. des travaux
10. des professeurs
11. les vertus
12. les filles

V. adjectives (chapter 2, chapter 4)

A. *Trouvez au moins un adjectif pour décrire chaque nom de l'exercice IV.*

B. *Changez les phrases suivantes selon le modèle.*

(sérieux) C'est une étudiante. → **C'est une étudiante sérieuse.**

1. (actif) Ce sont des étudiants. 2. (grand) Ce sont des garçons. 3. (cher) C'est un restaurant. 4. (bon) C'est une actrice. 5. (compétent) Ce sont des médecins. 6. (long) C'est une conférence. 7. (beau) C'est un appartement. 8. (difficile) Ce sont des problèmes. 9. (petit) C'est une maison. 10. (intéressant) C'est une matière.

VI. *de* and *à* with definite articles (chapter 3)

Remplacez le mot en italique par les mots suggérés.

a. C'est le livre du *professeur.*
  1. étudiant 2. garçon 3. fille 4. copains 5. étudiante
b. Je vais à l'*appartement.*
  1. plage 2. université 3. restaurant 4. cours 5. cinéma

72
soixante-douze

PREMIÈRE RÉCAPITULATION

VII. the partitive (chapter 5)

A. *Remplacez le mot en italique par les mots suggérés.*

Tu as de la *glace*?
1. pain 2. courage 3. vin 4. bonbons 5. argent 6. patience

B. *Donnez l'équivalent français des phrases suivantes.*

1. We like wine. 2. Do you have any change? 3. Coffee is very expensive. 4. I have no time. 5. I have a little. 6. Americans hate discipline! 7. You eat too much candy. 8. The restaurant lacks atmosphere.

VIII. dialogue en désordre

Complétez les phrases suivantes avec la forme correcte du verbe entre parenthèses. Ensuite mettez le dialogue dans un ordre cohérent et lisez le dialogue avec un(e) camarade.

JEAN: Tu _____ (demander) mon opinion? Les profs de philosophie _____ (poser) trop de questions difficiles et moi, je ne _____ (être) pas philosophe.

MICHEL: Tu _____ (être) plein *(full)* de questions, mon ami. Eh bien, oui, M. Leblanc _____ (être) fantastique. Les professeurs de philosophie _____ (être) toujours excellents. Tu ne _____ (trouver) pas?

JEAN: Maintenant, je _____ (aller) te poser une question très sérieuse. Est-ce qu'un étudiant de philosophie _____ (déjeuner) avec un étudiant d'anglais? Je t' _____ (inviter) au café.

MICHEL: Mais la philosophie _____ (être) très intéressante comme matière. Nous _____ (avoir) un excellent livre pour la classe et nous _____ (aller) parler des idées de Descartes, de Pascal, de . . .

JEAN: Salut, Michel! Comment _____ (aller) tu? Et comment _____ (aller) la classe de philosophie? Tu _____ (avoir) un bon professeur? Il _____ (être) stimulant?

MICHEL: J' _____ (accepter) avec plaisir. Mais à table, on _____ (parler) de Descartes. D'accord?

Chapitre 6

Le Thanksgiving à Québec

Voilà la ville de Québec, capitale de la province canadienne du même nom. Fondé° par l'explorateur français Samuel de Champlain en 1608, Québec a aujourd'hui une population de 499.000 habitants. Une grande partie de l'ancienne ville—où est située l'Université Laval— reste très bien préservée. Et partout à Québec, on entend parler français.°

fondé *founded*
on entend parler français *one hears French spoken*

Danielle, une jeune Française, enseigne le français dans une école à Québec. Thomas est un jeune Canadien. Il sort avec Danielle. Danielle est invitée à passer la journée avec la famille de Thomas. C'est le Thanksgiving, fête nationale et religieuse célébrée en octobre. Le Thanksgiving n'existe pas en France et Danielle est curieuse: c'est son premier Thanksgiving.

Le matin, comme beaucoup de personnes, la famille va à l'église. On assiste à la messe à la Basilique de Notre-Dame des Victoires. Danielle s'intéresse à° cette cathédrale impressionnante du dix-septième siècle. Après la messe, la famille va déjeuner au Château Frontenac. Cet hôtel bien connu partout dans le monde ressemble à un château français du dix-septième siècle.

s'intéresse à *is interested in*

Après on va flâner le long du Saint-Laurent. Il y a à Québec le long du fleuve° une jolie promenade où tout le monde aime marcher, s'asseoir sur un banc° et regarder le beau paysage en tous sens.° Enfin, on va chez la grand-mère de Thomas. On va beaucoup manger ce jour-ci parce qu'elle prépare pour le dîner une dinde, une tourtière° et une tarte au sucre,° délicieuses spécialités québécoises. Le Thanksgiving est vraiment formidable, pense Danielle, et comme toute° la famille, elle décide d'oublier son° régime pour un jour!

le fleuve *river*
s'asseoir sur un banc *to sit down on a bench*
en tous sens *in all directions*
une tourtière *a Canadian meat pie*
une tarte au sucre *a sugar pie*
toute *all*   son *her*

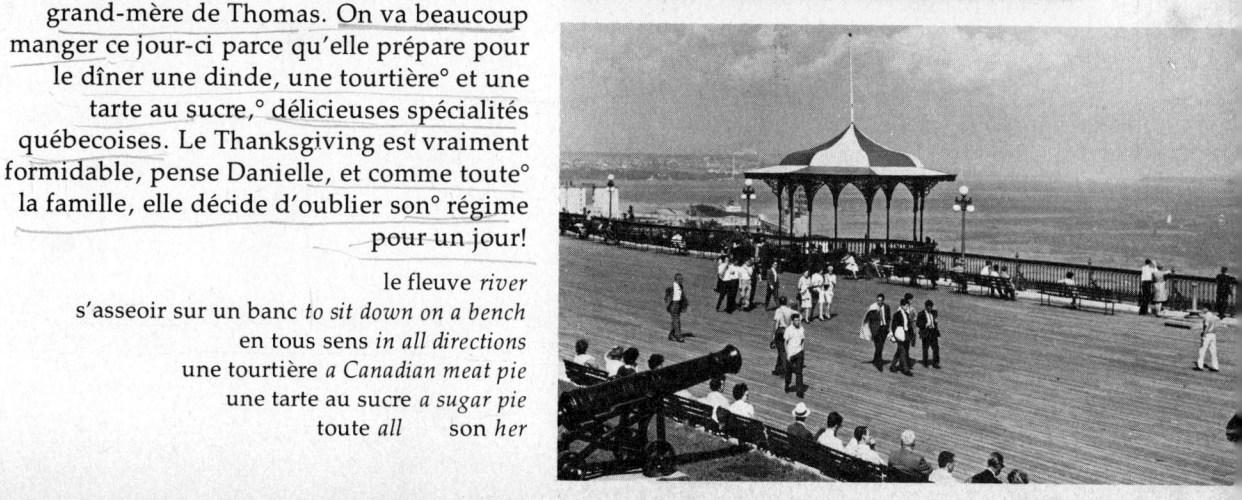

questions

1. La ville de Québec est-elle très ancienne? 2. L'influence française est-elle évidente aujourd'hui à Québec? Si oui, donnez un exemple. 3. Pourquoi Danielle est-elle à Québec? 4. D'où est Thomas? 5. Qu'est-ce (*What is*) le Thanksgiving? 6. Le matin, où va la famille de Thomas? 7. Où va-t-on déjeuner? 8. Où marche la famille de Thomas? 9. Qui (*who*) prépare le repas de Thanksgiving? 10. Danielle est-elle contente de ce Thanksgiving? Quelle décision fait-elle (*does she make*)?

votre point de vue

1. Trouvez-vous le Thanksgiving québecois très différent du Thanksgiving américain? 2. Le Thanksgiving est-il une fête religieuse aux États-Unis, à votre avis (*in your opinion*)? 3. Avez-vous envie de voyager au Québec? 4. Le Québec va être un jour indépendent du Canada, à votre avis?

Constructions

I. Possessive Adjectives

GISELLE: Combien êtes-vous dans *ta* famille?
SALLY: Nous sommes sept. Il y a *mon* père, *ma* mère, *mes* deux frères et *mes* deux sœurs.
GISELLE: Nous sommes cinq. J'ai un frère et une sœur.
SALLY: Je suis contente d'avoir l'occasion de dîner chez *ta* famille demain soir.
GISELLE: *Mes* parents sont contents aussi, mais surtout *ma* petite sœur. Elle va utiliser *son* anglais. Ce sont *ses* livres d'anglais sur la table.

1. Combien de personnes y a-t-il chez Sally? 2. Sally a-t-elle une sœur? 3. Est-ce que Sally est contente d'aller chez Giselle? 4. Pourquoi la petite sœur de Giselle est-elle contente?

A. Possessive adjectives show ownership. The singular forms of possessive adjectives (corresponding to **je, tu, il,** and **elle**) show the gender of the noun which is possessed. Contrary to English, the third person singular forms do not distinguish between *his* and *her*. If a noun is feminine, the possessive adjective is feminine; if the noun is masculine, the possessive adjective is masculine; if the noun is plural, the possessive adjective is plural, regardless of the possessor (**son livre, sa classe, ses cahiers**).

Possessive Adjectives

MASCULINE SINGULAR	FEMININE SINGULAR	PLURAL	
mon	ma	mes	my
ton	ta	tes	your
son	sa	ses	his/her
notre	notre	nos	our
votre	votre	vos	your
leur	leur	leurs	their

Elle travaille avec sa sœur et son frère.
Leur mère est architecte.
Il dîne chez ses parents.
Aimez-vous votre université et vos études?

She works with her sister and her brother.
Their mother is an architect.
He is having dinner at his parents' home.
Do you like your university and your studies?

B. Before a vowel or an inaspirate *h*, **mon** is used in place of **ma**, **ton** in place of **ta**, and **son** in place of **sa**.

As-tu sa nouvelle adresse?
Oui, j'ai son adresse.
C'est son autre sœur.

Do you have his/her new address?
Yes, I have his/her address.
That's his/her other sister.

travaux pratiques

1. Remplacez les mots en italique par les mots suggérés.

   Danielle oublie *son* régime.
   1. je/mon 2. il/son 3. tu/ton 4. nous/notre 5. Marianne et Chantal/leur

2. Changez les phrases suivantes du singulier au pluriel ou vice versa selon le modèle.

   Ma cousine est petite. → **Mes cousines sont petites.**

   1. Ma sœur est pessimiste.
   2. Leurs cousins sont sportifs.
   3. Leurs conférences sont stimulantes.
   4. Mes amis vont à Québec.
   5. Son chapeau est sensationnel.
   6. Notre copain réussit toujours.

3. Répondez aux questions suivantes selon le modèle.

   Ce sont les cahiers de Georges? → **Oui, ce sont ses cahiers.**
   C'est ton frère? → **Oui, c'est mon frère.**

   1. Ce sont les camarades de Pierre?
   2. C'est la mère de tes copains?
   3. Ce sont les livres des garçons?
   4. C'est votre appartement?
   5. C'est ton église?
   6. Ce sont les parents de Françoise et Giselle?

votre point de vue

1. Est-ce que votre Thanksgiving est formidable? 2. Est-ce que votre famille oublie son régime pour le Thanksgiving? 3. Êtes-vous content(e) de vos cours? 4. Vos parents sont-ils contents de leurs occupations? 5. Êtes-vous toujours d'accord avec vos professeurs? 6. Est-ce que vous critiquez (*criticize*) souvent votre père et son point de vue?

II. Present Tense of *-ir* Verbs (like *partir*)

ADÈLE: Je vais passer le week-end de Thanksgiving avec Giselle et ses parents à l'Île du Prince Édouard.
ÉDITH: Formidable! *Partez*-vous demain?
ADÈLE: Oui, on *part* demain matin à six heures.
ÉDITH: Vous *partez* tôt.
ADÈLE: Oui, mais on va *dormir* dans l'autocar.

1. Adèle va-t-elle passer le week-end avec Édith? 2. Édith va-t-elle partir avec Adèle? 3. Adèle part-elle demain après-midi? 4. À quelle heure partent Adèle et Giselle? 5. Où vont-elles dormir?

A. In Chapter 5 you saw the present tense of **-ir** verbs conjugated like **finir**. Another group of **-ir** verbs is conjugated like **partir** (*to leave*). To obtain the singular forms, drop the **-ir** and preceding consonant and add the endings **-s**, **-s**, and **-t**. For the plural forms, drop only the **-ir** and add the endings **-ons**, **-ez**, and **-ent**.

partir

je pars	nous partons
tu pars	vous partez
il/elle part	ils/elles partent

Some verbs conjugated like **partir** are:

sortir	to go out	servir	to serve
mentir	to lie	sentir	to feel, to sense, to smell
dormir	to sleep		

Un menteur ment toujours. — A liar always lies.
À mon avis, tu ne dors pas assez. — In my opinion, you do not sleep enough.
Ils dorment bien. — They are sleeping well.
La grand-mère sert la dinde. — The grandmother serves the turkey.
Nous sentons le danger. — We sense the danger.
La soupe sent bon. — The soup smells good.

travaux pratiques

1. Remplacez le mot en italique par les mots suggérés.

a. *On* part demain matin.
   1. mes amis 2. nous 3. leur cousine 4. vous 5. je
   b. *Tu* ne dors pas assez.
   1. nous 2. son frère. 3. vous 4. les jeunes. 5. je

2. *Changez les phrases suivantes du singulier au pluriel ou vice versa selon le modèle.*

   Le pain sent bon. → **Les pains sentent bon.**

   1. Mon camarade ne ment pas.
   2. Je sers le hors-d'œuvre.
   3. Vous mentez!
   4. Nous dormons trop.
   5. Partez-vous demain?
   6. Il sent un parfum.

3. *Donnez la forme correcte des verbes entre parenthèses. Ensuite lisez le dialogue avec un(e) camarade.*

   JEAN: Tu _____ (sortir) ce soir avec les copains?
   MARIE: Non, j'ai très sommeil. J'ai besoin de _____ (dormir) ce soir.
   JEAN: Oh, tu _____ (dormir) trop, Marie. Et ton frère, il _____ (sortir) avec nous, n'est-ce pas?
   MARIE: Non, mon frère et mon père _____ (partir) pour Paris à dix-sept heures.
   JEAN: Eh bien, je _____ (sortir) avec Michel et Christine. À demain.

votre point de vue

1. Aimez-vous dormir tard?   2. Combien d'heures dormez-vous la nuit?
3. Est-ce que vous dormez assez? 4. Est-ce que vous sortez souvent? Où allez-vous? 5. Est-ce que vous mentez un peu quelquefois? 6. Vos camarades mentent-ils souvent? 7. Et le gouvernement? 8. Alors, sommes-nous tous (*all*) des menteurs?

III. Interrogatives

   ANNE: *Quels* sont tes projets pour le week-end?
   JEANNE: Je vais chez Marie-Claude.
   ANNE: Marie-Claude? *Qui* est-ce? *Où* habite sa famille?
   JEANNE: C'est une fille dans mon cours de français. Elle habite Montréal.
   ANNE: Tu as de la chance! Alors, bon week-end!

1. Avec qui Anne va-t-elle passer le week-end?   2. Qui est Marie-Claude?
3. Où habite sa famille?

A. The interrogative adjective **quel** asks *which* or *what*, and agrees in number and in gender with the noun it modifies.

	quel	
	SINGULAR	PLURAL
MASCULINE	quel	quels
FEMININE	quelle	quelles

| Quelle heure est-il? | What time is it? |
| Quel est son nom? | What is his/her name? |

1. Quel is often preceded by a preposition:

| Pour quelle raison étudiez-vous le français? | For what reason do you study French? |
| De quelle façon passe-t-elle le Thanksgiving? | In what way does she spend Thanksgiving? |

2. Quel can also be used as an exclamation, and then it means *what (a) . . . !*

| Quel bon film! | What a good movie! |
| Quelles jolies promenades! | What beautiful walks! |

B. **Qui** is an interrogative pronoun used for people. As a subject it means *who*. The forms **qui** and **qui est-ce qui** may be used as subjects.

| Qui est dans la cuisine? | Who is in the kitchen? |
| Qui est-ce qui est dans la cuisine? | Who is in the kitchen? |

For an object, **qui** and **qui est-ce que** are used. With **qui** the subject and verb are inverted; with **qui est-ce que,** they are not. These forms can be used either as direct objects or as objects of prepositions.

| Qui cherchez-vous? | Whom are you looking for? |
| Qui est-ce que vous cherchez? | Whom are you looking for? |

| De qui parles-tu? | Whom are you speaking about? |
| De qui est-ce que tu parles? | Whom are you speaking about? |

C. **Qu'est-ce qui**, meaning *what*, is the subject form of the interrogative pronouns used for things.

| Qu'est-ce qui vous scandalise? | What shocks you? |

For a direct object, **que** and **qu'est-ce que** are used, with the appropriate word order.

| Que servez-vous? | What are you serving? |
| Qu'est-ce que vous servez? | What are you serving? |

After prepositions, **quoi** is used instead of **que**.

| De quoi avez-vous besoin? | What do you need? |
| À quoi pensez-vous? | What are you thinking about? |

To ask for a definition, **qu'est-ce que** or **qu'est-ce que c'est que** is used.

Qu'est-ce que le Thanksgiving? *What is Thanksgiving?*
Qu'est-ce que c'est qu'un «tour de force»? *What is a "tour de force"?*

D. **Lequel** (*which* or *which one*) is an interrogative pronoun used when the question indicates a choice for which a specific response is expected. The number and gender of **lequel** correspond to that of the noun referred to. The forms of **lequel** are:

lequel

	SINGULAR	PLURAL
MASCULINE	lequel	lesquels
FEMININE	laquelle	lesquelles

Laquelle des pièces préfères-tu? *Which of the plays do you prefer?*
Lesquelles des filles sont invitées? *Which of the girls are invited?*

As with the definite articles, **à** and **de** contract with the masculine singular and the plural forms of **lequel**.

Il parle d'un de vos amis. *He's talking about one of your friends.*
Duquel parle-t-il? *Which one is he talking about?*
Ils vont dîner au restaurant. *They're going to eat at the restaurant.*
Auquel vont-ils? *Which one are they going to?*

E. **Où** means *where*.

Où habite ta famille? *Where does your family live?*
Où va-t-on dîner? *Where are we going to dine?*
D'où est Marie? *Where is Marie from?*

travaux pratiques

1. *Faites des questions avec* **qui** *et* **qui est-ce qui**, *selon le modèle.*

   Marie est dans la cuisine. → **Qui est dans la cuisine?**
   Qui est-ce qui est dans la cuisine?

   1. Paul sert les sandwiches.
   2. Danielle enseigne le français.
   3. Nous partons tôt.
   4. Il ne dort pas assez.

2. *Faites des questions avec* **que** *et* **qu'est-ce que**, *selon le modèle.*

   Monsieur Renoir cherche un taxi. → **Que cherche Monsieur Renoir?**
   Qu'est-ce que Monsieur Renoir cherche?

   1. Madame LaSalle paie l'addition.
   2. Il déteste l'injustice.
   3. Vous commencez le travail.
   4. Nous finissons nos projets.

3. *Faites des questions avec* **est-ce que**, *selon le modèle.*

   Pour qui travaillez-vous? → **Pour qui est-ce que vous travaillez?**

   1. Que regardez-vous?
   2. De quoi a-t-on besoin?
   3. Avec qui dînez-vous?
   4. À qui téléphone-t-elle?
   5. Que cherchez-vous?

4. *Faites des questions avec* **qui, quoi,** *ou* **où,** *selon les modèles.*

Je travaille pour *mon père.* → **Pour qui travaillez-vous?**
Il a besoin *de son auto.* → **De quoi a-t-il besoin?**

1. Elle parle *au professeur.*
2. Marie sert des sandwiches *à Paul.*
3. J'ai besoin *de mon transistor.*
4. Il arrive *de Paris.*
5. Je réfléchis *au film.*
6. Elle va passer le week-end *chez Marie.*

5. *Faites des questions avec* **qu'est-ce que** *ou* **qu'est-ce que c'est que,** *selon les modèles.*

C'est un camping. → **Qu'est-ce qu'un camping?**
C'est la rentrée. → **Qu'est-ce que c'est que la rentrée?**

1. C'est un lycée.
2. C'est le bac.
3. C'est une fête.
4. C'est la Côte d'Azur.

6. *Faites des questions avec* **lequel,** *selon le modèle.*

Un des professeurs d'anglais est américain. → **Lequel?**

1. Une des copines de Marie est socialiste.
2. Deux de ses cousines sont architectes.
3. Trois de mes cours sont très difficiles.
4. Ils préparent un de leurs examens.
5. Je cherche deux de mes cahiers.
6. Un de mes camarades part demain.

7. *Donnez l'équivalent français des phrases suivantes.*

1. What time are we going to have dinner?
2. What do you think of my plans?
3. What is she afraid of?
4. With whom are you going out?—I'm going out with Pierre.
5. What are you talking about?

votre point de vue

1. Qu'est-ce qui vous scandalise le plus (*the most*): la corruption, la pollution ou la violence? 2. Lequel des présidents américains admirez-vous le plus? Lequel admirez-vous le moins (*the least*)? 3. De quoi avez-vous vraiment peur? 4. Que pensez-vous du Concorde? Est-ce une catastrophe pour l'environnement ou un tour de force technologique extraordinaire? 5. De quoi avez-vous le plus besoin—d'argent, d'amis, de succès, d'aventure ou de calme?

IV. Months, Dates, Seasons, and Days of the Week

DENIS: Nous sommes à la fin de *novembre. L'hiver* arrive!
GEORGES: Bravo! Dans deux *mois,* à la fin de *janvier,* on va skier au Mont Tremblant.

DENIS: On va travailler beaucoup pour mériter les vacances.
GEORGES: On va travailler pendant *la semaine* mais pas *le week-end*—c'est pour les loisirs.

1. C'est quel mois? 2. Qu'est-ce qu'on va faire (*do*) dans deux mois? 3. Comment Denis et Georges vont-ils mériter les vacances? 4. Quelle distinction fait Georges (*does Georges make*), entre la semaine et le week-end?

A. L'an (*year*) generally becomes l'année when not preceded or followed by a number.

Elle passe deux ans à Paris.	*She is spending two years in Paris.*
Elle passe toute l'année à Paris.	*She is spending the whole year in Paris.*

The months of the year are not capitalized in French.

Les mois de l'année sont:

janvier	*January*	mai	*May*	septembre	*September*
février	*February*	juin	*June*	octobre	*October*
mars	*March*	juillet	*July*	novembre	*November*
avril	*April*	août	*August*	décembre	*December*

Nous partons au début de novembre.	*We are leaving at the beginning of November.*
Il arrive au milieu de juin.	*He is arriving in the middle of June.*
Nous sommes en janvier.	*This is January.*
Elle va à Québec au mois de mars.	*She is going to Quebec in March.*

B. The seasons are masculine and are not capitalized.

Les saisons sont:

l'hiver	*winter*	l'été	*summer*
le printemps	*spring*	l'automne	*fall*

In the spring is **au printemps; en** is used with the other seasons to mean *in.*

Il neige en hiver.	*It snows in the winter.*
Il pleut au printemps et en automne.	*It rains in the spring and in the fall.*
Nous partons en été.	*We are leaving in the summer.*

C. The days of the week are masculine and are not capitalized.

Les jours de la semaine sont:

lundi	*Monday*	jeudi	*Thursday*	samedi	*Saturday*
mardi	*Tuesday*	vendredi	*Friday*	dimanche	*Sunday*
mercredi	*Wednesday*				

La conférence va avoir lieu mercredi.	*The lecture is going to take place (on) Wednesday.*
—Quel jour sommes-nous aujourd'hui?	*What day is it today?*
—C'est aujourd'hui jeudi.	*Today is Thursday.*

The definite article **le** precedes a day of the week to indicate that an action or event is habitual.

Le dimanche je vais à l'église.   *On Sunday (Sundays) I go to church.*

D. In French the order given in a date differs from English. The day of the month precedes the name of the month: **le 12 janvier** (*January 12*). The ordinal number **premier** (*first*) is used for the first day of the month; all other dates use cardinal numbers. The article **le** precedes the day of the month.

Anne fête son anniversaire le 16 juin.   *Anne celebrates her birthday on June 16.*
C'est aujourd'hui le 15 février.   *Today is February 15.*
C'est le premier avril.   *It's April 1.*
15/2/78   2/15/78

travaux pratiques

1. *Donnez la date des fêtes suivantes selon le modèle.*

   Columbus Day → **12/10—le douze octobre**

   1. Christmas Day
   2. Valentine's Day
   3. your birthday
   4. U.S. Independence Day
   5. Bastille Day (July 14)
   6. April Fool's Day
   7. New Year's Day
   8. St. Patrick's Day

2. *Complétez les phrases suivantes avec une forme de* **quel**. *Puis, répondez en français aux questions.*

   1. _____ jour sommes-nous aujourd'hui?
   2. _____ heure est-il?
   3. _____ sont les jours de la semaine?
   4. _____ est la date aujourd'hui?
   5. _____ est le quatrième mois de l'année?
   6. En _____ mois commencent les grandes vacances?

votre point de vue

1. Quelle saison n'aimez-vous pas? Pourquoi? 2. En quelle saison travaillez-vous beaucoup? 3. Quel jour de la semaine trouvez-vous désagréable? Pourquoi? 4. Quels jours de la semaine avez-vous des cours? 5. Quelle est la date de votre anniversaire?

Pronunciation: Consonants /p/, /t/, and /k/

A. The consonants /p/, /t/, and /k/ have *no* aspiration when they are found at the beginning of a word. Avoid the "h" sound which occurs in English in such words as t^hake, c^hool, etc.

1. KEY-WORD: **p**ipe
   Pronounce: **pa**pe **pa**in   **pa**rdessus **pa**tron
              père **pe**tit   **pn**eu   **po**nt
              poche **pa**rfum   **pea**u   **pla**t

2. KEY-WORD: **t**asse
   Pronounce: **ta**ble **ta**xi   **té**léphone **ta**bleau
              train **trè**s   **tr**ouver   **to**mate
              trop   **th**é   **tê**te   **tr**ou

3. For the consonant /k/ there are four spellings.

   KEY-WORD: **q**uai
   Pronounce: **c**afé   **qu**oi   **k**ilomètres a**cq**uitté
              caisse   **qu**art **k**ilo   a**cq**uis
              campagne **qu**e   **k**iosque

B. *Now that you have seen the consonants /p/, /t/, /k/, pronounce the following:*

petit **p**ain   un **qu**art   **qu**el **tr**ain
petit **p**ont   une **t**élévision la **c**uisine **p**référée

L'ÎLE DU PRINCE-ÉDOUARD

Activités

situation

Sometimes French people telephone an invitation and then follow it up with a written invitation. Imagine that you are going to invite someone by telephone to an affair you are planning. Work with a partner to create a telephone conversation. Use the conversation below as a model.

MARIE: Allô.
JEANNE: Bonjour, Marie. Ici Jeanne.
MARIE: Ah, bonjour Jeanne. Comment vas-tu?
JEANNE: Très bien, merci. Et toi?
MARIE: Pas mal, merci.
JEANNE: Mes parents arrivent de New York lundi matin. Je t'invite à dîner mardi le 18 à 20 heures 30. Tu es libre mardi soir?
MARIE: Je suis libre et j'accepte avec plaisir. C'est sensationnel.
JEANNE: Au revoir, Marie. À mardi soir.
MARIE: Au revoir, Jeanne, et merci beaucoup.

décrivez

Charles Dupont   Marie Lenoir Dupont
(8 avril 1932)   (9 mai 1934)

Pierre   Étienne   Antoinette
(5 mars 1954) (1er juin 1965) (15 février 1958)

Describe Étienne's family. You might begin with «**Son père s'appelle Charles. Il a ____ ans.**» When you have finished, draw a similar family tree for yourself and then write a description of your family.

vocabulaire

l' **année** (f) *year*
l' **anniversaire** (f) *birthday*
l' **autocar** (m) *interurban bus*
le **baccalauréat/bac** *baccalaureate*
le **cousin**, la **cousine** *cousin*
la **dinde** *turkey*
l' **église** (f) *church*
la **famille** *family*
la **fête** *holiday*
le **frère** *brother*
la **grand-mère** *grandmother*
le **menteur**, la **menteuse** *liar*
la **mère** *mother*
la **messe** *mass (in a church)*
le **nom** *name*
la **partie** *part*
le **paysage** *landscape, scenery*
le **père** *father*
le **plaisir** *pleasure*
le **projet** *plan*
le **régime** *diet*
la **saison** *season*
le **siècle** *century*
la **sœur** *sister*
la **ville** *city, town*

assister à *to attend*
dormir *to sleep*
enseigner *to teach*
habiter *to live, to reside*
mentir *to lie*
mériter *to earn*
partir *to leave*

penser (à) *to think (about)*
rentrer *to return, to go home*
ressembler à *to resemble*
rester *to remain*
scandaliser *to shock*
sentir *to feel, to sense, to smell*
servir *to serve*
skier *to ski*
sortir *to go out*

ancien, ancienne *old; (before the noun) former*
canadien, canadienne *Canadian*
connu, connue *known*
formidable ~~*terrible*~~
impressionnant, impressionnante *impressive*
invité, invitée *invited*
premier, première *first*

chez *at the house (office, place) of*
pendant *during*

à mon avis *in my opinion*
avoir de la chance *to be lucky*
avoir de l'occasion (f) **de** *to have the opportunity to*
De quelle façon . . . ? *In what way . . . ? How . . . ?*
le long de *along*
pas mal *not bad (i.e., good, O.K.)*
Que pensez-vous de . . . ? *What do you think of . . . ?*

Chapitre 7

En Voyage

Vous avez de la chance! Vous passez l'été à Paris à l'Alliance Française pour faire des études et pratiquer votre français. Vous partagez une chambre avec une jeune Française, Giselle, qui vous invite à passer le week-end avec sa famille. «Chez nous on est sans façons», vous dit Giselle; vous décidez alors de porter un ensemble simple—votre robe à manches° courtes avec un pull en laine, une bague°—et voilà, vous êtes prête. Vous êtes heureuse que Giselle vous trouve très chic, parce que vous allez bientôt faire la connaissance de son frère—et de tous° les autres membres de sa famille!

manches *sleeves*   bague *ring*   tous *all*

Quelques semaines plus tard, vous décidez de passer trois ou quatre jours en Belgique. Vous allez continuer à pratiquer votre français là-bas et voir en même temps un autre pays. La Belgique a des villes magnifiques comme Bruxelles, la capitale, et Bruges et Gand. Et les jeunes sont contents, vous dit-on.° Il y a toujours des rallayes° d'automobiles et de motocyclettes pour eux.°

vous dit-on *you are told*
rallayes *races*   eux *them*

Et pour les grandes vacances françaises en août, que faites-vous? Vous allez décider plus tard—mais vous avez grande envie de voyager en Afrique du Nord où tout le monde parle français— en Algérie, au Maroc et en Tunisie. Ça coûte, bien sûr, mais vous y rêvez°— vous allez voir la Place de l'Opéra à Algers, par exemple. On vous dit que c'est vraiment très beau; l'Opéra est entouré° de palmiers° et de grandes rues. Et c'est pittoresque—on voit des femmes voilées° à côté de voitures modernes.

vous y rêvez *you are dreaming about it*
entouré *surrounded*
palmiers *palm trees*   voilées *veiled*

Mais hélas° . . . même les grandes vacances vont se terminer° et vous allez rentrer aux États-Unis. Et pourtant, vous n'allez pas être tout à fait désolée à la fin de l'été: vous réfléchissez déjà aux vacances de l'année prochaine—et à la Martinique et à la Guadeloupe, départements français d'Outre-Mer° dans l'hémisphère occidental. Elles sont étroitement liées° à la France et le français est la langue officielle. Vous comptez déjà marcher sur de jolies plages, voir des scènes pittoresques, manger des repas français et pratiquer de nouveau votre français!

hélas *alas*   se terminer *to end*
Outre-Mer *overseas*
occidental *western*
étroitement liées *closely linked*

questions

1. Quels sont plusieurs pays où on parle français? 2. Où peut-on (*can one*) faire des études et pratiquer son français pendant un été à Paris? 3. A-t-on la possibilité de partager une chambre avec un(e) Français(e)? 4. Comment est la Belgique? 5. Est-ce que les jeunes sont contents là-bas? 6. Qu'est-ce qu'on trouve à Algers? 7. La Martinique et la Guadeloupe sont-elles des pays indépendants? 8. Que peut-on faire là-bas?

votre point de vue

1. Est-ce qu'on est sans façons chez vous? 2. Quels pays avez-vous envie de visiter pour pratiquer votre français? 3. Portez-vous un ensemble simple quand vous voyagez? 4. Comment aimez-vous voyager—en avion (*plane*), dans le train, en auto, à motocyclette, en auto-stop (*hitchhiking*) ou à pied?

Constructions

I. Present Tense of *faire* and Expressions with *faire*

MARC: *Il faut beau* aujourd'hui. J'ai envie de *faire une promenade*.
MAURICE: Maintenant *il fait du soleil*, mais selon le bulletin météorologique il va peut-être pleuvoir.
MARC: Tu es pessimiste! *Il fait un temps magnifique!* C'est un beau jour pour *faire un tour* dans le Quartier Latin.

1. Qu'est-ce que Marc a envie de faire? 2. Quel temps fait-il? 3. Selon le bulletin météorologique, quel temps va-t-il faire?

A. The verb **faire** (*to do, to make*) is irregular in the present tense.

faire	
je fais	nous faisons
tu fais	vous faites
il/elle fait	ils/elles font

Elle fait une liste.   She is making a list.
Il fait son travail.   He is doing his work.

B. The verb **faire** is used with the impersonal **il** in expressions relating to the weather.

Quel temps fait-il?	What's the weather like?
Il fait beau.	It's a beautiful day.
Il fait du soleil.	It's sunny.
Il fait un temps magnifique.	It's beautiful weather.
Il fait mauvais.	The weather is bad.
Il fait chaud.	It's hot.
Il fait froid.	It's cold.

C. The verb **faire** is also used in many other expressions. Some of the most common are:

faire un tour	to go for a walk or ride
faire une promenade	to go for a walk
faire le ménage	to do housework
faire le marché	to do the marketing
faire la vaisselle	to do the dishes
faire du sport	to participate in sports
faire un voyage	to take a trip
faire des courses	to go shopping
faire la connaissance de	to meet, to make the acquaintance of

En hiver je fais du sport.	In the winter I participate in sports.
Je déteste faire le ménage.	I hate to do housework.
Nous faisons un voyage à Lyon.	We are going on a trip to Lyons.

travaux pratiques

1. *Remplacez le mot en italique par les mots suggérés.*

   a. En hiver *je* fais du sport.
      1. tu 2. on 3. vous 4. nos amies 5. les sportifs.
   b. *Nous* ne faisons pas de promenade.
      1. mon père 2. ils 3. je 4. vous 5. les paresseux

2. *Changez les phrases suivantes du singulier au pluriel ou vice versa selon le modèle.*

   Il fait un voyage. → **Ils font un voyage.**

   1. Nous faisons un tour.
   2. Je fais la vaisselle.
   3. Que fais-tu?
   4. Ils font une promenade.
   5. Faites-vous le ménage?
   6. Elle fait la connaissance de Michel.

votre point de vue

1. Que font les paresseux quand il fait beau? Que font les sportifs? 2. Quelles sont deux choses que vous détestez faire quand il fait chaud? quand il fait froid? 3. Faire le marché, le ménage et la vaisselle, est-ce un travail propre (*appropriate*) aux hommes? 4. Faire un travail très compliqué et bien payé— par exemple, être architecte, banquier ou chef (*head*) d'une grande compagnie

—est-ce un travail propre aux femmes? 5. Dites (say) alors, selon vos deux réponses précédentes, si vous êtes féministe ou antiféministe.

II. Direct Object Pronouns

SOLANGE: Claire! On joue le nouveau film de Truffaut au Gaumont Palace! J'ai envie de *le* voir demain. Tiens, il y a une séance à 19 heures.
CLAIRE: D'accord, je vais *te* retrouver à 7 heures moins le quart devant l'entrée. Après, as-tu envie d'aller dîner au restaurant?
SOLANGE: Oui, et il y a un bon restaurant près du Gaumont. Je vais dire à Giselle de *nous* retrouver là-bas à 9 heures trente.
CLAIRE: D'accord, je *te* retrouve à 7 heures moins le quart. À demain!

1. Qu'est-ce que Solange a envie de faire? 2. À quelle heure Claire va-t-elle retrouver Solange? 3. Que vont-elles faire après la séance? 4. Giselle va-t-elle aller au cinéma avec Solange et Claire?

A. Direct object pronouns replace direct object nouns. A direct object receives the action of the verb directly: **Il paie l'addition.** *He pays the bill.*

Direct Object Pronouns

SINGULAR	PLURAL
me (m') *me*	nous *us*
te (t') *you*	vous *you*
le (l') *him, it*	les *them*
la (l') *her, it*	

Note that the singular pronouns **me, te, le,** and **la** elide before a vowel.

B. Direct object pronouns are placed immediately before a conjugated verb form or infinitive of which they are the object. In the negative, the **ne** precedes the direct object pronoun.

Je cherche l'imperméable.	*I'm looking for the raincoat.*
Je le cherche.	*I'm looking for it.*
J'achète la voiture.	*I am buying the car.*
Je l'achète.	*I am buying it.*
Ils ne vous cherchent pas.	*They aren't looking for you*
Ne cherches-tu pas ton imperméable?	*Aren't you looking for your raincoat?*
Ne le cherches-tu pas?	*Aren't you looking for it?*
Retrouvons-nous Marie à midi?	*Are we meeting Marie at noon?*
La retrouvons-nous à midi?	*Are we meeting her at noon?*
Il va retrouver Marceline.	*He's to meet Marceline.*
Il va la retrouver.	*He's going to meet her.*

C. Direct object pronouns are used before the demonstrative expressions **voici** and **voilà**.

Où est mon imperméable?
Ah, le voici.

Where is my raincoat?
Oh, here it is.

Ah, te voilà, Monique.

Oh, here you are, Monique.

travaux pratiques

1. *Changez les phrases selon le modèle.*

Voilà le restaurant. → **Le voilà.**

1. Voilà la voiture.
2. Voilà le billet.
3. Voilà les Alpes.
4. Voilà ma sœur.
5. Voilà Josie et Nicole.

2. *Faites des phrases selon le modèle. Puis, mettez les phrases au négatif.*

Tu as mon livre. → **Tu l'as.** → **Tu ne l'as pas.**

1. Vous cherchez la robe.
2. Nous regardons le beau paysage.
3. On a le journal.
4. Je respecte les sociologues.
5. Aimes-tu ta grand-mère?

3. *Répondez aux questions suivantes selon le modèle.*

Hélène cherche sa sœur. (et ses parents?) → **Ils la cherchent aussi.**

1. J'admire Napoléon. (et Paul?)
2. Mes parents aiment le vin blanc. (et vous?)
3. Je déteste la tyrannie. (et vos camarades?)
4. Mon frère trouve le monument intéressant. (et votre ami et vous?)
5. Fifi scandalise ses vieux parents. (et sa sœur Gigi?)

4. *Nicole et sa petite sœur ont des opinions différentes. Complétez les phrases suivantes selon le modèle.*

Nicole aime *les fruits.* Sa petite sœur _____ déteste.
→ **Nicole aime les fruits. Sa petite sœur les déteste.**

1. Nicole aime le pain. Sa petite sœur _____ déteste.
2. Nicole aime la glace au chocolat. Sa petite sœur _____ déteste.
3. Nicole aime les films de Truffaut. Sa petite sœur _____ déteste.
4. Nicole aime la vérité. Sa petite sœur _____ déteste.
5. Nicole aime les millionaires. Sa petite sœur _____ déteste.

votre point de vue

Dites si vous aimez ou n'aimez pas les choses suivantes.

le travail → **Je ne l'aime pas.**
les bonbons → **Je les aime.**

1. la télévision. 2. la bière (*beer*) 3. le capitalisme 4. l'université 5. les examens 6. l'hiver 7. le rock 8. le mouvement de libération des femmes 9. l'argent

III. Indirect Object Pronouns

MONIQUE: Zut! Il est tard. Je vais téléphoner à Sally pour *lui* dire que je ne vais pas être à l'heure. Je vais *lui* demander de me retrouver à la gare.
THÉRÈSE: Tu as son numéro? Si non, je *te* le donne.
MONIQUE: Merci. Tu *me* prêtes deux pièces de vingt centimes?

1. À qui téléphone Monique? Pourquoi? 2. Qu'est-ce qu'elle va lui demander? 3. Qu'est-ce que Thérèse lui donne? 4. Qu'est-ce que Thérèse lui prête?

A. Indirect object pronouns replace nouns introduced by prepositions, most commonly **à** or **pour**. They often indicate *to whom* or *for whom* something is done (I talk *to her*. Je **lui** parle.) Except for the third persons singular and plural (**lui** and **leur**), the indirect object pronouns have the same forms as direct object pronouns.

Indirect Object Pronouns

me *to/for me*	nous *to/for us*
te *to/for you*	vous *to/for you*
lui *to/for him/her*	leur *to/for them*

Indirect object pronouns follow the same rules for placement as the direct object pronouns. They are placed before the conjugated verb form or the infinitive.

Il me donne son numéro.	He gives me his number.
Thérèse lui prête-t-elle vingt centimes?	Does Thérèse lend him/her twenty centimes?
André va leur dire de faire un voyage.	André will tell them to go on a trip.

B. When both direct and indirect object pronouns appear in the same sentence, the following pronoun order is observed, regardless of whether the pronoun functions as a direct or an indirect object.

me		le		
te		la		
nous	before	l'	before	lui
vous		les		leur

Tu me donnes le numéro?	You're giving me the number?
Oui, je te le donne.	Yes, I am giving it to you.
Tu me donnes le livre?	You're giving me the book?
Non, je ne te le donne pas.	No, I'm not giving it to you.
Vous leur demandez leur avis?	You're asking them for their opinion?
Oui, je le leur demande.	Yes, I am asking them for it.
Il lui demande mon numéro?	Is he asking him/(her) for my number?
Non, il ne le lui demande pas.	No, he's not asking him/(her) for it.

The pronoun **en** (replacing nouns introduced by indefinite or partitive articles) follows an indirect object.

Tu lui prêtes de l'argent?	*Are you lending her/(him) any money?*
Oui, je lui en prête.	*Yes, I am lending her/(him) some.*
Tu lui donnes des bonbons?	*Are you giving him/(her) some candy?*
Non, je ne lui en donne pas.	*No, I am not giving him/(her) any.*

travaux pratiques

1. *Remplacez le mot en italique par les mots suggérés.*

Elle *me* prête de l'argent.
1. nous 2. leur 3. lui 4. vous 5. te

2. *Changez de l'affirmatif au négatif.*

Elle me donne sa voiture. → **Elle ne me donne pas sa voiture.**

1. Nous leur parlons.
2. Je lui prête mon livre.
3. Vous donne-t-il l'adresse?
4. Elle nous obéit.
5. Lui téléphonez-vous?
6. Il leur apporte le journal.

3. *Répondez aux questions suivantes selon le modèle.*

Tu prêtes de l'argent *à Marie*? → **Oui, je lui prête de l'argent.**

1. Est-ce que le général obéit *au président*?
2. Jean-Luc sert du vin *à son père*?
3. Votre sœur ment *au professeur*?
4. Vous montrez le menu *aux clients*?
5. Tu donnes le journal *à ta mère*?
6. Elle téléphone *à ses amis mystérieux*?

4. *Répondez aux questions suivantes selon le modèle.*

Elle lui prête *son livre*? → **Oui, elle le lui prête.**

1. Il leur demande leurs passeports?
2. Elle lui dit la vérité?
3. Le garçon leur apporte l'addition?
4. Tu lui donnes ton chapeau?
5. Vous lui lisez les articles?

votre point de vue

1. Prêtez-vous des livres à vos amis? 2. Est-ce qu'ils vous en prêtent? 3. Demandez-vous souvent de l'argent à vos parents? 4. Est-ce qu'ils vous en donnent beaucoup? 5. Téléphonez-vous souvent à vos amis? À vos parents? 6. Est-ce que votre mère vous prépare des spécialités quand vous rentrez?

IV. Present Tense of *voir, croire, lire, dire,* and *boire*

PAUL: *Vois*-tu l'homme dans la rue? Qui est-ce?
PAULINE: Je *crois* que c'est Yves Montand, l'acteur.

PAUL: Tu as raison! Je *lis* souvent des articles sur Montand dans les journaux. On *dit* qu'il tourne un nouveau film.
PAULINE: C'est sensationnel! Mes amis aux États-Unis ne vont pas me *croire*.

1. Où est Yves Montand? 2. Quelle est la profession d'Yves Montand? 3. Où Paul lit-il des articles sur Yves Montand?

The verbs **voir** (*to see*), **croire** (*to believe*), **lire** (*to read*), **dire** (*to say*), and **boire** (*to drink*) are irregular verbs in the present tense.

1. **Voir** and **croire** have quite similar conjugations.

voir		croire	
je vois	nous voyons	je crois	nous croyons
tu vois	vous voyez	tu crois	vous croyez
il/elle voit	ils/elles voient	il/elle croit	ils/elles croient

Revoir, *to revise, to review, to see again*, is conjugated like **voir**.

Tu vois la différence?	You see the difference?
Crois-tu l'histoire?	Do you believe the story?
Il revoit l'acteur.	He sees the actor again.

2. **Lire** and **dire** are similar, except that the **vous** forms are different (**vous lisez, vous dites**).

lire		dire	
je lis	nous lisons	je dis	nous disons
tu lis	vous lisez	tu dis	vous dites
il/elle lit	ils/elles lisent	il/elle dit	ils/elles disent

Contredire (*to contradict*) is conjugated like **dire**.

Vous lisez le roman?	You are reading the novel?
Nous disons la vérité.	We tell the truth.
Je ne contredis pas le professeur.	I don't contradict the professor.

3. The verb **boire** (*to drink*) is an irregular verb.

boire	
je bois	nous buvons
tu bois	vous buvez
il/elle boit	ils/elles boivent

| Il boit de l'eau. | He is drinking water. |
| Elles boivent du vin. | They drink wine. |

travaux pratiques

1. Remplacez le mot en italique par les mots suggérés.

   a. *Je* crois qu'il est beau.
      1. nous 2. on 3. elles 4. leur mère 5. vous

b. *Marie* voit l'ambassadeur.
      1. vous 2. je 3. mon père 4. leurs parents 5. nous
   c. *Nous* lisons un journal français.
      1. elle 2. tu 3. Michel 4. vous 5. mes parents
   d. *Je* dis «au revoir» à la serveuse.
      1. tu 2. vous 3. nous 4. Marie 5. les garçons.
   e. Tu *bois* du vin.
      1. nous 2. il 3. les copains 4. je 5. on

2. *Répondez affirmativement, puis négativement, aux questions suivantes selon le modèle.*

   Vous voyez *Yves Montand?* → **Oui, je le vois.** → **Non, je ne le vois pas.**

   1. Tu crois *son histoire?*
   2. Elles voient *le problème?*
   3. Marie et vous, vous croyez *ces menteurs?*
   4. Il voit *la gare?*
   5. Vous lisez *ce roman immoral!*

3. *Changez les phrases suivantes du singulier au pluriel ou vice versa.*

   Croyez-vous mon histoire? → **Crois-tu mon histoire?**

   1. Je relis l'article.
   2. Il dit «bonjour» à Mme Roche.
   3. Nous voyons le problème.
   4. Tu dis que c'est Yves Montand.
   5. Je crois le bulletin météorologique.
   6. Que lisent-ils?
   7. Ils voient les voitures.
   8. Ils boivent trop.

4. *Donnez la forme correcte du verbe entre parenthèses. Ensuite, lisez le dialogue avec un camarade.*

   MARIE: Je _____ (avoir) envie de faire un tour en ville mais je _____ (croire) qu'il _____ (aller) pleuvoir.

   GEORGES: Mais non. Il _____ (aller) faire beau. Mes cousins _____ (dire) qu'il _____ (faire) toujours beau ici en automne.

   MARIE: Tu _____ (croire)? Le bulletin météorologique _____ (dire) le contraire.

   GEORGES: Mais il _____ (faire) beau maintenant. Tu _____ (voir) le soleil, n'est-ce pas?

votre point de vue

1. Vous lisez un journal tous les jours? Lequel? 2. Croyez-vous toujours les journalistes? les porte-parole (*spokesmen*) du gouvernement? 3. Si un journaliste contredit le président, qui croyez-vous? 4. Le public américain, est-il en général naïf et crédule, ou prudent et sceptique?

Pronunciation: Consonants /g/, /b/, and /d/

A. The consonants /g/, /b/, and /d/ are voiced consonants. If you place your fingers on your throat (larynx) you should be able to feel the vibrations of your vocal cords.

1. The sound /g/ is found when the letter **g** is followed by the letters **-a, -o,** or **-u**.

   KEY-WORD: **goût**
   Pronounce: **gaz**   **gu**ide
   gâte   **garçon**

2. The consonant /b/ is pronounced the same way as in English.

   KEY-WORD: **balle**
   Pronounce: **bâ**ton   **bain**   **bas**   **bleu**
   blanc   **bon**   **bat**   **beurre**

3. The consonant /d/ is pronounced the same way as in English.

   KEY-WORD: **deux**
   Pronounce: **debout**   **adm**is   **déjeuner**
   dessert   **dit**   **décembre**

B. *Now that you have seen the consonants /p/, /t/, /k/, /g/, /b/, /d/, pronounce the following:*

bâton blanc   **un guide bleu**   **le guide debout**
bon dessert   **deux balles**   **le déjeuner**

ACTIVITÉS

situation

1. A, you and B are getting ready to go out to dinner with some friends of your parents.

   A: Ask B what she's going to wear.
   B: Answer that you're going to wear your new dress. Ask A what she's going to wear.
   A: Tell B that you're going to wear a wool dress and a sweater. Ask her if she likes your outfit.
   B: Tell A that you like it and end the conversation by saying, "We're going to be sensational!"

2. A, you have just bought a new tie (*la cravate*) and want to find out if your girlfriend likes it.

   A: Ask B if she likes your new tie.
   B: Say that you like it and that it goes very well with his suit (*le costume*).
   A: Ask her if she *really* thinks so.
   B: Say "certainly" and add that the tie is beautiful and that he is handsome.
   A: Say that you agree.

décidez

Decide which of the clothes shown you would wear for the occasions listed.

une paire de jeans
un t-shirt 
une jupe 
des souliers 
des chaussettes 
un pull 
un manteau 
une robe
un sac à main
un costume
une blouse
une chemise
des bas
une cravate
les gants

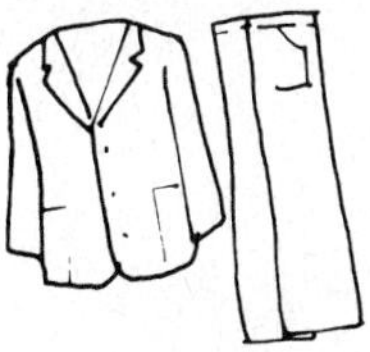

un pique-nique
un dîner élégant
un dîner devant la télévision
un rendez-vous clandestin

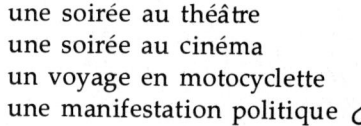

une soirée au théâtre
une soirée au cinéma
un voyage en motocyclette
une manifestation politique

vocabulaire

l' **argent** (m) money
le **bas** stocking
la **blouse** blouse
le **bulletin météorologique** weather report
le **centime** cent
la **chambre** room, bedroom
la **chaussette** sock
la **chemise** shirt
le **costume** suit
la **cravate** tie
l' **ensemble** (m) outfit
le **gant** glove
la **gare** station
l' **histoire** (f) story
l' **imperméable** (m) raincoat
les **jeans** (pl/m) jeans
la **jupe** skirt
la **laine** wool
le **manteau** coat
le **numéro** number
le **paire** pair
le **pays** country
la **pièce** coin
le **pull** sweater
la **robe** dress
le **roman** novel
la **rue** street
le **sac à main** handbag
la **séance** showing
le **soulier** shoe
le **sportif**, la **sportive** sportsman, sportswoman
le **T-shirt** T-shirt
le **temps** weather
la **vérité** truth
la **voiture** car

boire to drink
contredire to contradict
compter to count; to expect to
croire (à) to believe (in)
dire to say
faire to do, to make
lire to read
partager to share
pleuvoir to rain (used only with the impersonal **il**: il pleut)
porter to wear
pratiquer to practice
prêter to lend
redire to repeat
relire to reread
revoir to revise, to review; to see again
tourner (un film) to make (a movie)
voir to see

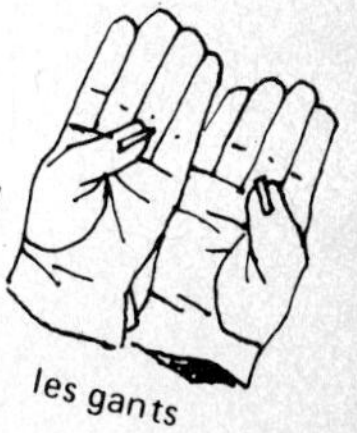

chic chic, stylish
court, courte short
désolé, désolée very sorry
magnifique magnificent
marron (e) brown
pittoresque picturesque
prêt, prête ready
prochain, prochaine next

déjà already
là-bas over there, there
pourtant nevertheless

à côté de beside

À demain. Until tomorrow. See you tomorrow.
de nouveau once again
du moins at least
en même temps at the same time
être sans façons to be informal
faire: See also the idioms with *faire* on pp. 90-91
tout à fait completely, utterly
Zut! Darn!

99
quatre-vingt-dix-neuf

CHAPITRE SEPT

Chapitre 8

Les Commissions

Lucien et Monique sont frère et soeur. Avec leurs parents, ils habitent un H.L.M., ou Habitation à Loyer Modéré,° un des grands immeubles° bâtis° par le gouvernement à Paris. Solange, leur voisine, vient de la Côte d'Ivoire. Comme un assez° grand nombre des habitants des anciennes colonies françaises, elle vient d'émigrer° récemment en France avec sa famille. Aujourd'hui Monique fait le marché et Solange va l'accompagner: Solange a aussi des courses à faire, et, dit-elle, «Il fait beau. C'est un temps pour faire une promenade.»

Habitation à Loyer Modéré *low-cost housing development*
immeubles *apartment buildings*   bâtis *built*
assez *rather*   elle vient d'émigrer *she just emigrated*

Solange et Monique vont passer chez plusieurs marchands. C'est ainsi que beaucoup de Françaises continuent à faire le marché malgré l'avènement° des supermarchés modernes qui ressemblent aux supermarchés américains. Solange a besoin de fruits et de légumes: alors, on va d'abord chez les marchands de quatre-saisons. Ces marchands vendent dans une voiture à bras° des fruits et des légumes de chaque saison. Ensuite les filles passent à la poissonnerie pour acheter° du poisson et à la boucherie pour de la viande. Et c'est à l'épicerie que Solange trouve de la farine et du sucre pour le gâteau qu'elle va faire.

l'avènement *the advent*
une voiture à bras *a pushcart*
acheter *to buy*

Monique finit par aller à la boulangerie. C'est son magasin préféré parce que l'air est toujours rempli d'odeurs délicieuses et il y a un choix extravagant de pâtisseries. Elle achète du pain—une baguette°—et elle regarde longuement les pâtisseries. Elle choisit enfin un chou à la crème.°

une baguette *a (long) loaf*
un chou à la crème *a cream puff*

Entre-temps, Solange va au bureau de tabac acheter des timbres et *Le Monde*. Au bureau de tabac, on vend aussi des cigarettes et il y a un bar où on sert des boissons alcooliques et du café. Monique arrive après cinq minutes, mais elle n'a pas le temps de prendre° quelque chose: il faut rentrer. Mais à tout à l'heure Solange va monter pour un apéritif avec Monique, Lucien et tous leurs amis. Les commissions sont faites!°

prendre *to have (eat or drink)*   faites *done*

questions

1. Où habitent Lucien, Monique et Solange? 2. Pourquoi Solange va-t-elle venir avec Monique pour faire le marché? 3. Comment est-ce que beaucoup de Françaises font le marché? 4. Que trouve-t-on chez les marchands de quatre-saisons? dans une poissonnerie? dans une boucherie? dans une boulangerie? 5. Qu'est-ce qui distingue (*distinguishes*) la boulangerie? 6. Que trouve-t-on à un bureau de tabac en France?

votre point de vue

1. Comme Solange, Monique et Lucien, beaucoup de jeunes Français continuent à habiter avec leurs parents jusqu'au (*until*) mariage et même après. Est-ce que vous avez l'intention d'habiter longtemps chez vos parents ou est-ce que vous allez chercher votre propre appartement? Pourquoi? 2. Où allez-vous pour faire le marché—au supermarché ou chez plusieurs marchands différents? À votre avis, trouve-t-on des produits supérieurs chez les petits marchands? 3. Est-ce que vous faites souvent le marché? Aimez-vous le faire, ou préférez-vous aller au restaurant universitaire?

CONSTRUCTIONS

I. Present Tense of Regular -re Verbs

MARCEL: Je t'*attends* au bureau de tabac?
JACQUES: D'accord, je *rends* les livres à la bibliothèque et je te retrouve tout de suite après.
MARCEL: Bon, alors je cherche un journal pour passer le temps. On en *vend* là.

1. Où Marcel va-t-il attendre Jacques? 2. Où va Jacques? 3. Qu'est-ce que Marcel va chercher? 4. Pourquoi le cherche-t-il?

A. The third major group of French verbs has an infinitive ending in **-re**. **Rendre** (*to give back, to return*) is a regular **-re** verb.

rendre	
je rend**s**	nous rend**ons**
tu rend**s**	vous rend**ez**
il/elle rend	ils/elles rend**ent**

Some verbs conjugated like **rendre** are:

attendre *to wait (for), to expect*
vendre *to sell*
entendre *to hear*
descendre *to go down, to descend, to get off*
répondre (à) *to answer*

Je descends au deuxième arrêt.	I get off at the second stop.
Entends-tu le bruit?	Do you hear the noise?
Vend-on de bons disques ici?	Do they sell good records here?
Nous descendons l'escalier.	We are going down the stairs.

travaux pratiques

1. *Remplacez le mot en italique par les mots suggérés.*

   a. *Il* lui rend la bague.
      1. je 2. nous 3. vous 4. la police 5. ses sœurs.

   b. *J*'entends du bruit.
      1. la voisine 2. tu 3. les copains 4. vous 5. nous

2. *Changez les phrases suivantes du singulier au pluriel ou vice versa selon le modèle.*

Qu'est-ce qu'ils entendent? → **Qu'est-ce qu'il entend?**

1. Je descends l'escalier.
2. Ils vendent des timbres.
3. Elle entend l'explosion.
4. Tu n'attends pas les filles?
5. Répondent-ils à l'inspecteur?
6. Qu'attendez-vous?

3. *Faites des questions selon le modèle.*

J'attends *Marie.* → **Qui attendez-vous?**

1. Ils vendent *des journaux.*
2. Nous entendons *le téléphone.*
3. Il rend *la bouteille.*
4. *Nicole* descend au deuxième arrêt.
5. Je vends *des robes.*
6. On attend *les voisins.*

votre point de vue

1. Est-ce tranquille (*quiet*) chez vous? Quels bruits entendez-vous le matin? 2. Si vous faites le marché, allez-vous au supermarché comme beaucoup d'Américains, ou passez-vous chez plusieurs marchands comme les Français? 3. Si vous prêtez de l'argent à vos camarades, est-ce qu'ils le rendent? 4. Et si vous empruntez (*borrow*) de l'argent vous-même (*yourself*), le rendez-vous toujours? 5. Répondez-vous toujours au téléphone? Si non, pourquoi pas?

II. Relative Pronouns

PAUL: Ce journal m'est tout à fait inutile! Il ne donne pas tous les films *qui* passent. Je cherche le film de Godard *dont* tout le monde parle.

GISELLE: Alors tu vas regarder dans le *Pariscop*. Le voici. C'est une publication *qui* donne tout!

PAUL: Tiens, c'est vrai. Il donne les salles du cinéma *où* on joue le film *que* je cherche, et aussi les heures des séances.

1. Pourquoi Paul trouve-t-il le journal inutile? 2. Qu'est-ce que Giselle lui donne? 3. Qu'est-ce que le *Pariscop* donne?

A. **Qui** and **que** are used as relative pronouns. A relative pronoun links (relates) two clauses. It can function as a subject or as an object (direct or indirect). The relative pronoun **qui** is the *subject form* for people and things. **Que** is the *direct object form* for people and things.

On joue le film. Je cherche le film.	*They are playing the movie. I am looking for the movie.*
On joue le film que je cherche.	*They are playing the movie that I am looking for.*
Je vois la fille. La fille est jolie.	*I see the girl. She is pretty.*
Je vois la fille qui est jolie.	*I see the girl who is pretty.*

B. The relative pronoun **dont** is used when the verb in the relative clause requires the preposition **de** (**avoir besoin de, parler de,** etc.).

Anne est la voisine. Tu parles d'Anne.	*Anne is the neighbor. You are talking about Anne.*
Anne est la voisine dont tu parles.	*Anne is the neighbor about whom you are talking.*
Voici un timbre. Tu as besoin d'un timbre.	*Here's a stamp. You need the stamp.*
Voici le timbre dont tu as besoin.	*Here's the stamp that you need.*

C. When relative pronouns follow prepositions (**à, pour, avec, dans, sur, chez, de,** etc.), a distinction is made between people and things. **Qui** or a form of **lequel** is used for people. **Qui** is more common. **Lequel** contracts with the prepositions **à** and **de**.

Contractions with **lequel**

à + lequel → **auquel**	de + lequel → **duquel**
à + laquelle → à laquelle	de + laquelle → de laquelle
à + lesquels → **auxquels**	de + lesquels → **desquels**
à + lesquelles → **auxquelles**	de + lesquelles → **desquelles**

C'est le garçon. Jean parle au garçon.	*It's the boy. John is talking to the boy.*
C'est le garçon à qui (auquel) Jean parle.	*It's the boy to whom John is talking.*
C'est l'épicier. J'achète des légumes chez l'épicier.	*It's the grocer. I buy vegetables at the grocer's.*
C'est l'épicier chez qui (chez lequel) j'achète des légumes.	*It's the grocer from whom I buy vegetables.*

For things, a form of **lequel** is used.

C'est la maison. Je vais rencontrer Marie près de la maison.	*It's the house. I will meet Marie near the house.*
C'est la maison près de laquelle je vais rencontrer Marie.	*It's the house near which I will meet Marie.*

C'est la compagnie. Elle travaille pour la compagnie.	It's the company. She works for the company.
C'est la compagnie pour laquelle elle travaille.	It's the company for which she works.

D. **Où** conveys the idea of *where* or *when*.

Le magasin n'est pas loin. Mon frère travaille au magasin.	The store isn't far away. My brother works at the store.
Le magasin où mon frère travaille n'est pas loin.	The store where my brother works isn't far away.
Le jour n'est pas fixé. Nous allons le retrouver un jour.	The day is not set. We will meet him one day.
Le jour où nous allons le retrouver n'est pas fixé.	The day when we will meet him is not set.

travaux pratiques

1. *Faites des phrases avec* **qui** *ou* **que** *selon les modèles.*

   Le garçon est mon frère. Le garçon sert le vin.
   → **Le garçon qui sert le vin est mon frère.**
   Le vin est bon. Le garçon sert le vin. → **Le vin que le garçon sert est bon.**

   1. L'examen est difficile. Les étudiants passent l'examen.
   2. La femme est ma cousine. La femme parle français.
   3. L'étudiant est absent. L'étudiant sort avec ma sœur.
   4. Mes copains s'appellent Marc, Josie et Pierre. Je retrouve mes copains.
   5. Les filles s'appellent Josie et Nicole. Les filles m'attendent.
   6. La soupe est délicieuse. Le garçon apporte la soupe.

2. *Faites des phrases avec* **dont** *selon le modèle.*

   Voilà le livre. Tu as besoin du livre. → **Voilà le livre dont tu as besoin.**

   1. Voilà le pull. J'ai envie du pull.
   2. Voilà la voisine. Nous parlons de la voisine.
   3. Voilà l'homme. J'ai peur de l'homme.
   4. Voilà le journal. Le professeur parle du journal.
   5. Voilà le sucre. Ils ont besoin du sucre.

3. *Faites des phrases avec une forme de* **lequel** *selon le modèle.*

   C'est le film. Tu réfléchis au film. → **C'est le film auquel tu réfléchis.**

   1. C'est la gare. Je vais retrouver Marie près de la gare.
   2. C'est le cours. Il va au cours.
   3. C'est la compagnie. Nous travaillons pour la compagnie.
   4. C'est le boulevard. Marie flâne sur le boulevard.
   5. C'est le marché. Je cherche les fruits au marché.

4. *Faites des phrases avec* **où** *selon le modèle.*

   C'est la salle. J'ai cours dans la salle. → **C'est la salle où j'ai cours.**

   1. Voilà le théâtre. On joue la pièce au théâtre.

2. Voilà le café. Je déjeune au café.
3. C'est la maison. Tu habites la maison.
4. C'est l'université. Il enseigne à l'université.
5. C'est le restaurant. Nous allons dîner au restaurant.

votre point de vue

1. Quels sont deux films que vous avez envie de voir? 2. Quels sont deux personnages célèbres (*famous*) qui vous impressionnent (*impress*) beaucoup? 3. Quel est un personnage célèbre que vous trouvez suspect ou dangereux? Et un autre que vous trouvez ridicule? 4. Quelle est une institution américaine dont vous avez peur? Et une autre que vous estimez beaucoup?

III. Present Tense of *venir; venir de* + Infinitive

JEAN: D'où *viens*-tu?
MARC: Du supermarché. Je *viens de* faire le marché. Tu rentres?
JEAN: Oui, je *viens* de mon dernier cours pour aujourd'hui. J'ai des courses à faire, mais je *deviens* fatigué.

1. D'où vient Marc? 2. Qu'est-ce qu'il vient de faire? 3. D'où vient Jean? 4. Pourquoi Jean ne va-t-il pas faire des courses?

A. The present tense of **venir** (*to come*) is irregular:

venir

je viens	nous venons
tu viens	vous venez
il/elle vient	ils/elles viennent

Revenir (*to come back*) and **devenir** (*to become*) are conjugated like **venir**.

Nous venons de Paris.	*We come from Paris.*
Il revient à dix heures.	*He is returning at ten o'clock.*
Est-ce que vous devenez fatigué?	*Are you getting tired?*

B. The present tense of **venir** + preposition **de** + infinitive expresses an action which has just taken place.

Je viens de les terminer.	*I just finished them.*
Ils viennent d'arriver.	*They just arrived.*
On vient de dîner au restaurant.	*We just had dinner at the restaurant.*

travaux pratiques

1. *Remplacez le mot en italique par les mots suggérés.*

    a. *Je* viens de Paris.
      1. mon cousin 2. les diplomates 3. nous 4. tu 5. vous
    b. D'où venez-*vous*?
      1. ils 2. tu 3. nous 4. ce poisson 5. la musique

2. *Changez les phrases suivantes du singulier au pluriel ou vice versa selon le modèle.*

   Elle vient de Paris. → **Elles viennent de Paris.**

   1. Est-ce qu'ils viennent nous chercher?
   2. Vous revenez à midi?
   3. Tu ne viens pas?
   4. Je viens de terminer mes études.
   5. Elle devient nerveuse.
   6. Nous ne venons pas.

3. *Changez les phrases suivantes selon le modèle.*

   Marie mange le gâteau. → **Marie vient de manger le gâteau.**

   1. Nous terminons le travail.
   2. Tu vas au magasin.
   3. Elle me téléphone.
   4. Vous émigrez en France.
   5. Ils font une promenade.
   6. Paul et vous, vous revenez du marché.

votre point de vue

1. D'où venez-vous? D'où viennent vos parents? 2. Qu'est-ce que vous voulez devenir dans la vie? 3. À votre avis, les jeunes deviennent-ils moins libéraux et plus conservateurs avec le temps? 4. À l'université, devenez-vous plus libéral(e) ou moins libéral(e) dans vos idées? 5. Un candidat qui vient d'être élu (*elected*), devient-il plus prudent dans ses promesses? Pourquoi?

IV. Ordinal and Collective Numbers

SOLANGE: C'est bizarre!
ANNE: Quoi?
SOLANGE: En France on dit, «Je pars pour une semaine. Je reviens dans huit jours.» Mais il y a seulement sept jours dans une semaine.
ANNE: C'est juste, mais si je pars aujourd'hui pour rentrer dans une semaine ... tu vas compter. C'est aujourd'hui lundi. C'est le *premier* jour de mon voyage.
SOLANGE: Mardi—le *deuxième*, mercredi—le *troisième*, jeudi—le *quatrième*, vendredi—le *cinquième*, samedi—le *sixième*, dimanche—le *septième*, et tu rentres lundi, le *huitième* jour! Une semaine a donc huit jours.

1. Qu'est-ce que Solange trouve bizarre? 2. Anne est-elle d'accord? 3. Si lundi est le premier jour d'un voyage, quel est le troisième? Le cinquième? Le huitième?

A. Most ordinal numbers are formed by adding the suffix **-ième** to a cardinal number: **sept + ième → septième** (*seventh*). If the cardinal number ends in **-e**, drop the **e** before adding **-ième: quatre → quatrième** (*fourth*).

J'habite à la cinquante-septième rue.	*I live on Fifty-seventh street.*
Mars est le troisième mois de l'année.	*March is the third month of the year.*

1. **Premier** (*first*) is the only ordinal number which shows gender. In naming rulers (kings, queens, etc.) it is the only ordinal used.

Le printemps est la première saison.	*Spring is the first season.*
C'est un portrait de François Premier.	*It's a portrait of Francis the First.*

2. A **-u** is added to **cinq** to form **cinquième**. The **-f** in **neuf** becomes a **-v** to form **neuvième**.

On est sous la Cinquième République en France.	*They are under the Fifth Republic in France.*
Septembre est le neuvième mois.	*September is the ninth month.*

B. Collective numbers are used where a specific count is not given. They are formed by adding **-aine** to the ordinal stem. If the ordinal stem ends in a mute **-e**, the **-e** is dropped. A stem ending in **-x** changes to **-z: quinze → quinzaine, dix → dizaine**.

On va inviter une dizaine de nos amis.	*We are going to invite about (around) ten of our friends.*
Quel restaurant choisir? Il y en a des centaines à Paris.	*Which restaurant do we choose? There are hundreds of them in Paris.*

Une douzaine is specific and means *a dozen*.

J'achète une douzaine de timbres.	*I am buying a dozen stamps.*

travaux pratiques

1. *Donnez le nombre ordinal pour chaque nombre cardinal.*

   sept → **septième**

   1. trois 2. cinq 3. un 4. douze 5. neuf 6. six 7. huit 8. quinze 9. trente 10. vingt 11. dix 12. deux

2. *Complétez les phrases suivantes.*

   1. Mercredi est le _____ jour de la semaine.
   2. Septembre est le _____ mois de l'année.
   3. Le printemps est la _____ saison de l'année.
   4. Aujourd'hui est le _____ jour du mois.

5. Mai est le _____ mois de l'année.
6. George Washington est le _____ président des États-Unis.
7. Aujourd'hui est le _____ jour de la semaine.
8. L'hiver est la _____ saison de l'année.

Pronunciation: Consonants /l/ and /r/

A. When you pronounce the consonant /l/, your vocal cords vibrate as soon as the tip of the tongue touches the upper teeth.

KEY-WORD: **lame**
Pronounce: lait   salle   livre   lycée   il   folle
         lit   lunette lune   total   seule elle

To achieve the correct pronunciation of /l/ at the end of a word, pronounce the following, using open syllabification.

La balle a traversé la salle à manger.
/la ba la tʀa vɛ ʀse la sa la mã ʒe/

Elle est seule à lire ce livre.
/ɛ le sœla liʀsə livʀ/.

B. The consonant /ʀ/ is formed with the back of the tongue raised towards the palate; the tip of the tongue is lowered.

KEY-WORD: **rêve**
Pronounce: rare   rue   repas   riche   l'heure   rapide
         rose   rapide   l'art   russe   rouge   au revoir

Pronounce, using open syllabification:

le journal   service   barque
 jou-rnal   se-rvis   ba-rk
 /ʒuʀ nal/   /sɛʀ vis/   /baʀk/

C. Now, pronounce the following:

Vous parlez français.   Quelle heure est-il?
Il est trop tard.   Le service est-il compris?
Le lycée ferme à trois heures. La lune est ronde.
la fleur rose   le livre russe

ACTIVITÉS

décidez

You need the following items; what stores will you go to in order to get them? Use the following sentence as a model: «Pour le journal, je vais au bureau de tabac.»

| café | pain | cigarettes | oranges | poivre | pâtisserie |
| poisson | carottes | farine | bifteck | sucre | timbres |

essayez

Vinaigrette (pour une salade)
  sel
  poivre
  vinaigre
  huile
  moutarde (suivant goût)

Proportions: Une cuillerée (*spoonful*) de vinaigre pour trois cuillerées d'huile. Bien mélanger sel, poivre et moutarde. Ajouter le vinaigre, tourner, puis ajouter l'huile petit à petit et tourner.

vocabulaire

l' **apéritif** (m) *before-dinner drink*
le **bar** *bar*
la **boisson** *beverage, drink*
la **boucherie** *butcher shop*
la **boulangerie** *bakery*
le **bruit** *noise*
le **choix** *choice*
la **commission** *errand*
la **compagnie** *company, (business) firm*
l' **épicerie** (f) *grocery*
l' **escalier** (m) *stairs*
la **farine** *flour*
le **gâteau** *cake*
l' **huile** (f) *oil*
le **magasin** *shop, store*
la **maison** *house*
le **marchand** *merchant, shopkeeper*
le **marché** *market*
l' **odeur** (m) *odor*
la **pâtisserie** *pastry; pastry shop*
la **poissonnerie** *fish market*
le **poivre** *pepper*
le **sel** *salt*
le **sucre** *sugar*
le **supermarché** *supermarket*
le **tabac** *tobacco*
le **timbre** *stamp*
le **voisin**, la **voisine** *neighbor*

  ajouter *to add*
  attendre *to wait (for), to expect*
  descendre *to go down; to get off*
  devenir *to become*

entendre *to hear*
estimer *to esteem*
mélanger *to mix*
rendre *to give back, to return*
répondre (à) *to answer*
revenir *to come back, to return*
téléphoner (à) *to call, to telephone*
vendre *to sell*
venir *to come;* **venir de faire quelque chose** *to have just done something*

bizarre *strange*
inutile *useless*
juste *right, correct*
plusieurs *several*
résigné(e) *resigned*
tout, toute, tous, toutes *all*
utile *useful*

ainsi *thus, in this way*
d'abord *first*
donc *so, therefore*
ensuite *then*
entre-temps *in the meantime*
récemment *recently*
tout de suite *at once*

malgré *in spite of*
suivant *according to*

quelque chose *something*
petit à petit *little by little, gradually*

110
cent dix

CHAPITRE HUIT

Le Cinéma français

Les Français voient le cinéma comme l'art moderne par excellence. Ils croient que c'est un art qui reflète° plus que tout autre° les variations de notre vie contemporaine. Et, à leur avis, c'est un art qui répond à notre besoin d'étudier et d'analyser nos temps.

La création d'un film est donc,° comme la création littéraire, un procédé° très personnel pour le cinéaste° français. Et en fait,° un film est beaucoup plus souvent identifié par son créateur en France que chez nous. C'est pourquoi on parle du «cinéma d'auteur» en France. Certains réalisateurs° comme François Truffaut, Jean-Luc Godard, Louis Malle, Robert Bresson, Claude Chabrol, Eric Rohmer, Claude Lelouche et Jacques Tati sont très célèbres° non seulement en France, mais partout au monde.

Par sa technique aussi, le cinéma français continue à contribuer beaucoup à l'art du film. Entre 1958 et 1968, un groupe de jeunes réalisateurs qu'on appelle «la nouvelle vague»° a fait° des innovations profondes dans la cinématographie. Leur style unique est surtout réaliste et narratif.

Certainement, les Français créent° et aiment aussi des films d'évasion°— comme les Westerns! Mais aujourd'hui le film «engagé», qui a des préoccupations politiques ou sociales, reste un genre très important. Des cinéastes français créent un assez grand nombre de films qui ont comme sujet, par exemple, l'industrie, la religion, la police, l'université ou la justice. Le point de vue idéologique dans ces films est d'ordinaire critique, même radical.

L'importance du cinéma dans la vie culturelle de la France est évidente chaque année en mai au Festival de Cannes. Des cinéastes viennent en France de partout au monde, parce que gagner le grand prix du Festival de Cannes est une honneur exceptionnelle d'importance internationale.

reflète *reflects* tout autre *any other* donc *thus* procédé *process*
cinéaste *film maker* en fait *as a matter of fact* réalisateurs *film directors*
célèbres *famous* «la nouvelle vague» *"the New Wave"* a fait *made*
créent *create* évasion *escape*

LE BIG
MARTINI
INTERDIT
AUX
MINEURS
DE 13 ANS
19"10
19"45
21"30
22"10
VERS MINUIT

questions

1. Comment les Français voient-ils le cinéma? 2. Pourquoi parle-t-on du «cinéma d'auteur» en France? 3. Quel groupe est connu (*known*) pour ses innovations dans la cinématographie française? 4. Qu'est-ce qu'un film «engagé»? 5. Quels sont certains sujets des films engagés? 6. Quelle est l'importance du Festival de Cannes chaque mai?

votre point de vue

1. Le film est-il un art ou une industrie commerciale aux États-Unis? Y a-t-il certains films récents américains où l'art du cinéaste est vraiment évident? 2. Quelle est la fonction principale du cinéma—l'évasion ou la critique sociale—pour les Américains, à votre avis? Quel genre (*kind*) de film est-ce que vos contemporains aiment—des films engagés, des comédies, des films d'amour, des Westerns ou des dessins animés (*cartoons*)? Quel genre de film regardent vos parents? 3. Aimez-vous mieux les films américains ou les films français? Lesquels sont les plus artistiques? les plus beaux? les plus intéressants? les plus divertissants (*entertaining*)?

CLAUDE LELOUCH

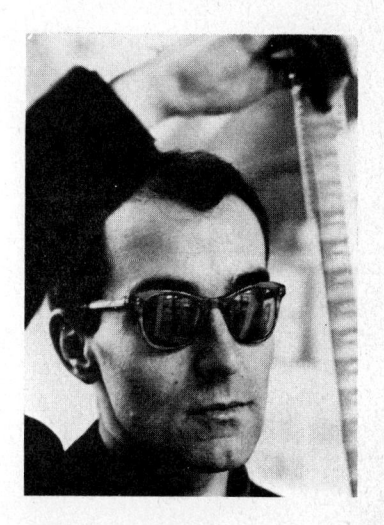

JEAN LUC GODARD

FRANÇOIS TRUFFAUT

LE CINÉMA FRANÇAIS

Chapitre 9

Les Magasins

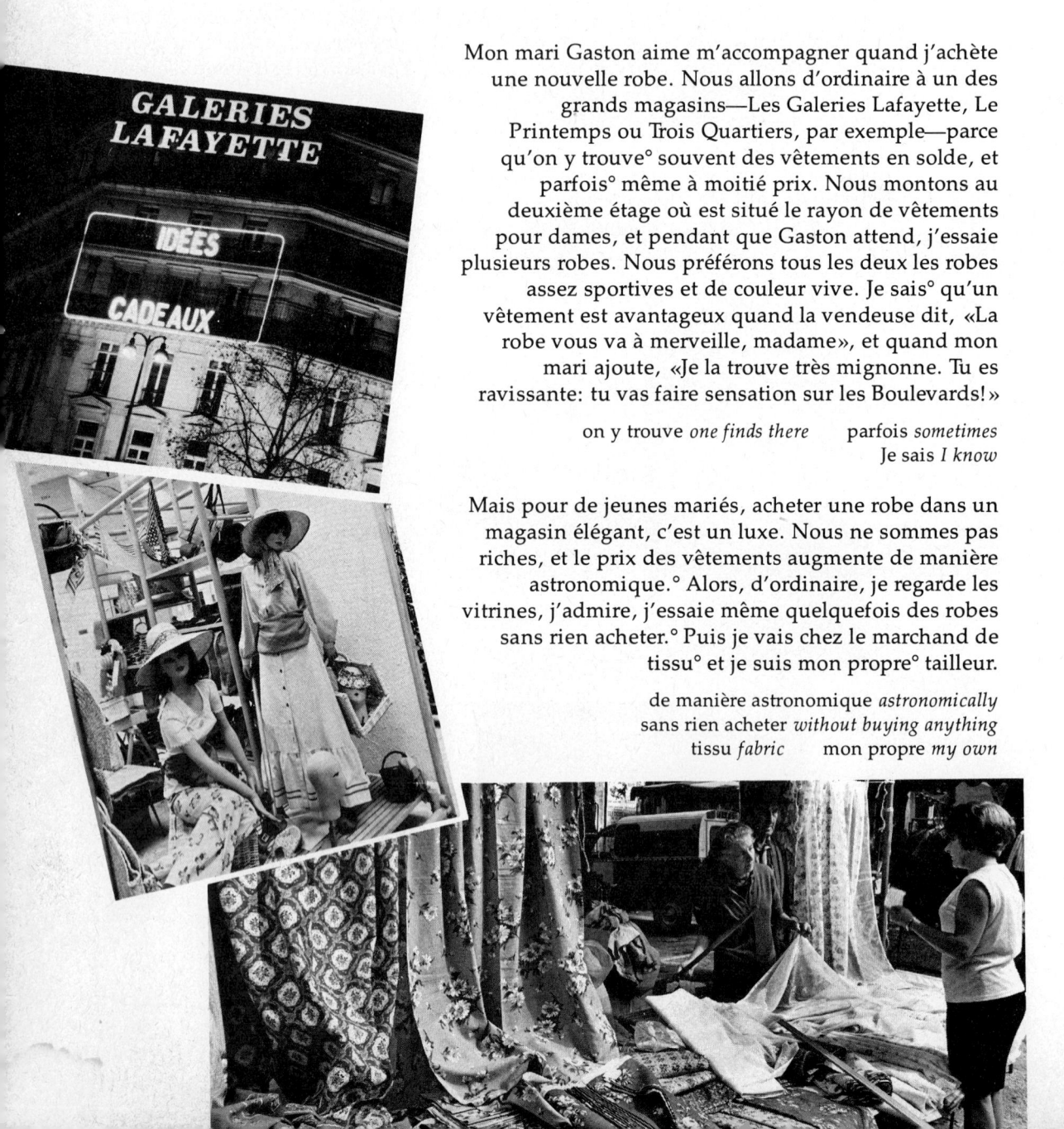

Mon mari Gaston aime m'accompagner quand j'achète une nouvelle robe. Nous allons d'ordinaire à un des grands magasins—Les Galeries Lafayette, Le Printemps ou Trois Quartiers, par exemple—parce qu'on y trouve° souvent des vêtements en solde, et parfois° même à moitié prix. Nous montons au deuxième étage où est situé le rayon de vêtements pour dames, et pendant que Gaston attend, j'essaie plusieurs robes. Nous préférons tous les deux les robes assez sportives et de couleur vive. Je sais° qu'un vêtement est avantageux quand la vendeuse dit, «La robe vous va à merveille, madame», et quand mon mari ajoute, «Je la trouve très mignonne. Tu es ravissante: tu vas faire sensation sur les Boulevards!»

    on y trouve *one finds there*   parfois *sometimes*
    Je sais *I know*

Mais pour de jeunes mariés, acheter une robe dans un magasin élégant, c'est un luxe. Nous ne sommes pas riches, et le prix des vêtements augmente de manière astronomique.° Alors, d'ordinaire, je regarde les vitrines, j'admire, j'essaie même quelquefois des robes sans rien acheter.° Puis je vais chez le marchand de tissu° et je suis mon propre° tailleur.

    de manière astronomique *astronomically*
    sans rien acheter *without buying anything*
    tissu *fabric*   mon propre *my own*

Gaston ne s'intéresse pas° aux rayons pour hommes dans les grands magasins. Quand il y a des soldes je dois° insister qu'il achète les articles dont il a besoin! Mais par contre,° il passe des heures et des heures à regarder les nouvelles voitures. Il a en effet envie d'une Citroën. Il la caresse des yeux pendant que le vendeur lui vante° ses qualités, mais cette année il va attendre avant de les apprécier lui-même.°

ne s'intéresse pas *isn't interested*
je dois *I have to*
par contre *on the other hand*
vante *praises*   lui-même *himself*

Pourtant nous avons certainement des conforts. Nous possédons une télévision et nous comptons acheter la stéréo dont nous avons envie, sans parler du réfrigérateur et de la cuisinière° que nous avons, comme tout le monde. Et mon mari m'offre de temps en temps un bouquet de fleurs comme lorsqu'au temps° de nos fiançailles!°

cuisinière *stove*
lorsqu'au temps *back in the time*
fiançailles *engagement*

questions

1. Où va la femme de Gaston d'ordinaire pour acheter une robe? 2. Quelle sorte de robe préfère-t-elle? 3. Que dit Gaston quand il trouve une robe avantageuse? 4. Sa femme achète-t-elle souvent une robe dans un magasin élégant? 5. Que fait-elle à cause du (*because of the*) prix astronomique des vêtements? 6. Gaston aime-t-il acheter les articles dont il a besoin? 7. Où passe-t-il des heures et des heures? 8. Va-t-il acheter bientôt une nouvelle voiture? 9. Quels conforts Gaston et sa femme ont-ils? 10. Gaston est-il encore (*still*) un mari dévoué (*devoted*)?

votre point de vue

1. Aimez-vous passer des heures et des heures dans des magasins? Si oui, quels articles regardez-vous? 2. Quels sont des articles dont le prix augmente de manière astronomique? 3. Est-ce que vous essayez parfois d'être votre propre tailleur? Avec quel résultat: un succès extraordinaire ou un désastre? 4. Quels articles cherchez-vous dans les magasins, si vous voulez faire sensation? 5. Est-ce que vous avez certains conforts chez vous? Lesquels?

CONSTRUCTIONS

I. Comparative and Superlative Adjectives

THÉRÈSE: Chéri, laquelle des deux robes préfères-tu?
GASTON: La robe blanche est *plus élégante que* la robe rouge et puis elle est *moins chère.*
THÉRÈSE: Tu as raison. Aussi, la couleur est *moins vive.*
GASTON: Je crois qu'elle te va à merveille. Tu es encore *plus belle que* d'ordinaire.

1. Laquelle des deux robes est-ce que Gaston préfère? 2. Laquelle est moins chère? 3. Thérèse est-elle d'accord avec Gaston? 4. Que dit-elle de la couleur de la robe blanche? 5. Comment Gaston trouve-t-il Thérèse?

A. To form a comparative adjective, the word **plus** (*more*) or **moins** (*less*) is placed before the adjective. **Plus** and **moins** are invariable, but the adjective must still agree in number and in gender with the noun it modifies. After a comparative, *than* is expressed by **que**.

La robe blanche est plus chère.	*The white dress is more expensive.*
Le livre est moins intéressant que le film.	*The book is less interesting than the film.*
Les épiceries ne sont pas plus grandes que les supermarchés.	*Groceries aren't bigger than supermarkets.*

B. To form a superlative adjective, the appropriate definite article (**le, la, les**) is placed before **plus** or **moins**. *In* or *of* after a superlative is expressed by **de** (which contracts as usual).

La robe blanche est la plus chère. *The white dress is the most expensive.*
C'est la moins vive des couleurs. *It's the least bright of the colors.*
Cardin est le professeur le plus compétent de l'université. *Cardin is the most competent professor in the university.*

C. Comparisons of equality are formed with the expression **aussi . . . que**. In the negative either **aussi . . . que** or **si . . . que** may be used.

Le mari est aussi bête que la femme. *The husband is as stupid as the wife.*
La cravate bleue n'est pas aussi belle que la cravate verte. *The blue tie is not as pretty as the green tie.*
Ce n'est pas si mauvais que ça. *This isn't as bad as that.*

D. **Bon** and **mauvais** have irregular comparative and superlative forms.

1. The comparative forms of **bon** are **meilleur, meilleure, meilleurs,** and **meilleures**. The comparative forms of **mauvais** are regular, but the irregular forms **pire** (for both masculine and feminine singular) and **pires** (for both masculine and feminine plural) may also be used.

Est-ce que le vin français est meilleur que le vin italien? *Is French wine better than Italian wine?*
Ces tomates-ci sont meilleures. *These tomatoes are better.*
Ce restaurant est plus mauvais que l'autre. *This restaurant is worse than the other.*
Ces hôtels sont pires que les hôtels en ville. *These hotels are worse than the hotels downtown.*

2. The superlative forms of **bon** are **le meilleur, la meilleure, les meilleurs,** and **les meilleures**. The irregular superlative forms of **mauvais** are **le pire, la pire,** and **les pires**.

Quels sont les meilleurs vins de France? *Which are the best wines of France?*
Le pire c'est qu'il arrive demain. *The worst (thing) is that he's arriving tomorrow.*
C'est le plus mauvais restaurant du monde. *It is the worst restaurant in the world.*

travaux pratiques

1. *Remplacez le mot en italique par les mots suggérés.*

   a. *Marie* est plus active que Pierre.
      1. Philippe 2. Jacqueline et Nicole 3. ses camarades 4. nous 5. tu
   b. *Hélène* est la plus sportive.
      1. Jean 2. François et Antoine 3. Thérèse et Marie 4. ma copine

2. *Comparez les personnes ou les objets suivants selon le modèle. Employez* **plus, moins** *ou* **aussi** *selon votre point de vue.*

(idéaliste) les jeunes/les adultes → **Les jeunes sont plus idéalistes que les adultes.**

1. (compétitif) les filles/les garçons
2. (affectueux) les mères/les pères
3. (bon) les films français/les films américains
4. (féminin) une jupe/un blue-jean
5. (monotone) le plaisir/le travail
6. (content) les riches/les pauvres
7. (dangereux) les pacifistes/les militaires

3. *Choisissez la personne que vous préférez dans chaque groupe. Ensuite décrivez cette personne selon le modèle.*

Acteurs: Robert Redford, Ryan O'Neal, Burt Reynolds (bon)
→ **Je crois que Robert Redford est le meilleur acteur.**

1. Actrices: Catherine Deneuve, Glenda Jackson, Diana Ross (élégant)
2. Chanteuses: Olivia Newton-John, Cher, Helen Reddy (beau)
3. Chanteurs: Tony Orlando, Glen Campbell, John Denver (sympathique)
4. Metteurs-en-scène: Mel Brooks, Stanley Kubrick, Peter Bogdanovich (réaliste)
5. Athlètes: Fran Tarkenton, O. J. Simpson, Arthur Ashe (bon)

votre point de vue

1. Qui est l'homme le plus important des États-Unis? 2. Qui est la femme la plus importante des États-Unis? 3. Quelle forme de gouvernement est la plus efficace (*efficient*): la démocratie, la monarchie ou la dictature? Laquelle est la moins efficace? la moins libre? la plus décadente? la plus hypocrite? 4. Préférez-vous le cinéma, le théâtre ou la télévision? Lequel est le plus stimulant? le moins cher? le plus amusant? le moins bête?

II. Adverbs

MARIE: Tu m'accompagnes au magasin? Je cherche une nouvelle robe.
RENÉE: Une nouvelle robe? Tu achètes trop!
MARIE: *Heureusement*, c'est mon père qui me l'achète. Il n'aime pas me voir *constamment* en pantalon!
RENÉE: J'aime aussi les pantalons, et mes parents les détestent *excessivement*!

1. Que cherche Marie dans le magasin? 2. Qui va payer son achat (*purchase*)? Pourquoi? 3. Que dit Renée de ses parents?

A. You have already learned many common adverbs (**trop, toujours, bien,** etc.). All adverbs are invariable. Adverbs normally follow the verb.

Il travaille trop.	*He works too much.*
Je vais bien.	*I'm fine.*

In the immediate future many short common adverbs are placed between **aller** and the following infinitive.

Le train va vite arriver. *The train will arrive soon.*

B. Many adverbs are formed by attaching **-ment** to the feminine form of the adjective. This corresponds to the *-ly* ending of many English adverbs:
rapide + **ment** → **rapidement** (*rapidly*)
heureuse + **ment** → **heureusement** (*happily, luckily*).

Heureusement je n'ai pas de cours.	*Luckily I do not have classes.*
Il y a sûrement des soldes.	*There are surely sales.*
Malheureusement il pleut.	*Unfortunately it is raining.*

For most masculine adjectives ending in **-ent**, the **-ent** is dropped and the ending **-emment** is added to form the adverb: **intelligent: intellig** + **emment** → **intelligemment** (*intelligently*). For masculine adjectives ending in **-ant**, the **-ant** is dropped and the ending **-amment** is added to form the adverb: **courant: cour** + **amment** → **couramment** (*fluently*).

Elle répond intelligemment.	*She answers intelligently.*
Il parle couramment français.	*He speaks French fluently.*

C. The comparative and superlative of adverbs are formed in the same way as the comparative and superlative of adjectives. Since adverbs are invariable, the definite article **le** is always used to form the superlative.

Ils parlent plus lentement que nous.	*They talk more slowly than we (do).*
Jeanne parle le plus couramment.	*Jeanne speaks the most fluently.*
Elle apprend le français aussi vite que les autres.	*She learns French as fast as the others.*

The adverbs **bien** (*well*) and **mal** (*badly*) have irregular comparative and superlative forms. The comparative form of **bien** is **mieux** and the superlative form is **le mieux**. **Mal** has two comparative forms: **plus mal** and **pis**, and two superlative forms, **le plus mal** and **le pis**.

On dîne mieux en ville.	*One dines better in town.*
On dîne le mieux ici.	*One dines best here.*
Il chante plus mal que mes autres amis.	*He sings worse than my other friends.*
Il chante le plus mal de tous mes amis.	*He sings the worst of any of my friends.*

travaux pratiques

1. *Remplacez le mot en italique par les mots suggérés.*

   Nicole travaille *sérieusement*.
   1. trop 2. intelligemment 3. lentement 4. assez 5. mal

2. *Complétez la deuxième phrase avec l'adverbe qui correspond à l'adjectif en italique dans la première phrase, selon le modèle.*

   Pierre est *intelligent*. Il répond _____. → **Il répond intelligemment.**

1. Le train est *rapide*. Il passe _____.
2. Marie est *triste*. Elle marche _____ dans la rue.
3. Nicole est *sérieuse*. Elle parle _____ des problèmes de la société.
4. Jean est *industrieux*. Il travaille _____ pour son père.
5. Philippe est *bête*. Il croit _____ les histoires de ses copains.
6. Josie est *calme*. Elle passe _____ ses examens.

3. *Faites des comparaisons selon le modèle. Employez* **aussi, plus** *ou* **moins,** *selon votre point de vue.*

(aller vite) les trains/les voitures → **Les trains vont plus vite que les voitures.**

1. (coûter cher) les maisons/les appartements
2. (danser bien) les garçons/les filles
3. (penser intelligemment) les hommes/les femmes
4. (obéir docilement) les Américains/les Russes
5. (parler vite) les Anglais/les Américains
6. (dormir mal) les jeunes/les vieux
7. (travailler sérieusement) les athlètes/les intellectuels

votre point de vue

1. Que faites-vous excessivement? 2. Que faites-vous discrètement? 3. Que faites-vous brillamment? 4. Que faites-vous lamentablement? 5. Quand travaillez-vous le plus sérieusement? 6. Que désirez-vous le plus véhémentement?

III. Spelling Changes in Certain -*er* Verbs (like *appeler, jeter, acheter, préférer*)

LA VENDEUSE: Vous désirez, madame?
THÉRÈSE: J'*espère* trouver une écharpe en soie de couleur vive.
LA VENDEUSE: Eh bien, est-ce que vous aimez ce modèle? C'est le plus populaire du magasin.
THÉRÈSE: C'est jolie, mais je *préfère* une écharpe un peu moins chère.
LA VENDEUSE: Alors, voici une autre qui est très avantageuse, et aujourd'hui elle est en solde.
THÉRÈSE: C'est très jolie. Je l'*achète*!

1. Qu'est-ce que Thérèse espère acheter? 2. Thérèse préfère-t-elle une couleur sombre? 3. Pourquoi n'achète-t-elle pas le premier modèle? 4. Que fait alors la vendeuse? 5. Que fait ensuite Thérèse?

A. Some -**er** verbs which have regular endings contain a silent **e** in the stem: **appeler** (*to call*), **jeter** (*to throw*), **acheter** (*to buy*), **lever** (*to raise*). This silent **e** becomes a sounded **e**, /ɛ/, for all persons except **nous** and **vous**. The spelling of these forms reflects this change.

1. Verbs such as **appeler** and **jeter** double the stem consonants for all persons except **nous** and **vous**.

appeler		jeter	
j' appelle	nous appelons	je jette	nous jetons
tu appelles	vous appelez	tu jettes	vous jetez
il/elle appelle	ils/elles appellent	il/elle jette	ils/elles jettent

2. Verbs such as **acheter** and **lever** have a grave accent on all forms except **nous** and **vous**.

acheter	
j' achète	nous achetons
tu achètes	vous achetez
il/elle achète	ils/elles achètent

B. Verbs such as **préférer** (*to prefer*) change the -é- in -érer to -è- for all persons except **nous** and **vous**.

préférer	
je préfère	nous préférons
tu préfères	vous préférez
il/elle préfère	ils/elles préfèrent

Verbs conjugated like **préférer** are: **répéter** (*to repeat*), **posséder** (*to possess*), **exagérer** (*to exaggerate*), and **espérer** (*to hope*).

Je préfère aller au magasin.	*I prefer to go to the store.*
La classe répète après le professeur.	*The class repeats after the professor.*
Nous espérons terminer la leçon.	*We hope to finish the lesson.*

travaux pratiques

1. Faites des phrases selon le modèle.

   a. Pierre/le cinéma. → **Pierre préfère le cinéma.**

   1. Nous/les grands magasins.
   2. Tu/la philosophie.
   3. Marie et Jeanne/les hommes dangereux.
   4. Je/les boutiques.
   5. Vous/la sécurité.
   6. Jacqueline/les pantalons.

   b. Je/le professeur. → **J'appelle le professeur.**

   1. Tu/Roger.
   2. Marie/Jean-Paul.
   3. Nous/la police.
   4. Les garçons/les filles.
   5. Vous/une copine.
   6. Claude et François/une ambulance.

2. *Répondez aux questions suivantes selon le modèle.*

On préfère regarder la télévision? → **Oui, nous préférons regarder la télévision.**

1. On achète des télévisions ici?
2. On jette les textes par la fenêtre?
3. On répète la leçon sans erreurs?
4. On espère trouver un travail idéal?
5. On appelle le médecin?

votre point de vue

1. Quels articles achetez-vous en solde? 2. Pour vos vêtements, préférez-vous les couleurs vives ou les couleurs sombres? 3. Est-ce que j'exagère si je vous dis que: (a) votre ensemble vous va à merveille? (b) la violence est un grand problème? 4. Est-ce que vous exagérez si vous me dites que: (a) notre société fonctionne à merveille? (b) vous êtes excessivement riche?

IV. Reflexive Verbs

SALLY: Je *m'en vais*. Je *me dépêche* pour retrouver Marcelline. Mais je crois que nous n'allons pas *nous amuser* beaucoup. Elle n'aime pas fréquenter les grands magasins.

IRÈNE: Tu *te trompes*, j'espère. Elle a grande envie de trouver une robe avantageuse pour le mariage de son frère.

1. Où va Sally? 2. Pourquoi ne va-t-elle pas s'amuser avec Marcelline? 3. Qu'est-ce qu'Irène lui dit? 4. Que va chercher Marcelline?

A. Reflexive verbs are always conjugated with reflexive pronouns. Except for the third person pronoun **se**, the reflexive pronouns are the same as the direct and indirect object pronouns. The reflexive pronouns are: **me, te, se, nous, vous,** and **se**. Reflexive verbs are given in the infinitive with **se**: **se lever** (*to get up, to stand up*), **s'arrêter** (*to stop*), etc.

se lever

je me lève	nous nous levons
tu te lèves	vous vous levez
il/elle se lève	ils/elles se lèvent

B. The reflexive pronoun may show that an action is performed by the subject upon itself. Not all reflexive constructions, however, express actions.

Robert se lève.	*Robert gets up.*
Il s'habille.	*He's getting dressed.*
Tu te trompes.	*You are mistaken.*
Je me demande ce qu'il fait.	*I wonder what he does.*

C. Some common reflexive verbs are:

se laver	to wash	se tromper	to be mistaken
se lever	to get up	se réveiller	to wake up
s'arrêter	to stop	s'amuser	to have a good time
se demander	to wonder	se coucher	to go to bed
se dépêcher	to hurry up	s'habiller	to get dressed
se passer	to happen	se trouver	to find oneself; to be found
s'appeler	to be named		
s'en aller	to go away, to leave	se reposer	to rest

D. Many of these verbs are also used without reflexive pronouns.

Il lave la voiture.	He washes the car.
Il se lave les cheveux.	He is washing his hair.
Elle appelle son fils.	She calls her son.
Elle s'appelle Christine.	Her name is Christine.
Marie habille l'enfant.	Marie dresses the child.
Marie s'habille.	Marie dresses herself.

In the example **il se lave les cheveux**, notice that no possessive adjective is used, since the reflexive pronoun makes this unnecessary.

E. Many other verbs have different meanings, depending on whether they are used reflexively or non-reflexively.

J'ai envie d'aller chez moi, alors je m'en vais.	I feel like going home, so I'm leaving.
Tu vas t'amuser et amuser tout le monde.	You will enjoy yourself and amuse everybody.
Je me demande comment je vais lui demander de nous accompagner.	I wonder how I am going to ask him to accompany us.
Le petit garçon lève la main; puis il se lève.	The little boy raises his hand; then he stands up.
Je couche les enfants avant de me coucher.	I put the children to bed before going to bed.
Je ne veux ni te tromper ni me tromper.	I don't want to mislead you or to make a mistake.

F. Word order in reflexive constructions:

1. In the interrogative and negative, the reflexive pronoun precedes the verb.

Te réveilles-tu tôt?	Do you wake up early?
Il ne s'amuse pas.	He is not having a good time.
Ne se trompe-t-il pas?	Isn't he mistaken?

2. In infinitive constructions, the reflexive pronoun precedes the infinitive. It corresponds to the subject of the conjugated verb.

Je vais me dépêcher.	I'm going to hurry.
Nous ne croyons pas nous tromper.	We don't believe we are making a mistake.

G. A reflexive verb can be used as an alternative to the **on** construction. In this case a passive meaning is indicated, even though an active construction is used.

Où se trouve le cinéma?	*Where is the movie theater located?*
	(Where is the movie theater found?)
Où trouve-t-on le cinéma?	*Where is the movie theater?*
	(Where does one find the movie theater?)

H. The reflexive pronoun may show that an action is performed reciprocally.

Ils se parlent.	*They speak to each other.*
Ils se regardent.	*They look at each other.*

I. The verb **s'asseoir** (*to sit, sit down*) is an irregular reflexive verb. It is most commonly encountered in the infinitive and command forms.

s'asseoir

je m'assieds	nous nous asseyons
tu t'assieds	vous vous asseyez
il/elle s'assied	ils/elles s'asseyent

Asseyez-vous.	*Sit down.*
On s'assied ici?	*Do we sit here?*

travaux pratiques

1. *Remplacez le mot en italique par les mots suggérés.*

   a. *Je me lève à huit heures.*
      1. mon père 2. tu 3. vous 4. nous 5. mes sœurs.
   b. *Ne se trompe-t-elle pas?*
      1. les experts 2. on 3. Carole et Jeanne 4. nous 5. Paul

2. *Changez les phrases suivantes du singulier au pluriel ou vice versa selon le modèle.*

   Les garçons se reposent. → **Le garçon se repose.**

   1. Je me lève à dix heures.
   2. L'autobus s'arrête devant la gare.
   3. Nous nous réveillons à sept heures et demie.
   4. Vous vous habillez très vite.
   5. Les magasins se trouvent à dix minutes d'ici.
   6. Les enfants s'amusent en été.
   7. Je me couche à minuit.

3. *Complétez les phrases suivantes avec un des verbes entre parenthèses.*

   1. Le mime _____ (s'amuse, amuse) tout le monde.
   2. La mère _____ (se couche, couche) l'enfant.
   3. Cette fille _____ (se trompe, trompe) son fiancé.
   4. Il _____ (se dépêche, dépêche) pour arriver à l'heure.

5. Elle _____ (demande, se demande) au garçon de l'accompagner.
6. Les enfants _____ (se lavent, lavent) les mains.
7. L'agent de police _____ (s'arrête, arrête) le criminel.
8. Le candidat _____ (se couche, couche) après une longue journée.

4. *Donnez l'équivalent français des phrases suivantes. Ensuite lisez le dialogue avec un(e) camarade.*

PAULINE: What a morning (*matinée*)! I wake up late, I get up fast, I get dressed fast and leave the house. Then the bus doesn't stop and I start to walk. Finally I arrive in class and the professor is absent!

GÉRARD: Sit down. Rest a little. Then we'll (*on va*) stroll in the park.

PAULINE: Are you crazy? I'm exhausted (*épuisée*)!

votre point de vue

1. À quelle heure vous levez-vous d'ordinaire? 2. A quelle heure préférez-vous vous lever? 3. À quelle heure vous couchez-vous d'ordinaire? 4. Quelles deux choses vous amusent énormément? 5. Si vous voyez un auto-stoppeur (*hitchhiker*) sur la route, vous arrêtez-vous? 6. Si vous êtes en retard, vous dépêchez-vous?

Pronunciation: Consonants /s/, /ʃ/, /z/, /ʒ/, /f/, /v/

A. The consonant /s/ has various spellings.

KEY-WORD: tasse
Pronounce:
silence	descendre	s'asseoir	croissant
espèce	adresse	agence	français
cent	artiste	épicier	leçon
dix	sourd	danser	ça

B. The consonant /ʃ/ is pronounced like the *sh* in *shy*.

KEY-WORD: chapeau
Pronounce:
cheval	écharpe	machine	marche
chez	chauffeur	chemise	chaussette
cher	chaud	chic	chaussure

C. When you pronounce the consonant /z/ you should feel the vocal cords vibrate.

KEY-WORD: raisin
Pronounce: amusement excuse maison épouse
chemise chaise cuisine cousine
Contrast: danser/épouser tasse/raisin coussin/cousin
chasse/chaise basse/base

D. The consonant /ʒ/ is pronounced like the *s* in *measure*.

KEY-WORD: jupe
Pronounce: fromage âge garage je
page large jeune mariage

E. The consonant /f/ is voiceless; the vocal cords do not vibrate.

    KEY-WORD: fou
    Pronounce: fait   fils   fin   fille
                 neuf   bref   femme   affiche

F. The consonant /v/ is voiced. The vocal cords vibrate as soon as the lower lip touches the upper teeth.

    KEY-WORD: vin
    Pronounce: vite   vaste   vase
                 arrive   veau   avant
    Contrast: fou/vous   fil/ville
               fin/vin   fais/vais   neuf/neuve

G. *Now pronounce the following:*

Il met sa chemise.   Cet artiste danse.
j'adresse   une chemise large
la cousine marche   une page neuve

Chauffeur! à la gare Saint-Lazare, s'il vous plaît!
Excusez-moi car la maison est en désordre.
Au repas de mariage je vais manger du raisin et du fromage.
Vous voulez du vin fin ou du vin ordinaire?

ACTIVITÉS

sondage

Use the following form to interview your classmates. Compare your results.

	d'accord	pas d'accord	sans opinion
1. Les robes longues sont plus féminines que les robes courtes.			
2. Les femmes sont moins libres que les hommes.			
3. Les femmes non mariées sont moins heureuses que les femmes mariées.			
4. En général une femme choisit ses vêtements pour impressioner les hommes.			
5. En général un homme choisit ses vêtements pour impressionner les femmes.			
6. L'abondance des conforts et des articles de luxe dans notre société est un signe de la décadence.			

situation

A, you are shopping with your wife and are really getting bored. B, you are the wife.

A: Ask your wife if she isn't going to leave.
B: Reply negatively and add that you hope to find a wool dress.
A: Remind her that she already has three wool dresses.
B: Tell him that your dresses are too short.
A: Say that you like short dresses. Add that short dresses are more feminine than long dresses.
B: Say, "Oh, there's a beautiful dress! I'm going to try it on."
A: Say, "Okay, I'm going to wait for you in front of the store."

vocabulaire

la **couleur** color
l' **écharpe** (f) scarf
l' **étage** (m) floor
le **grand magasin** department store
les **jeunes mariés** (pl/m) newlyweds
le **luxe** luxury
le **mari** husband
la **moitié** half
le **modèle** sample, model
le **pantalon** pants, slacks
le **rayon** department (of a store)
la **soie** silk
le **solde** sale; **en solde** on sale
le **tailleur** tailor
le **vendeur**, la **vendeuse** salesperson
le **vêtement** garment; les **vêtements** clothing
la **vitrine** store window

accompagner to accompany
acheter to buy
amuser to amuse
s' **amuser** to enjoy oneself, to have a good time
appeler to call
s' **appeler** to be named
arrêter to stop; to arrest
s' **arrêter** to stop (oneself)
s' **asseoir** to sit, to sit down
coucher to put to bed
se **coucher** to go to bed, to lie down
demander to ask
se **demander** to wonder
se **dépêcher** to hurry up
espérer to hope
exagérer to exaggerate
s' **habiller** to dress
s' **intéresser à** to be interested in
jeter to throw, to throw away
laver to wash

se **laver** to wash (oneself)
lever to raise, to lift
se **lever** to get up, to stand up
monter to go up, to climb
se **passer** to happen
préférer to prefer
répéter to repeat
se **reposer** to rest
réveiller to wake up
se **réveiller** to wake up
tromper to deceive, to fool
se **tromper** to make a mistake, to be mistaken
se **trouver** to find oneself, to be located

avantageux, avantageuse advantageous, becoming
bête stupid, foolish, silly
bleu (e) blue
chéri (e) dear, darling
mignon, mignonne cute
ravissant (e) beautiful
rouge red
situé (e) located
vert (e) green
vif, vive bright (for a color)

heureusement fortunately, luckily
même even

parce que because
pendant que while

aller à merveille à to fit (someone) perfectly
de temps en temps from time to time
d'ordinaire usually
en effet indeed
en ville downtown, in town
faire sensation to be a hit, to cause a sensation
tous les deux both

127
cent vingt-sept

CHAPITRE NEUF

Chapitre 10

Paris-Villars

Les trains français sont parmi les plus modernes et les plus vites du monde. Et pourtant, Marianne, qui va de Paris à Villars avec son amie Raymonde, croit être dans un train extraordinairement lent, le plus lent de la SNCF!° Mais elle exagère—c'est un rapide, qui va un peu moins vite qu'un express. Le Cisalpin est plus confortable, bien sûr, mais c'est la faute de Marianne que les deux amies se trouvent dans ce train: elle a attendu° la dernière minute pour faire des réservations! Comme Raymonde lui rappelle, pendant les vacances scolaires les trains sont toujours pleins.

SNCF (Société Nationale des Chemins de Fer) *French National Railroads*
elle a attendu *she waited till*

Raymonde croit avoir de la chance parce que le compartiment est à moitié vide et il n'y a pas de gens qui mangent des sandwiches à l'ail°—les compartiments de deuxième classe sont généralement bondés. Raymonde, qui aime toujours manger, est sortie elle-même acheter des sandwiches et des boissons à la buvette° pendant l'arrêt à Dijon. Maintenant elle a faim de nouveau et elle va au wagon-restaurant prendre quelque chose. Marianne ne l'accompagne pas—elle a mal au coeur et va dormir.

l'ail *garlic*   buvette *refreshment stand*

Une heure après Dijon, le train traverse la frontière: les douaniers suisses passent et Raymonde et Marianne montrent leur passeport, comme tous les passagers. Maintenant qu'elles sont en Suisse, Marianne lève le store° et regarde par la fenêtre. Elle voit le lac Léman—le lac de Genève— ce qui° indique qu'on va arriver bientôt à Lausanne. Mais Marianne est inquiète: elle espère qu'on ne va pas rater le deuxième train. Il faut changer de train à Lausanne, puis à Bex de nouveau.

store *window shade*   ce qui *which*

Le même train qui va de Paris à Lausanne ne peut° pas aller jusqu'à Villars. On a besoin de prendre° un train de montagne parce que Villars est situé dans les Alpes. C'est un petit village suisse qui est devenu° très à la mode comme station d'hiver. Malheureusement, Marianne a peur des trains de montagne—les pics couverts de neige lui donne le frisson. Mais ce n'est pas la période des avalanches, et, de toute manière, comme Raymonde lui dit, elle ne peut pas skier sans être obligée de regarder d'en haut des montagnes!

peut *can*   prendre *to take*
est devenue *has become*

questions

1. Où Marianne et Raymonde vont-elles? 2. Où sont Marianne et Raymonde? 3. Pourquoi Marianne est-elle de mauvaise humeur (*mood*)? 4. C'est la faute de qui que les amies se trouvent dans ce train? 5. Pourquoi Raymonde croit-elle avoir de la chance? 6. Qu'est-ce qu'elle sort faire à Dijon? 7. Qu'est-ce qu'on montre aux douaniers? 8. Qu'est-ce que Marianne voit par la fenêtre? 9. Où vont-elles changer de train? 10. Que vont-elles prendre pour arriver au sommet de la montagne? 11. Qu'est-ce que Villars? 12. Marianne et Raymonde se ressemblent-elles?

votre point de vue

1. Est-ce que vous faites du ski? Où allez-vous pour le faire? Est-ce dangereux? 2. Qu'est-ce qui vous donne le frisson? 3. Qu'est-ce qui vous donne le mal au cœur? 4. Êtes-vous inquiet (inquiète) ou tranquille quand vous voyagez? Pourquoi?

Constructions

I. Present Tense of *vouloir* and *pouvoir*

ROBERT: *Veux*-tu passer le week-end avec moi à Bruxelles?
MARCEL: Oui, je *veux* bien. À quelle heure part-on?
ROBERT: Voyons, nous *pouvons* prendre le train de 13 heures. C'est un express.
MARCEL: Très bien. Comme ça on arrive avant l'heure du dîner. J'ai des amis avec qui on *peut* dîner. Je *peux* leur téléphoner si tu *veux*.

1. Où Robert et Marcel vont-ils? 2. Quel train peuvent-ils prendre? 3. L'express va-t-il vite ou lentement? 4. Est-ce qu'on peut arriver avant l'heure du dîner? 5. Avec qui va-t-on dîner?

A. **Vouloir** (*to want*) and **pouvoir** (*to be able to*) are irregular in the present tense:

vouloir		pouvoir	
je veux	nous voulons	je peux	nous pouvons
tu veux	vous voulez	tu peux	vous pouvez
il/elle veut	ils/elles veulent	il/elle peut	ils/elles peuvent

Voulez-vous un café? *Do you want a coffee?*
Nous pouvons partir à midi. *We can leave at noon.*
Marie et Jean veulent skier. *Marie and Jean want to ski.*

B. Vouloir dire means *to mean* and **vouloir bien** means *to be willing*.

Que veut dire cela? What does that mean?
Je veux bien y aller. I am willing to go there.

travaux pratiques

1. *Remplacez le mot en italique par les mots suggérés.*

   a. *Tu* peux partir.
      1. je 2. nous 3. Marie et Jeanne 4. le touriste 5. vous
   b. *Il* veut traverser la frontière.
      1. on 2. le passager 3. les gens 4. nous 5. tu

2. *Changez du singulier au pluriel ou vice versa selon le modèle.*

   Il peut venir. → **Ils peuvent venir.**

   1. Pouvez-vous nous accompagner?
   2. Peut-il s'asseoir?
   3. Nous pouvons regarder par la fenêtre.
   4. Tu ne peux pas changer de train?
   5. Je ne peux pas me réveiller tôt.

3. *Changez les phrases suivantes selon le modèle.*

   J'ai envie de partir. → **Je veux partir.**

   1. Nous avons envie de skier.
   2. Ils ont envie de s'arrêter?
   3. Elle a envie de mettre la robe.
   4. Tu as envie de voir une avalanche?
   5. Vous avez envie de faire des réservations?

votre point de vue

1. Que voulez-vous faire pendant les vacances prochaines? 2. Peut-on voyager si on n'est pas riche? Si oui, de quelle façon? 3. Peut-on voyager sans passeport? Si oui, comment? 4. Pouvez-vous vous coucher tard, si vous voulez? 5. Pouvez-vous vous lever tôt, s'il est nécessaire? 6. Pouvez-vous voter dans les élections, si vous voulez?

II. Regular Past Participles; the *Passé Composé* with *avoir*

MICHÈLE: Thérèse, est-ce qu'on *a trouvé* la valise que tu *as perdue*?
THÉRÈSE: Oui, on l'*a trouvée* à l'aéroport. On m'*a téléphoné* hier.
MICHÈLE: Magnifique!
THÉRÈSE: Et tu vas bien?
MICHÈLE: Oui, ça va. Je viens de la classe de philosophie. Ce matin j'*ai étudié*

à la bibliothèque puis *j'ai retrouvé* Charles. Nous *avons déjeuné* ensemble.

1. Qu'est-ce que Thérèse a perdu? 2. Où est-ce qu'on l'a trouvée? 3. Est-ce que Michèle a étudié à la maison ce matin? 4. Avec qui a-t-elle déjeuné?

A. Regular past participles are formed in French by:

1. dropping the **-r** from the infinitive of **-er** verbs and adding an **accent aigu: parler → parlé** (*spoken*)
2. dropping the **-r** from the infinitive of **-ir** verbs: **finir → fini** (*finished*)
3. dropping the **-re** from the infinitive of **-re** verbs and adding **-u: vendre → vendu** (*sold*)

B. Past participles are often used as adjectives. Like other adjectives, they agree with the nouns they modify in gender and number.

une voiture achetée en Europe	*a car bought in Europe*
des enfants perdus	*some lost children*
un article fabriqué en France	*an item made in France*

C. The past participle is combined with an auxiliary verb to form a past tense called the **passé composé**. Usually, the auxiliary is a present tense form of **avoir**. The **passé composé** is used to express actions that occurred at a particular time in the past.

Il a choisi un film.	*He chose a film.*
A-t-elle attendu son ami?	*Did she wait for her friend?*
Nous avons fini nos devoirs.	*We have finished our homework.*

Note the different translations in English: **il a fini** = *he finished, he did finish, he has finished.*

D. When there is a direct object preceding the past participle, the past participle agrees with the direct object in gender and number. No agreement is made with indirect objects or with the pronoun **en**.

—Vous avez rangé vos affaires?	*Have you put your things away?*
—Oui, je les ai rangées.	*Yes, I put them away.*
—Tu as rendu la monnaie à Jean?	*You returned the change to John?*
—Oui, je la lui ai rendue.	*Yes, I returned it to him.*
Quelle robe a-t-elle choisie?	*Which dress did she choose?*
Je leur ai parlé de cette affaire.	*I spoke to them about this matter.*
Je suis allé(e) au marché pour acheter des poires, mais je n'en ai pas trouvé.	*I went to the market to buy some pears, but I didn't find any.*

E. In the interrogative, the auxiliary verb and subject are inverted, unless **est-ce que** or **n'est-ce pas** is used.

À quelle heure avez-vous fini?	*What time did you finish?*
Marcel a-t-il entendu cela?	*Did Marcel hear that?*
Est-ce qu'ils ont raté le train?	*Did they miss the train?*

Vous avez fait des réservations, n'est-ce pas?	*You made reservations, didn't you?*

F. In the negative, the word order is as follows:

Il n'a pas regardé la voiture.	*He didn't look at the car.*
Elle ne les a pas trouvés.	*She didn't find them.*
Pierre n'a-t-il pas fini?	*Hasn't Pierre finished?*
Ne les a-t-elle pas rendus?	*Hasn't she returned them?*

G. Three irregular past participles which take **avoir** are **eu (avoir)**, **été (être)**, and **fait (faire)**.

J'ai souvent été à Nîmes.	*I've often been to Nîmes.*
N'a-t-il pas eu l'occasion de la voir?	*Hasn't he had a chance to see her?*
Qu'est-ce qu'elle a fait?	*What did she do?*

travaux pratiques

1. *Remplacez les mots en italique par les mots suggérés.*

   a. Vous avez une voiture *achetée* aux États-Unis?
      1. fabriquée 2. vendue 3. appréciée 4. admirée
   b. *Tu* as beaucoup travaillé.
      1. nous 2. il 3. je 4. Marcelle 5. elles
   c. N'a-t-*il* pas encore terminé?
      1. elle 2. nous 3. vous 4. ils 5. tu

2. *Complétez les phrases suivantes avec la forme correcte du verbe entre parenthèses.*

   Hier matin Marie a _____ (faire) des courses avec sa petite sœur Suzanne. D'abord elles ont _____ (acheter) des fruits et des légumes. Elles les ont _____ (acheter) chez les marchands de quatre-saisons. Ensuite, elles ont _____ (chercher) de la farine et du sucre chez l'épicier. Enfin, Marie a _____ (acheter) une baguette. Elle l'a _____ (acheter) à la boulangerie. Suzanne, elle a _____ (choisir) des pâtisseries. Les deux ont _____ (terminer) leurs courses avant midi.

3. *Mettez les verbes au* **passé composé** *selon le modèle.*

   Aujourd'hui il parle avec ses parents. → **Hier il a parlé avec ses parents.**

   1. Aujourd'hui j'invite mes camarades.
   2. Aujourd'hui les passagers changent de train.
   3. Aujourd'hui tu poses beaucoup de questions.
   4. Aujourd'hui vous achetez un transistor.
   5. Aujourd'hui tu finis à cinq heures.
   6. Aujourd'hui nous choisissons un film de Truffaut.
   7. Aujourd'hui elle répond à la question.
   8. Aujourd'hui elle fait sensation.

4. *Changez les phrases suivantes au négatif selon le modèle.*

   J'ai téléphoné. → **Je n'ai pas téléphoné.**

1. Il les a trouvés.
2. Les a-t-il cherchés partout?
3. Elles en ont acheté.
4. Avez-vous terminé?
5. L'ont-ils étudiée?

votre point de vue

1. Avez-vous jamais traversé une frontière? Si oui, laquelle? Est-ce qu'un douanier a inspecté vos bagages? 2. Avez-vous jamais raté un train ou un avion? Qu'avez-vous fait alors? 3. Avez-vous jamais été dans les Alpes? dans les Montagnes Rocheuses? dans une autre chaine de montagnes? 4. Avez-vous jamais acheté une voiture? Où l'avez-vous achetée? Est-ce que cela a coûté cher?

III. The *Passé Composé* with *être*

MARCEL: Où *es*-tu *allé* avec la belle fille de notre compartiment?
ANDRÉ: Nous *sommes allés* au wagon restaurant prendre un café.
MARCEL: Est-ce qu'elle est française?
ANDRÉ: Non, elle est américaine. Elle *est partie* de New York la semaine passée. Elle va en Suisse faire du ski.

1. Où Marcel et André sont-ils? 2. Où est allé Marcel? 3. Est-ce que la jeune fille est française? 4. Quand est-elle partie de New York? 5. Où va-t-elle?

A. While most verbs require a form of **avoir** in the **passé composé,** many verbs use **être**. Following are some verbs which require a form of **être** and which have regular past participles:

aller	to go	rentrer	to return home
arriver	to arrive	rester	to remain
descendre	to go down; to get off	retourner	to return
entrer	to enter, come in	sortir	to go out
monter	to go up	tomber	to fall
partir	to leave		

Most of these verbs indicate motion. The past participle agrees with the subject in gender and number.

Elle est arrivée en retard.   *She arrived late.*
Nous ne sommes pas parti(e)s hier.   *We didn't leave yesterday.*
Jean et Marie ne sont-ils pas   *Didn't Jean and Marie go out at*
  sortis à six heures?   *six o'clock?*
L'enfant est-il tombé?   *Did the child fall down?*

B. Some verbs can be conjugated in the **passé composé** with either **être** or **avoir,** depending on whether there is a direct object in the sentence. Some verbs you have seen conjugated with **être** take **avoir** if they have a direct object.

Il est monté dans le train.	He got on the train.
Il a monté la valise.	He put up the suitcase.
Elle est descendue au dernier arrêt.	She got off at the last stop.
Elle a descendu l'escalier.	She went down the staircase.
Nous sommes sorti(e)s en avance.	We went out early.
Nous avons sorti le chien.	We took the dog out.
J'ai passé l'examen.	I took the exam.
Je suis passé(e) chez lui.	I went by his house.

C. The auxiliary **être** is always used with reflexive verbs, or with any ordinary verb used reflexively, to form the **passé composé**. The past participle agrees with a preceding direct object (as with **avoir** verbs). Thus if the reflexive pronoun is the direct object, the past participle agrees with it. The reflexive pronoun precedes the auxiliary verb (**être**).

Ils se sont lavés.	They washed.
Ils se sont lavé les mains.	They washed their hands.
S'est-elle amusée?	Did she have a good time?
Ne s'est-il pas levé?	Didn't he get up?
Elles ne se sont pas couchées tard.	They did not go to bed late.

travaux pratiques

1. *Remplacez les mots en italique par les mots suggérés.*

   a. *Pierre* est allé voir M. Thibault.
      1. je 2. vous 3. tu 4. ils 5. nous
   b. Quand est-*il* parti?
      1. vous 2. nous 3. elle 4. ils 5. tu
   c. *Louise* est restée à la maison.
      1. M. et Mme Moulin 2. je 3. nous 4. vous 5. tu

2. *Répondez aux questions suivantes selon le modèle.*

   Vous êtes resté(e) ici toute la journée? → **Oui, je suis resté(e) ici toute la journée.**

   1. Vous êtes arrivé(e) à l'heure?
   2. Il est sorti pour faire des courses?
   3. Nous sommes descendu(e)s à l'arrêt près de l'hôpital?
   4. Elles sont parties jeudi?
   5. Tu es retourné(e) à six heures?

3. *Mettez les verbes au* **passé composé** *selon le modèle.*

   Aujourd'hui il va à l'université. → **Hier il est allé à l'université.**

   1. Aujourd'hui nous partons à deux heures.
   2. Aujourd'hui nous ne restons pas à la maison.
   3. Aujourd'hui je ne sors pas.
   4. Aujourd'hui tu arrives à l'heure.
   5. Aujourd'hui Robert et Martin vont à la bibliothèque.
   6. Aujourd'hui vous retournez à Paris.

7. Aujourd'hui l'enfant tombe.
8. Aujourd'hui je rentre chez moi à cinq heures.

4. *Choisissez la forme correcte des verbes entre parenthèses selon le modèle.*

Mon père (a monté, est monté) la valise. → **Mon père a monté la valise.**

1. Nous _____ (avons sorti, sommes sorti(e)s) de l'hôtel à deux heures.
2. Il _____ (a sorti, est sorti) son revolver.
3. Elle _____ (a descendu, est descendue) de la voiture.
4. Ils _____ (ont descendu, sont descendus) la valise.
5. Vous _____ (avez rentré, êtes rentré(e)) tard.

5. *Changez les phrases suivantes du singulier au pluriel ou vice versa selon le modèle.*

Il s'est couché tôt. → **Ils se sont couchés tôt.**

1. Je me suis levé(e) à dix heures.
2. Elle ne s'est pas arrêtée au magasin.
3. Nous nous sommes habillé(e)s pour le dîner.
4. Ne se sont-ils pas réveillés pour le petit déjeuner?
5. Tu t'es trouvé(e) en retard.

votre point de vue

1. Êtes-vous resté(e) chez vous pendant le week-end ou êtes-vous sorti(e)? Si vous êtes sorti(e), où êtes-vous allé(e)? 2. Êtes-vous jamais allé(e) à une station d'hiver? Où? Vous êtes-vous bien amusé(e)? 3. Êtes-vous allé(e) au cinéma récemment? Si oui, à quel film? 4. Êtes-vous jamais entré(e) en collision avec une autre voiture? Vous êtes-vous fait du mal? (*Were you hurt?*)

IV. *y* and *en*

GUY: Vas-tu à Villars pour les vacances scolaires?
JULIE: Oui, j'*y* vais dans deux semaines. Jean *en* revient et il dit que c'est très joli.
GUY: As-tu des prospectus? Ah oui, j'*en* vois sur la table.
JULIE: C'est Jean qui vient de les *y* placer.

1. Où est-ce que Julie va passer ses vacances? 2. Quand est-ce que Julie part? 3. Où est-ce que Guy trouve les prospectus? 4. Qu'est-ce que Jean pense de Villars? 5. Qui vient de placer les prospectus sur la table?

A. **Y** is used most often in the construction **il y a** (*there is, there are*). It may also replace a prepositional phrase beginning with **en, sur, sous, dans,** or **à** plus a noun.

Vous nagez dans la piscine.   *You swim in the pool.*
Vous y nagez.   *You swim there.*

Tu ne vois pas le livre sous la table.	You don't see the book under the table.
Tu n'y vois pas le livre.	You don't see the book there.
Ils vont à Paris.	They are going to Paris.
Ils y vont.	They are going there.

B. **En** replaces a prepositional phrase beginning with **de**.

Il a besoin du livre.	He needs the book.
Il en a besoin	He needs it.
Que pense Jean de Villars?	What does Jean think of Villars?
Qu'en pense Jean?	What does Jean think of it?
Il parle de l'ambiance.	He talks about the atmosphere.
Il en parle.	He talks about it.
Ils reviennent de Paris.	They are returning from Paris.
Ils en reviennent.	They are returning (from there).

travaux pratiques

1. *Répondez affirmativement, puis négativement, aux questions suivantes selon le modèle.*

   Va-t-il *à la Martinique?* → **Oui, il y va.** → **Non, il n'y va pas.**

   1. Voit-il les prospectus *sur la table?*
   2. Cherchent-ils leurs livres *sous le lit?*
   3. Allons-nous *au restaurant?*
   4. Est-elle *dans le train?*
   5. Va-t-on *en ville?*

2. *Répondez affirmativement, puis négativement, aux questions suivantes.*

   Revient-il *de Paris?* → **Oui, il en revient.** → **Non, il n'en revient pas.**

   1. Parle-t-elle *de son voyage?*
   2. A-t-il besoin *de son imperméable?*
   3. Viennent-ils *de New York?*
   4. Parle-t-on *de la crise économique?*
   5. A-t-elle peur *de voyager en avion?*

votre point de vue

1. Est-ce que vous réfléchissez longuement à la condition existentielle de l'homme? 2. Est-ce que vos camarades manquent souvent de prudence? 3. Vous intéressez-vous à la musique? 4. Avez-vous peur des avions? 5. Croyez-vous à l'astrologie?

Pronunciation: Nasal Consonants /m/, /n/, and /ɲ/

A. The nasal consonant /m/ is formed with the lips gently touching each other. Air passes through the nose. The vocal cords start vibrating as soon as the lips meet.

KEY-WORD: **m**ot
Pronounce: **m**a**m**an **m**ère **m**atin
mois **m**ari po**mm**e

B. The nasal consonant /n/ is formed with the tip of the tongue gently touching the upper teeth. Air passes through the nose. The vocal cords start vibrating as soon as the tip of the tongue touches the upper teeth.

KEY-WORD: me**n**u
Pronounce: **n**ation **n**ombre **n**ouveau
neuf **n**uméro **n**e

C. The nasal consonant /ɲ/ is formed with the middle of the tongue gently touching the hard palate. The air passes through the nose.

KEY-WORD: pei**gn**e
Pronounce: si**gn**e li**gn**e campa**gn**e
vi**gn**oble vi**gn**e monta**gn**e

D. *Now pronounce the following:*

Ce vi**gn**oble est ma**gn**ifique.   Je **n**'ai pas **m**on pei**gn**e.
nouveau **m**atin   **n**euf li**gn**es
Le **m**atin à la campa**gn**e j'ai**m**e regarder la li**gn**e des **m**onta**gn**es.

ACTIVITÉS

racontez

Retell the following story, putting all the narrative verbs in the **passé composé**. (The verbs in the dialogue will stay the same.) When this has been done, other students will be asked to summarize the story in the third person.

Je fais un voyage splendide. Je visite tous les pays de l'Europe. Quand j'arrive à la frontière française, le train s'arrête et les douaniers montent dans le wagon.
—Avez-vous quelque chose à déclarer? me demande un douanier.
—Non, monsieur, je réponds.
—Pas de cigarettes, pas de whisky?
Il me jette un regard sévère, pénétrant:
—Pas de revolvers? Pas de bombes? Pas de drogues?
—Mais non, monsieur, je proteste. Je suis un(e) simple étudiant(e)!
—Bien, nous allons voir.
Il tape sur ma valise:
—Ouvrez!
Naturellement, j'obéis. Et ce terrible douanier commence à fouiller dans mes affaires. Il fouille énergiquement, avec passion, avec violence. Toutes mes affaires—jeans, pulls, chaussures, bonbons, textes de français, et photos de ma sainte mère—tombent par terre. Il mélange tout, il viole tout, mais il ne trouve ni drogues ni bombes.

—C'est vrai, il finit par remarquer. Vous n'avez rien à déclarer. Au revoir, monsieur (mademoiselle).

Et il s'en va.

Bien sûr, je suis choqué(e), scandalisé(e), furieux (furieuse). Mais à quoi bon? Je commence à remettre (*put back*) mes affaires. Le train part, je continue mon voyage. Drôle d'histoire!

situation

Role-play the following situation. A, you and a friend are planning to spend the weekend in Switzerland. You see B, an old friend, and decide to invite him.

A: Tell B that you and Marie are going to Lausanne for the weekend. Ask B if he/she wants to go.
B: Reply that you can't. Tell A that you're going to take a test Monday.
A: Say that you are sorry (*regretter*).
B: Ask A if you can go with them to the train station.
A: Reply affirmatively and with enthusiasm. Tell B that you're taking the 1:00 p.m. train.
B: Tell A you're going to come for them (*venir chercher*) at 12:15.
A: Say "okay." Tell B good-bye.
B: Tell A good-bye.

vocabulaire

les **affaires** (pl/f) *things, belongings*
l' **arrêt** (m) *stop*
le **compartiment** *compartment*
le **douanier** *customs agent*
la **frontière** *border*
les **gens** (pl/m) *people*
la **neige** *snow*
le **passager** *passenger*
le **passeport** *passport*
le **regard** *look*
la **réservation** *reservation*
la **station d'hiver** *winter resort*
les **vacances scolaires** (pl/f) *school vacation*
la **valise** *suitcase*
le **wagon-restaurant** *dining car*

fouiller *to search*
indiquer *to indicate*
pouvoir *to be able*
rappeler *to remind*
rater *to miss (a train, boat, plane)*
rester *to remain*
retourner *to return*
skier *to ski*
tomber *to fall*
vouloir *to want;* **vouloir bien** *to be willing*

bondé(e) *crowded*
couvert(e) de *covered with*
drôle *funny*
furieux, furieuse *furious*
inquiet, inquiète *worried*
lent(e) *slow*
passé(e) *past*
plein(e) *full*
suisse *Swiss*
vide *empty*

hier *yesterday*

jusqu'à *up to, as far as*
parmi *among*

comme *as*

à la mode *in fashion, fashionable*
à quoi bon? *what's the use?*
avoir mal au cœur *to feel sick to one's stomach*
de toute manière *anyway*
donner le frisson *to give (someone) the shivers*
en haut *on top*
faire du ski *to go skiing*
il faut *it is necessary*
par terre *on the floor, on the ground*

Deuxième Récapitulation

I. adjectives and adverbs

A. Possessive Adjectives (Chapter 6)
Changez les noms et les adjectifs suivants du pluriel au singulier.

1. mes valises
2. ses timbres
3. tes jupes
4. nos passeports
5. vos vêtements
6. leurs magasins
7. ses écharpes
8. mes frères

B. Interrogative Adjectives (Chapter 6)
Complétez les phrases suivantes avec la forme correcte de **quel.**

1. _____ robe préfères-tu?
2. _____ livre lit-il?
3. _____ chapeaux vas-tu choisir?
4. _____ histoires croyez-vous?
5. _____ est ton dessert préféré?
6. _____ chance!

C. Comparative and Superlative Adjectives (Chapter 9)
Comparez les éléments suivants, selon votre point de vue, en employant **plus, aussi** *ou* **moins.**

1. (bon) les voitures françaises/les voitures américaines
2. (heureux) les adultes/les enfants
3. (riche) les professeurs/les hommes politiques
4. (intéressant) la biologie/la littérature
5. (élégant) les robes en soie/les robes en laine.

D. Adverbs (Chapter 9)
1. *Remplacez le mot en italique par la forme adverbiale des mots suggérés.*

   Il parle *bien.*
   1. cruel 2. intelligent 3. sérieux 4. triste 5. prudent 6. excessif

2. *Faites des phrases selon le modèle.*

   (chanter bien) André, Jacques, Pierre
   → André chante bien. Jacques chante mieux. Pierre chante le mieux.

   1. (parler vite) Marie, Nicole, Françoise
   2. (jouer bien) Chico, Groucho, Harpo

3. (travailler sérieusement) Josie, Andrée, Henriette
4. (danser mal) Jean, Robert, François

II. verbs

A. Review the present tense of regular **-ir** verbs like **partir** (Chapter 6), and regular **-re** verbs (Chapter 8). Review also the following irregular verbs: **faire, voir, croire, lire, dire, boire** (Chapter 7); **venir** (Chapter 8); **s'asseoir** (Chapter 9); **vouloir, pouvoir** (Chapter 10).

1. Changez les phrases suivantes du singulier au pluriel ou vice versa.

1. Je dis «bonjour». 2. Il fait une promenade. 3. Ils viennent de New York? 4. Je vois ma mère. 5. Nous sortons avec des amis. 6. Elle lit un article. 7. Il ment à M. Duval. 8. Je sers du vin aux camarades. 9. Nous croyons l'histoire. 10. Vous pouvez partir. 11. Attendent-ils le train? 12. Il veut acheter la maison. 13. Ne veux-tu pas terminer? 14. Ils répondent à la question. 15. Qu'est-ce que tu entends? 16. Où vous asseyez-vous d'ordinaire? 17. Je bois trop.

2. Faites une question basée sur la partie de la phrase en italique.

1. Paul lit *un article de journal*. 2. Nous répondons à *l'agent de police*. 3. Je peux partir *dans une heure*. 4. Elle veut y aller avec *Marc*.

B. Passé Composé (Chapter 10)
*Changez les phrases suivantes du **présent** au **passé composé**. Ensuite changez les phrases au négatif.*

1. Nous allons au cinéma. 2. Elle arrive à midi. 3. Ils ne partent pas aujourd'hui. 4. Tu es en retard. 5. Qu'est-ce que vous regardez? 6. Elle essaie la robe. 7. Vous la donnez? 8. Je ne les attends pas. 9. Quelle histoire écoutez-vous? 10. L'actrice tombe.

C. Reflexive Verbs (Chapter 9)
*1. Changez les phrases suivantes du **présent** au **passé composé**.*

1. Ils s'arrêtent. 2. Elle se lève à six heures. 3. Je m'assieds. 4. Nous nous couchons à minuit. 5. Vous amusez-vous? 6. Se réveille-t-il tard? 7. Pourquoi se lavent-ils?

*2. Changez les phrases 1 à 5 de l'exercice précédent de l'affirmatif au négatif. Ensuite changez les mêmes phrases du **présent** au **passé composé**.*

III. pronouns

A. Object Pronouns (Chapter 7)
Répondez aux questions suivantes en employant un pronom d'objet direct ou indirect pour chaque partie de la phrase en italique.

1. Vous téléphonez *à vos parents?* 2. Tu crois *son histoire?* 3. Vous avez *des timbres?* 4. Tu me donnes *ta monnaie?* 5. Elle nous prépare *sa*

cent quarante et un DEUXIÈME RÉCAPITULATION

spécialité? 6. Elle prête *de l'argent à sa sœur*? 7. Vous lisez l'article *à votre mère*? 8. Vous parlez *à votre cousine*?

B. Adverbial Pronouns *y* and *en* (Chapter 10)
1. *Répondez aux questions suivantes en employant* **y** *ou* **en.**

    1. Vont-ils en ville? 2. Parle-t-elle de son voyage? 3. Pierre entre dans la salle? 4. Ton journal n'est pas sur la table? 5. Vous avez besoin d'un repas excellent? 6. Venez-vous de New York?

2. *Répondez aux questions suivantes en employant* **y, lui** *ou* **leur.**

    1. Répondez-vous au douanier? 2. Répondez-vous à la question? 3. Allez-vous à la gare? 4. Parlez-vous à la serveuse? 5. Téléphonez-vous à vos parents? 6. Vas-tu à la Martinique?

C. Interrogative Pronouns (Chapter 6)
1. *Donnez l'équivalent français des phrases suivantes.*

    1. What's happening (*arriver*)?
    2. Who's leaving?
    3. What does he need?
    4. Whom are you looking for?
    5. What are you looking for?
    6. Where do you come from?

2. *Complétez les phrases suivantes avec la forme correcte de* **lequel.**

    1. _____ des robes est la plus belle? 2. Voici deux pulls. _____ as-tu besoin? 3. Voilà un restaurant français et voilà un restaurant américain. _____ préférez-vous aller? 4. _____ des deux hommes est le plus intelligent? 5. _____ sont vos parents?

D. Relative Pronouns (Chapter 8)
1. *Soulignez la proposition relative.* (Underline the relative clause.)

    1. L'homme qui travaille pour mon père s'appelle Duval. 2. La robe que vous préférez est très jolie. 3. L'homme dont j'ai peur a beaucoup d'argent. 4. L'étudiante qui parle au professeur est ma sœur. 5. Les billets dont j'ai besoin sont à la maison.

2. *Complétez les phrases suivantes avec* **qui, que** *ou* **dont.**

    1. L'acteur _____ parle à Jacques est sensationnel. 2. La fille _____ nous parlons est la cousine de Roger. 3. On joue le film _____ Fantine parle toujours. 4. L'homme _____ vous cherchez est au café. 5. Le chapeau _____ il choisit est très chic.

IV. dialogue en désordre

Complétez les phrases suivantes avec la forme correcte du verbe entre parenthèses. Ensuite mettez le dialogue dans un ordre cohérent et lisez le dialogue avec un(e) camarade.

JEAN: Je ne te _____ (mentir) pas, ma chère petite sœur. L'article _____ (dire) que les astronautes américains _____ (aller) visiter la planète de Vénus.

GISELLE: Oui, il _____ (faire) un temps magnifique. Tu _____ (avoir) envie de faire une promenade?

JEAN: Bonjour, Giselle. Marie _____ (être) toujours au lit? Je ne la _____ (voir) pas.

GISELLE: Au revoir, monsieur l'astronaute.

JEAN: Merci, je ne _____ (croire) pas. Tu _____ (voir) que je _____ (lire) un article très intéressant.

GISELLE: Je ne _____ (être) pas sûre. Je _____ (revenir) à onze heures ou à onze heures et demie.

JEAN: Ils _____ (faire) des courses. Il _____ (faire) beau aujourd'hui, n'est-ce pas?

GISELLE: Tu _____ (avoir) raison. Elle _____ (dormir) toujours. Et les parents? Où _____ (être) -ils?

JEAN: Au revoir, Giselle. Bonne promenade!

GISELLE: Et tu le _____ (croire)? Eh bien, je _____ (sortir) sans Marie et sans toi.

JEAN: Tu _____ (revenir) à quelle heure?

GISELLE: Je _____ (voir) que tu _____ (lire) quelque chose mais je ne _____ (voir) pas que c' _____ (être) un article intéressant.

V. essai dirigé

Mettez les paragraphes suivantes au **passé composé.** *Commencez par:* **Ce soir je suis sortie avec Paul.**

MARIE: Ce soir (*this evening*), je sors avec Paul. Nous allons dîner dans un restaurant français. Je vais porter ma nouvelle robe en soie et mon pull en laine. Nous allons arriver «Chez Pierre» à huit heures ou à huit heures et quart. Nous allons choisir de la soupe, un bifteck, des petits pois, une salade et de la glace. Nous choisissons le même (*same*) menu et nous nous promenons après le dîner. Je vais rentrer à l'appartement à minuit.

PHILIPPE: Cet après-midi (*this afternoon*), je marche avec ma cousine Béatrice. Mes parents vont nous donner de l'argent et une longue liste de commissions à faire. D'abord nous allons aller chez les marchands de quatre-saisons pour acheter des légumes. Ensuite, nous allons passer chez l'épicier pour de la farine, du sucre et du chocolat. Après, j'ai envie d'aller au bureau de tabac acheter un journal américain. Entre-temps, ma cousine va passer à la boulangerie pour du pain et des pâtisseries. Nous allons rentrer à la maison à quatre heures.

DEUXIÈME RÉCAPITULATION

Chapitre 11

Au Club Méd

Êtes-vous bon vivant? Alors, même si vous n'êtes pas encore un "gentil membre" du Club Méd, vous avez probablement envie d'y prendre vos vacances un jour. Cette organisation, fondée en France en 1950, a établi des villages de soleil et des stations d'hiver partout dans le monde. Les Clubs, dont les employés parlent généralement et français et anglais, sont très sportifs et attirent surtout les jeunes adultes—les non mariés aussi bien que les couples. Les employés, qu'on appelle les «gentils organisateurs», ou «G.O.'s», sont eux-mêmes° jeunes et cultivés, et ils participent à toutes les activités avec les membres du Club.

eux-mêmes *themselves*

Heureusement, prendre vos vacances à un Club Méd ne coûte pas excessivement. Quand vous faites vos réservations, vous payez une somme unique° assez raisonnable, et presque tout est compris—votre chambre très confortable, vos repas somptueux, votre participation à beaucoup d'activités. Une fois arrivé° au Club, vous pouvez oublier l'argent. Quelle tentation, alors, quand il y a tant de choses délicieuses à manger! Au Club Méd de Fort Royal à la Guadeloupe, vous trouvez au buffet pour le déjeuner des moitiés d'avocats° et de pamplemousses,° une salade de tomates, du rosbif en tranches° et du poisson avec des sauces; on sert en plus du vin excellent, et, comme dessert, des éclairs. Il est facile de prendre du poids!

unique *single*   une fois arrivé *once you have arrived*   avocats *avocados*
pamplemousses *grapefruit*   en tranches *in slices*

Et si votre jupe devient trop serrée à cause des repas délicieux? Mettez un paréo°—tout le monde en porte un, les hommes aussi bien que les femmes. Ou restez dans votre bikini. Vous pouvez être à l'aise au Club Méd!

paréo *(Tahitian) sarong*

Et comme le prospectus promet,° on passe peu de moments ennuyeux. Il y a chaque jour une liste énorme d'activités. À Guadeloupe, par exemple, vous pouvez faire de la voile ou du ski nautique, ou commencer un jeu de pétanque.° Ou si vous en êtes fatigué, peut-être que le G.O. des sports va vous inviter assister à un match de tennis. Pour vous cultiver l'esprit, il y a des classes de langue—et un labo°—et si vous voulez méditer, sans faire rien d'autre,° assistez à une classe de yoga sur une jolie plage. Et le soir, n'oubliez pas la discothèque. Là, vous pouvez retrouver tous vos nouveaux camarades, danser et commander des boissons, et prolonger infiniment une journée glorieuse!

promet *promises*   jeu de pétanque *game of lawn bowling*
labo = laboratoire de langues   sans faire rien d'autre *without doing anything else*

questions

1. Quelle sorte de gens le Club Méd attire-t-il? 2. Qu'est-ce qu'un «G.O.»? 3. Qu'est-ce qui est compris dans la somme qu'on paie? 4. Citez des exemples du menu varié du Club en Guadeloupe. 5. Quelles solutions propose-t-on si vous y prenez du poids? 6. À quels sports peut-on participer au Club de Guadeloupe? 7. Quelles autres activités y-a-t-il?

votre point de vue

1. Comment préférez-vous passer vos vacances? Aimez-vous un village de soleil ou préférez-vous voyager? Aimez-vous rencontrer beaucoup de gens ou préférez-vous la solitude? 2. De toutes les activités qu'on trouve au Club Méd de Guadeloupe, lesquelles vous intéressent le plus? Lesquelles vous intéressent le moins? 3. Qu'est-ce que c'est qu'un bon vivant? En êtes-vous un? Si oui, quels sont vos plaisirs préférés? 4. Est-ce que vous vous cultivez l'esprit? Si oui, de quelles façons?

CONSTRUCTIONS

I. Present Tense of *mettre, écrire,* and *prendre*

ANNE: J'*écris* à ma tante pour lui dire que je viens la voir dans une semaine. Elle habite Nice.

PAUL: Qu'est-ce que tu *prends* pour lire dans le train? Et qu'est-ce que tu vas *mettre*?

ANNE: Je vais lire un nouveau roman de Robbe-Grillet. Je vais *mettre* mon blue-jean pour être à l'aise.

PAUL: Tu as de la chance de partir en voyage!

1. À qui est-ce qu'Anne écrit? 2. Où va-t-elle? 3. Que va-t-elle faire dans le train? 4. Que va-t-elle mettre pour être plus à l'aise?

A. Mettre can mean *to put, to place, to set* (a table), or *to put on* (clothes). **Mettre** is irregular in the present tense:

mettre	
je mets	nous mettons
tu mets	vous mettez
il/elle met	ils/elles mettent

Some verbs conjugated like **mettre** are:
permettre *to permit, to allow*
promettre *to promise*
remettre *to hand in; to put back*

Mettez-vous la table?   *Are you setting the table?*
Je vous permets de partir.   *I permit you to leave.*
Promettez-vous de faire attention?   *Do you promise to pay attention?*
Remets-tu tes devoirs à l'heure?   *Do you hand in your homework on time?*

B. Écrire (*to write*) is irregular in the present tense.

écrire

j' écris	nous écrivons
tu écris	vous écrivez
il/elle écrit	ils/elles écrivent

Décrire (*to describe*) is conjugated like **écrire**.

Tu écris une lettre?   *You're writing a letter?*
Il décrit le Club Méd.   *He describes the Club Méd.*
Vous écrivez à votre oncle.   *You're writing to your uncle.*

C. Prendre means *to take*, or *to have* (food or drink). It is irregular in the present tense.

prendre

je prends	nous prenons
tu prends	vous prenez
il/elle prend	ils/elles prennent

Some verbs conjugated like **prendre** are:
comprendre   *to understand*
surprendre   *to surprise*
apprendre   *to learn*

Que prenez-vous comme boisson?   *What are you having to drink?*
Quel train prends-tu?   *What train are you taking?*
Comprends-tu le français?   *Do you understand French?*
Apprenez-vous à faire de la voile?   *Are you learning to sail?*

travaux pratiques

1. Remplacez le mot en italique par les mots suggérés. Changez les pronoms possessifs.

   a. *Je* mets mes nouveaux souliers.
   1. Marie 2. mon père 3. nous 4. vous 5. Philippe et Jean
   b. *Il* écrit à ses parents.
   1. je 2. nous 3. vous 4. mes cousins 5. tu
   c. *Elles* prennent leurs vacances au Club Méd.
   1. je 2. mon camarade 3. vous 4. les sportifs 5. nous 6. tu

2. Changez les phrases suivantes du singulier au pluriel ou vice versa selon le modèle.

   Vous mettez les cigarettes sur la table. → **Tu mets les cigarettes sur la table.**

   1. J'écris à mon sénateur.
   2. Ils décrivent un film.
   3. Elle met la table.

4. Tu prends un café.
5. Je surprends la famille.
6. Nous le décrivons au camarade.
7. Comprennent-ils le problème?
8. Nous promettons de faire plus attention.
9. Ils me permettent de sortir.

votre point de vue

1. Quels vêtements mettez-vous pour être distingué(e) (*distinguished*)? pour être à l'aise? pour choquer la famille? 2. À qui écrivez-vous vos lettres les plus inspirées? vos lettres les plus malheureuses? vos lettres les plus ennuyeuses? 3. Que prenez-vous quand vous avez soif? quand vous avez besoin d'étudier toute la nuit? 4. Qu'est-ce qu'on a besoin d'apprendre pour se cultiver? pour voyager? pour devenir riche? pour se libérer des problèmes et des tourments de la vie?

II. Irregular Past Participles

MARIE: À quel Club Méd as tu *pris* tes vacances?
ANNE: Je les ai *prises* au Club de Fort Royal. J'ai *lu* les prospectus avant de partir. On y dit que la Guadeloupe est une île particulièrement belle.
MARIE: As-tu *pris* des photos? J'ai envie de les voir avant de visiter la Guadeloupe.
ANNE: Oui, j'en ai *pris* beaucoup. J'ai beaucoup *vu*, mais malheureusement je n'ai pas *pu* tout voir. J'ai envie d'y retourner un jour.

1. Qui a déjà visité la Guadeloupe? 2. Qui n'y est pas encore allé? 3. Qu'est-ce qu'on dit de la Guadeloupe dans les prospectus? 4. Pourquoi Anne n'est-elle pas tout à fait contente de son voyage?

A. You have seen three irregular past participles: **eu** (avoir), **été** (être), and **fait** (faire). Here are more irregular past participles which require a form of **avoir** in the **passé composé**.

Infinitive	*Past Participle*	*Infinitive*	*Past Participle*
dire	**dit**	boire	**bu**
écrire	**écrit**	vouloir	**voulu**
voir	**vu**	pouvoir	**pu**
croire	**cru**	mettre	**mis**
lire	**lu**	prendre	**pris**

Le professeur a lu le texte.   *The professor read the text.*
J'ai bu un café.   *I drank a cup of coffee.*
Je n'ai pas pu tout voir.   *I couldn't see everything.*

B. Following are some irregular past participles of verbs which require **être** in the **passé composé**.

Infinitive	Past Participle
mourir	**mort**
naître	**né**
venir	**venu**

Jeanne d'Arc est morte en 1431.	*Joan of Arc died in 1431.*
En quel mois êtes-vous né(e)?	*What month were you born in?*
Est-ce qu'elles sont venues nous voir?	*Did they come to see us?*

Verbs of the same families as those above have similar past participles: décrire → **décrit**, permettre → **permis**, relire → **relu**, devenir → **devenu**, revenir → **revenu**, etc.

travaux pratiques

1. *Remplacez les mots en italique par les mots suggérés.*

   a. *Pierre* a pris du poids.
   1. tu 2. nous 3. vous 4. Jean et Chantal 5. tout le monde
   b. *Il* est né à Rouen.
   1. elle 2. je 3. Pauline 4. nous 5. tu

2. *Changez les phrases suivantes selon le modèle.*

   Tu vas prendre un sandwich bientôt? → **Non, j'ai déjà pris un sandwich.**

   1. Vous allez voir le film lundi soir?
   2. Pierre et Jacques vont venir bientôt?
   3. Irène va écrire la lettre demain?
   4. Vous allez lire les revues maintenant?
   5. Votre père va boire son champagne demain?
   6. Pierre va dire la vérité maintenant?
   7. Elle va mourir bientôt?
   8. Est-ce que Marie va mettre un paréo?

3. *Répondez aux questions suivantes selon le modèle.*

   Vous avez vu les photos du Canada? → **Oui, je les ai vues.**

   1. Vous avez écrit la lettre? 2. Vous avez mis votre bikini? 3. Vous avez bu le champagne? 4. Vous avez lu la leçon? 5. Vous avez cru cette histoire? 6. Vous avez vu les films de Chaplin?

votre point de vue

1. Êtes-vous venu(e) à l'université en voiture aujourd'hui? Si non, comment y êtes-vous venu(e)? Comment y venez-vous d'ordinaire? 2. Avez-vous pris des vacances l'été passé? Si oui, où les avez-vous prises? Avez-vous pris du poids, ou en avez-vous perdu? 3. Qu'est-ce que vous avez fait le week-end passé? Avez-vous beaucoup lu, beaucoup travaillé? Ou avez-vous beaucoup bu? 4. Dans quel pays, ou dans quel état des États-Unis, êtes-vous né(e)? Y habitez-vous maintenant, ou avez-vous changé de domicile?

III. Prepositions with Geographical Names and Terms

ANNETTE: Où as-tu voyagé pendant les vacances?
CLAUDE: Je suis allée *en* Espagne et *au* Portugal.
ANNETTE: Alors tu as été *à* Lisbonne et *à* Madrid, n'est-ce pas?
CLAUDE: Oui, j'ai visité les grandes villes *du* nord de l'Espagne et *de l'*ouest du Portugal.

1. Qui a voyagé pendant les vacances? 2. Dans quels pays est-elle allée? 3. Quelles villes a-t-elle visitées?

A. **En** and **à** are used to indicate *to*, *at* or *in* for geographical locations.

	USED WITH	EXAMPLES
en	feminine countries, states, and provinces; continents	en France, en Espagne en Louisiane, en Savoie en Afrique, en Amérique du Sud
à	cities	à Paris, à Nice
à la	feminine cities whose names are preceded by **la**	à la Nouvelle Orléans (la Nouvelle Orléans)
au	masculine cities whose names are preceded by **le**; masculine states, countries, and provinces	au Havre (Le Havre) au Maine (le Maine) au Canada
aux	all plurals	aux États-Unis (les États-Unis) aux Antilles (les Antilles)

Il a voyagé en France.   *He traveled in France.*
Nous sommes aux États-Unis.   *We are in the United States.*
Philippe est allé au Havre.   *Philippe went to Le Havre.*

The continents are feminine: **l'Europe, l'Asie, l'Afrique, l'Amérique du Nord, l'Amérique du Sud.** Note the gender of the following countries.

FEMININE		MASCULINE
l'Algérie	l'Espagne	le Canada
l'Allemagne	la France	le Japon
l'Amérique	l'Italie	le Luxembourg
l'Angleterre	la Russie	le Maroc
la Belgique	la Suisse	le Mexique
la Chine	la Tunisie	le Portugal

B. **De** (*from*) is used:
1. without an article before continents, feminine countries, and most cities. **De** becomes **d'** before a vowel.

Je viens d'Asie.	*I come from Asia.*
Il vient d'Allemagne.	*He comes from Germany.*
Nous venons de Londres.	*We come from London.*

2. with the article before a masculine country, and cities or geographical names which have an article as part of the name.

Elle vient des États-Unis.	*She comes from the United States.*
Ils viennent du Maroc.	*They come from Morocco.*
Elle rentre de la Nouvelle Orléans.	*She's returning from New Orleans.*

C. The four points of the compass are: **le nord** (*north*), **l'est** (*east*), **l'ouest** (*west*), and **le sud** (*south*).

Elle a visité le sud de la France.	*She visited the south of France.*
Nous aimons l'ouest de la Belgique.	*We like the west (part) of Belgium.*
Elle vient du nord de la France.	*She comes from the north of France.*

1. To express *in*, **dans** is used:

As-tu voyagé dans le sud?	*Have you traveled in the south?*

2. To express geographic location relative to boundaries, **à** (and its contracted forms) are used:

L'Espagne est au sud de la France.	*Spain is to the south of France.*

travaux pratiques

1. *Remplacez les mots en italique par les mots suggérés.*

   a. Je vais en *France.*
      1. Paris 2. Portugal 3. Angleterre 4. États-Unis 5. Louisiane 6. Europe
   b. Il vient de *Paris.*
      1. Portugal 2. Angleterre 3. la Nouvelle Orléans 4. Nice 5. États-Unis 6. France

2. *Faites des phrases selon le modèle.*

   (Jacques) Paris, Nice, Rome → **Jacques est allé de Paris à Nice et de Nice à Rome.**

   1. (M. et Mme Leblanc) Lyon, Paris, le Havre
   2. (Marie) Charleston, Atlanta, la Nouvelle Orléans
   3. (Pierre et Philippe) Madrid, Bordeaux, Paris
   4. (Nicole et sa sœur) Paris, Chartres, Tours, Orléans
   5. (Nous) Miami, Port-au-Prince, Pointe-à-Pitre
   6. (Vous) New York, Montréal, Québec

3. *Faites des phrases selon le modèle.*

   la Suisse, le Portugal → **La Suisse et le Portugal sont en Europe.**

   1. le Canada, les États-Unis, le Mexique
   2. le Japon, la Chine, le Viet-Nam, la Corée
   3. la Belgique, le Luxembourg, l'Italie, l'Allemagne
   4. le Brésil, l'Argentine (f), la Colombie
   5. le Maroc, l'Algérie, la Tunisie
   6. la Côte d'Ivoire, la Haute-Volta, la Guinée

votre point de vue

1. Avez-vous jamais fait un voyage dans un pays étranger (*foreign*)? Si oui, lequel? Y avez-vous vu des choses curieuses ou extraordinaires? Lesquelles? En avez-vous pris des photos? 2. Dans quel continent avez-vous envie de voyager? Quels pays voulez-vous visiter là-bas? 3. Quelles villes des États-Unis avez-vous déjà visitées? Laquelle avez-vous trouvée la plus pittoresque? la plus dynamique? la moins belle? la plus dangereuse? la plus ennuyeuse? 4. Venez-vous de l'est, du nord, du sud ou de l'ouest des États-Unis? Est-ce que vous trouvez votre région incontestablement supérieure aux autres?

IV. *L'Impératif* (The Imperative)

CLAUDE: *Dis*, Monique, tu es prête à partir pour la plage?
MONIQUE: *Attends* encore cinq minutes.
CLAUDE: *Viens* vite! La classe de yoga commence!
MONIQUE: N'*aie* pas peur. J'arrive.
CLAUDE: Bon, *allons*-y!

1. Que demande Claude à Monique? 2. Que répond Monique? 3. À quoi Claude veut-il participer?

A. There are three imperative (command) forms, which correspond to **tu**, **nous**, and **vous**. The subject pronouns, however, are not used. The imperative forms are identical to those of the present indicative tense, except that in the **tu** form of **-er** verbs the final **-s** is dropped. Before **y** and **en**, however, this final **-s** is retained.

parler: parle   parlons   parlez

finir: finis   finissons   finissez   **rendre:** rends   rendons   rendez

Parle vite.	Speak quickly.
Rendez le livre demain.	Return the book tomorrow.
Finissons le travail.	Let's finish the work.
Va vite!	Go quickly!
Vas-y!	Go to it! (Go ahead!)
Lisez-le.	Read it.
Faisons du ski nautique.	Let's go water-skiing.

B. **Avoir** and **être** have irregular imperative forms.

avoir: aie   ayons   ayez   **être:** sois   soyons   soyez

Soyons raisonnables.	Let's be reasonable.
Ayez un peu de patience.	Have a little patience.
Sois à l'heure.	Be on time.

With **être** the adjective must agree in gender and in number with the subject, even though the subject is not expressed in the imperative.

Soyons prudents. *Let's be careful.*
Sois gentille. *Be nice.*

The **vous** form of **vouloir** is also irregular: **veuillez**. It means *please*.

Veuillez entrer. *Please come in.*

C. When object or reflexive pronouns are used in the affirmative imperative, they follow the verb and are attached to it with the hyphens. The forms **moi** and **toi** are used instead of **me** and **te**.

Donnez-moi le livre. *Give me the book.*
Écrivez-le. *Write it.*
Dépêche-toi! *Hurry up!*
Amusons-nous. *Let's have a good time.*
Levez-vous! *Get up!*

When there are two object pronouns in the same affirmative command, the direct object pronoun precedes the indirect object pronoun. Before **y** or **en, moi** becomes **m'** and **toi** becomes **t'**.

Donnez-le-moi. *Give it to me.*
Écrivez-le-leur. *Write it to them.*
Donne-m'en *Give me some.*

D. In the negative, **ne** precedes the imperative verb form and **pas** follows it. When object or reflexive pronouns are used in the negative imperative, they follow the order you learned for the indicative (pp. 94-95).

N'ayez pas peur. *Don't be afraid.*
Ne faisons pas de voile. *Let's not go sailing.*
Ne me le dis pas. *Don't tell me. (Don't tell it to me.)*
Ne le leur donnez pas. *Don't give it to them.*
N'en parle pas. *Don't talk about it.*
N'y va pas. *Don't go there.*
Ne te couche pas. *Don't go to bed.*

travaux pratiques

1. *Remplacez le mot en italique par le mot suggéré.*

   a. *Prenez* le livre.
      1. lisez 2. achetez 3. regardez 4. oubliez
   b. *Faisons* le devoir.
      1. terminons 2. rendons 3. changeons 4. jetons

2. *Changez les phrases du* **présent** *à l'***impératif** *selon le modèle.*

   Nous sommes prudents. → **Soyons prudents!**

   1. Tu as de la patience.
   2. Tu finis tes courses.
   3. Vous êtes à l'aise.
   4. Nous attendons le train.

5. Vous choisissez des activités intéressantes.
6. Vous mettez vos souliers.
7. Tu travailles moins.
8. Nous vendons la maison.

3. *Changez les phrases suivantes du* **présent** *à l'* **impératif** *selon le modèle.*

   Vous la leur donnez. → **Donnez-la-leur.**

   1. Vous m'en parlez.
   2. Nous y allons.
   3. Nous en parlons.
   4. Vous me la prêtez.
   5. Tu nous les donnes.
   6. Vous le lui dites.
   7. Nous les leur envoyons.
   8. Vous vous levez.

4. *Changez les phrases suivantes de l'affirmatif au négatif selon le modèle.*

   Faites-le. → **Ne le faites pas.**

   1. Parlez-m'en.
   2. Asseyez-vous.
   3. Prêtez-la-nous.
   4. Donnez-la-leur.
   5. Allez-y.
   6. Donne-le-lui.

5. *Imaginez que vous êtes un gentil organisateur du Club Méd qui invite de nouveaux membres à participer aux activités du Club. Dites-leur...*

   1. d'être à l'aise ici
   2. d'oublier l'argent et tous les problèmes du monde
   3. de mettre un bikini ou un paréo
   4. de faire du ski nautique ou de la voile, s'ils sont sportifs
   5. de se reposer, s'ils sont fatigués
   6. d'assister à une classe de yoga ou de se cultiver l'esprit
   7. de prendre une boisson froide à la terrace, s'ils ont soif
   8. de ne pas oublier la discothèque le soir

Pronunciation: Semi-Vowels /j/, /w/, and /ɥ/

Semi-vowels are short vowels which are pronounced in the syllable of the vowel which follows.

A. The semi-vowel /j/ is similar to the *ye* of *yes.*

   KEY WORD: pied
   Pronounce: hier œil ingénieur cahier
   vieux combien je travaille gentille

B. The semi-vowel /w/ is pronounced with the mouth in the same position as for /u/ **fou**, but is pronounced rapidly so as to belong to the syllable of the following vowel in a word with two or more syllables.

   KEY WORD: soie
   Pronounce: moi fouet voix fois
   toi loi pois

C. For the semi-vowel /ɥ/ the position of the mouth is the same as for /y/ **butte**. It is pronounced rapidly so as to belong to the syllable of the following vowel.

KEY WORD: **huit**
Pronounce: **suite**   h**ui**le   c**ui**sine   n**ui**t   j**ui**llet
            je s**ui**s   l**ui**   réd**ui**t   j**ui**n

D. *Now pronounce the following:*

Je préfère la cuisine à l'huile.   L'employé fait les réparations.
L'ingénieur est bien payé.   On voit ça huit fois par jour.

ACTIVITÉS

situation

A, you are interested in sports, but your friend B isn't. Try to persuade him/her to participate in a sport.

A: Tell B that you feel like playing tennis today. Ask B if he/she wants to play tennis with you.
B: Answer negatively. Tell A that it's too hot to (*pour*) play tennis.
A: Ask B if he/she prefers to water-ski.
B: Answer that you're too tired.
A: Say, "You're too tired to (*pour*) water-ski and it's too hot to (*pour*) play tennis. What do you want to do?"
B: Say, "Let's get a drink at the terrace (*la terrasse*) in front of the swimming pool."
A: Say, "O.K., but let's play tennis tomorrow."

rêvez

Following is a list of the different Club Méds as well as the activities they offer. Decide which club you would go to and what you would do there. Describe a typical day you would enjoy.

VILLAGES DE SOLEIL EN HIVER	page	village hôtel	bungalow	sports terrestres	ski nautique	voile	plongée libre [1] / équitation [2]	plongée scaphandre [3]	piscine	yoga	tennis	bivouac [4] / sorties en mer	golf · pêche au gros [5]	musique classique · bibliothèque	orchestre	cabaret · discothèque	petites excursions	enfants	voiture sans chauffeur
Pompadour (France)	4	●		●			●		●	●	●				●	●	●		
Agadir (Maroc)	18		●	●		●	●★		●	●	●	●		●		●	●	●	●
Marrakech (Maroc)	20	●		●			●★		●	●	●		●★	●		●	●	●	●
Ouarzazate (Maroc)	22		●	●			●★		●	●	●					●	●	●	●
Djerba la Douce (Tunisie)	28		●	●		●			●	●	●	●		●		●	●	●	●
Palais Manial (Égypte)	30	●	●	●					●	●	●			●		●	●	●	●
Cap Skirring (Sénégal)	36		●	●		●			●	●	●			●		●	●	●	●
Assinie (Côte-d'Ivoire)	38		●	●	●				●	●	●			●		●	●	●	●
Réunion (Océan Indien)	40		●	●					●	●	●			●		●	●	●	●
Ile Maurice (Océan Indien)	42		●	●	●	●			●	●	●	●	pêche★ au gros	●		●	●	●	●
Caravelle (Antilles)	44	●		●		●	●	●	●	●	●			●		●	●	●	●
Fort-Royal (Antilles)	46	●	●	●		●	●	●	●	●	●			●		●	●	●	●
Les Boucaniers (Antilles)	48		●	●	●	●	●	●	●	●	●			●		●	●	●	●
Tahiti (Polynésie)	50		●	●	●		●	●	●	●	●		pêche au gros	●		●	●	●	●

★ activité avec participation aux frais dans la station   ✱ activité avec participation [6] aux frais hors club [7]   🐎 mini-club   👫 à partir de 5 ans [8]

[1] plongée (f) libre *snorkeling*   [2] équitation *horseback riding*   [3] plongée (f) scaphandre *skin diving*   [4] bivouac/sorties en mer *overnight boat trips*   [5] pêche (f) au gros *deep-sea fishing*   [6] avec participation aux frais *for an additional fee*   [7] hors club *outside the Club*   [8] à partir de 5 ans *from age 5 on*

cent cinquante-six

CHAPITRE ONZE

vocabulaire

le **bikini** *bikini*
la **discothèque** *discotheque*
l' **est** (m) *east*
l' **île** (f) *island*
le **laboratoire de langues** (le **labo**) *language lab*
le **nord** (m) *north*
l' **ouest** (m) *west*
la **photo** *photograph*
le **ski nautique** *water-skiing;* **faire du ski nautique** *to go water-skiing*
le **soleil** *sun*
le **sud** *south*
la **tentation** *temptation*
la **voile** *sail;* **faire de la voile** *to go sailing*

apprendre (à) *to learn to*
attirer *to attract*
comprendre *to understand*
décrire *to describe*
écrire *to write*
établir *to establish*
jouer *to play;* **jouer au tennis, au golf** *to play tennis, golf*
mettre *to put, to place; to set (a table); to put on (clothes)*
participer (à) *to participate (in)*
permettre *to permit, to allow*
prendre *to take; to have (food or drink)*
promettre *to promise*
remettre *to hand in; to put back*
surprendre *to surprise*
visiter *to visit (a place)*

chaque *each*
ennuyeux, ennuyeuse *boring*
étranger, étrangère *foreign*
serré(e) *tight*
somptueux, somptueuse *sumptuous*

infiniment *infinitely*
presque *nearly, almost*
surtout *above all*
tout à fait *entirely*
aussi bien que *as well as*
se **cultiver l'esprit** (m) *to improve one's mind*
en plus *in addition, besides*
et . . . et . . . *both . . . and . . .*
être à l'aise *to be comfortable*
prendre une photo *to take a picture*
prendre du poids *to put on weight*
tant de (choses) *so many (things)*

CHAPITRE ONZE

Chapitre 12

En Bretagne

La Bretagne, située à l'extrême ouest de la France et bordée° par la mer de trois côtés, a une histoire distinctive. La région a reçu° son nom des Bretons, peuple celtique° qui s'y sont établis entre le cinquième et le sixième siècles. À cette époque les Bretons ont émigré en Bretagne après avoir quitté la Grande-Bretagne. Ce peuple avait° sa propre langue celtique, le breton, qui est tout à fait différente de la langue française, qui est d'origine latine. Et les Bretons avaient des traditions religieuses, une tendance au mysticisme et même au surnaturalisme,° qui ne devait rien° à la culture française. Certaines légendes bien connues, par exemple, l'histoire du roi Arthur et de la table ronde, sont d'origine bretonne.

bordée *bordered*   a reçu *received*   celtique *Celtic*   avait *had*
surnaturalisme *supernaturalism*   ne devait rien *owed nothing*

Mais d'anciens peuples ont laissé des traces remarquables en Bretagne bien avant l'invasion celtique. Surtout à Carnac, il y a un grand nombre de monuments préhistoriques qu'on a probablement mis là entre 2000 et 1500 avant Jésus-Christ. Les *menhirs*, longues pierres solitaires, souvent de taille° énorme, avaient probablement une fonction religieuse. On croit que les *dolmens*, par contre,° étaient° des tombeaux. Certains historiens ont essayé d'associer ces monuments curieux avec les rites des druides.

taille *size*   par contre *on the other hand*
étaient *were*

La Bretagne, isolée° géographiquement ainsi que° par ses traditions, a gardé pendant des siècles une culture unique. Le christianisme des Bretons a eu un caractère mystique, avec un nombre énorme de saints et de saintes particuliers° à la région. Même aujourd'hui certaines fêtes religieuses ont une importance centrale, et les jours de fête on peut parfois voir des femmes qui portent la coiffe° traditionnelle. Et dans l'ouest de la région—qu'on appelle La Basse-Bretagne—il y a des gens qui parlent toujours breton.

isolée *isolated*   ainsi que *as well as*
particuliers *peculiar*   coiffe *headdress*

Pourtant, la majorité des Bretons ressemblent de plus en plus à leurs compatriotes français. Et l'emigration de beaucoup de jeunes Bretons qui quittent cette belle région pour habiter autre part° en France est troublante. Or, par contre, le nationalisme breton devient une force de plus en plus importante en Bretagne comme un certain nombre d'habitants cherchent d'obtenir plus d'autonomie pour cette région qui est si différente du reste de la France. D'autres° essaient de rétablir le breton comme une langue vivante—il y a même certains auteurs comme Jean-Pierre Calloc'h et Yves Le Moal qui écrivent en breton plutôt qu'en français!

autre part *elsewhere*   D'autres *others*

questions

1. Pourquoi les Bretons ont-ils une culture différente de la culture française? Quelles sont quelques différences? 2. Quelles traces d'un peuple plus ancien que les Bretons trouve-t-on en Bretagne? 3. Le christianisme a-t-il été important dans la vie bretonne? Comment savez-vous cela? 4. Qu'est-ce qui indique que les Bretons restent toujours conscients (*aware*) des différences qui les séparent de leurs compatriotes français? 5. Que font certains Bretons pour rétablir le breton comme une langue vivante?

votre point de vue

1. Est-il inévitable qu'une minorité comme les Bretons ressemblent de plus en plus à leurs compatriotes? Les minorités restent-elles distinctives ou non en Amérique? 2. À votre avis, a-t-on raison d'essayer de rétablir le breton comme une langue vivante? Est-ce que beaucoup de gens vont lire des auteurs comme Jean-Pierre Calloc'h et Yves Le Moal? Pourquoi ou pourquoi pas? 3. Si le français et l'anglais sont des langues vivantes, et le breton veut en être une, quelles sont des langues mortes? Donnez quelques exemples. Sont-elles tout à fait mortes ou non? Si non, expliquez dans quel sens elles sont toujours vivantes. 4. Qu'est-ce que c'est que le mysticisme? À votre avis, existe-t-il aujourd'hui en Amérique? Si vous dites que oui, donnez-en quelques exemples.

CONSTRUCTIONS

I. Infinitive Constructions

GÉRARD: Avant de *visiter* Saint-Malo, qu'avez-vous fait?
BENOÎT: Eh bien, après *avoir quitté* Paris nous avons décidé *d'aller voir* Mont-Saint-Michel.
GÉRARD: Tu as bien fait. On ne va pas en Bretagne sans *avoir vu* cette abbaye extraordinaire bâtie sur une île rocheuse.
BENOÎT: Tout le monde dit que Mont-Saint-Michel est magnifique, mais *voir* c'est *croire*. Nous sommes très heureux de l'*avoir vu*.

1. Où est-ce que Benoît est allé? 2. Comment Gérard trouve-t-il sa décision? 3. Sur quoi l'abbaye est-elle bâtie? 4. Comment Benoît trouve-t-il Mont-Saint-Michel?

A. Infinitives are used in various constructions. They may be subjects of verbs, objects of verbs, or objects of prepositions.

  1. When the infinitive functions as a subject, the English equivalent is either an infinitive or a gerund (the *-ing* form).

Voir c'est croire.
Vouloir c'est pouvoir.

Seeing is believing.
Where there's a will, there's a way.
(Literally, To want is to be able to.)

2. When an infinitive follows a conjugated verb, it has the function of an object. The conjugated verb may require **à** or **de**.

Ils veulent sortir.
J'essaie d'étudier.
Vous commencez à le faire.

They want to leave.
I'm trying to study.
You are begining to do it.

3. After the prepositions **avant de, au lieu de, de, à, pour, sans** and **par** an infinitive is frequently used.

Avant de quitter l'appartement, il faut fermer les fenêtres.
Au lieu de travailler, ils vont aller à la plage.
Nous sommes heureux d'accepter.
J'ai des courses à faire.
Il faut travailler pour mériter les vacances.
J'ai visité dix villes en France, sans compter Paris.
Il finit par trouver la réponse.

Before leaving the apartment, one must close the windows.
Instead of working, they are going to the beach.
We are happy to accept.
I have errands to run.
One must work to earn a vacation.
I visited ten cities in France, not counting Paris.
He finally finds the answer.

B. The past infinitive is composed of a preposition plus **être** or **avoir** plus the past participle. The past infinitive observes the same rules of agreement which apply to verbs in the **passé composé**.

Après avoir terminé, Renée est sortie.
Après être tombés, ils n'ont pas voulu skier.
Il est sorti sans les avoir vus.

After finishing, Renée went out.
After having fallen, they did not want to ski.
He went out without having seen them.

1. Object pronouns are placed before the auxiliary.

Elle regrette de l'avoir fait.
Après s'être promenée, elle est rentrée chez elle.

She regrets having done it.
After having gone for a walk, she went home.

2. In the negative the **ne** and the **pas** precede the auxiliary or an object pronoun, if there is one.

Elle regrette de ne pas l'avoir fait.
Nous avons décidé de ne pas aller.

She regrets not having done it.
We decided not to go.

travaux pratiques

1. Faites des phrases selon le modèle.

penser/répondre → **Pensez avant de répondre.**

1. payer/entrer
2. manger/partir
3. téléphoner/venir
4. se reposer/sortir
5. attendre/traverser le boulevard
6. réfléchir/acheter

2. *Répondez aux questions suivantes selon le modèle.*

Vous parlez? (manger) → **Non, au lieu de parler, je mange.**

1. Vous descendez? (monter)
2. Vous attendez? (partir)
3. Vous lisez le journal? (téléphoner à Marcel)
4. Vous écrivez? (regarder la télévision)
5. Vous méditez? (aller à la discothèque)
6. Vous allez au cinéma? (étudier)
7. Vous dormez tard? (se lever)

3. *Faites des phrases selon le modèle.*

Il a terminé sa conférence. Puis, il est parti.
→ **Après avoir terminé sa conférence, il est parti.**

1. Il a bu trop de vin. Puis, il a commencé à chanter.
2. Elle a écrit la lettre. Puis, elle l'a mise à la poste.
3. Ils ont fait un voyage en Europe. Puis, ils sont retournés aux États-Unis.
4. Ils sont entrés dans le restaurant. Puis, ils ont trouvé une table libre.
5. Elle a payé l'addition. Puis, elle a décidé de partir.
6. Il est revenu à Paris. Puis, il est parti pour Londres.
7. Nous avons vu le film. Puis, nous avons flâné sur le boulevard.
8. J'ai mis ma nouvelle robe. Puis, je suis partie.

votre point de vue

1. Quelles sont deux choses que vous voulez faire après avoir terminé vos études? 2. Qu'est-ce que vous aimez faire le soir au lieu de rester chez vous? 3. Nommez (*name*) une chose que vous regrettez beaucoup d'avoir faite. 4. Nommez une autre chose que vous espérez ne jamais faire.

II. *L'Imparfait* (The Imperfect Tense)

MARIE-ANNE: Quand tu *étais* petit, quel *était* ton passe-temps préféré?
JEAN-MARC: J'*adorais* faire des promenades sur la plage. Mes grandsparents *habitaient* près de l'Atlantique en Bretagne.
MARIE-ANNE: J'*aimais* la nature aussi. Je *marchais* pendant des heures dans les montagnes de la Savoie et je *regardais* des fleurs.
JEAN-MARC: Les gens qui aiment la nature sont les plus sentimentaux.

1. Quel était le passe-temps préféré de Jean-Marc? 2. Où est-ce que les grands-parents de Jean-Marc habitaient? 3. Où est-ce que Marie-Anne aimait marcher? 4. Comment sont les gens qui aiment la nature, selon Jean-Marc?

A. The imperfect of all verbs except **être** is regular. To form the imperfect, take the **nous** form of the present tense, drop the **-ons** ending, and add the imperfect endings: **-ais, -ais, -ait, -ions, -iez, -aient.**

nous parlons → parl + ions → nous parlions

	parler		être
je parl**ais**	nous parl**ions**	j' ét**ais**	nous ét**ions**
tu parl**ais**	vous parl**iez**	tu ét**ais**	vous ét**iez**
il/elle parl**ait**	ils/elles parl**aient**	il/elle ét**ait**	ils/elles ét**aient**

Je parlais à Jean tous les jours.	I used to talk to Jean every day.
Il travaillait à la librairie.	He worked (used to work) at the bookstore.
Nous attendions mon frère devant le café.	We were waiting for my brother in front of the café.
J'avais toujours un chien quand j'étais petit(e).	I always had a dog when I was little.
J'étais malade.	I was sick.
Nous étions en retard.	We were late.

B. Some verbs have spelling changes in the imperfect similar to the changes in the present. Verbs ending in **-cer,** such as **commencer,** require a cedilla on the **c** in all persons except **nous** and **vous.**

commencer	
je commençais	nous commencions
tu commençais	vous commenciez
il/elle commençait	ils/elles commençaient

Verbs ending in **-ger,** such as **manger,** require an **e** after the **g** in all persons except **nous** and **vous.**

manger	
je mangeais	nous mangions
tu mangeais	vous mangiez
il/elle mangeait	ils/elles mangeaient

C. The imperfect tense may be used to:

1. describe habitual or repeated action, or a state of things, that existed over an indefinite period of time in the past. (Note the various translations of the imperfect tense in English, including *used to* and *would* for habitual action.)

Il allait à la plage tous les jours.	He went (would go, used to go) to the beach every day.
Quand j'avais dix ans j'aimais les dessins animés.	When I was ten years old I liked cartoons.
Elle mangeait un repas somptueux.	She was eating a sumptuous meal.
Il faisait beau.	The weather was nice.
Elle était intelligente.	She was smart.

2. express an action that takes place at the same time as another action.

Il faisait ses devoirs pendant le dîner.	He was doing his homework during dinner.
J'écoutais la radio et je faisais la cuisine.	I was listening to the radio and (I was) cooking.

travaux pratiques

1. *Remplacez les mots en italique par les mots suggérés.*

    a. Quand *j'*étais petit, *j'*adorais faire des promenades.
        1. il 2. nous 3. vous 4. ils 5. tu 6. elle
    b. *Elle* écoutait la radio et *elle* s'habillait.
        1. nous 2. ils 3. tu 4. vous 5. je 6. il

2. *Changez les phrases du singulier au pluriel ou vice versa selon le modèle.*

Tu buvais du vin. → **Vous buviez du vin.**

1. Il finissait toujours à six heure
2. Nous vendions beaucoup de vin.
3. Je choisissais un nouveau chapeau.
4. Je ne pouvais pas partir.
5. Ils descendaient l'escalier.
6. Vous faisiez une promenade?
7. Nous buvions trop.
8. Tu ne croyais pas Michel?
9. Il avait mal à la tête?

3. *Changez le paragraphe du présent à l'imparfait. Commencez avec:*
L'été dernier la vie vagabonde . . .

La vie vagabonde est belle. Je n'ai pas d'itinéraire précis; j'ai très peu de bagages; je n'ai pas besoin de beaucoup d'argent. J'ai mon sac à dos (*knapsack*); je suis à l'aise dans mon blue-jean. Et, le soir, je ne suis pas obligé(e) de trouver un camping—il y a d'excellentes auberges de la jeunesse (*youth hostels*) presque partout en France. Ce n'est pas élégant, mais ça coûte peu et on peut rencontrer des jeunes de partout dans le monde. On arrive—crevé(e) (*dead tired*)—le soir; on parle des expériences de la journée; bientôt on a de nouveaux camarades.

votre point de vue

Complétez les phrases suivantes selon votre expérience personnelle. Employez l'imparfait.
1. Quand mon père était jeune, il . . . 2. Quand ma mère était jeune, elle . . . 3. Quand j'étais petit(e), mes parents . . . 4. Quand j'étais petit(e), je . . . 5. Quand j'avais dix ans, je . . . 6. Quand j'allais à l'école secondaire, mes professeurs . . . 7. Quand j'allais à l'école secondaire, je . . .

III. *L'Imparfait* vs. *Le Passé Composé*

DAVID: Hier matin j'*ai vu* un accident près du musée de Nantes.
HENRI: Qu'est-ce qui *est arrivé*?
DAVID: J'*attendais* l'autobus—il y *avait* deux voitures—l'une *entrait* dans le carrefour quand l'autre *a tourné* à gauche devant la première—et vlan!
HENRI: Est-ce qu'il y *a eu* des blessés?
DAVID: Non, mais j'*ai eu* peur quand j'*ai entendu* le bruit.

1. Qu'est-ce que David a vu? 2. Que faisait-il quand l'accident est arrivé? 3. Y a-t-il eu des blessés? 4. Quand est-ce que David a eu peur?

A. In choosing whether to use the **imparfait** or the **passé composé**, keep in mind: 1) whether you are emphasizing what was happening (**imparfait**) or what happened at a given moment (**passé composé**); 2) whether you are describing a state or condition (imperfect) or showing a change (**passé composé**). Look at the following sentences, asking yourself these questions.

Il avait faim quand il est arrivé.	*He was hungry when he arrived.*
Il faisait beau quand je suis parti(e).	*The weather was nice when I left.*

Compare the following examples, which show special uses of the imperfect and **passé composé**.

J'avais peur des chiens.	*I was afraid of dogs.*
J'ai eu peur.	*I got scared.*
J'avais faim.	*I was hungry.*
J'ai eu faim.	*I got hungry.*
Je pouvais le faire.	*I was able to do it.*
J'ai pu le faire.	*I succeeded in doing it.*
Je voulais venir.	*I wanted to come.*
J'ai voulu venir.	*I tried to come.*
Je n'ai pas voulu venir.	*I refused to come.*

B. Expressions which indicate the repeated or habitual occurrence of an action or event, such as **d'habitude** (*usually*), **souvent** (*often*), **toujours** (*always*), and **tous les jours** (*every day*), are often used with the imperfect.

D'habitude j'allais à la campagne.	*Usually I went to the country.*
Nous étions toujours à l'heure.	*We were always on time.*
Il prenait le petit déjeuner tous les jours à sept heures.	*He had breakfast every day at seven o'clock.*

travaux pratiques

1. *Remplacez les mots en italique par l'imparfait des verbes suggérés.*

   Marie *lisait le journal* quand M. Brown est arrivé.

   1. boire du vin 2. écrire une lettre 3. regarder la télévision 4. faire la cuisine 5. faire du yoga 6. finir son travail

2. *Répondez négativement selon le modèle.*

   Est-ce que Mme Lanson prenait du thé quand vous êtes rentré(e)? (prendre du café)
   → **Non, elle prenait du café quand je suis rentré(e).**

   1. Est-ce que M. Lenoir faisait du ski quand vous êtes parti(e)? (dormir)
   2. Est-ce qu'il neigeait quand vous êtes rentré(e)? (faire beau)
   3. Est-ce que Nicole portait sa robe en laine quand vous l'avez vue? (porter son bikini)
   4. Est-ce que Mme Briot téléphonait à une amie quand vous êtes sorti(e)? (attendre son amie)
   5. Est-ce que Pierre mangeait quand vous lui avez téléphoné? (méditer)

3. *Complétez les phrases suivantes avec l'**imparfait** ou le **passé composé**.*

Lundi soir, quand M. Lalande _____ (entrer) dans la salle à manger de l'Hôtel Paradis, on lui _____ (donner) tout de suite la meilleure table. L'Hôtel Paradis _____ (être) un hôtel grandiose que des millionnaires _____ (fréquenter). M. Lalande _____ (ne pas être) millionnaire mais ce soir-là, quand il _____ (commander) un repas somptueux, les employés de l'hôtel le lui _____ (servir) avec sollicitude et finesse. Et pendant que M. Lalande _____ (dîner), tous les garçons le _____ (regarder) nerveusement et l'hôtelier _____ (trembler).

Pourquoi?

M. Lalande _____ (travailler) pour le plus grand guide touristique de la France. À chaque restaurant où il _____ (dîner), il _____ (pouvoir) donner une, deux ou trois étoiles. Une étoile _____ (apporter) le succès, deux étoiles un succès fou, trois étoiles la gloire, mais un restaurant sans étoile _____ (ne plus exister). Donc tous les hôteliers de la France _____ (avoir) peur de M. Lalande, car ils _____ (ne pas vouloir) échouer, ils _____ (désirer) tous le succès, ils _____ (rêver) tous de la gloire. Et M. Lalande _____ (dîner) très bien.

votre point de vue

1. Où étiez-vous il y a un an (*a year ago*)? Que faisiez-vous là? 2. Quel était votre plus grand vice—au moins, votre plus grand vice avouable (*avowable*)—quand vous aviez dix ans? 3. Quelle était votre plus grande préoccupation quand vous aviez quinze ans? 4. Où étiez-vous le 4 juillet dernier? Que faisiez-vous?

Pronunciation: The Unstable /ə/

A. In the word **petit** the /ə/ is called unstable because it may or may not be pronounced. In rapid or informal speech, this sound is likely to be dropped. For instance, in informal conversation, you will usually hear p̷etit garçon. Here are some other examples:

Pronounce: à d̷emain   Comment vous app̷elez-vous:
On s̷e tutoie.   Je vais l̷e chercher.
Vous l̷e savez.   Tout l̷e monde est arrivé.

B. The pronunciation of the /ə/ can also be determined by its phonetic environment. It is pronounced in order to prevent the contact of three consonants in the same syllable.

Examples: sam̷edi → The /ə/ falls after one consonant.
vendredi → The /ə/ is pronounced after two consonants.

Pronounce: /ə/ pronounced   /ə/ not pronounced
Ils prennent **le** train.   Il prend l̷e train.
Il **me** dit bonjour.   Tu m̷e dis bonjour.
Il **le** fait.   Tu l̷e sais.
Elles **le** peuvent.   Vous l̷e pouvez.

C. The following are exceptions to this rule:

1. The /ə/ in the direct object pronoun **le** is always pronounced when it follows the verb.

   Pronounce: Écris-**le**-lui. Prends-**le** maintenant.
   Fais-**le** vite. Donne-**le**-lui.

2. There are certain *fixed groups* which are always pronounced the same way:

   Pronounce: je nɇ   ce nɇ   de nɇ
   cɇ que   jɇ te   pas dɇ

   Pronounce: Je nɇ parle pas.   Cɇ que tu lui dis.
   Jɇ te parle.   Jɇ te demande de nɇ pas y aller.
   Ce nɇ sont pas les miens. Je n'ai pas dɇ sucre.

3. The /ə/ tends to be pronounced before the groups /rj/ or /lj/.
   Pronounce: Nous serions   en ce lieu.

4. The /ə/ is pronounced before certain words beginning with the letter h.

   Pronounce: le hangar   le hasard   le haricot   le haut   ce héros

ACTIVITÉS

décidez

The information on the next page about Mont-Saint-Michel is taken from the **Guide Michelin,** *a well-known French touring guide. Read the descriptions of the hotels, and then decide which you would choose if you were one of the people below.*

I. You and a friend are traveling on a rather tight budget. Together you hope to spend not more than from thirty to thirty-five francs a day for a room. If you don't find what you are looking for on Mont-Saint-Michel, you will move on in search of a bargain.

II. You are traveling with your parents, who insist on a private bath with a shower. Since you are traveling by car, you will need a hotel with parking, and there's also the problem of the dog you brought with you and want to keep in your room. You aren't especially looking for a hotel with a restaurant, but would like to be able to have breakfast there. Your parents aren't stingy, but they like to get the most for their money.

III. You are on your honeymoon and want very much to impress your spouse with your knowledge of French and of French hotels. You want a very good hotel and will select the best room in the house; money is no object. You don't require a telephone or television set, however. After all, this is a honeymoon.

Le MONT-ST-MICHEL 50116 Manche 59 ⑦ G. Bretagne, G. Normandie – 105 h. – ❸ 33.
Voir Abbaye*** – Remparts** – Grande-Rue* – Jardins de l'Abbaye* – le Mont est entouré d'eau aux pleines mers des grandes marées.
S.I. Corps de Garde des Bourgeois (20 mars-20 oct. et fermé dim. après-midi) ☏ 30.
Paris 327 – Alençon 134 – Avranches 22 – Dinan 54 – Fougères 47 – Rennes 66 – St-Lô 78 – St-Malo 52.

⌂ ❀ **Mère Poulard**, ☏ 1 – ❀ rest
  10 avril-30 sept. – **R** 48 - 30 ch ⇌ 44/125
  Spéc. Omelette Mère Poulard, Homard grillé flambé Poulard, Carré d'agneau de pré salé.

⌂ **Du Guesclin** ⓢ, ☏ 10, ← – ᾒwc ☎ ❀
  15 mars-1ᵉʳ nov. et fermé merc. – SC : **R** 24/55 – ⇌ 6,50 – 13 ch 42/80 – P 88/105.

⌂ **Digue**, à la digue S : 2 km ☏ 2, ← – ⌂wc ᾒwc ☎ ❷ ❀
↠ fermé janv. – SC : **R** (11 avril-2 nov.) 18/40 – ⇌ 7 - **35 ch** 35/85.

⌂ **K Motel du Mt St-Michel** Ⓜ, S : 2 km sur D 976 ☏ 18 Mont-St-Michel,
  Télex 170537 – ⌂wc ☎ & ❷ 30.
  avril-oct. – SC : **R** 18/50 ⓘ ⇌ 6 – **60 ch** 80/100 – P 105/135.

⌂ **Mouton Blanc**, ☏ 8 – ᾒwc ᾒwc ☎
  fermé 5 janv. au 6 fév. – SC : **R** 16/53 – ⇌ 6,50 – 20 ch 25/54.

XX **Terrasses Poulard**, ☏ 9, ←
  11 avril-4 oct., week-ends seul. du 4 oct. au 15 nov. et fermé jeudi hors sais. –
  SC : **R** 18/30 ⓘ.

au Pont de Beauvoir S : 4 km par D 976 – ✉ 50170 Pontorson :

♔ **Desfeux**, ☏ 1.39 Mont-St-Michel – ❷ ❀
↠ fermé 15 déc. au 20 janv. et merc. – SC : **R** 17/36 – ⇌ 6 – 24 ch 26/40 – P 65/75.

Le choix d'un hôtel, d'un restaurant

LA TABLE

❀ 516	Une bonne table dans sa catégorie.
❀❀ 59	Table excellente, mérite un détour.
❀❀❀ 17	Une des meilleures tables de France, vaut le voyage.

Repas

Établissement proposant un menu simple à moins de 18 F.	↠
Établissement pratiquant le service compris ou prix nets	SC
Prix fixe minimum 20 et maximum 45 des repas servis aux heures normales (12 h à 13 h 30 et 19 h 30 à 21 h)	R 20/45
Prix fixe minimum 19 non servi les dimanches et jours de fête	19/25
Repas soigné à prix modérés	R 20
Boisson comprise	bc
Vin de table en carafe à prix modéré	ⓘ
Repas à la carte – Le premier prix correspond à un repas simple comprenant : entrée, plat garni et dessert	R carte 38 à 50
Le 2ᵉ prix concerne un repas plus complet (avec spécialité) comprenant : hors-d'œuvre, deux plats, fromage et dessert prix du petit déjeuner du matin servi dans la chambre	⇌ 8
Chambres – Prix minimum 25 pour une chambre d'une personne et prix maximum 80 pour la plus belle chambre ou petit appartement (y compris salle de bains s'il y a lieu) occupé par deux personnes	ch 25/80
Le prix du petit déjeuner est inclus dans le prix de la chambre	ch ⇌
Pension – Prix minimum et maximum de la pension complète par personne et par jour, en saison	P 58/75
Change des monnaies étrangères (pour les clients de l'hôtel)	💱

Le choix d'un hôtel, d'un restaurant

L'AGRÉMENT

⌂⌂⌂ à ⌂	Hôtels agréables
XXXXX à X	Restaurants agréables
🕊	Hôtel tranquille
←	Vue intéressante ou étendue

INSTALLATION

30 ch ou **30 ch**	Nombre de chambres (voir p. 18 : Le dîner à l'hôtel)
⌂wc ⌂	Salle de bains et wc privés, Salle de bains privée sans wc
ᾒwc ᾒ	Douche et wc privés, Douche privée sans wc
☎	Téléphone dans la chambre communiquant avec l'extérieur
&	Chambres accessibles aux handicapés physiques
❷	Parc à voitures, réservé à la clientèle de l'établissement
📊 25 à 150	L'hôtel reçoit les séminaires : capacité des salles
❀ rest	Accès interdit aux chiens : au restaurant seulement
mai-oct.	Période d'ouverture d'un hôtel saisonnier

168
cent soixante-huit

CHAPITRE DOUZE

vocabulaire

l' **abbaye** (f) *abbey*
l' **accident** (m) *accident*
le **blessé** *injured man;* la **blessée** *injured woman*
la **Bretagne** *Brittany*
le **caractère** *character*
le **carrefour** *intersection*
le **christianisme** *Christianity*
le **côté** *side*
l' **époque** (f) *period*
l' **étoile** (f) *star*
la **fête** *festival, holiday*
la **Grande-Bretagne** *Great Britain*
l' **hôtel** (m) *hotel*
l' **hôtelier** (m) *hotel manager*
la **langue morte** *dead language*
la **langue vivante** *modern language*
la **majorité** *majority*
la **mer** *sea*
la **minorité** *minority*
la **nature** *nature*
le **peuple** *people*
la **pierre** *stone*
le **saint,** la **sainte** *saint*
la **salle à manger** *dining room*
le **tombeau** *tomb*

adorer *to be crazy about, to adore*
arriver *to happen*
bâtir *to build*
garder *to keep, to retain*
rétablir *to re-establish*
tourner *to turn*

breton, bretonne *Breton*
distinctif, distinctive *distinctive*
énorme *enormous, huge*
propre (before a noun) *own*
rocheux, rocheuse *rocky*
sentimental(e) *sentimental*
troublant(e) *disturbing*
vivant(e) *living, alive*

plutôt (que) *rather (than)*
si *so*

car *for, because*

au lieu de *instead of*
avant de *before*
avant Jésus-Christ *before Christ, B.C.*
de plus en plus *more and more, increasingly*
faire une promenade *to take a walk*
tous les jours *every day*

Les Sports

Les Français sont enthousiastes des sports. Le stade est rempli° quand deux équipes° de football (attention: le football français ne ressemble pas au football américain) sont face à face au Parc des Princes à Paris. Le football est joué avec onze joueurs° de chaque équipe. Il y a un gardien° qui garde le but° de son équipe et les autres dix joueurs prennent leur place à divers endroits° sur le terrain. Les gardiens de but sont de vrais héros et peuvent demander le salaire qu'ils veulent. Si les spectateurs jugent que l'arbitre° a fait une erreur, une quasi révolution peut éclater° dans les gradins.°

Mais le football est seulement un des sports d'équipe qui passionne° les Français. Les Français sont aussi des enthousiastes du rugby. Le rugby est joué surtout au sud de la Loire.° Le rugby est joué avec une équipe de quinze joueurs. Le championnat national provoque des luttes° sévères. Les enthousiastes qui n'ont pas la chance d'assister° au match lisent attentivement les résultats dans les journaux et regardent les matchs télévisés. Le tournoi° le plus attendu° est le tournoi des cinq nations où l'équipe française joue contre° les anglais, les écossais,° les gallois° et les irlandais.°

Le cyclisme conserve encore sa grande popularité et le Tour de France est encore un des grands événements° sportifs. Le Tour de France est une course° de bicyclette dans laquelle les participants font le tour de° la France en plusieurs étapes.°

rempli *filled*   équipes *teams*   joueurs *players*   gardien *goalie*   but *goal*
divers endroits *various points*   arbitre *umpire*   éclater *break out*   gradins *stands*
passionne *excite*   Loire *a river in central France*   luttes *contests*
assister *attend*   tournoi *tournament*   le plus attendu *the most eagerly awaited*
contre *against*   écossais *Scotch*   gallois *Welsh*   irlandais *Irish*
événements *events*   course *race*   font le tour de *go around*   étapes *laps*

Les Grands Prix Automobiles, Pau, Monaco et les 24 heures du Mans, attirent° de plus en plus de spectateurs tous les ans.

Mais les Français commencent, eux aussi, à pratiquer des sports au lieu de rester spectateurs. Les jeunes à l'école jouent au football et s'entraînent° en athlétisme° et dans la course à obstacles. Beaucoup de jeunes Français y travaillent sérieusement dans l'espoir° de représenter la France aux Jeux Olympiques.

Et, bien sûr, il y a le ski qui intéresse beaucoup de Français. L'équipe de ski de la France est connue pour son expertise. Les stations de ski arrangent des courses de descente° et de slalom et les jeunes avec des rêves de grandeur° s'y participent avec enthousiasme.

attirent *attract*   s'entraînent *train*   athlétisme *athletics*   espoir *hope*
descente *downhill*   rêves de grandeur *dreams of glory*

questions

1. Une équipe de football a combien de joueurs en France? 2. Qui sont les héros des équipes de football? 3. Quel autre sport d'équipe passionne les Français? 4. Qu'est-ce que le Tour de France? 5. Quand les Français pratiquent des sports au lieu de rester spectateurs, quels sports font-ils?

votre point de vue

1. Aimez-vous les sports d'équipe ou préférez-vous faire quelque chose individuellement? Pourquoi? 2. Avez-vous la tendance de rester spectateur des sports ou de pratiquer un sport? Quel est votre sport préféré? Croyez-vous qu'en général les Américains préfèrent pratiquer ou regarder les sports? 3. Quels sont, à votre avis, les grands événements sportifs aux États-Unis?

Chapitre 13

Hep, taxi!

Un piéton se trouve à une tête de station° où il attend qu'un taxi s'arrête pour le prendre. Finalement un chauffeur de taxi avec une Citroën s'arrête et le prend. «Orly, s'il vous plaît», dit le passager; il est terriblement pressé, car son avion part dans trois quarts d'heure. Le chauffeur met les valises dans le coffre, ferme le coffre, remonte, et la voiture démarre° instantanément.

station *taxi stand*   démarre *starts*

Il y a beaucoup de circulation. Le passager, qui n'a pas fait de réservation et qui a peur de rater l'avion, s'inquiète beaucoup quand le chauffeur dit, «Mettez votre ceinture de sécurité si vous tenez à° la vie. Nous arrivons à la Place de la Concorde à l'heure de pointe.» Le passager lui crie de ralentir, mais le chauffeur se fâche: «Regardez cette peau de vache° qui me dépasse sans mettre son clignotant!°» dit-il. «Espèce d'imbécile!°»

tenez à *value*   peau de vache *(lit. cowhide) stinker*
clignotant *direction signal*   Espèce d'imbécile! *Idiot!*

Pourtant, le chauffeur persiste à insister que ses passagers arrivent toujours à l'heure. Il fait le trajet° Paris-Orly en une demi-heure, prétend-il: il sort de Paris par la porte Gentilly, puis il prend l'autoroute du Sud, qui passe par Rungis, et tout de suite après, c'est Orly. Avec lui, personne n'arrive° en retard!

trajet *trip*   personne n'arrive *no one arrives*

Or, il y a un embouteillage devant un feu rouge. Le chauffeur change de file° et tourne le coin au prochain carrefour. Mais zut! C'est un sens unique!° Il commence à perdre le nord° avec tant de feux!

—Mais vous vous égarez! dit le passager.
—Moi? Jamais!

En effet, il finit par trouver l'autoroute, et on arrive à Orly juste à temps. Le chauffeur s'arrête devant l'entrée de l'aéroport et dépose° le passager et ses valises. Il demande au passager 43 francs 50.

—Quarante-trois francs cinquante? Vous êtes fou!
—Et cinq francs de supplément pour les bagages, monsieur.
—Voleur! crie le passager.
—Et le pourboire aussi, n'est-ce pas?

Le passager n'a pas de temps à perdre. Il finit par payer et s'en va.

file *lane*   un sens unique *one-way street*   perdre le nord *to get confused*
dépose *deposits*

questions

1. Qui se trouve à la tête de station? Pourquoi? 2. Où est-ce que le passager veut aller? 3. Où est-ce que le chauffeur de taxi met les valises? 4. Pourquoi le passager s'inquiète-t-il? 5. Quel conseil (*piece of advice*) le chauffeur de taxi donne-t-il au passager? 6. Quelle route le chauffeur va-t-il prendre? 7. Pourquoi le chauffeur commence-t-il à perdre le nord? 8. Que demande le chauffeur à Orly? 9. Quelle est la réaction du passager? 10. Comment finit l'incident?

votre point de vue

1. Que préférez-vous prendre—le taxi, le métro (*subway*) ou l'autobus? Lequel est le plus commode (*convenient*)? le moins cher? le plus dangereux? 2. Avez-vous jamais discuté le tarif avec un chauffeur de taxi? Avez-vous fini par payer? 3. Y a-t-il des stéréotypes des chauffeurs de taxi aux États-Unis? Lesquels? 4. Quels autres stéréotypes de chauffeurs y a-t-il? Sont-ils vrais ou faux (*false*)?

Constructions

I. Stressed Pronouns

LE CHAUFFEUR: Avec *moi*, personne n'arrive en retard!
LE PASSAGER: Attention! Un petit garçon traverse la rue!
LE CHAUFFEUR: Mais je le vois, *moi*. Je n'écrase pas les petits garçons.
LE PASSAGER: Et cette vieille dame—freinez!
LE CHAUFFEUR: Elle est folle, *elle*! Elle risque la vie dans cette circulation!
LE PASSAGER: *Moi*, je la risque aussi. Arrêtez-vous, monsieur, je descends.

1. Que prétend ce chauffeur? 2. Pourquoi le passager a-t-il eu peur soudain? 3. Que répond le chauffeur? 4. Que dit le chauffeur de la vieille dame? 5. Que fait enfin le passager?

Stressed Pronouns

moi *me, I*	nous *we, us*
toi *you*	vous *you*
lui *he, him*	eux *they* (m), *them*
elle *she, her*	elles *they* (f), *them*

A. Stressed pronouns may be used with nouns or other pronouns for clarification or emphasis.

Pierre et toi, vous allez au supermarché.	Pierre and you are going to the supermarket.
Moi, je descends.	I am getting out.
Je le déteste, lui.	I hate him.

B. Stressed pronouns are used as objects of prepositions.

Nous le préparons pour lui.	We prepare it for him.
Tu dînes chez toi?	Are you having dinner at home?
Il venait avec moi.	He was coming with me.

C. Stressed pronouns are used with the expression **être à** to show ownership. (Nouns may also be used with this expression.)

Le chapeau est à Claire?	The hat is Claire's?
Oui, il est à elle.	Yes, it is hers.
La lettre est à moi.	The letter is mine.

D. Stressed pronouns are used in statements of comparison.

Je suis aussi sérieuse que toi.	I am as serious as you (are).
Paul était moins sportif que lui.	Paul was less athletic than he (was).
Nous sommes plus bêtes que vous.	We are stupider than you (are).

E. Stressed pronouns are used with **c'est** and **ce sont**.

Qui est à la porte? C'est toi, Jeanne?	Who is at the door? Is it you, Jeanne?
Ce sont vos parents?	Are those your parents?
Oui, ce sont eux.	Yes, that's them. (Literally, yes, it is they.)
Qui parle français ici?	Who speaks French here?
Moi. (C'est moi.)	I do.

F. A stressed pronoun is combined with **même (mêmes)** for further emphasis.

Ils préparent le repas eux-mêmes.	They prepare the meal themselves.
Tu les achètes toi-même?	Are you buying them yourself?

travaux pratiques

1. *Remplacez le mot en italique par les mots suggérés.*

   a. *Marie et nous*, nous prenons un apéritif.
      1. Marie et moi 2. Lui et elle. 3. Paul et toi. 4. Irène et vous 5. Henri et lui
   b. *Je* le fais moi-même.
      1. tu 2. il 3. elle 4. nous 5. les piétons

2. *Faites des phrases selon le modèle.*

   Tu vas au bureau de tabac. → **Toi, tu vas au bureau de tabac.**

   1. Je vais au théâtre.
   2. Vous allez à l'aéroport.
   3. Il allait au cinéma.
   4. Ils discutent avec le chauffeur.
   5. Elle veut payer.
   6. Elles sont d'accord avec lui.

3. *Répondez aux questions suivantes selon le modèle.*

Le chapeau est à Marie? → **Oui, il est à elle.**

1. La valise est à vous?
2. Les livres sont à Pierre?
3. L'argent est à vos parents?
4. La voiture était à vos cousines?
5. Les places sont à nous?

4. *Changez les phrases suivantes selon le modèle.*

Tu fais le marché pour *moi*. → **Je fais le marché pour toi.**
Ils pensent à *nous*. → **Nous pensons à eux.**

1. *Vous* allez au cinéma avec *lui*.
2. *Nous* achetons des livres pour *elle*.
3. *Je* ne discute pas avec *toi*.
4. *Elle* est sortie sans *nous*.
5. *Elles* pensaient à *eux*.

5. *Répondez aux questions selon le modèle.*

C'est la fille de M. Duval? → **Oui, c'est elle.**

1. C'est le frère de Nicole?
2. Ce sont les copines de Christine?
3. Ce sont les membres du club?
4. C'était le chauffeur de taxi?
5. C'était toi?

votre point de vue

1. Venez-vous à l'université en auto? Si oui, à qui est cette auto? Si elle est à vous, l'avez-vous payée vous-même? 2. Comment êtes-vous comme chauffeur—impulsif (*impulsive*) ou prudent(e), attentif (*attentive*) ou négligent(e)? Est-ce qu'on risque la vie avec vous, ou peut-on être à l'aise? 3. Est-ce que vous discutez la politique avec vos parents? Si oui, êtes-vous généralement d'accord ou non avec eux? 4. Est-ce que vous discutez des questions controversées (*controversial*) avec vos camarades? Si oui, sont-ils plus dogmatiques que vous? plus véhéments? moins renseignés (*informed*)?

II. Additional Negative Constructions

ANDRÉ: Quelle course! Je *n'*arrive *pas* à me calmer.
GUILLAUME: Tu *n'*as *jamais* pris de taxi à Paris?
ANDRÉ: Je *ne* veux *plus* en prendre. J'ai eu trop peur!
GUILLAUME: Tu *n'*aimes *ni* l'autobus, *ni* le métro, *ni* le taxi. Que vas-tu faire pour aller d'un côté de la ville à l'autre?
ANDRÉ: Je vais marcher. C'est plus sûr!

1. Quel est l'état d'esprit d'André? 2. Qu'est-ce qui lui est arrivé? 3. Que lui demande Guillaume? 4. Comment André va-t-il circuler dans la ville?

A. There are many ways of negating a sentence in French besides using **ne ... pas**.

Negative Constructions

ne ... jamais	never
ne ... plus	no more, no longer
ne ... ni ... ni	neither ... nor
ne ... rien	nothing
ne ... point	not (emphatic)
non plus	neither
ne ... personne	nobody, no one

Je ne me promène jamais la nuit.	I never take walks at night. (I don't ever take walks at night.)
Pierre n'a plus de vin.	Pierre has no more wine. (Pierre doesn't have any more wine.)
Nous n'avons ni légumes ni fruits.	We have neither vegetables nor fruits. (We don't have either vegetables or fruits.)
Ils ne voient rien.	They see nothing. (They don't see anything.)
Ils n'ont point d'amis.	They have no friends. (They don't have any friends.)
Vous n'avez pas faim? Moi non plus.	You aren't hungry? Me neither. (Neither am I.)
Je n'entends personne.	I hear no one. (I don't hear anyone.)

As the examples indicate, **ne** precedes a verb in the present tense, and other negative elements (**jamais, rien, personne,** etc.) follow it. This is also true of the imperfect: **Je ne me promenais jamais la nuit. Pierre n'avait plus de vin.** In the **passé composé**, the **ne** precedes the auxiliary verb (a form of **être** or **avoir**), but the other negative element (**jamais, rien, point,** etc.) follows the auxiliary immediately. **Personne,** however, follows the past participle.

Je ne suis jamais sorti(e) avec eux.	I never went out with them.
Ils n'ont rien vu.	They didn't see anything.
Nous n'avons vu personne.	We haven't seen anyone.

B. **Rien** and **personne** may be used as subjects as well as objects.

Rien ne te plaît.	Nothing pleases you.
Personne n'est à la porte.	No one is at the door.

C. Remember that **jamais** can be used in an affirmative question to mean *ever*. When used alone, however, it means *never*:

—As-tu jamais visité la Guadeloupe?	Have you ever visited Guadeloupe?
—Jamais.	Never.

D. After **ni ... ni ...,** the indefinite and partitive articles disappear completely.

Le voyageur n'avait ni passeport ni valise.
Je n'ai ni amis ni ennemis.

The traveler had neither a passport nor a suitcase.
I have neither friends nor
enemies.

E. **Ne . . . que** means *only*. Unlike negative expressions, it does not affect the form of indefinite or partitive articles.

Il prend du thé.
Il ne prend que du thé.
Elle ne prend pas de thé.
Ne prend-elle jamais de thé?
Elle ne prend plus de thé.
Elle ne prend ni café ni thé.

He drinks tea.
He drinks only tea.
She doesn't drink tea.
Doesn't she ever drink tea?
She no longer drinks tea.
She drinks neither coffee nor tea.

travaux pratiques

1. *Répondez aux questions suivantes selon le modèle.*

   Avez-vous des frères ou des sœurs? (ne . . . ni . . . ni)
   → **Non, je n'ai ni frères ni sœurs.**

   1. Est-ce qu'il pleut maintenant? (ne . . . plus)
   2. Avez-vous jamais voyagé en Europe? (ne . . . jamais)
   3. Avez-vous vu l'accident? (ne . . . rien)
   4. Avez-vous de l'argent? (ne . . . point)
   5. Avez-vous des journaux ou des revues? (ne . . . ni . . . ni)
   6. Qui est arrivé (personne ne)
   7. Qu'est-ce qui est arrivé? (rien ne)
   8. Qui a-t-il vu? (ne . . . personne)

2. *Complétez les phrases suivantes avec la construction qui indique le contraire du mot en italique, selon le modèle.*

   | non plus | ne . . . plus | ne . . . rien |
   | ne . . . jamais | ne . . . personne | ne . . . ni . . . ni |

   Claire sait *tout*. Claire _____ sait _____. → **Claire ne sait rien.**

   1. Il sort *toujours*. Il _____ sort _____.
   2. J'ai *encore* de l'argent. Je _____ ai _____ argent.
   3. Il a *tout* vu. Il _____ a _____ vu.
   4. Ils ont faim. Moi *aussi*. Ils n'ont pas faim. Moi _____.
   5. *Tout le monde* est venu. _____ est venu.
   6. L'hôtel a *et* une plage *et* une discothèque. L'hôtel _____ a _____ plage _____ discothèque.
   7. Elle a insulté *tout le monde*. Elle _____ a insulté _____.
   8. *Tout* est cher. _____ est cher.

votre point de vue

1. Avez-vous une fortune? 2. Avez-vous une grande maison ou une plage privée? 3. Êtes-vous jamais allé(e) à la Martinique? 4. Que savez-vous du règne (*reign*) de Louis XIII? 5. Vos parents vous traitent-ils encore en (*like a*)

enfant? 6. Avez-vous voté dans une élection politique? Si non, pourquoi pas? 7. Regardez-vous toujours les mêmes programmes de télévision que vous regardiez il y a dix ans (*ten years ago*)? 8. Est-ce que vous écrivez à quelqu'un (*someone*) au Canada? Si oui, à qui écrivez-vous?

III. Verbs Ending in *-uire*

ROBERT: As-tu vu la nouvelle petite Renault?
LÉON: Non, pourquoi?
ROBERT: Elle m'a *séduit*. Elle est bien *construite* et très jolie.
LÉON: Les voitures ne me *séduisent* pas, moi. Je ne *conduis* pas et je ne veux pas apprendre à *conduire*. Les voitures polluent trop l'atmosphère.
ROBERT: Quel moraliste!
LÉON: Tout de même, c'est vrai. Et la pollution *détruit* la santé!

1. Pourquoi la Renault a-t-elle séduit Robert? 2. Pourquoi Léon ne conduit-il pas? 3. Que fait la pollution, selon lui?

The verb **conduire** (*to drive*) is irregular in the present tense of the indicative and has an irregular past participle.

conduire

PRESENT TENSE		PAST PARTICIPLE
je conduis	nous conduisons	conduit
tu conduis	vous conduisez	
il/elle conduit	ils/elles conduisent	

Some verbs conjugated like **conduire** are:
séduire *to delight, to captivate*   construire *to build*
détruire *to destroy, to ruin*   traduire *to translate*

Pierre conduit tous les jours.   *Pierre drives every day.*
Ils ont construit une nouvelle maison. *They built a new house.*

travaux pratiques

1. *Remplacez les mots en italique par les mots suggérés.*
   a. *Il* conduit une Simca.
      1. je 2. nous 3. les Duval 4. tu 5. vous
   b. Pourquoi construit-*on* ce supermarché?
      1. vous 2. M. Char 3. tu 4. ces hommes 5. nous

2. *Changez les phrases suivantes du* **présent** *au* **passé composé**.

   Elle conduit une Renault. → **Elle a conduit une Renault.**

   1. Nous construisons une nouvelle autoroute.
   2. Ils traduisent l'essai.
   3. Cette voiture séduit tout le monde.
   4. Vous détruisez mes plus belles illusions!
   5. Je ne conduis pas.

3. *Complétez les phrases suivantes en employant le* **passé composé** *ou l'***imparfait** *du verbe entre parenthèses.*

1. Il _____ (conduire) souvent une Citroën.
2. Quand elle était jeune, elle _____ (construire) des châteaux en Espagne.
3. L'année dernière nous _____ (construire) une nouvelle maison.
4. Il _____ (détruire) la Peugeot dans une collision.

votre point de vue

1. Est-ce que les voitures vous séduisent? Si oui, quelle sorte de voiture préférez-vous: les grandes ou les petites? les voitures américaines ou étrangères? 2. Avez-vous jamais conduit dans une grande ville à l'heure de pointe? Avez-vous été dans un embouteillage? Êtes-vous resté(e) très calme, ou vous êtes-vous inquiété(e)? Est-ce que cela a fini bien ou mal? 3. Quand vous conduisez, mettez-vous en général la ceinture de sécurité? Pourquoi ou pourquoi pas? 4. S'il faut détruire un beau paysage pour construire une nouvelle autoroute dont on a vraiment besoin, que faut-il faire selon vous?

Pronunciation: Rhythm and Intonation

A. In order to attain proper **syllabic evenness,** one must remember that one stresses the last syllable of a word or the last word of a group of words. In the following sentences, only the last syllable is elongated.

Pronounce: Je pars   Je pars demain   Je pars demain pour Paris
  1 2   1 2   3 4   1 2   3 4   5   6 7

Je pars demain pour Paris voir ma tante
1 2   3 4   5   6 7   8   9 10

Je pars demain pour Paris voir ma tante et mon oncle
1 2   3 4   5   6 7   8   9   10 11 12 13

B. There are a great variety of **intonation patterns.** For interrogative groups there are two main intonation patterns:
  1. **Rising intonation** is found in the simple question where the answer is a yes or no.

  ```
  4
  3
  2
  1
  ```
  Ça va?

  Pronounce: Comprends-tu? Comprenez-vous? Ça va? Dis-tu tout?
       Va-t-il en France en été?

  2. **Falling intonation** is found in other types of questions.

  ```
  4
  3
  2
  1
  ```
  Comment vous appelez-vous?

  Pronounce: Comment vous appelez-vous?   Comment allez-vous?
         Qui a pu faire cela?   Quand travaillez-vous?

ACTIVITÉS

situation

A, you are rushing to catch a plane. B is a taxi driver.

A: Tell B that you want to go to Orly. Add that your plane leaves in an hour.
B: Tell A to get in. Tell him that you're going to put his suitcases in the trunk.
A: Tell B that you're flying with Air France. Say, "We're going to arrive on time, aren't we?"
B: Say of course. Ask A if he has already made a reservation.

A: Say that you made a reservation last week. Suddenly you see a little boy run out into the street. You shout to the driver to stop.

B: Tell him you don't run over little boys. Say, "Even so, we're going to arrive at the airport in time."

sondage

Use the following statements to interview a classmate.

	d'accord	pas d'accord	sans opinion
1. Il est essentiel de mettre la ceinture de sécurité.			
2. Les avions sont moins dangereux que les voitures.			
3. La pollution est un problème qu'on a beaucoup exagéré.			
4. Les chauffeurs de taxi sont en général très gentils.			
5. Les voitures françaises sont meilleures que les voitures américaines.			
6. Le métro fait moins de pollution que les voitures.			
7. Les avions supersoniques font trop de bruit.			
8. Les hommes conduisent mieux que les femmes.			

vocabulaire

l' **aéroport** (m) *airport*
l' **autoroute** (f) *expressway*
l' **avion** (m) *airplane*
le **carrefour** *intersection*
la **ceinture de sécurité** *seat belt*
le **chauffeur** *driver*
la **circulation** *traffic*
le **coffre** *trunk*
le **coin** *corner*
la **course** *trip*
la **dame** *lady*
l' **embouteillage** (m) *traffic jam*
le **feu** *traffic light;* le **feu rouge** *red light;* le **feu vert** *green light*
l' **heure** (f) **de pointe** *rush hour*
l' **imbécile** (m, f) *fool, idiot*
le **métro** *subway*
le **piéton** *pedestrian*
la **santé** *health*
le **stéréotype** *stereotype*
le **supplément** *supplement, extra*
la **valise** *suitcase*
le **voleur** *thief*

conduire *to drive*
construire *to build*
crier *to shout, to yell*
dépasser *to pass, to overtake*
détruire *to destroy, to ruin*
discuter *to discuss, to debate, to argue*
écraser *to run over*
s' **égarer** *to get lost*
s' **en aller** *to leave, to go away*
se **fâcher** *to get angry*
freiner *to brake*
s' **inquiéter** *to worry, to get worried*
passer par *to go by way of*
polluer *to pollute*
prétendre *to claim, to assert*
ralentir *to slow down*
risquer *to risk*
séduire *to delight, to captivate*
tourner *to turn*
traduire *to translate*
se **trouver** *to be (located)*

pressé(e) *in a hurry*
sûr(e) *safe*

encore *still*
toujours *still; always*

à temps *in time*
Attention! *Watch out!*
or *but*
quelqu'un *someone*
tout de même *even so, just the same*
tout de suite *right away*

Chapitre 14

La Médecine

Comme ce placard° indique, beaucoup de Français considèrent que leur droit à la santé doit° être payé par le gouvernement. Et en effet, les Français sont protégés par la Sécurité Sociale, qui garantit° les individus et les familles contre la maladie et l'invalidité.° La Sécurité Sociale, une bureaucratie du gouvernement, rembourse des frais de maternité, des frais dentaux, et des frais d'une cure à une station thermale.° En plus, il y a en France beaucoup de dispensaires° et de centres de médecine préventive qu'on peut visiter gratuitement.° Mais si on choisit un hôpital privé, qui s'appelle généralement «une clinique» ou «une maison de santé», il faut payer.

placard *poster*   doit *should*
garantit *insures*
invalidité *disability*
station thermale *spa*
dispensaires *clinics*
gratuitement *free*

Devenir médecin, c'est aussi difficile en France qu'aux États-Unis. Il faut passer sept ans après le baccalauréat à étudier la médecine, ce qui est très long. Beaucoup de jeunes qui commencent ne terminent jamais, parce qu'ils échouent aux examens d'élimination ou parce qu'ils sont obligés de commencer à gagner la vie. Mais au contraire des États-Unis, 40 pour-cent des étudiants en médecine sont des femmes. Et la proportion actuelle des médecins femmes est 18 pour-cent— ce qui est plus qu'aux États-Unis!

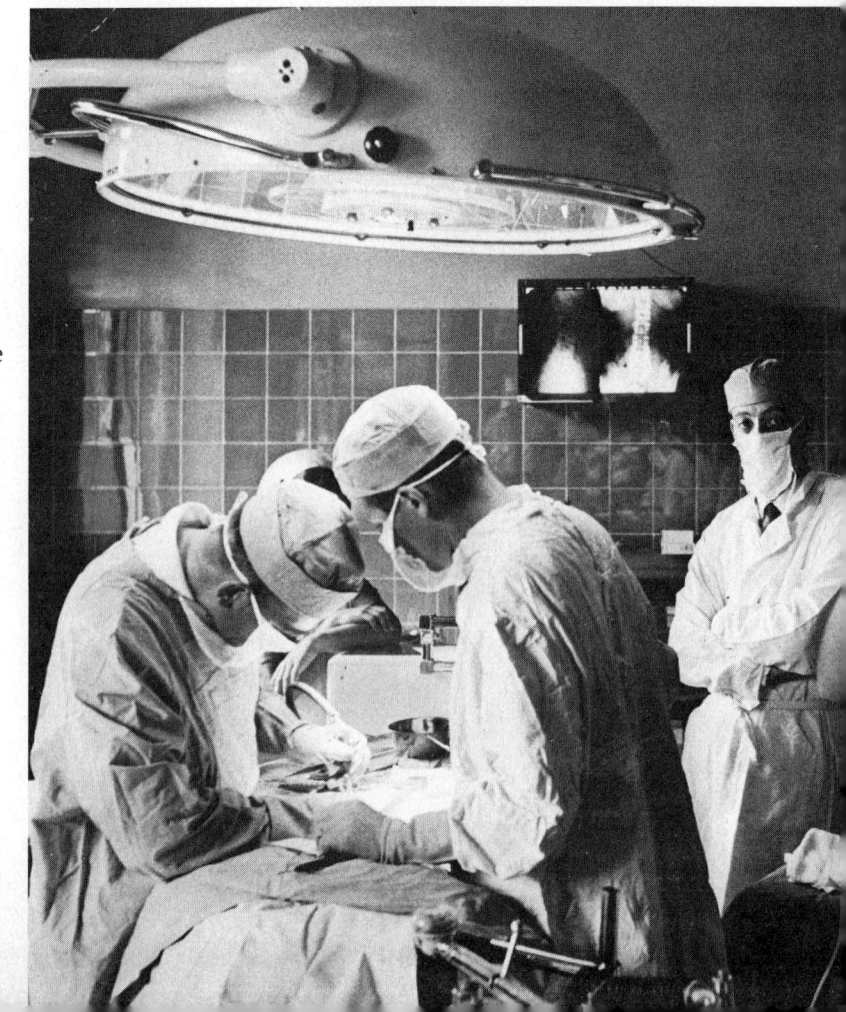

Que faites-vous en France si, une nuit où votre médecin n'est pas de garde, vous devenez malade? Vous vous réveillez et vous avez mal au ventre; vous toussez un peu; vous avez de la fièvre; vous avez les mains moites et les lèvres sèches. Vous téléphonez au service des urgences d'un hôpital—au C.H.U. (Centre Hospitalier Universitaire) Hôtel Dieu à Paris, par exemple. L'infirmier qui reçoit° votre coup de téléphone vous passe un médecin. Vous lui décrivez vos symptômes aussi précisément que possible. Si ça ne lui semble pas trop grave—la grippe, peut-être—on vous dit que° faire.

reçoit *receives*   que *what*

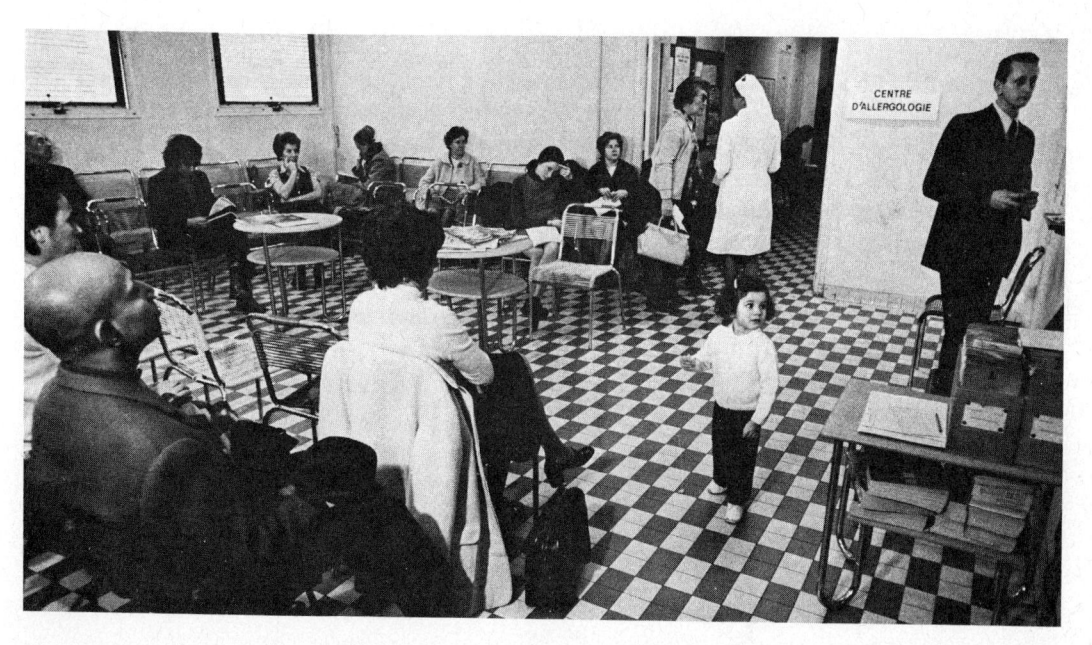

De toute façon,° il faut téléphoner à votre propre médecin le lendemain matin. Si vous pouvez marcher, vous allez probablement passer le voir pendant qu'il fait ses consultations. Sinon,° le médecin peut faire une visite à domicile, ce qui se fait° beaucoup plus en France qu'aux États-Unis. En tout cas, il va peut-être téléphoner à la pharmacie pour des médicaments ou apporter une ordonnance avec lui. Or, si ce n'est rien de grave,° il va falloir avoir un peu de patience—comme les médecins américains, les médecins français sont très occupés!

De toute façon *in any case*   Sinon *if not*   se fait *is done*   rien de grave *nothing serious*

questions

1. Contre quoi les Français sont-ils protégés par la Sécurité Sociale? 2. Quels frais le gouvernement rembourse-t-il en France? 3. Quels frais le gouvernement ne rembourse-t-il pas? 4. Combien de temps faut-il étudier en France pour dévenir médecin? 5. Pourquoi beaucoup de jeunes ne terminent-ils pas ces études? 6. En ce qui concerne la participation des femmes, quelle différence y a-t-il entre les étudiants en médecine aux États-Unis et en France? 7. Qu'est-ce qu'il faut faire si, une nuit, on devient malade et on ne peut pas téléphoner à son propre médecin? 8. Décrivez les symptômes de la grippe. 9. Où va-t-on pour consulter un médecin en France? 10. Pourquoi le malade va-t-il avoir souvent besoin de patience?

votre point de vue

1. Que pensez-vous des médecins aux États-Unis? Sont-ils compétents, accessibles, sympathiques? Leurs notes (*bills*) sont-elles modérées ou excessives? Gagnent-ils trop d'argent? 2. Si vous tombez malade, et vous êtes obligé(e) de rester un certain temps à l'hôpital, qui va en payer les frais? Votre famille a-t-elle l'assurance maladie (*medical insurance*)? 3. A-t-on droit à la santé? Est-ce que le gouvernement doit (*should*) payer, comme en France, les frais médicaux de tout le monde? Si non, qui doit les payer alors? 4. Est-ce que les malades sont mieux soignés (*cared for*) en France qu'aux États-Unis? Donnez des exemples pour justifier votre réponse.

CONSTRUCTIONS

I. Obligational Expressions

ROBERT: Que *faut-il* faire pour trouver un médecin à Paris la nuit?
ÉTIENNE: *Il faut* téléphoner à un hôpital près de chez vous.
ROBERT: *Faut-il* aller à l'hôpital, ou est-ce que le médecin vient à la maison?
ÉTIENNE: *On n'a qu'à* téléphoner à l'hôpital. On vous dit quel médecin est de garde pour la nuit dans votre quartier. Ensuite vous téléphonez au médecin.

1. Que demande Robert? 2. À quel hôpital faut-il téléphoner? 3. Qu'est-ce que l'hôpital va vous dire? 4. Qu'est-ce que le malade fait ensuite?

A. **Il faut,** from the verb **falloir,** is an expression of necessity or obligation. It can be followed by a noun or an infinitive. Only the third person singular forms of **falloir** are used. The imperfect is **fallait;** the past participle is **fallu.**

Il faut y aller.	*It is necessary to go there. (One must go there.)*
Il fallait beaucoup de patience si on voulait guérir.	*You needed a lot of patience if you wanted to get well.*

| Il a fallu deux heures pour arriver à l'hôpital. | It took two hours to get to the hospital. |

When followed by an infinitive, **Il faut** in the negative means *One (you) must not*. Compare:

| Il ne faut pas le faire. | You mustn't (shouldn't) do it. |
| Il n'est pas nécessaire de le faire. | It is not necessary to do it. |

B. **Il faut** is often used with an indirect object to indicate need.

| Il me faut des médicaments. | I need some medicine. |
| Il ne lui a pas fallu un médecin. | He didn't need a doctor. |

C. **Avoir à** shows that something is to be done, but does not imply an absolute necessity.

On n'a qu'à téléphoner.	All one has to do is call.
J'ai des vitamines à prendre.	I have vitamins to take.
Elle n'avait pas de malades à soigner.	She had no patients to care for.

travaux pratiques

1. *Changez les phrases suivantes selon le modèle. Puis mettez-les au* **passé composé**.

   Elle a besoin de vitamines. → **Il lui faut ses vitamines.** → **Il lui a fallu ses vitamines.**

   1. J'ai besoin d'une ambulance.
   2. Ils ont besoin de leurs médicaments.
   3. Tu as besoin de ton ordonnance?
   4. Il a besoin de son médecin.
   5. Vous avez besoin d'un nouveau régime.

2. *Répondez aux questions suivantes selon le modèle.*

   J'ai besoin d'un médecin. Où faut-il aller? → **Il faut aller à un hôpital.**

   1. J'ai besoin de médicaments. Où faut-il aller?
   2. J'ai besoin de timbres. Où faut-il aller?
   3. J'ai besoin d'un bon bifteck. Où faut-il aller?
   4. J'ai besoin d'un gâteau. Où faut-il aller?
   5. J'ai besoin de repos, de santé et d'eaux médicinales. Où faut-il aller?

3. *Répondez selon le modèle.*

   Comment est-ce que je peux réussir à l'examen? (étudier) →
   Vous n'avez qu'à étudier.

   1. Comment est-ce que je peux parler à ma petite amie? (téléphoner à votre petite amie)
   2. Comment est-ce que je peux finir à l'heure? (commencer à l'heure)
   3. Comment est-ce que je peux guérir? (prendre vos médicaments)
   4. Comment est-ce que je peux gagner la vie? (travailler)
   5. Comment est-ce que je peux me reposer? (se coucher)

votre point de vue

1. Avez-vous jamais été gravement malade? Qu'est-ce qu'il vous a fallu faire pour guérir? 2. Qu'est-ce qu'il vous faut, si vous avez de la fièvre? 3. Qu'est-ce qu'il vous faut, si vous avez une gueule de bois (*a hangover*)? 4. Si vous avez souvent mal à la tête, lesquels des remèdes suivants faut-il essayer: prendre de l'exercice, se coucher, faire du yoga, prendre de l'aspirine, consulter un médecin, consulter un psychiatre.

II. *Savoir* and *connaître*, and Verbs Conjugated like *connaître*

MARCELLE: S'il vous plaît, monsieur, *connaissez*-vous le quartier? Je cherche l'hôpital Broussais. Je ne *sais* pas où c'est.

UN PASSANT: Je ne *connais* pas très bien le quartier, mademoiselle, mais je crois que l'hôpital se trouve dans la rue Didot. Vous la *connaissez*?

MARCELLE: Oui.

UN PASSANT: Bon, alors vous descendez la rue Didot et vous allez trouver l'hôpital à votre droite. C'est à cinq minutes d'ici.

1. Que cherche Marcelle? 2. À qui demande-t-elle des renseignements (*information*)? 3. Qui connaît mieux le quartier? 4. Où se trouve l'hôpital Broussais?

A. **Savoir** (*to know*) shows knowledge of specific facts or technical knowledge. **Savoir** is irregular in the present tense and the imperative; the past participle is also irregular.

savoir

PRESENT TENSE		IMPERATIVE	PAST PARTICIPLE
je sais	nous savons	sache	su
tu sais	vous savez	sachons	
il/elle sait	ils/elles savent	sachez	

Je sais qu'il est 10 heures. *I know that it is 10 o'clock.*
Savez-vous danser? *Do you know how to dance?*
Il savait le numéro par cœur. *He knew the number by heart.*
Je l'ai su hier. *I found out about it yesterday.*
Sachez la vérité. *Know the truth.*

In the **passé composé, savoir** can mean *to find out about, to learn*. When followed by an infinitive, it means *to know how* (to do something).

B. **Connaître** (*to know*) shows an acquaintance with a person, place, or thing. **Connaître** is an irregular verb in the present tense and has an irregular past participle.

connaître

PRESENT TENSE		PAST PARTICIPLE
je connais	nous connaissons	connu
tu connais	vous connaissez	
il/elle connaît	ils/elles connaissent	

Je connais le poème dont il parle. *I know the poem he is talking about.*
Connaît-il le quartier? *Does he know the neighborhood?*
Connaissiez-vous Paris pendant le guerre? *Did you know Paris during the war?*

Some verbs conjugated like **connaître** are:
paraître *to appear* reconnaître *to recognize* disparaître *to disappear*

Les symptômes paraissent et disparaissent très vite. *The symptoms appear and disappear very quickly.*
Je ne le reconnais plus. *I don't recognize him any more.*

The past participles of these verbs are irregular: **paru, disparu, reconnu.**

Les symptômes n'ont pas paru. *The symptoms didn't appear.*
L'infirmière a disparu. *The nurse disappeared.*
Je ne l'ai pas reconnu. *I didn't recognize him.*

travaux pratiques

1. *Remplacez les mots en italique par les mots suggérés.*

   a. *Je* ne sais pas où ils habitent.
      1. nous 2. mes parents 3. vous 4. tu 5. le passant
   b. *Elle* connaît très bien Paris.
      1. Marc et Paul 2. nous 3. tu 4. je 5. vous

2. *Complétez les phrases suivantes avec* **connaissez-vous** *ou* **savez-vous.**

   1. _____ un bon médecin?
   2. _____ son numéro de téléphone?
   3. _____ où se trouve l'hôpital?
   4. _____ le quartier?
   5. _____ à quel médecin il faut parler?
   6. _____ ses heures de consultation?
   7. _____ un restaurant près de l'hôpital?

3. *Changez les phrases suivantes du singulier au pluriel ou vice versa.*

   1. Nous le reconnaissons.
   2. Elle disparaît.
   3. Il le sait.
   4. Vous ne les connaissez pas?
   5. Il paraît à l'horizon.

4. *Répondez aux questions suivantes selon le modèle.*

   Est-ce que les symptômes vont paraître? → **Ils ont déjà paru.**

1. Est-ce que la grippe va disparaître?
2. Le président va-t-il paraître?
3. Vas-tu le savoir?
4. Allez-vous les reconnaître?
5. Le problème va-t-il disparaître?

5. *Complétez les phrases suivantes avec un des verbes entre parenthèses. Ensuite lisez le dialogue avec un(e) camarade.*

JEANNE: Il est déjà une heure. Jean est en retard. Est-ce qu'il _____ (savait, connaissait) l'heure du rendez-vous?

PIERRE: Oui, il la _____ (savait, connaissait). Mais tu _____ (sais, connais) Jean. Il n'arrive jamais à l'heure.

JEANNE: Non, je ne _____ (savais, connaissais) pas ça. Je ne le _____ (sais, connais) pas bien, tu _____ (sais, connais).—Oh, le voilà!

votre point de vue

1. Savez-vous le nom du président de la France? Quel est son nom? 2. Connaissez-vous Paris? Londres? New York? Quelles autres grandes villes connaissez-vous? 3. Savez-vous la date de la fête nationale en France? De quoi est-ce l'anniversaire? 4. Quelles langues savez-vous parler? Les parlez-vous couramment (*fluently*) ou avec un peu d'effort? 5. Connaissez-vous Napoléon? Qu'est-ce que vous savez de lui? 6. Connaissez-vous le rock? Qu'en pensez-vous?

III. Demonstrative Adjectives and Pronouns, and Indefinite Demonstratives

JONATHAN: Madame, je vais voir un ami à l'hôpital Hôtel Dieu. Quelle ligne de métro faut-il prendre?

LA CONCIERGE: Eh bien, regardons le plan. *Celle-ci*, Mairie d'Ivry—Porte de la Villette, n'y va pas directement. Alors, il faut prendre *celle-là*, Porte d'Orléans—Porte de Clignancourt. Vous descendez à Cité.

JONATHAN: Je comprends. Si possible, il faut prendre *celle* qui va directement là où on veut aller. Avec toutes ces lignes, *c'*est compliqué.

LA CONCIERGE: Prenez *ce* plan; il indique toutes les lignes de métro.

1. Qu'est-ce que Jonathan demande à la concierge? 2. Que répond-elle? 3. En général, quelle ligne faut-il prendre, si possible? 4. Comment Jonathan va-t-il savoir où vont toutes les lignes de métro?

A. In Chapter 2 you learned that the demonstrative adjectives in French are **ce (cet)**, **cette**, and **ces**. Remember also that in order to make a distinction between *this* and *that* or *these* and *those*, you use the particles **-ci** and **-là**.

Cette voiture-là est plus rapide.
Ces restaurants-ci sont trop chers.
Cet homme-là est bien connu.

That car is faster.
These restaurants are too expensive.
That man is well-known.

B. Demonstrative pronouns replace nouns and mean *this (this one), that (that one), these,* and *those.* They agree in number and gender with the nouns they replace.

Demonstrative Pronouns

	SINGULAR	PLURAL
MASCULINE	celui	ceux
FEMININE	celle	celles

J'aime cette robe mais je préfère celle de Jeanne.
Ce plan est bon mais celui de Jean est meilleur.
Les gants que Robert a trouvés sont ceux que j'ai perdus hier.

I like this dress but I prefer Jeanne's.
This map is good but John's is better.
The gloves Robert found are those I lost yesterday.

In the above examples, the demonstrative pronouns were followed by either a preposition or a relative pronoun. When this is not the case, the demonstrative pronouns must be followed by **-ci** or **-là**.

Quel pull préfères-tu?
Celui-ci est plus chic que celui-là.

Which sweater do you prefer?
This one is more elegant than that one.

Quelle ligne prenez-vous?
Je prends celle-ci.

Which line are you taking?
I'm taking this one.

C. **Ce** combines with **qui** or **que** to form the relative pronouns **ce qui** and **ce que (ce qu')**, meaning *what*. **Ce qui** is used as the subject, and **ce que** as the object, of its clause. **Ce** combines with **dont** to form **ce dont**, meaning *what* or *of which*. **Ce dont** is used with verbs which require the preposition **de** (**avoir besoin de, parler de,** etc.).

Dis-moi ce qui ne va pas.
Dis-moi ce que j'ai à faire.
Dis-moi ce dont tu as besoin.

Tell me what's wrong.
Tell me what I have to do.
Tell me what you need.

D. **Ceci** *(this),* **cela** *(that),* and **ça** *(that)* are indefinite demonstrative pronouns. They are used only in the singular and indicate something without number or gender. Ça is a contraction of **cela,** and is somewhat less formal.

Ça ne fait pas de mal.
On a parlé de ceci et de cela.
Ceci n'est pas ce que je voulais.

It does no harm.
We talked about this and that.
This is not what I wanted.

travaux pratiques

1. *Changez les phrases selon le modèle.*

la voiture de Jean → **celle de Jean**

1. la maison de Jean
2. les cravates de Pierre
3. l'appartement de M. et Mme Lenoir
4. la motocyclette de Marie
5. le vin de mon père
6. les hôpitaux de Paris

2. *Faites des phrases selon le modèle.*

film/bon → **Ce film-ci est bon mais celui-là est meilleur.**

1. robe/belle   2. maison/vieille   3. malade/fou   4. filles/intelligentes
5. infirmière/stricte

3. *Complétez les phrases suivantes avec* **ce qui, ce que, ce qu'** *ou* **ce dont**, *selon le modèle.*

Savez-vous _____ il vous faut, monsieur? →
Savez-vous ce qu'il vous faut, monsieur?

1. C'est exactement _____ j'ai besoin.
2. Voilà _____ est nécessaire.
3. Maintenant je sais _____ il fallait dire.
4. Dis-moi _____ tu as peur.
5. Dis-moi _____ ne va pas.

4. *Donnez l'équivalent français des phrases suivantes.*

1. This city is smaller than that one.
2. This restaurant is better than that one.
3. We were talking about this and that.
4. This plane is faster than that one.
5. These shoes are more comfortable than those.
6. I hate that.

votre point de vue

1. Quel système de services médicaux vous semble préférable: celui des États-Unis ou celui de la France? 2. Qui faut-il croire: ceux qui disent que les cigarettes ne font pas de mal, ou ceux qui disent que les cigarettes détruisent la santé? 3. Alors, à votre avis quelles compagnies font le plus de mal: celles qui font des munitions ou celles qui font des cigarettes? 4. Fumez-vous? Est-ce que cela a influencé vos réponses aux questions 3 et 4? 5. S'il faut choisir entre le plaisir et la santé, lequel choisissez-vous? Lequel choisit la majorité des gens?

IV. Verbs Ending in *-aindre, -eindre, -oindre*

LOUIS: Qu'est-ce que tu as? Tu n'arrêtes pas de te *plaindre!*
MARCEL: J'ai attrapé quelque chose. Je tousse.

LOUIS: Un rhume, peut-être.
MARCEL: Tu ne me *plains* pas? Regarde comme je suis pâle!
LOUIS: Tu n'as rien, tu *crains* tout—c'est drôle!
MARCEL: J'ai sans doute de la fièvre. Mes cheveux tombent, je souffre . . .
LOUIS: Tu te *plains* de tout—quel hypocondriaque!

1. Qu'est-ce que Louis demande à Marcel? 2. Quels symptômes Marcel annonce-t-il? 3. Pourquoi Louis ne plaint-il pas Marcel?

A. Verbs ending in **-aindre**, **-eindre**, and **-oindre** are conjugated similarly to **plaindre** (*to feel sorry for, to pity*).

plaindre

je plains	nous plai**gn**ons
tu plains	vous plai**gn**ez
il/elle plaint	ils/elles plai**gn**ent

éteindre   *to turn off (a light), to put out (a fire)*
rejoindre   *to join*
peindre   *to paint*

se plaindre (de)   *to complain (about)*
craindre   *to fear*

J'éteins la lumière.   *I turn off the light.*
Ils peignent les murs.   *They paint the walls.*
Elle craint la maladie.   *She is afraid of illness.*

B. The past participles of these verbs are the same as the third person singular forms of the present (**craint, plaint, éteint,** etc.). They are conjugated with the auxiliary **avoir**, unless they are reflexive (**se plaindre**), in which case **être** is used.

J'ai éteint la lumière.   *I put out the light.*
Elle s'est plainte de l'infirmier.   *She complained about the nurse.*
Ils ont rejoint les filles au café.   *They joined the girls at the café.*

travaux pratiques

1. *Remplacez les mots en italique par les mots suggérés.*

    a. *Il* éteint la lumière.
        1. je 2. nous 3. l'infirmière 4. les enfants 5. vous
    b. *Elle* se plaint de tout.
        1. vous 2. le concierge 3. les hypocondriaques 4. tu 5. nous

2. *Répondez aux questions suivantes selon le modèle. Puis changez les réponses du* **présent** *au* **passé composé** *selon le modèle.*

Pierre éteint la lumière. (et Marie?) → Elle éteint la lumière aussi. →
Elle a éteint la lumière aussi.

1. Elle se plaint de la cuisine dans le restaurant universitaire. (et toi?)
2. Nous craignons la grippe. (et les autres?)

3. Les filles les rejoignent. (et Pierre et toi?)
4. Vous peignez la maison. (et elle?)
5. Jeanne ne craint pas les opérations. (et vous?)
6. Jean plaint les gens sans assurance maladie. (et sa mère?)

3. *Changez les phrases selon le modèle.*

Il a éteint la lumière. Puis, il s'est couché. →
Après avoir éteint la lumière, il s'est couché.

1. Ils ont peint la maison. Puis, ils ont peint le garage.
2. Elle a dit ce qu'elle pensait. Puis, elle est partie.
3. Il s'est plaint du médecin. Puis, il est rentré chez lui.
4. J'ai vu l'accident. Puis, j'ai plaint la victime.
5. Nous avons éteint le feu (*fire*). Puis, nous nous sommes couchés.

votre point de vue

1. Qu'est-ce que c'est qu'un hypocondriaque? 2. Avez-vous jamais connu un hypocondriaque? Si oui, de quels symptômes se plaignait-il? Quelles maladies craignait-il le plus? 3. Et vous, êtes-vous jamais un peu hypocondriaque? De quels symptômes vous plaignez-vous parfois? 4. Plaignez-vous les gens qui se plaignent? Pourquoi, ou pourquoi pas?

Pronunciation: Liaison

A. The sound /z/ which is found in pronouncing **ils ouvrent** is an example of liaison. Liaisons often indicate plurals.

Pronounce: quels enfants   quelles histoires   ses avis
les avions   les oranges   ses yeux

Liaisons occur most often after the consonants *d, g, n, p, s,* and *t*.

Pronounce: C'est un bon ami.   Voit-il les avions?
J'ai beaucoup attendu.   trois avions
C'est un long effort.   C'est bien important.

B. Some liaisons are optional; they may or may not be pronounced. In general, the more formal the conversation, the more frequently liaisons are heard. However, certain liaisons are obligatory.

1. A liaison is usually made between an article and a word which follows.

Pronounce: les éléphants   les enfants   les animaux
des asperges   des amis   des études
un ami   un animal   un enfant

2. A liaison is made between an adjective and a noun when the adjective precedes the noun.

Pronounce: un gros homme   un petit enfant
un heureux événement   ses oncles
un grand acteur

3. A liaison is made between an adjective and a pronoun.

   Pronounce: deux‿autres

4. A liaison is made between two adjectives.

   Pronounce: mon‿ancien concierge   certains‿autres professeurs

5. A liaison is made between a subject pronoun and a verb, or an object pronoun and a verb.

   Pronounce: ils‿ont   ont-ils   ils‿écoutent   on les‿écoute

6. A liaison is made within certain fixed groups.

   Pronounce: de moins‿en moins   tout‿à fait   accent‿aigu

C. *Now pronounce the following:*

Ils‿ont des‿éléphants.
Ils‿ont un‿examen.
Ils‿étudient de moins‿en moins.
Ses‿oncles apprennent des langues‿étrangères.

Ils‿ont faim et ils mangent des‿asperges et des‿oranges.
Les‿amis ont fait un grand‿effort.
Son‿arrière-grand-oncle est‿un bon‿ami.

ACTIVITÉS

situation

B, you are an American student traveling in France. You are sick and are trying to describe your symptoms to a French doctor, A.

A: Ask the student what's wrong.
B: Tell him that you don't know. You have a stomachache, you don't sleep well, and you have a fever.
A: Ask the student if he or she coughs a lot.
B: Tell A you don't have any other symptoms.
A: Ask the student if his or her eyes hurt.
B: Reply affirmatively.
A: Tell the student that you think he or she has the flu. Say he or she must take some aspirin and go to bed. Assure the student that the illness isn't serious. Tell him or her not to worry; the symptoms are going to disappear.

décrivez

Using the vocabulary shown on the next page, and the expressions **avoir mal à**, meaning *to hurt, to have a pain in,* and **avoir (le bras) cassé,** meaning *to have a broken (arm), tell what symptoms might result from each of the activities listed.*

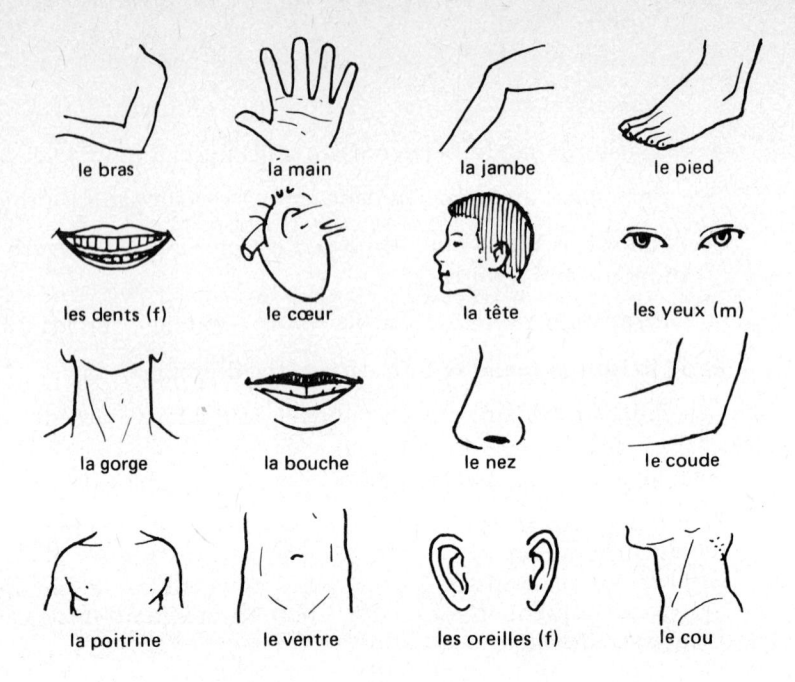

le bras	la main	la jambe	le pied
les dents (f)	le cœur	la tête	les yeux (m)
la gorge	la bouche	le nez	le coude
la poitrine	le ventre	les oreilles (f)	le cou

Example: J'ai trop marché. → **J'ai mal aux jambes.**
J'ai fait du ski. → **J'ai le bras cassé.**

1. J'ai trop mangé.
2. J'ai beaucoup fumé.
3. J'ai trop lu.
4. J'ai une gueule de bois.
5. Je suis tombé(e).
6. J'ai pris un avion supersonique.
7. J'ai été dans une collision terrible.
8. J'ai porté une valise très lourde (*heavy*).
9. J'ai passé des heures debout dans un train bondé.
10. J'ai passé toute la journée au laboratoire de langues.
11. J'ai dansé furieusement toute la nuit.
12. On m'a donné un coup de poing (*punched me*).

vocabulaire

la **bouche** *mouth*
le **bras** *arm*
la **bureaucratie** *bureaucracy*
le **concierge** (m, f) *concierge*
le **coup de téléphone** *phone call*
la **dent** *tooth*
le **droit** *right*
la **fièvre** *fever*
les **frais** (pl/m) *expenses*
la **gorge** *throat*
la **grippe** *flu*
l' **hôpital** (m) *hospital*
l' **hypocondriaque** (m, f) *hypochondriac*
l' **individu** (m) *individual*
l' **infirmier** (m), **infirmière** (f) *nurse*
la **jambe** *leg*
le **lendemain** *next day*
la **lèvre** *lip*
la **ligne** *line*
la **lumière** *light*
la **main** *hand*
le **malade** (m, f) *patient*
la **maladie** *disease, illness*

le **médecin** doctor
la **médecine** medicine (as a field or discipline)
le **médicament** medicine, medication
le **nez** nose
la **note** bill
l' **ordonnance** (f) prescription
l' **oreille** (f) ear
le **passant** (m, f) passer-by
la **pharmacie** drugstore, pharmacy
le **plan** map
le **rhume** cold
le **symptôme** symptom
l' **urgence** (f) emergency
le **ventre** stomach

apparaître to appear
attraper to catch, to get (a disease)
casser to break
connaître to know, to be familiar with
consulter to consult
craindre to fear
disparaître to disappear
éteindre to turn off (a light), to put out (a fire)
falloir to have to
fumer to smoke
gagner to earn; **gagner la vie** to earn a living
guérir to cure; to get well
plaindre to feel sorry for, to pity
se **plaindre (de)** to complain (about)
protéger to protect
reconnaître to recognize
rejoindre to join
rembourser to repay, to reimburse
savoir to know (facts)
sembler (à) to seem (to someone)
soigner to care for, to nurse
tousser to cough

grave serious
malade sick, ill
moite damp, humid
occupé(e) busy
sec, sèche dry

contre against

avoir droit à to have a right to
avoir une gueule de bois to have a hangover
en tout cas at any rate
être de garde to be on duty
faire du mal to do harm
Qu'est-ce que tu as? Qu'est-ce que vous avez? What's wrong with you?

Chapitre 15

Le Téléphone

En France, beaucoup de gens n'ont pas de téléphone chez eux; c'est parce qu'un téléphone est tellement° coûteux. Alors, les Français vont souvent au bureau de poste non seulement pour acheter des timbres, mais aussi pour téléphoner. C'est pourquoi l'enseigne° dit «Postes Télécommunications», et on parle du «P.T.»
Tant de monde° se sert des téléphones dans les bureaux de poste qu'on ne peut pas toujours entrer tout de suite dans une cabine téléphonique: on attend souvent plus d'une heure à cause des longues queues.° Et comme aux États-Unis, on risque de trouver une cabine en dérangement!°

tellement *so*   l'enseigne *sign*   monde *people*
queues *lines*   en dérangement *out of order*

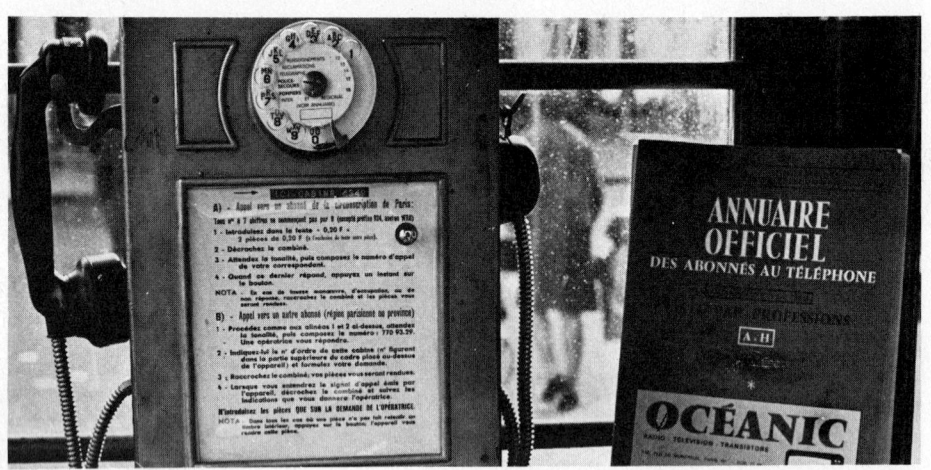

Naturellement, il faut savoir que faire une fois que vous entrez dans une cabine. Si vous ne l'avez pas, vous cherchez d'abord, bien sûr, votre numéro dans l'annuaire des téléphones. Puis—pour ce qu'on appelle un «taxi-phone», un téléphone public ordinaire—vous mettez dans l'appareil une pièce de monnaie ou un jeton. Ensuite vous décrochez le récepteur et vous composez le numéro. Quand quelqu'un répond, vous appuyez° un instant sur le bouton pour qu'on vous entende.° Enfin, vous pouvez parler.

vous appuyez *you press*   pour qu'on vous entende *so as to be heard*

Et si vous composez le numéro d'un(e) ami(e) ou de votre femme (mari) et ce n'est pas sa voix que vous entendez? Vous dites, «Allô, bonjour, chéri(e)», et on répond—froidement—que vous vous trompez, vous avez le mauvais numéro. Vous demandez infiniment pardon; vous raccrochez. Vous êtes obligé de chercher plus de monnaie ou un autre jeton et de recomposer le numéro—avec plus d'attention!

En France, comme aux États-Unis, c'est maintenant assez facile de donner un coup de téléphone interurbain. Il y a souvent aux bureaux de poste une cabine interurbaine qui fonctionne avec des pièces de 20 ou 50 centimes ou une pièce d'un franc (les jetons ne marchent pas pour la province). Dans cette cabine, après avoir décroché le récepteur, il faut que vous composiez le seize et que vous attendiez la tonalité.° Puis vous composez l'indicatif° du département et ensuite vous faites le numéro à six chiffres de votre correspondant. Si ça fait plaisir d'entendre sa voix, vous pouvez parler aussi longuement que vous voulez; or, si vous téléphonez en direct, plutôt qu'en P.C.V.,° il faut être prêt à mettre de temps en temps, sur la demande° de l'opératrice, plus d'argent!

tonalité *dial tone*   indicatif *area code*   en P.C.V. *collect*   demande *request*

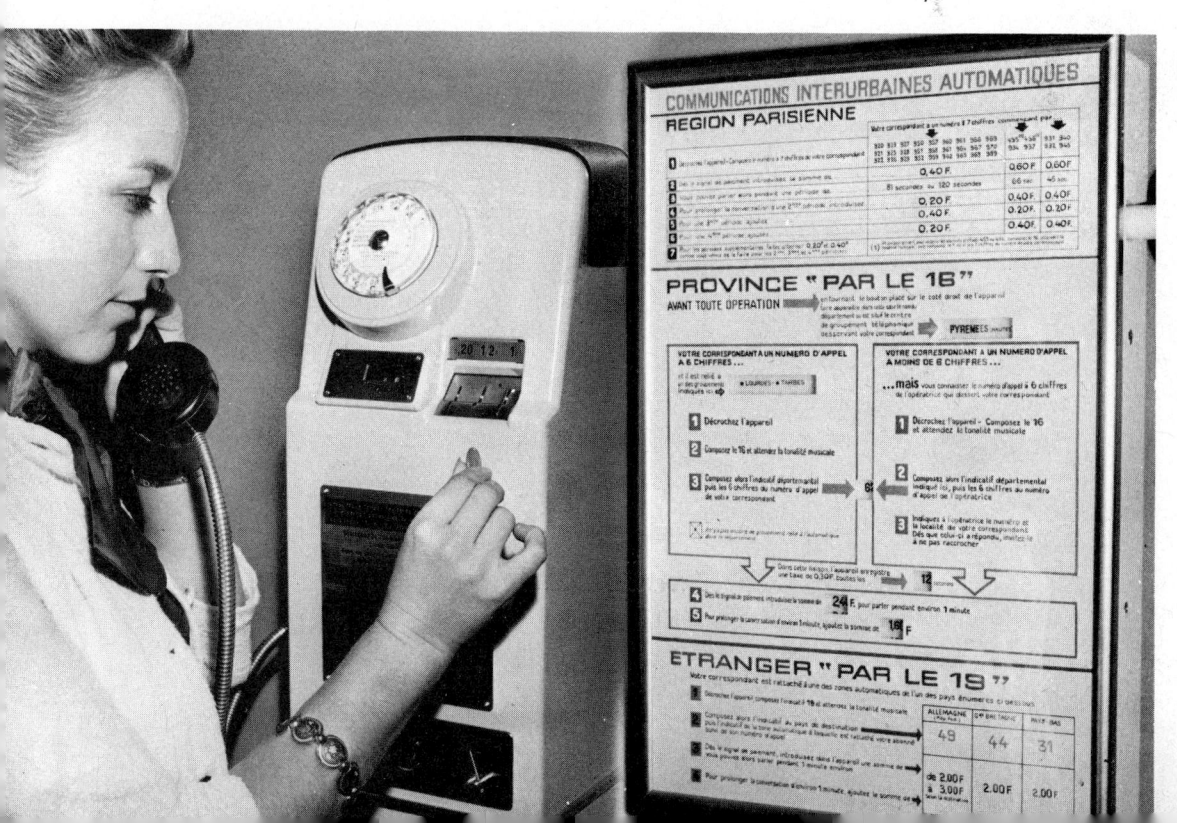

questions

1. Pourquoi beaucoup de Français n'ont-ils pas de téléphone chez eux? 2. En France, où peut-on trouver des téléphones publics? 3. Décrivez ce qu'on fait quand on téléphone d'un «taxi-phone». 4. Que faites-vous si vous avez le mauvais numéro? 5. Quand on ne sait pas un numéro, où faut-il chercher? 6. De quelle cabine se sert-on pour donner un coup de téléphone interurbain? 7. Si on téléphone en direct, que faut-il faire pour parler longuement?

votre point de vue

1. Avez-vous un téléphone chez vous? Si non, que faites-vous pour téléphoner? 2. Les téléphones fonctionnent-ils bien aux États-Unis? Si vous dites que non, racontez une mauvaise expérience que vous avez eue. 3. Vous êtes-vous jamais servi(e) du téléphone dans un pays étranger? Si oui, est-ce que cela a bien marché ou non? 4. Avez-vous jamais été longtemps sans téléphone? Pendant ce temps, en aviez-vous vraiment besoin ou non? Quelle conclusion tirez-vous (*do you draw*): le téléphone est-il ou non indispensable?

CONSTRUCTIONS

I. *Le Subjonctif* (The Subjunctive)

MONSIEUR ZEMMOUR: Pardon, monsieur. Il faut *que je téléphone* tout de suite à New York.
L'EMPLOYÉ DES PTT: Impossible, monsieur. Les cabines sont occupées.
MONSIEUR ZEMMOUR: Il faut *que je revienne,* alors?
L'EMPLOYÉ DES PTT: Ou *que vous attendiez* un peu.
MONSIEUR ZEMMOUR: Incroyable! Pas une seule cabine libre!
L'EMPLOYÉ DES PTT: Pas une, monsieur.
MONSIEUR ZEMMOUR: Ça m'étonne *que tout le monde y entre* et *que personne n'en sorte!*

1. Que veut faire Monsieur Zemmour? 2. Que lui répond l'employé? 3. Qu'est-ce que l'employé lui dit de faire? 4. Qu'est-ce qui étonne Monsieur Zemmour?

A. You have learned the imperative mood, which is used to give commands, and several tenses of the indicative mood, which is used to state facts. This chapter introduces the subjunctive mood. The subjunctive is used in subordinate clauses after certain expressions indicating uncertainty or subjective reactions. The French and English subjunctive systems and their uses are not equivalent. Some examples of the subjunctive in English are:

Mary wishes that Tom *were* coming.
It is necessary that I *be* there.
Paul's mother asks that he *spend* more time with her.

Most verbs are regular in the formation of the present subjunctive. The **nous** and **vous** forms are identical to the **nous** and **vous** forms of the imperfect tense. Thus in the verb **venir**:

nous venions
vous veniez

To form the present subjunctive for the **je, tu, il** and **ils** forms, drop the **-ent** of the **ils** form of the present indicative and add the subjunctive endings **-e, -es, -e,** and **-ent**.

ils vienn~~ent~~ → que je vienne
que tu viennes
qu'il vienne
qu'ils viennent

Following this rule we see that, as with **venir**, verbs which are irregular in the third person plural of the present indicative carry this irregularity over to the subjunctive: **que je mette, que tu écrives, qu'elles boivent, qu'ils connaissent,** etc. However, in the actual formation of the present subjunctive, these and most other verbs are regular in that they are conjugated according to the rules outlined above. The three types of regular verbs follow these same rules:

monter

que je monte	que nous montions
que tu montes	que vous montiez
qu'il/elle monte	qu'ils/elles montent

finir

que je finisse	que nous finissions
que tu finisses	que vous finissiez
qu'il/elle finisse	qu'ils/elles finissent

rendre

que je rende	que nous rendions
que tu rendes	que vous rendiez
qu'il/elle rende	qu'ils/elles rendent

B. The subjunctive is used:

1. after certain verbs which express emotion or desire: **vouloir, désirer, préférer, étonner, avoir peur, regretter, craindre, être triste, être heureux (content), être surpris,** etc. Compare:

Il ne vient pas.	*He's not coming.*
Je regrette qu'il ne vienne pas.	*I'm sorry that he isn't coming.*
Tu sais qu'il part.	*You know that he is leaving.*
Tu as peur qu'il parte.	*You are afraid that he is leaving.*

Elle finit ses courses.	She's finishing her errands.
Nous voulons qu'elle finisse ses courses.	We want her to finish her errands.
Nous achetons la maison.	We are buying the house.
Jean est content que nous achetions la maison.	Jean is happy that we are buying the house.

2. after verbs which express doubt or uncertainty: **douter, être incertain, ne pas être sûr, ne pas être certain,** etc. Compare:

Je sais qu'il pleut.	I know that it's raining.
Je doute qu'il pleuve.	I doubt that it's raining.
Je suis certain(e) que vous travaillez assez.	I am sure that you work enough.
Je ne suis pas certain(e) que vous travailliez assez.	I am not so sure that you work enough.

3. after verbs which express a necessity or obligation. Compare:

Vous parlez français en classe.	You speak French in class.
Il faut que vous parliez français en classe.	You must speak French in class.
Elle met un pull.	She puts on a sweater.
Il est nécessaire qu'elle mette un pull.	She has to put on a sweater.

travaux pratiques

1. *Remplacez les mots en italique par les mots suggérés.*

    a. Il faut que *vous* téléphoniez à New York.
       1. je 2. M. Zemmour 3. mes parents 4. nous 5. tu
    b. Mon père veut que *je* réussisse.
       1. ma sœur 2. nous 3. vous 4. on 5. tu
    c. Je doute que *mes parents* comprennent ma décision.
       1. tu 2. il 3. Madame Martin 4. vous 5. mes frères
    d. Il n'est pas sûr qu'*elle* la connaisse.
       1. nous 2. vous 3. je 4. ses amis 5. tu

2. *Faites des phrases avec* **Il faut que . . .**, *selon le modèle.*

    Vous vous couchez à minuit. → Il faut que vous vous couchiez à minuit.

    1. Tu dis quelques mots.
    2. Nous commençons le travail.
    3. Vous écrivez à votre sénateur.
    4. Tu viens nous voir.
    5. Je réponds à l'opératrice.
    6. Vous gagnez la vie.

3. *Faites des phrases avec* **Jean est heureux que . . .**, *selon le modèle.*

    Elle vend la voiture. → Jean est heureux qu'elle vende la voiture.

1. Nous restons chez lui.
2. Vous lui donnez l'argent.
3. Tu ne pars pas.
4. Sa petite amie vient.
5. Son père guérit.
6. Nous sortons ensemble.

4. *Faites des phrases selon le modèle.*

Vous toussez. Je le regrette. → **Je regrette que vous toussiez.**

1. Vous tombez malade. Je le crains.
2. Le médecin vous attend. Je le doute.
3. Nous arrivons à l'hôpital. Je le veux.
4. Elle prend de l'aspirine. Il le faut.
5. Tu ne dors pas assez. J'en ai peur.
6. Vous choisissez un bon médecin. J'en suis heureux.
7. Il remplit cette ordonnance. Je le doute.
8. Tu décris tes symptômes. Je le veux.

5. *Donnez l'équivalent français des phrases suivantes.*

1. I doubt that you are working.
2. I'm afraid that he isn't finishing.
3. I want him to succeed.
4. He is sorry that you are worried.
5. I am sure that we are leaving tomorrow.

votre point de vue

Exprimez votre opinion personnelle en plaçant «Je suis sûr(e) que . . .» ou «Je doute que . . .» devant chaque phrase.

1. Le peuple américain choisit en général le meilleur candidat présidentiel.
2. Le surpeuplement (*overpopulation*) devient un problème international.
3. La médecine guérit la majorité des maladies. 4. La technologie nous permet une vie plus aisée. 5. La Prohibition revient.

II. More Uses of the Subjunctive, and the Subjunctive vs. the Infinitive

GILLES: Je ne crois pas *que Paul prenne* des vacances en été, mais moi, j'ai envie de partir.
FÉLIX: Je crois *pouvoir* partir avec toi, mais il faut qu'on parte au début de juin. Mon travail d'été est le plus bête *que je connaisse*, mais j'ai besoin d'argent.
GILLES: Je sais, tu paies tes études. Ne penses-tu pas *que la vie d'étudiant coûte* trop cher?
FÉLIX: Oui, mais *il faut étudier* pour arriver dans la vie!

1. Que veut faire Gilles? 2. Quand est-ce que Félix veut prendre des vacances? 3. Pourquoi Félix est-il obligé de faire un travail d'été? 4. Selon Félix, pourquoi faut-il étudier?

A. The adjectives **premier, dernier, seul,** and comparative and superlative adjectives which reflect the speaker's or author's *personal impression* rather than fact, require the use of the subjunctive. Compare:

L'homme est grand.	The man is tall.
C'est l'homme le plus grand que je connaisse.	He's the tallest man that I know.
C'est le seul hôtel.	It's the only hotel.
C'est le seul hôtel que je voie.	It's the only hotel that I see.
Il écrit une lettre.	He is writing a letter.
C'est la dernière lettre qu'il écrive.	It's the last letter he is writing.

B. The verbs **croire** and **penser** may be followed by the subjunctive when they are in the interrogative or the negative, if the speaker or writer is implying uncertainty. In the affirmative they are followed by the indicative. Compare:

Je crois qu'il écrit à sa mère.	I think that he is writing to his mother.
Je ne crois pas qu'il écrive à sa mère.	I don't think that he is writing to his mother.
Crois-tu qu'il écrive à sa mère?	Do you think that he is writing to his mother?
Ne crois-tu pas qu'il écrive à sa mère?	Don't you think that he is writing to his mother?
Je pense qu'elle part demain.	I think that she is leaving tomorrow.
Je ne pense pas qu'elle parte demain.	I don't think that she is leaving tomorrow.
Penses-tu qu'elle parte demain?	Do you think that she is leaving tomorrow?
Ne penses-tu pas qu'elle parte demain?	Don't you think that she is leaving tomorrow?

C. When the subject of the subordinate clause is the same as that of the main clause, the infinitive is used instead of the subjunctive. Compare:

Marie est contente que Paul vienne.	Marie is happy that Paul is coming.
Marie est contente de venir.	Marie is happy to come. (Marie is happy that she is coming.)
Je ne suis pas certain(e) que vous travailliez assez.	I am not sure that you work enough.
Je ne suis pas certain(e) de le faire.	I am not sure that I will do it.

travaux pratiques

1. *Faites des phrases selon le modèle.*

   Ce marchand vend des pommes. C'est le seul.
   → C'est le seul marchand qui vende des pommes.

1. Ce candidat dit la vérité. C'est le premier.
2. Ce malade guérit. C'est le seul.
3. Ce train part. C'est le dernier.
4. Cette étudiante répond aux questions. C'est la seule.

2. *Faites des phrases selon les modèles.*

On part ensemble. Je veux . . . → **Je veux qu'on parte ensemble.**
Je mets mon pantalon. Je veux . . . → **Je veux mettre mon pantalon.**

1. Marie vient avec nous. Marie veut . . .
2. Nous partons demain. Il est triste . . .
3. L'autobus ne prend pas l'autoroute. Elle regrette . . .
4. Il ne voit pas le feu rouge. Nous avons peur . . .
5. Elle peut aller. Elle croit . . .
6. Nous connaissons déjà le pays. Tu es surpris . . .
7. Tu prends des vacances en juin. Je suis content . . .
8. Nous dormons pendant le voyage. Nous voulons . . .

votre point de vue

1. Croyez-vous pouvoir arriver dans la vie? Que faites-vous pour le faire? 2. Payez-vous vos études? Si oui, êtes-vous content(e) de le faire? Si vous ne les payez pas, regrettez-vous de ne pas le faire? 3. Pensez-vous que la vie d'étudiant coûte trop cher? Lesquels des frais suivants vous semblent excessifs: les frais d'inscription (*tuition*), la pension (*room and board*), les livres, les frais de laboratoire. 4. Quel est le travail d'été le mieux payé que vous connaissiez? le travail d'été le plus facile? le plus intéressant? le plus bête?

III. Irregular Present Subjunctives

MONSIEUR DERVAL: Il faut que j'*aille* dans le Midi en voyage d'affaires. Est-ce que tu veux m'accompagner?

MADAME DERVAL: Je veux bien, mais il faut que je *sache* le jour de départ et de retour.

MONSIEUR DERVAL: Eh bien, on part le 21, car il faut que je *sois* le 22 à Nice et le 23 à Cannes. Il est possible qu'on *soit* de retour le 24.

MADAME DERVAL: Je ne suis pas certaine que maman *veuille* prendre les enfants pendant trois jours.

MONSIEUR DERVAL: Il faut bien qu'elle le *fasse*.

MADAME DERVAL: Bon, je lui téléphone.

1. Pourquoi Monsieur Derval va-t-il dans le Midi? 2. Que demande-t-il à sa femme? 3. Qu'est-ce qu'elle veut savoir? 4. Quand est-il possible qu'ils soient de retour? 5. De quoi Madame Derval n'est-elle pas sûre?

A. **Avoir** and **être** have irregular present subjunctives.

avoir		être	
que j' aie	que nous ayons	que je sois	que nous soyons
que tu aies	que vous ayez	que tu sois	que vous soyez
qu'il/elle ait	qu'ils/elles aient	qu'il/elle soit	qu'ils/elles soient

Il faut qu'il ait ma réponse.   *He must have my answer.*
Je doute que nous soyons les   *I doubt that we are the only ones*
seuls à le croire.   *who believe it.*

B. The following verbs are also irregular in the present subjunctive:

aller	
que j' aille	que nous allions
que tu ailles	que vous alliez
qu'il/elle aille	qu'ils/elles aillent

vouloir		pouvoir	
que je veuille	que nous voulions	que je puisse	que nous puissions
que tu veuilles	que vous vouliez	que tu puisses	que vous puissiez
qu'il/elle veuille	qu'ils/elles veuillent	qu'il/elle puisse	qu'ils/elles puissent

savoir		faire	
que je sache	que nous sachions	que je fasse	que nous fassions
que tu saches	que vous sachiez	que tu fasses	que vous fassiez
qu'il/elle sache	qu'ils/elles sachent	qu'il/elle fasse	qu'ils/elles fassent

pleuvoir	falloir
qu'il pleuve	qu'il faille

Il faut qu'elle y aille.   *She has to go there.*
Jean ne croit pas que Marc   *Jean does not think that Marc*
puisse venir.   *can come.*
J'ai peur qu'il fasse une faute.   *I am afraid that he will make a mistake.*
Penses-tu qu'il sache la vérité?   *Do you think that he knows the truth?*

travaux pratiques

1. *Remplacez les mots en italique par les mots suggérés.*

   a. Il faut qu'*elle* sache la vérité.
   1. nous 2. le peuple 3. les voteurs 4. vous 5. tu 6. je
   b. Je suis content(e) que *nous* allions à la Martinique.
   1. mes parents 2. tu 3. ma sœur 4. vous 5. ils
   c. Nous sommes heureux (heureuses) qu'*il* veuille venir.
   1. tu 2. M. et Mme Lafleur 3. vous 4. le président 5. Pierre et Henri
   d. Il est nécessaire que *nous* fassions ce voyage d'affaires.
   1. je 2. vous 3. il 4. tu 5. elles

2. *Répondez négativement aux questions suivantes.*

Est-ce qu'il veut partir? → **Je ne crois pas qu'il veuille partir.**

1. Est-ce que la maison est bien construite?
2. Est-ce qu'il pleut là-bas en hiver?
3. Est-ce qu'elles peuvent venir?
4. Est-ce qu'ils vont au Canada?
5. Est-ce qu'un homme d'affaires peut comprendre cela?
6. Est-ce qu'il a de la fièvre?

3. *Répondez négativement aux questions suivantes.*

Est-ce que je peux aller au cinéma? → **Non, je ne veux pas que tu ailles au cinéma.**

1. Est-ce que nous pouvons avoir la voiture?
2. Est-ce que je peux savoir le secret?
3. Est-ce que nous pouvons y aller en taxi?
4. Est-ce que je peux faire une promenade avant le dîner?
5. Est-ce que je peux remettre mes affaires?
6. Est-ce que nous pouvons boire du whisky?

votre point de vue

*Exprimez votre opinion personnelle en plaçant «***Je crois que . . .***» ou «***Je doute que . . .***» devant chaque phrase.*

1. Notre société est décadente. 2. Il y a d'autres planètes habitées. 3. Il faut être riche pour être heureux. 4. La justice sociale est possible. 5. Le président sait ce qu'il fait.

IV. Verbs Ending in *-aire* and the Verb *valoir*

HENRI: Tu rentres enfin! Comment as-tu trouvé l'exposition?
FERNAND: Magnifique! Extraordinaire!
HENRI: Elle t'a *plu*, alors?
FERNAND: Énormément! Ça *a valu* vraiment la peine d'y aller!
HENRI: Sans doute. Mais l'art moderne ne me *plaît* pas du tout. Toutes ces formes bizarres, ces lignes, ces cercles, ces femmes à trois visages . . .
FERNAND: *Tais*-toi!
HENRI: Ça me semble ridicule—grotesque!
FERNAND: *Tais*-toi, je dis! *Il vaut* mieux *se taire* si on ne sait rien.

1. D'où vient Fernand? 2. Quelle est la réaction de Fernand à son expérience récente? 3. Comment Henri trouve-t-il l'art moderne? 4. Que lui répond Fernand?

A. Verbs ending in **-aire**, such as **plaire à** (*to please*), are irregular in the present tense and have irregular past participles.

plaire

PRESENT TENSE		PAST PARTICIPLE
je plais	nous plaisons	plu
tu plais	vous plaisez	
il/elle plaît	ils/elles plaisent	

Aidez-moi, s'il vous plaît.	Help me, please (if it pleases you).
Tu vas plaire à ma famille.	My family is going to like you. (You are going to please my family.)
Les expositions ne me plaisent pas.	I don't like exhibitions.

Se taire (*to be* or *become quiet, to remain silent*) is conjugated like **plaire**, except that the third person singular has no circumflex: **Il se tait.** *He remains silent.* **Elle s'est tue.** *She became silent.*

B. **Valoir** (*to be worth*) is irregular in the present indicative. The past participle is also irregular.

valoir

PRESENT TENSE		PAST PARTICIPLE
je vaux	nous valons	valu
tu vaux	vous valez	
il/elle vaut	ils/elles valent	

Cette peinture vaut 5.000 francs.	This painting is worth 5,000 francs.
Ces gants valent 50 francs.	These gloves are worth 50 francs.

Valoir is also irregular in the present subjunctive.

valoir

que je vaille	que nous valions
que tu vailles	que vous valiez
qu'il/elle vaille	qu'ils/elles vaillent

J'ai peur que ça ne vaille pas la peine.	I'm afraid that it's not worth the trouble.

1. **Valoir la peine de** means *to be worthwhile*.

Ça vaut la peine d'attendre.	It's worth waiting for.
Est-ce que ça valait la peine d'y aller?	Was it worthwhile going there?

2. **Il vaut mieux** means *It is better*. It is usually followed by an infinitive.

Il vaut mieux se taire si on ne sait rien.	It's better to be quiet if one knows nothing.

travaux pratiques

1. *Remplacez les mots en italique par les mots suggérés.*

    a. *Je* ne me tais pas souvent.
        1. nous 2. mon petit frère 3. vous 4. tu 5. les enfants

    b. *Ce pantalon* vaut cent francs.
        1. ces souliers 2. cette robe 3. ces gants 4. cet imperméable 5. cette jupe

2. *Répondez aux questions suivantes selon le modèle.*

    Aimez-vous cette sculpture? → **Oui, elle me plaît beaucoup.**

    1. Aime-t-il les films de Bergman?
    2. Marie et toi, vous aimez les romans de Dostoyevski?
    3. Ils aiment le roman de Proust?
    4. Aimes-tu la musique de Debussy?
    5. Aiment-elles les peintures de Picasso?

3. *Répondez aux questions suivantes selon le modèle.*

    (200 F) Combien coûte ce pantalon, s'il vous plaît? → **Il vaut 200 francs, monsieur.**

    1. (15 F) Combien coûte ce gâteau, s'il vous plaît?
    2. (25 F) Combien coûte ce pâté, s'il vous plaît?
    3. (100 F) Combien coûte ce blue-jean, s'il vous plaît?
    4. (50 F) Combien coûte cette ceinture, s'il vous plaît?
    5. (4.000 F) Combien coûte cette peinture, s'il vous plaît?

4. *Faites des phrases selon le modèle.*

    Ça vaut la peine. Je doute . . . → **Je doute que ça vaille la peine.**

    1. Nous nous taisons. Il veut . . .
    2. Cette peinture vaut 10.000 francs. Ça m'étonne . . .
    3. Le rock plaît à maman. Je doute . . .
    4. Il vaut mieux téléphoner. Je ne crois pas . . .
    5. Elle ne se tait jamais. Nous avons peur . . .

votre point de vue

1. Est-ce que ça vaut la peine d'étudier une forme d'art qui ne vous plaît pas du tout au début? L'avez-vous jamais fait? Si oui, quel art avez-vous étudié? Est-ce qu'il a fini par vous plaire? 2. Quelle musique vous plaît: le jazz, le rock, les chansons folkloriques, les symphonies, l'opéra, etc.? 3. Que faites-vous à un concert, s'il y a des gens qui parlent à haute voix *(loudly)* et qui refusent de se taire?

ACTIVITÉS

écrivez

Below are the front panels of two greeting cards. Write the continuation of the message which might be found when the card is opened.

Je suis content que . . .

Je regrette que . . .

Example: Je suis content(e) que . . . vous ayez vingt ans.
Maintenant vous êtes plus âgé(e) que moi.

Écrivez un message pour quelqu'un qui est malade
qui a un rhume
qui a un nouveau bébé
qui fête (*is celebrating*) son anniversaire
qui a hérité d'une grande fortune
qui construit une nouvelle maison
qui va se marier

interview

Use the following statements to interview classmates. Begin the questions with **Crois-tu que** . . . The student interviewed will answer with **Je crois que** . . . or **Je ne crois pas que** . . . Then compare your results with those of other students.

deux cent dix

CHAPITRE QUINZE

1. Il faut faire la guerre pour détruire le communisme.
2. Il y a trop de millionnaires dans le Congrès.
3. Le terrorisme est parfois justifié.
4. Il faut légaliser le marijuana.
5. La vie d'étudiant est nécessairement une vie aisée, privilégiée, artificielle.
6. On sait toute la vérité en ce qui concerne l'assassinat du président Kennedy.
7. En Amérique on estime follement la jeunesse (*youth*), on oublie cruellement les vieux.
8. Le problème du crime et de la violence dans les grandes villes modernes est sans solution.

vocabulaire

les **affaires** (pl/f) *business, things, belongings*
l' **annuaire** (m) **des téléphones** *telephone directory*
l' **appareil** (m) *apparatus, machine, telephone*
le **bébé** *baby*
le **bureau de poste** *post office*
la **cabine téléphonique** *phone booth*
le **chiffre** *figure, number*
le **correspondant** *party (to whom one speaks on the telephone)*
le **départ** *departure*
l' **employé** (m), **l'employée** (f) *employee*
l' **enfant** (m, f) *child*
l' **exposition** (f) *exhibition, exposition*
la **guerre** *war*
l' **homme d'affaires** (m) *businessman*
le **jeton** *token*
maman (f) *mama*
l' **opératrice** (f) *operator (telephone)*
la **peinture** *painting*
le **récepteur** *receiver (of a telephone)*
le **retour** *return*
le **visage** *face*
la **voix** *voice*

  arriver *to succeed, to do well, to get somewhere*
  composer *to dial*
  décrocher *to pick up (a telephone receiver)*
  douter *to doubt*
  étonner *to astonish*
  fonctionner *to function, to work*
  marcher *to function, to work*
se **marier** *to get married*
  polluer *to pollute*
  raccrocher *to hang up (a telephone receiver)*
  regretter *to be sorry*
se **servir de** *to use*
se **taire** *to be or become quiet, to remain silent*
  valoir *to be worth*

incroyable *unbelievable*
seul(e) *single, only*

longtemps *for a long time, long*
à cause de *because of*
Allô. *Hello (on the telephone)*
avoir le mauvais (le bon) numéro *to have the wrong (the right) number*
de temps en temps *from time to time*
en dérangement *out of order*
être de retour *to be back*
Il vaut mieux . . . *It is better to . . .*
pardon *excuse me*
valoir la peine de *to be worthwhile*

Troisième Récapitulation

I. verbs

A. Review the present indicative and the past participles of the following irregular verbs: **mettre, écrire, prendre** (Chapter 11); verbs ending in **-uire** (Chapter 13); **savoir** and **connaître**, verbs conjugated like **connaître**, and verbs ending in **-aindre, -eindre,** and **-oindre** (Chapter 14); **valoir** and verbs ending in **-aire** (Chapter 15).

1. *Changez les phrases suivantes de singulier au pluriel ou vice versa.*

   1. Je mets le couvert. 2. Il ne prend pas le train. 3. Nous écrivons à M. Landes. 4. Je plains les malades. 5. Tu conduis trop vite. 6. Elle sait son numéro de téléphone. 7. Combien vaut-il? 8. Est-ce qu'ils vous plaisent? 9. Ils la connaissent? 10. Elles craignent la grippe. 11. Il disparaît. 12. Je les reconnais.

2. *Changez les phrases suivantes du **présent** au **passé composé**.*

   1. Cette voiture les séduit.
   2. Ils se plaignent de tout.
   3. Soudain elle se tait.
   4. Pourquoi prenez-vous du poids?
   5. Le vin vous plaît?

B. Negative Constructions (Chapter 13)

*Faites des phrases avec les mots suivants. Employez le **présent**.*

1. il/ne . . . jamais/consulter/annuaire des téléphones.
2. je/ne . . . point/connaître/médecin.
3. nous/ne . . . plus/se plaindre

4. ils/ne . . . ni . . . ni/avoir/médecin/médicaments.
5. ne . . . personne/aimer/pollution.

C. *Donnez l'équivalent français des phrases suivantes.*

1. After having dinner, they went out.
2. Rest before working.
3. Think instead of talking.
4. She regrets having come.
5. I looked at them without buying.

D. Imperfect Tense (Chapter 12)

1. *Changez les phrases suivantes du* **présent** *à l'***imparfait**.

1. Je suis très heureuse. 2. Nous buvons trop. 3. Il choisit une copine. 4. Il fait beau. 5. Elle prend du thé. 6. Elle met la robe. 7. Je bois du whisky. 8. Il part. 9. Je vous attends. 10. J'ai de l'argent.

2. *Donnez l'équivalent français des phrases suivantes.*

1. When I returned home, my mother was sleeping.
2. I used to travel a lot when I was young.
3. They were taking photographs when we arrived.
4. When I was ten, I lived in New York.
5. She was writing a letter when she heard the telephone.

E. Imperative Mood (Chapter 11)

1. *Changez les phrases suivantes à l'***impératif.**

1. Tu m'écris. 2. Vous ne lui en donnez pas. 3. Vous lui en donnez. 4. Nous avons de la patience. 5. Tu en prends. 6. Nous sommes prudents. 7. Vous le lui dites. 8. Tu ne le mets pas. 9. Tu lui parles. 10. Vous m'attendez. 11. Nous faisons une promenade.

2. *Changez les phrases suivantes de l'affirmatif au négatif.*

1. Décrivez-le-moi. 2. Allons-y. 3. Donne-leur-en. 4. Prêtez-le-nous. 5. Réveillez-vous.

F. Subjunctive Mood (Chapter 15)

1. *Changez les phrases suivantes selon le modèle.*

Il prend ce médicament. Je le doute.
→ **Je doute qu'il prenne ce médicament.**

1. Elle vient. Je le veux. 2. Vous vous amusez. J'en suis content. 3. Tu bois de l'eau. Je ne le crois pas. 4. Il se plaint. Je le regrette. 5. Elle choisit une vieille auto. Je le crains. 6. Nous partons à l'heure. J'en suis surpris.

2. *Donnez l'équivalent français des phrases suivantes.*

1. I want him to get well.
2. She doubts that we are building a house. *Elle doute que nous construisions une maison*
3. He's the only Frenchman that I know.
4. He must come back tomorrow.
5. They think he's still sleeping.

II. pronouns

A. Stressed Pronouns (Chapter 13)

Changez les phrases suivantes selon le modèle.

(je) Il va avec _____. → **Il va avec moi.**

1. (Pierre) On va chez _____. 2. (Alice) C'est _____. 3. (nous) L'appartement est à _____. 4. (Pierre et Jacques) _____, ils sont toujours en retard. 5. (tu) Je l'ai acheté pour _____. 6. (vous) Marie et _____, vous voyagez partout. 7. (je) C'est _____.

B. Demonstrative Pronouns (Chapter 14)

1. *Donnez l'équivalent français des phrases suivantes.*

    1. Do you prefer this car or that one?
    2. This hospital is good but that one is better.
    3. Does she want this or that?
    4. This sweater is the one that I bought in Paris.

2. *Complétez les phrases suivantes avec* **ce qui, ce que** *ou* **ce dont**.

    1. J'aime _____ il aime. 2. _____ m'intéresse, c'est l'argent. 3. C'est _____ j'avais peur. 4. Savez-vous _____ on va faire? 5. _____ il dit n'est pas vrai. 6. Je ne comprenais pas _____ il parlait. 7. Je sais _____ vous étonne.

III. prepositions with geographical names (chapter 11)

Complétez les phrases suivantes avec **à, en** *ou* **de**.

1. Allez-vous _____ New York? 2. Quand va-t-elle _____ Angleterre? 3. Voyagez-vous _____ Afrique? 4. Ils vont _____ Canada? 5. Ils viennent _____ Japon? 6. Ils sont allés _____ Italie. 7. Elle vient _____ Espagne.

IV. dialogue à traduire

Donnez l'équivalent français des phrases suivantes. Ensuite lisez le dialogue avec un(e) camarade.

BABETTE: What a glorious day! Wake up, Alphonse! Put on your bikini and come join me on the beach. I'm going water-skiing.

ALPHONSE: I don't want you to go water-skiing, darling. I think there are sharks (*le requin*).

BABETTE: Sharks? Who told you that?

ALPHONSE: An employee of the hotel. According to him, the Club lost three members last year. The sharks ate them.

BABETTE: Do you think he's telling the truth? The prospectus says nothing of that.

ALPHONSE: Naturally. They don't want the members to be afraid.

BABETTE: All right (*bien*), I won't go water-skiing any more. But let's go to the beach. It's the most beautiful beach I know.

ALPHONSE: Don't go there, even so. There are huge mosquitos (*la moustique*). And yesterday four members had fever.

BABETTE: Fever? No one told me that!

ALPHONSE: The employee saw them. He said they were very sick.

BABETTE: Alphonse, I don't want any more vacation.

ALPHONSE: Me neither. A plane leaves at three. Let's take it!

Chapitre 16

Au Maroc

Le Maroc est un pays d'un cosmopolitisme° remarquable. Pourtant, on y trouve aussi un exotisme° fascinant qui rappelle que cet ancien pays a subi° les influences les plus diverses—berbère,° carthaginoise,° romaine et arabe. Et de 1912 à 1956 le Maroc a été un protectorat français. Maintenant le Maroc est gouverné par un roi vraiment indépendant et l'arabe est la langue officielle, mais beaucoup de gens parlent toujours français. Et d'autres influences restent très perceptibles jusqu'à nos jours: les Berbères, par exemple, gardent des coutumes et des dialectes originaux. Et comme pendant des siècles, certains d'entre° eux sont des cuirassiers° extraordinaires.

cosmopolitisme *cosmopolitanism* exotisme *exoticism*
subi *undergone*   berbère *Berber*
carthaginoise *Carthaginian*
certains d'entre eux *some of them*
cuirassiers *horsemen*

À Marrakech, ville ancienne fondée vers l'an mil, on est au milieu du vieux et du neuf. D'un côté, il y a la Médina, l'ancienne ville, qui est entourée de° remparts bâtis au douzième siècle. De l'autre côté, il y a la Guéliz, la ville moderne. La Médina garde son caractère médiéval, avec un grand nombre de petites rues bordées de° maisons jaunes qui s'entrecroisent° et disparaissent comme dans un labyrinthe. C'est là que se trouve le Souk, le marché arabe qui est plein de boutiques. Il semble qu'on puisse y trouver tout ce que produit° le Maroc, comme par exemple une djellaba, le costume traditionnel.

entourée de *surrounded with*   bordées de *lined with*   s'entrecroisent *crisscross*
produit *produces*

Une seule porte de l'enceinte° de la Médina, la porte Bab Agnaù, est restée jusqu'à nos jours. Les Almohades, la tribu musulmane qui a dominé l'Afrique du Nord du douzième au quatorzième siècles, l'ont probablement construit pour qu'elle les protège contre les attaques des autres tribus de la région. Quand on passe sous cette porte, on se trouve sur la fameuse place Djemaá el-Fna. On voit sur cette place énorme de nombreux gens de toutes sortes: femmes voilées° et enfants, vieillards et jeunes hommes, mendiants, et—ce qui est plus amusant—musiciens, charmeurs de serpents, et même un homme qui fait jouer des singes.°

enceinte *enclosure*   voilées *veiled*
qui fait jouer des singes
who makes (trained) monkeys perform

Or, vous trouvez aussi au Maroc l'urbanisme moderne. La Guéliz de Marrakech, par exemple, a certains quartiers et français et arabes exceptionnellement charmants avec d'excellents restaurants et des boutiques fort° élégants. Par contre,° Casablanca, sur l'Atlantique, est un grand centre commercial et un port important. Et, si vous pensez aller un jour au Maroc comme touriste, vous savez probablement que le pays est à côté de la mer et de plages magnifiques. Il n'est pas étonnant que le tourisme devienne de plus en plus important dans ce pays si varié!

fort *extremely*   Par contre *on the other hand*

questions

1. Quelles influences diverses le Maroc a-t-il subies? 2. L'influence française comment reste-t-elle évidente? 3. Comment les Berbères sont-ils distinctifs? 4. Pourquoi la Médina à Marrakech garde-t-elle toujours un caractère médiéval? 5. Qu'est-ce que c'est que le Souk? 6. Qui a probablement construit la porte Bab Agnaù, et pour quelle raison? 7. Quelles sortes de gens voit-on sur la place Djemaá el-Fna? 8. Quelles sont des évidences de l'urbanisme moderne au Maroc? 9. Quel aspect géographique du Maroc va probablement plaire aux touristes?

votre point de vue

1. Qu'est-ce que c'est qu'un pays «exotique»? Avez-vous jamais visité des pays exotiques? Si oui, nommez-les. Si non, nommez des pays exotiques que vous voulez visiter un jour. 2. Regardez les photos du Maroc aux pages 216-217. Quels aspects du pays vous semblent les plus pittoresques? les plus bizarres? Qu'est-ce qui vous attire et qu'est-ce qui vous repousse (*repels*) dans ce pays? 3. L'exotisme n'est-il pas très relatif? Si des Marocains viennent chez nous, quels aspects de l'Amérique vont leur sembler sans doute exotiques?

CONSTRUCTIONS

I. The Subjunctive after Certain Conjunctions

PIERRE: Pourquoi est-on parti pour voir la mosquée *avant que je ne sois prêt?*
MICHEL: Pour t'apprendre à arriver à l'heure, je suppose.
PIERRE: Mais le guide est parti *sans que je le sache.*
MICHEL: Les guides ne peuvent pas toujours attendre.
PIERRE: Donc il faut que j'aille à la Médina tout seul, *à moins que tu ne veuilles* m'accompagner!

1. Pourquoi Pierre est-il malheureux? 2. Quelles explications Michel propose-t-il? 3. Que va faire Pierre maintenant? 4. Qu'est ce qu'il veut que Michel fasse?

A. You have seen that the subjunctive is usually introduced by **que**. Certain compounds of **que** require the subjunctive **avant que** (*before*), **pour que** (*in order that, so that*), **quoique** (*although*), **jusqu'à ce que** (*until*), **bien que** (*although*), **sans que** (*without*), and **à moins que** (*unless*).

Quoiqu'il soit malade, il va partir en Afrique. | Even though he is sick, he is going to leave for Africa.
On t'attend jusqu'à ce que tu sois prêt(e). | We'll wait for you until you're ready.

B. The infinitive rather than the subjunctive is used after **sans, pour,** or **avant + de,** when the subject of the main clause is the same as the subject of the dependent clause.

Il a visité le Maroc pour connaître des villes pittoresques.
He visited Morocco to get to know some picturesque cities.

Il a visité le Maroc pour que sa famille connaisse des villes pittoresques.
He visited Morocco so that his family might know some picturesque cities.

Tu vas voir des charmeurs de serpents avant de vous en aller?
Are you going to see some snake charmers before leaving?

Tu vas voir des charmeurs de serpents avant que votre groupe ne s'en aille?
Are you going to see some snake charmers before your group leaves?

Je l'achète sans savoir le prix.
I'm buying it without knowing the price.

Je l'achète sans que ma femme sache le prix.
I'm buying it without my wife's knowing the price.

C. An expletive **ne** (having no negative value) is often used after **à moins que, avant que,** and verbs indicating fear: **craindre que, avoir peur que.**

Je crains qu'il ne fasse nuit avant que nous n'arrivions à notre hôtel.
I'm afraid that it will be dark before we get to our hotel.

Visitons le Souk, à moins que tu ne préfères la ville moderne.
Let's visit the Souk, unless you prefer the modern city.

travaux pratiques

1. Remplacez les mots en italique par les mots suggérés.

    a. Il se lève avant que *je* ne me réveille.
       1. vous 2. les autres 3. tu 4. nous 5. le vieillard
    b. Il est parti sans que *le guide* le voie.
       1. vous 2. le mendiant 3. nous 4. tu 5. les touristes

2. Changez les phrases suivantes selon le modèle.

    Il fait cela. Je réussis. (pour que) → **Il fait cela pour que je réussisse.**

    1. Il vient me chercher tôt. Nous arrivons à l'heure. (pour que)
    2. Partons. La police sait la vérité. (avant que)
    3. Nous allons sortir. Il pleut. (à moins que)
    4. On y parle français. L'arabe est la langue officielle. (quoique)
    5. Je vais voyager partout. Je n'ai plus d'argent. (jusqu'à ce que)

3. Donnez l'équivalent français des phrases suivantes.

    1. I am working now so that I can travel later.
    2. We did it without her knowing (it).
    3. Give the beggar some money so he'll go away.
    4. I don't like old cities unless they're picturesque.
    5. Visit Marrakech before it loses its medieval character.

votre point de vue

1. Quoique les États-Unis soient un pays prospère, il y a _____. 2. Pour que les États-Unis restent prospères, il faut _____. 3. Les États-Unis ne peuvent pas rester une puissance mondiale (*a world power*) sans que le président _____. 4. Les États-Unis vont rester une puissance mondiale jusqu'à ce qu'ils _____. 5. Le capitalisme va disparaître à moins que _____.

II. The Impersonal *il* and Expressions Using *il* + Indicative or *il* + Subjunctive

DOMINIQUE: *Il me semble* que le Maroc te passionne.
THOMAS: Oui, *il est rare* qu'on puisse voir tant de choses extraordinaires dans si peu de temps. Les mosquées, les vieilles portes . . .
DOMINIQUE: *Il est vrai* que c'est un pays fascinant. *Il faut* que nous partions demain, hélas.
THOMAS: *Il nous reste* une journée. Visitons de nouveau le Souk.

1. Qu'est-ce qui passione Thomas? Pourquoi? 2. Pourquoi Dominique est-il un peu triste? 3. Que lui propose Thomas?

A. Some impersonal expressions are followed by a noun.

il reste   *there is/are . . . left*
il s'agit de   *it's a question of, it's about*
il faut   *it takes*
il est arrivé   *there has been*

Il reste une journée.	*One day is left. (There remains one day.)*
Il s'agit d'argent.	*It's a question of money.*
Il faut de l'argent pour voyager.	*It takes money to travel.*
Il est arrivé un accident.	*There has been an accident.*

Il reste, il faut, and **il est arrivé** often take an indirect object.

Il nous reste une journée.	*We have one day left.*
Il me faut de l'argent.	*I need money.*
Il leur est arrivé un accident.	*They had an accident.*

B. Many impersonal expressions, including those that indicate certainty or probability, are followed by the indicative.

il paraît   *it seems*
il semble à (quelqu'un)   *it seems to (someone)*
il est probable   *it is probable*
il est certain   *it is certain*
il est vrai   *it is true*

Il paraît qu'elle est partie. It seems that she left.
Il est probable que des touristes vont venir. It is probable that tourists will come.
Il est vrai que c'est un pays extraordinaire. It's true that it's an extraordinary country.

C. Many other impersonal expressions, including those that indicate uncertainty, necessity, or opinion, are followed by the subjunctive.

il est étonnant   *it is astonishing*
il est incroyable   *it is incredible*
il est défendu   *it is forbidden*
il est souhaitable   *it is desirable*
il faut   *it is necessary, one must*
il est peu probable   *it is unlikely*
il est bon   *it is good*
il vaut mieux   *it is preferable, it would be better*
il est rare   *it is rare*
il semble   *it seems*

Il est incroyable qu'il dise cela. It is unbelievable that he says that.
Il est défendu qu'il y aille. It is forbidden for him to go there.
Il est rare qu'on voie tant. It is rare that one sees so much.
Il est peu probable qu'ils puissent tout voir. It is unlikely that they can see everything.
Il est bon qu'il soit là. It's good that he's here.

Notice that **il semble** takes the subjunctive, whereas **il semble à** takes the indicative.

Il semble qu'on ne comprenne pas. *It seems they don't understand.*
Il me semble qu'on ne comprend pas. *It seems to me they don't understand.*

D. In informal French the impersonal **il** may be replaced by **ce** when there is no subordinate clause.

Vas-tu en Algérie? *Are you going to Algeria?*
Oui, c'est probable. *Yes, probably so.*

Penses-tu partir cet été? *Do you plan to leave this summer?*
C'est douteux. *It's doubtful.*

travaux pratiques

1. Remplacez le mot en italique par les mots suggérés.

   Il est *vrai* qu'il vient.
   1. souhaitable 2. peu probable 3. probable 4. certain 5. bon

2. Changez les phrases selon le modèle.

   Les touristes vont visiter Marrakech. (il est probable) →
   Il est probable que les touristes vont visiter Marrakech.

1. C'est une ville vraiment extraordinaire. (il paraît)
2. Certains quartiers ont un aspect tout à fait médiéval. (il semble)
3. Il y a aussi des quartiers modernes. (il est vrai)
4. Un touriste chrétien peut entrer dans une mosquée. (il est peu probable)
5. Il voit les mosquées de l'extérieur. (il faut)
6. Le visiteur comprend les coutumes du pays. (il est souhaitable)

3. *Complétez les phrases suivantes.*

1. Il me faut . . .
2. Il est défendu que je . . .
3. Il est certain que le Maroc . . .
4. Il est bon que l'Amérique . . .
5. Il me semblent que les Arabes . . .
6. Il est incroyable que mes camarades . . .

votre point de vue

1. Avez-vous jamais visité un pays dont les coutumes sont très différentes de chez nous? Si oui, lequel? Avant d'y aller, avez-vous étudié un peu les coutumes de ce pays? Est-il souhaitable qu'on le fasse, ou vaut-il mieux qu'on y aille l'esprit et les yeux ouverts (*open*)? 2. Est-ce qu'il vous semble que la majorité des touristes américains respectent les coutumes des autres? Si non, donnez quelques exemples. 3. Quelles sont des coutumes ou des lois américaines qu'il faut qu'un étranger respecte? S'il ne les respecte pas, que voulez-vous qu'on lui fasse?

III. *Le Plus-que-parfait* (The Pluperfect Tense)

ALICE: Que faisais-tu quand je t'ai vu sur la place hier après-midi?
THOMAS: Je parlais à un mendiant qui m'*avait demandé* de l'argent.
ALICE: Tu lui en as donné?
THOMAS: Non, mais j'en *avais* déjà *donné* un peu à l'homme qui faisait jouer des singes.
ALICE: Les singes t'*avaient plu*, alors?
THOMAS: Oui, ils m'*avaient* beaucoup *amusé*.

1. Que faisait Thomas quand Alice l'a vu sur la place? 2. À qui Thomas avait-il donné de l'argent? 3. Pourquoi en avait-il donné?

The **plus-que-parfait** is the equivalent of the English pluperfect or past perfect tense (*had left, had eaten*, etc.). It indicates a past action which took place prior to another past action. It is formed by the imperfect of the auxiliary verb + the past participle.

Je lui en avais déjà donné.	*I had already given him some.*
Jacques était parti avant leur arrivée.	*Jacques had left before their arrival.*
Elle s'était mariée en juin.	*She had gotten married in June.*

travaux pratiques

1. *Remplacez les mots en italique par les mots suggérés.*

    a. *Il* était déjà parti quand la police est arrivée.
        1. nous 2. le mendiant 3. je 4. vous 5. tu 6. les copains
    b. Oh, si *nous* avions vu cela!
        1. cet Arabe 2. je 3. les douaniers 4. tu 5. vous

2. *Changez les phrases suivantes selon le modèle.*

    Nous avons dîné. Mon père est arrivé. →
    Nous avions déjà dîné quand mon père est arrivé.

    1. Pierre a fini l'histoire. Jean est arrivé.
    2. Les touristes sont déjà partis. Le roi a traversé la place.
    3. Le malade a guéri. L'infirmière est venue.
    4. Les Romains ont quitté le Maroc. Les Arabes y sont arrivés.
    5. Il a déjà appris l'arabe. Il a commencé son voyage.

votre point de vue

1. Aviez-vous déjà visité cette ville avant de commencer vos études universitaires? 2. Quel film basé sur un livre avez-vous vu cette année? Aviez-vous déjà lu le livre quand vous avez vu le film? 3. Aviez-vous déjà acheté une voiture quand vous êtes venu(e) à l'université? 4. Aviez-vous déjà étudié une langue étrangère avant de venir à l'université?

IV. The Verb *devoir*

CLAUDE: Qu'est-ce qu'il me faut pour voyager en Afrique du Nord?
JÉRÔME: Un passeport et, bien sûr, tu *dois* t'acheter un billet d'avion.
CLAUDE: Évidemment. J'*ai dû* demander un passeport quand je suis allé en Espagne l'année dernière. Mais est-ce que ça coûte cher d'aller au Maroc, par exemple?
JÉRÔME: Pas trop, quand j'y suis allé. Mais ça *doit* être plus cher maintenant.

1. Qu'est-ce que Claude doit obtenir pour voyager en Afrique du Nord? 2. Pourquoi est-ce qu'il a déjà un passeport? 3. Que lui dit Jérôme à propos du prix du voyage?

    A. **Devoir** (*to have to, must*) is irregular in the present indicative and has an irregular past participle. The circumflex on the past participle is only used in the masculine form.

devoir

PRESENT TENSE		PAST PARTICIPLE
je dois	nous devons	dû, due
tu dois	vous devez	
il/elle doit	ils/elles doivent	

Tu dois t'excuser.
J'ai dû demander un passeport.

You have to excuse yourself.
I had to ask for a passport.

1. **Devoir** + noun means *to owe*.

   Ils me doivent de l'argent.   They owe me money.

2. **Devoir** + infinitive conveys the idea of necessity, probability, or a future act.

   Je dois le faire.
   Marie est absente. Elle doit être malade.
   Nous devons passer chez eux vers 20 heures.

   I have to do it.
   Marie is absent. She must be sick.
   We are to stop by their place around 8 p.m.

B. **Devoir** in the imperfect tense may express a past obligation or anticipation of a future act.

   Il a dit qu'il devait partir.

   He said that he had to leave.
   He said that he was to leave.

   Il ne devait pas l'entendre.   He wasn't supposed to hear it.

C. **Devoir** in the **passé composé** may express a probability or an obligation.

   Ils ne sont pas ici. Ils ont dû partir.

   They are not here. They must have left.
   They are not here. They had to leave.

travaux pratiques

1. *Remplacez le mot en italique par les mots suggérés.*

   Je dois trois cents francs au médecin.
   1. vous 2. on 3. tu 4. nous 5. Carole et Jeanine 6. le malade

2. *Répondez aux questions suivantes selon le modèle.*

   Marie doit partir à midi. (et toi?) → **Je dois partir à midi aussi.**

   1. Les filles doivent acheter un souvenir. (et Pierre?)
   2. Nous devons rester ici. (et les copains?)
   3. Pierre et Georges doivent partir. (et Michèle et vous?)
   4. M. Zemmour doit téléphoner à New York. (et vous?)
   5. Un touriste doit respecter les coutumes du pays. (et les hommes d'affaires?)

3. *Donnez l'équivalent français des phrases suivantes. Ensuite lisez le dialogue avec un(e) camarade.*

   JEANNE: Hi Marie! You were supposed to leave at noon. What are you looking for?
   MARIE: My French book. It must be here, but I can't find it. *je n'arrive pas à le trouver.*
   JEANNE: You must have left it at the hotel.
   MARIE: I hope you're right. I have to have it.

votre point de vue

1. Avez-vous jamais eu un passeport? Si oui, qu'est-ce que vous avez dû faire pour l'avoir? À qui deviez-vous le montrer? 2. Est-ce qu'on vous doit de l'argent, ou est-ce que vous en devez aux autres? 3. Devez-vous vous lever tôt le matin? Quoi faire? 4. Qu'avez vous dû faire pour entrer à l'université?

Activités

décidez

Following is a map of Northwest Africa. The major cities and resorts are indicated. Decide where you would go on a trip to this area and what you would see. Give the reason for your choices.

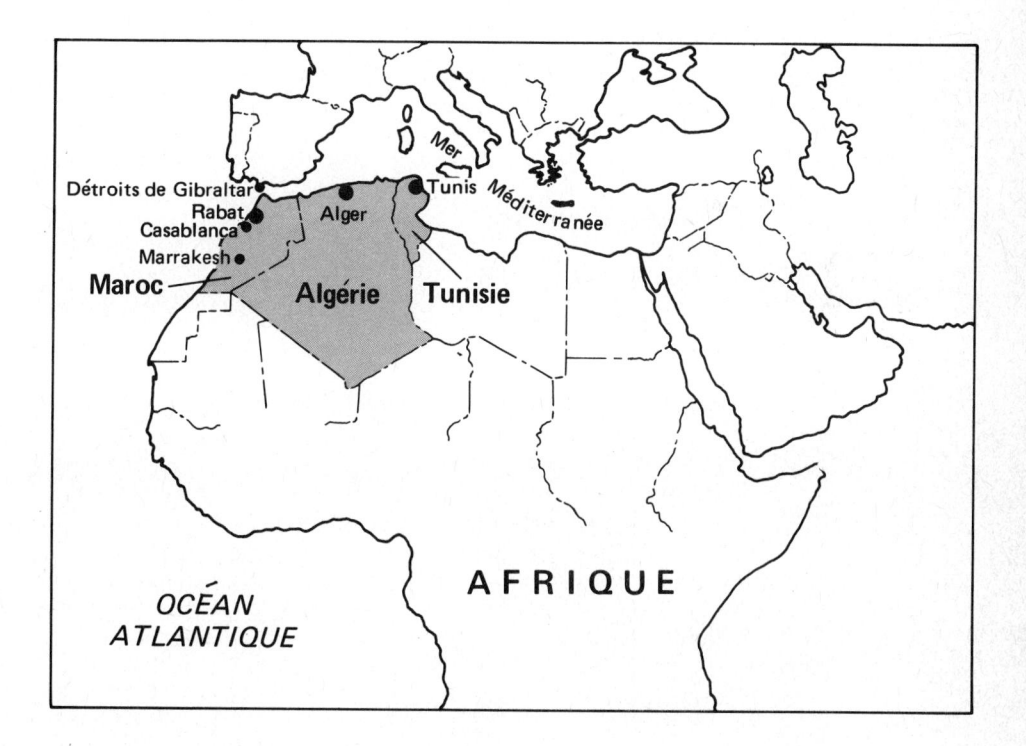

situation

When buying things in a souk, one is expected to bargain. A, you are a young American tourist who wants to buy a djellaba (la djellaba) cheap, and this is your *last chance to do it. B, you are a wily old Moroccan: you've handled this kind of tourist before. The currency of Morocco is the dirham* (le dirham); *1 dirham = 1 franc = 20¢–25¢.*

A: Ask B how much this djellaba costs.
B: Say 100 dirhams.
A: Say it's impossible for you to pay 100 dirhams; you have very little money left.
B: Say it's the best djellaba in the market, but you'll give it to him/her for 90 dirhams.
A: Say you like the djellaba a lot, although there are other djellabas that are less expensive. You'll give him/her 50 dirhams.
B: Say you're only a very poor Moroccan; 80 dirhams.
A: Say you have to leave without the djellaba, unless he/she will take 60.
B: Say you are very old, life is hard; 70.
A: Say you're leaving. You're sorry he/she is so stubborn (*obstiné*).
B: Tell him/her to come back, call him/her a thief; 60.
A: 65?
B: Say he/she is very unreasonable.
A: 65?
B: Okay.

RABAT, AU MAROC

décrivez

Describe the average American tourist (*le touriste américain moyen*), such as you have seen him (or her) at home or abroad. Use any of the vocabulary below that seems appropriate, plus other terms you know.

difficile	raisonnable	bête
ignorant	déraisonnable	grossier (*crude*)
inquiet	généreux	sympathique
pressé	intelligent	impatient
naïf	timide	orgueilleux (*arrogant*)
	poli	

Justify your generalizations. For example: **Le touriste américan moyen est riche. Il préfère les hôtels très chers, il dîne dans les meilleurs restaurants . . .**

vocabulaire

l' **aspect** (m) *aspect*
la **coutume** *custom*
la **djellaba** *long, hooded robe*
l' **influence** (f) *influence*
le **mendiant** (m) *beggar*
la **mosquée** *mosque*
la **place** *square, plaza*
la **porte** *gate*
le **roi** *king*
le **singe** *monkey*
la **sorte** *kind, sort*
le **vieillard** *old man*

devoir *to have to, must; to owe*
passionner *to enthrall*
respecter *to respect*

arabe *Arab, Arabian*
chrétien, chrétienne *Christian*
défendu(e) *forbidden*
étonnant(e) *astonishing*
exotique *exotic*
jaune *yellow*
médiéval *medieval*
moyen, moyenne *average*
musulman(e) *Moslem*
neuf, neuve *new*
nombreux, nombreuse *numerous, many*

peu probable *unlikely*
prospère *prosperous*
romain(e) *Roman*
seul(e) *alone*
souhaitable *desirable*

sous *under*

à moins que *unless*
avant que *before*
bien que *although*
jusqu'à ce que *until*
pour que *in order that, so that*
quoique *although*
sans que *without*

de nouveau *again*
D'un côté . . . de l'autre côté . . . *On the one hand . . . on the other hand . . .*
hélas *alas*
il est arrivé *there has been*
il paraît *it seems*
il reste *there is/are . . . left*
il s'agit de *it's a question of, it's about*

Comment Écrire une Lettre en français

Écrire une lettre, c'est souvent un procédé° plus stylisé en France qu'aux États-Unis. Et les lettres en français sont différentes si vous les adressez à un commerçant° ou si vous les adressez à un(e) ami(e).

Dans une lettre commerciale, il faut employer presque machinalement° certaines formules de politesse° au commencement et à la fin. Pour ouvrir la lettre, vous dites simplement «Monsieur» ou «Madame» ou «Mademoiselle», selon le cas. Ensuite vous écrivez l'objet de la lettre. Pour terminer, vous devez choisir une de ces formules obligatoires: «Je vous prie d'agréer,° Monsieur (ou Madame ou Mademoiselle), l'expression de mes sentiments distingués». «Veuillez° agréer (ou accepter) Monsieur (ou Madame ou Mademoiselle), l'expression de mes sentiments distingués (ou l'expression de mes salutations distinguées)».

Voilà un exemple d'une simple lettre commerciale:

> Monsieur,
>
> J'ai reçu une troisième fois votre facture° pour les réparations° pour mon phonographe. Mais comme je vous ai écrit le 10 mai, je vous ai envoyé un chèque de 117F le 8 avril.
>
> Je vous prie d'agréer, Monsieur, l'expression de mes sentiments distingués.
>
> Robert Giroux

procédé *procedure*   commerçant *businessman, merchant*
machinalement *mechanically*   politesse *courtesy*   Je vous prie d'agréer *Please accept*   Veuillez *Please*   facture *invoice, bill*   réparations *repairs*

Une lettre amicale est beaucoup plus naturelle. Vous pouvez commencer, par exemple, par «Chère Marie» ou «Cher Pierre» ou «Mes chers parents». Puis, avant de signer votre nom, vous mettez «À bientôt», «Bien à toi», «Je t'embrasse» ou quelque chose de pareil.° Par exemple:

> Chère Marie,
>
> Je t'attends dimanche matin, aussitôt que° possible. Nous irons tout de suite à la plage. Et surtout, n'oublie pas ton maillot de bain!°
>
> À bientôt,
>
> Josette

de pareil *similar*   aussitôt que *as early as*   maillot de bain *bathing suit*

votre point de vue

1. Composez une lettre à un commerçant qui vous a donné une facture excessive. Ou, par contre (*on the other hand*), écrivez à un commerçant dont les employés vous ont donné des services excellents. 2. Imaginez que vous écrivez à un(e) ami(e) français(e) que vous connaissez très bien. Composez une lettre pour lui raconter une nouvelle (*a piece of news*) importante—agréable ou désagréable—dans votre vie.

COMMENT ÉCRIRE UNE LETTRE EN FRANÇAIS

Chapitre 17

Les Coutumes

Andy, un jeune Américain, va dîner chez la famille de François. Les parents de François sont de petits commerçants. Andy ne sait pas très bien comment se comporter; il est nerveux. Il croit que les parents de François sont très gentils de l'inviter, mais c'est la première fois qu'il dîne chez une famille française. François essaie de le calmer et lui dit ce qu'il faut faire.

«Ne t'inquiète pas!» insiste François. Sa mère va trouver l'accent américain d'Andy très distingué, insiste-t-il, et quant à ses manières, s'il veut, il le prépare à la visite. Andy veut bien: il va être beaucoup moins nerveux s'il sait ce qui l'attend! Alors, François lui rappelle tout d'abord° qu'il faut apporter à ses parents un bouquet de fleurs ou quelque chose de ce genre: c'est une coutume française de faire ainsi quand on est invité au dîner.

tout d'abord *first of all*

Naturellement, François va présenter Andy à ses parents tout de suite. Il peut leur serrer la main° et il doit dire dans ces circonstances, «Enchanté de faire votre connaissance» ou «Très heureux, madame». Puis on va aller bavarder dans le salon. Les parents de François vont poser probablement à Andy beaucoup de questions sur lui, sa famille, l'Amérique. «Ne sois pas vexé s'ils ont certaines opinions assez négatives à propos des États-Unis», dit François. «Chez nous l'anti-américanisme est plutôt un jeu qu'une philosophie. D'ailleurs ils sont très polis.»

serrer la main *shake hands*

Après un certain temps, la mère de François va servir le repas et on va entrer dans la salle à manger. Mais au contraste de la famille d'Andy, on ne va pas être très détendu: les Français gardent plusieurs des vieux usages. Selon François, par exemple, Andy doit se rappeler de mettre les deux mains sur la table, de s'essuyer la bouche avant de boire, et d'éviter de reprendre la fourchette dans la main droite après avoir coupé la viande avec son couteau. En plus, dit François, «Après la salade, tu ne manges jamais ton fromage seul: tu le mets sur du pain. Et il ne faut pas que tu prennes la tranche° de pain entière; il faut en rompre un morceau.» Andy écoute tous ces conseils sans devenir moins inquiet: il croit avoir beaucoup à apprendre!

tranche *slice*

questions

1. Pourquoi Andy est-il nerveux? 2. Qu'est-ce que François essaie d'expliquer à Andy? 3. Qu'est-ce qu'Andy doit apporter à la mère de François? 4. À qui Andy va-t-il serrer la main? 5. Que faut-il dire quand on est présenté à quelqu'un? 6. Pourquoi les parents de François vont-ils peut-être dire quelque chose de négatif sur les États-Unis? 7. Comment les coutumes à table en France sont-elles différentes de chez nous? 8. Andy est-il certain d'être à l'aise chez François? 9. Que ne faut-il pas faire après avoir coupé la viande? 10. Comment doit-on manger le pain?

votre point de vue

1. Croyez-vous que les coutumes à table en France soient très différentes de chez nous? Pourquoi? 2. Préférez-vous qu'on soit décontracté ou qu'on retienne les vieux usages à table? 3. Les Français et les autres Européens trouvent souvent que les Américains sont trop nonchalants, qu'ils marchent les mains dans les poches (*pockets*), qu'ils parlent trop haut (*loudly*), qu'ils se mettent très vite à leur aise. Croyez-vous que ces observations soient justes (*accurate*)? Si oui, qu'est-ce que ça veut dire à propos de la société américaine? Est-ce que vous y voyez du mal? 4. Connaissez-vous des Français ou d'autres étrangers? Est-ce que leur manière de se comporter est très différente de celle des Américains? Comment sont-ils, alors? En quoi consiste cette différence?

Constructions

I. Possessive Pronouns

AGNÈS: J'ai peur de rencontrer tes parents. Tu as rencontré *les miens* l'année dernière, mais je n'ai jamais vu *les tiens*.

JACQUES: Ne t'inquiète pas. *Les miens* sont très gentils et tu vas leur plaire. Mon père a l'air plus sévère que *le tien* mais il ne l'est pas. Quant à ma mère, tu vas t'entendre presqu'aussi bien avec elle qu'avec *la tienne*.

1. Combien de fois Agnès a-t-elle vu les parents de Jacques? 2. Quand Jacques a-t-il rencontré les parents d'Agnès? 3. Quel père a l'air le plus sévère? 4. Avec qui Agnès va-t-elle s'entendre?

A. Possessive pronouns are used to replace nouns. They agree with the nouns they replace in gender and in number.

Possessive Pronouns

SINGULAR		PLURAL		
MASCULINE	FEMININE	MASCULINE	FEMININE	
le mien	la mienne	les miens	les miennes	*mine*
le tien	la tienne	les tiens	les tiennes	*yours*
le sien	la sienne	les siens	les siennes	*his/hers*
le nôtre	la nôtre	les nôtres	les nôtres	*ours*
le vôtre	la vôtre	les vôtres	les vôtres	*yours*
le leur	la leur	les leurs	les leurs	*theirs*

Compare:

Mon père est plus sévère.	*My father is sterner.*
Le mien est plus sévère.	*Mine is sterner.*
Leur salon est plus grand que notre salon.	*Their living room is bigger than our living room.*
Le leur est plus grand que le nôtre.	*Theirs is bigger than ours.*
Tes coutumes ne sont pas différentes de nos coutumes.	*Your customs are not different from our customs.*
Les tiennes ne sont pas différentes des nôtres.	*Yours are not different from ours.*

travaux pratiques

1. *Remplacez le mot en italique par les mots suggérés. Le pronom possessif doit s'accorder* (agree) *avec le sujet.*

1. *Il* a le sien.
1. je 2. nous 3. vous 4. tu 5. Jean et Philippe

2. *Changez les phrases suivantes selon le modèle.*

Il a sa carte. → **Il a la sienne.**

1. Tu as ton ordonnance?
2. Elle décrit ses symptômes.
3. Vous aimez votre travail?
4. Je cherche ma valise.
5. Ils ont montré leur passeport.
6. Vous allez perdre votre place.
7. J'avais mon couteau.
8. J'ai repris ma fourchette.
9. Les garçons cherchent leurs parents.
10. J'ai exprimé mon point de vue.

3. *Changez les phrases suivantes selon le modèle.*

Mon père est plus âgé que *son père*. → **Mon père est plus âgé que le sien.**

1. Leur appartement est plus grand que *notre appartement*.
2. Ma voiture vaut beaucoup plus que *votre voiture*.
3. Sa robe était plus élégante que *ma robe*.
4. Votre société est plus ancienne que *notre société*.
5. Nos valises étaient plus pleines que *leurs valises*.
6. Tes enfants sont plus actifs que *mes enfants*.

votre point de vue

1. Quelle société vous semble plus traditionaliste, celle des Français ou la nôtre? 2. Quelle vie est plus calme, celle d'un homme d'affaires ou la vôtre? 3. Quel système vous semble plus sévère, celui des Russes ou le nôtre? 4. Quand vous discutez avec vos camarades, est-ce qu'ils comprennent votre point de vue aussi bien que vous comprenez le leur? 5. Quelle génération a les meilleures manières, celle de vos parents ou la vôtre? Laquelle a les idées les plus originales? l'expérience la plus intense? la plus profonde?

II. *Le Futur* (The Future Tense)

ALBERT: Quand partez-vous pour l'Afrique du Nord?
ANTOINE: Jean et moi, nous *quitterons* Paris le 12 juillet.
ALBERT: *Aurez*-vous le temps de voir beaucoup de choses?
ANTOINE: Oui, nous *irons* d'abord à Alger, de là nous *prendrons* l'avion pour Rabat, au Maroc, puis nous *louerons* une voiture pour aller à Casablanca. Nous *passerons* autant de temps que possible dans chaque endroit. Si nous avons assez d'argent, nous ne *rentrerons* qu'en août.

1. Où vont Albert et Antoine? 2. Combien de temps vont-ils passer là-bas? 3. Quelles sont les villes qu'ils vont voir? 4. De quelle façon vont-ils voyager?

A. The future tense is formed by adding the endings **-ai, -as, -a, -ons, -ez,** and **-ont** to the infinitive. For **-re** verbs, the final **-e** of the infinitive is dropped before adding the endings.

parler		finir	
je parler**ai**	nous parler**ons**	je finir**ai**	nous finir**ons**
tu parler**as**	vous parler**ez**	tu finir**as**	vous finir**ez**
il/elle parler**a**	ils/elles parler**ont**	il/elle finir**a**	ils/elles finir**ont**

rendre	
je rendr**ai**	nous rendr**ons**
tu rendr**as**	vous rendr**ez**
il/elle rendr**a**	ils/elles rendr**ont**

Nous louerons une voiture. — *We will rent a car.*
Je finirai vite. — *I'll finish fast.*
S'entendront-ils bien? — *Will they get along well?*

1. The orthographic changes which you learned for certain forms of the present indicative tense of verbs like **appeler, acheter,** and **payer** apply also to the entire future tense.

appeler		acheter	
j' appellerai	nous appellerons	j' achèterai	nous achèterons
tu appelleras	vous appellerez	tu achèteras	vous achèterez
il/elle appellera	ils/elles appelleront	il/elle achètera	ils/elles achèteront

payer

je paierai	nous paierons
tu paieras	vous paierez
il/elle paiera	ils/elles paieront

Qui paiera l'addition? Who will pay the check?
Ils achèteront les billets demain. They will buy the tickets tomorrow.
Nous appellerons notre guide. We will call our guide.

2. Verbs like **préférer** do not have any orthographic changes in the future.

Si vous ne comprenez pas, je le répéterai. If you don't understand, I'll repeat it.

B. Some verbs have irregular future stems, although the endings are regular:

INFINITIVE	STEM	INFINITIVE	STEM
être	ser-	devoir	devr-
avoir	aur-	faire	fer-
savoir	saur-	pleuvoir	il pleuvra
venir	viendr-	pouvoir	pourr-
vouloir	voudr-	envoyer	enverr-
falloir	il faudra	voir	verr-
aller	ir-	valoir	vaudr-

Il faudra y aller. We'll have to go there.
Il voudra des conseils. He will want advice.
Ferez-vous la salade? Will you make the salad?

C. When the verb of a main clause is in the future or implies a future, clauses introduced by **quand** (when), **lorsque** (when), **dès que** (as soon as), or **aussitôt que** (as soon as) must be in the future tense.

Quand il arrivera, il aura faim. When he arrives, he will be hungry.
Dès que tu viendras, nous irons au restaurant. As soon as you come, we'll go to the restaurant.
Aussitôt que nous arriverons, nous dînerons. As soon as we arrive, we'll eat dinner.

D. A future possibility may be indicated by **si** + present tense in the subordinate clause, with the main verb in the future or the imperative.

S'il fait beau, j'irai au parc. If it's nice weather I'll go to the park.
S'il fait beau, allez au parc. If it's nice weather, go to the park.

travaux pratiques

1. Remplacez les mots en italique par les mots suggérés.

   a. *Ils* pourront partir demain soir.
      1. vous 2. on 3. je 4. nous 5. tu
   b. *Elle* viendra la semaine prochaine.
      1. tu 2. je 3. vous 4. mes cousins 5. nous

2. *Répondez aux questions suivantes selon le modèle.*

Paul louera une voiture. (et Marie et vous?) → **Nous louerons une voiture aussi.**

1. Nous verrons beaucoup de films. (et Marie?)
2. Les garçons auront une voiture. (et toi?)
3. Vous serez libre demain. (et vos parents?)
4. Babette fera un long voyage. (et Christine et vous?)
5. Les copains iront en Angleterre. (et leurs amies?)

3. *Changez le paragraphe suivant du* **passé composé** *au* **futur.** *Commencez par:* **L'été prochain . . .**

L'été dernier je suis allé(e) en Afrique du Nord avec mes parents et ma sœur. Nous avons pris l'avion à Paris et nous sommes arrivés à Alger quelques heures plus tard. Nous avons passé trois jours ensemble à Alger. Puis, ma sœur est partie pour Rabat et mes parents sont allés à Casablanca. Je suis resté(e) à Alger où j'ai fait des études. À la fin de l'été nous nous sommes retrouvés à Alger et nous avons parlé de notre voyage.

4. *Donnez l'équivalent français des phrases suivantes.*

1. When will the demonstration (*la manifestation*) begin?
2. It will begin as soon as Pierre arrives.
3. If he comes soon, we will march as far as the park.
4. If we have enough time, we will come back to the square.
5. When Jeanne gets here, we will ask her where the police are.
6. When will she get back?

votre point de vue

1. Que ferez-vous l'été prochain? 2. Que deviendrez-vous dans dix ans? Quel travail ferez-vous? Serez-vous marié(e) ou non marié(e), riche ou pauvre, connu(e) ou inconnu(e), content(e) ou frustré(e)? 3. Quel parti gagnera les élections présidentielles prochaines, selon vous? 4. Quelle région des États-Unis sera la plus prospère dans dix ans? Est-ce la vôtre? 5. Quelles seront les puissances (*powers*) mondiales les plus importantes dans dix ans? Le monde sera-t-il en guerre ou en paix, selon vous?

III. Indefinite Adjectives and Pronouns

CLÉMENT: Savais-tu qu'il y a des costumes régionaux pour *chaque* province de la France?

CHRISTINE: Oui, j'en ai déjà vu *quelques-uns. Chaque* province a un costume traditionnel qu'on sort pour les fêtes régionales. *Certains* sont de couleurs vives mais *d'autres* sont assez sombres.

CLÉMENT: On m'a montré des photos de *quelques-uns* de ces costumes. Leur variété m'a surpris.

CHRISTINE: Une fête avec des costumes est *quelque chose de* magnifique.

1. Par quoi Clément est-il impressionné? 2. Comment sont les costumes régionaux de la France? 3. Quand est-ce qu'on les sort? 4. Comment Clément a-t-il su qu'il y avait des costumes régionaux?

A. The most common indefinite adjectives are:

Indefinite Adjectives

SINGULAR		PLURAL		
MASCULINE	FEMININE	MASCULINE	FEMININE	
	quelque	quelques		some, a few
—	—	plusieurs		several
certain	certaine	certains	certaines	certain, some
aucun	aucune	aucuns	aucunes	no, not a
nul	nulle	nuls	nulles	no, not a
	autre	autres		other, another
chaque	chaque	—	—	each, every
	même	mêmes		same

Je mangerai dans quelques minutes.   *I'll eat in a few minutes.*
J'ai plusieurs commissions à faire.   *I have several errands to run.*
Certaines couleurs sont très vives.   *Some colors are very bright.*
Elle a d'autres pulls qui sont plus jolis.   *She has other sweaters that are prettier.*
Te lèves-toi chaque matin à la même heure?   *Do you get up every morning at the same time?*

Aucun and **nul** are used with **ne**, but without **pas**.

Je n'ai aucune raison de la faire.   *I have no reason to do it.*
Il n'a nulle envie d'aller voir son cousin.   *He has no desire to go see his cousin.*

B. Indefinite pronouns frequently have the same forms as indefinite adjectives.

Indefinite Pronouns

SINGULAR		PLURAL		
MASCULINE	FEMININE	MASCULINE	FEMININE	
aucun	aucune	aucuns	aucunes	no one, none
	autre	autres		other(s), another
—	—	plusieurs		several
certain	certaine	certains	certaines	certain, some
quelqu'un	quelqu'une	quelques-uns	quelques-unes	someone, anyone; some
chacun	chacune	—	—	each, each one
tout	toute	tous	toutes	everything, all
	quelque chose			something, anything
nul	nulle	nuls	nulles	no one, none

Quelqu'un t'a vu sortir.   *Someone saw you leave.*
Chacun à son goût.   *Each to his own taste.*

deux cent trente-sept   **CHAPITRE DIX-SEPT**

Les autres sont parti(e)s.	The others have left.
Est-ce que c'est tout?	Is that everything?
Tous sont là.	All are there.
Avez-vous quelque chose à me dire?	Do you have something to tell me?
Certains sont plus chers.	Some are more expensive.
J'en ai vendu plusieurs.	I sold several of them.

Aucun and **nul** are used with **ne**, but without **pas**.

Nul ne s'y intéresse.	No one is interested in it.
Je n'en veux aucun.	I don't want a single one.

Quelqu'un and **quelque chose**, as well as the negative **personne** and **rien**, can be followed by **de** + adjective. The adjective is always masculine singular.

Est-ce que quelqu'un d'important est arrivé?	Has someone (anyone) important arrived?
Montrez-moi quelque chose d'intéressant.	Show me something interesting.
Je n'ai vu personne d'important.	I saw no one important.
Il ne dit rien d'original.	He says nothing original.

travaux pratiques

1. *Changez les phrases suivantes selon le modèle.*

    Chaque province a un costume traditionnel. → **Chacune a un costume traditionnel.**

    1. *Certains costumes* sont sombres.
    2. *Plusieurs fêtes françaises* sont en été.
    3. *D'autres fêtes* sont au printemps.
    4. *Chaque touriste* veut prendre des photos.
    5. Il y a *quelques livres sur les costumes régionaux* dans la bibliothèque.
    6. *Certaines couleurs* sont très vives.
    7. J'ai vu *la même fête.*
    8. *Chaque fille* a un bouquet de fleurs.

2. *Répondez aux questions suivantes selon le modèle.*

    Avez-vous des photos de la fête? (oui/plusieurs) → **Oui, j'en ai plusieurs.**

    1. Connaissez-vous d'autres fêtes régionales? (oui/d'autres)
    2. Avez-vous des ordonnances? (oui/quelques-unes)
    3. Vous avez des problèmes? (non/ne . . . aucun)
    4. Admirez-vous les médecins femmes? (oui/certaines)
    5. Connaissez-vous les provinces de la France? (oui/quelques-unes)
    6. Aimez-vous les vieux usages? (oui/certains)

3. *Donnez l'équivalent français des phrases suivantes.*

    1. He wants to see something traditional.
    2. Let's speak to someone reasonable.
    3. I know nothing new.
    4. No one interesting came.

votre point de vue

1. Est-ce qu'il y a de vieux usages aux États-Unis? Lesquels? Est-ce que vous en aimez certains? En trouvez-vous d'autres ridicules? Donnez des exemples. 2. Les fêtes régionales existent-elles chez nous? Si oui, nommez plusieurs. Est-ce qu'elles sont toutes authentiques et spontanées, ou est-ce que certaines vous semblent artificielles, inventées, commercialisées? 3. Est-ce que certains groupes de gens chez nous portent un costume régional ou un costume au moins distinctif? Nommez quelques-uns. Où les avez-vous vus? Pourquoi le portent-ils? Est-ce que ces costumes vous semblent pittoresques et significatifs (*meaningful*), ou absurdes?

IV. Verbs Conjugated like *recevoir*

SIMONE: Je suis très *déçue*. Je me *suis aperçue* d'avoir fait une faute à table hier soir chez la famille d'André.
LOUISE: Ne t'inquiète pas. Il est probable que personne ne l'*a aperçue*. Je suis certaine que tu *recevras* d'autres invitations d'André.
SIMONE: J'espère que tu as raison.

1. Pourquoi Simone est-elle triste? 2. Louise croit-elle que Simone a raison d'être déçue? Pourquoi? 3. Que répond Simone?

Recevoir (*to receive*) is irregular in the present indicative and has an irregular past participle and future stem.

recevoir			
PRESENT TENSE		PAST PARTICIPLE	FUTURE STEM
je reçois	nous recevons	reçu	recevr-
tu reçois	vous recevez		
il/elle reçoit	ils/elles reçoivent		

Some verbs conjugated like **recevoir** are:
décevoir   to disappoint
apercevoir   to notice
s'apercevoir   to perceive, to be aware of, to realize
concevoir   to conceive

Tu recevras l'invitation demain.   *You will receive the invitation tomorrow.*
Il s'est aperçu qu'il l'avait oublié.   *He realized that he had forgotten it.*
On a conçu un projet important.   *They conceived an important plan.*

travaux pratiques

1. *Remplacez les mots en italique par les mots suggérés.*

    a. *Il ne reçoit jamais de lettres.*
       1. nous 2. tu 3. ils 4. vous 5. je

b. *Je* me suis aperçu de sa faute.
   1. son fiancé 2. nous 3. tu 4. mes parents 5. vous

2. *Répondez aux questions suivantes selon le modèle.*

   Elle recevra une lettre. (et vous?) → **Nous recevrons une lettre aussi.**

   1. Elle a aperçu un costume bizarre. (et vous?)
   2. Les étudiants ont conçu un projet intéressant. (et le professeur?)
   3. Le charmeur de serpents a déçu les touristes. (et les musiciens?)
   4. Elles s'apercevront qu'il a raison. (et toi?)
   5. Tu aperçois la différence. (et lui?)
   6. Il recevait quelques revues. (et nous?)

votre point de vue

1. Que faites-vous, si vous vous apercevez d'avoir fait une faute à table? Que faut-il faire en principe? 2. Quel est le projet le plus grandiose que vous ayez jamais conçu? Avez-vous réalisé ce projet? 3. Quelle est l'invitation la plus importante que vous ayez jamais reçue? 4. Qu'est-ce qui vous a déçu(e) dans la vie?

ACTIVITÉS

interview

*Interview a classmate concerning the following statements. Begin your questions with «**Croyez-vous que**» + subjunctive. Your classmate will answer with «**Je crois que**» + indicative, or «**Je ne crois pas que**» + subjunctive.*

1. En général les Américains ont une opinion assez négative des Français.
2. Les Américains trouvent l'accent français très distingué.
3. Les Américains sont plus décontractés que les Français.
4. Les Français sont plus civilisés que les autres Européens.
5. Les Françaises sont plus élégantes que les Américaines.
6. Les Français sont plus intellectuels que les Américains.
7. Les universités françaises sont plus strictes que les universités américaines.
8. Les Français sont plus polis que les Américains.

comparez

*Imagine that you and a French exchange student are discussing table manners in your respective countries. He will state his custom, and you will respond with yours. For example, if he says, «**Chez nous, on prend du vin avec le repas**», you would reply «**Chez nous, on prend du thé ou du café avec ou après le repas.**»*

1. Chez nous, on mange les fruits avec un couteau et une fourchette.
2. Chez nous, il y a une fourchette et un couteau spéciaux pour le poisson.
3. Chez nous, quand on prend du pain, on le met sur la table.

4. Chez nous, on s'essuie la bouche avant de boire.
5. Chez nous, on mange une salade verte après la viande et avant le dessert.
6. Chez nous, on mange le fromage sur un morceau de pain.
7. Chez nous, quand on coupe quelque chose avec un couteau et une fourchette, on garde la fourchette dans la main gauche pour manger le morceau coupé.

vocabulaire

l' **accent** (m) accent
la **circonstance** circumstance
le **commerçant** merchant; le **petit commerçant** small businessman
les **conseils** (pl/m) advice; le **conseil** piece of advice
le **costume** costume
le **couteau** knife
l' **endroit** (m) place
la **faute** mistake, error
la **fourchette** fork
le **fromage** cheese
le **genre** kind, type
le **jeu** game
la **manière** manner, way; les **manières** manners
le **morceau** piece
la **paix** peace
la **province** province
la **salade** salad
le **salon** living room
l' **usage** (m) custom

apercevoir to notice
s' **apercevoir** to perceive, to be aware, to realize
bavarder to chat
se **comporter** to act, to behave
concevoir to conceive
couper to cut
décevoir to disappoint

s' **entendre (avec)** to get along (with)
essuyer to dry, to wipe
éviter to avoid
louer to rent
présenter to introduce (someone)
rappeler to recall, to remind
se **rappeler** to remember
recevoir to receive
rompre to break (off)

aucun(e) no, not a
détendu(e) relaxed
distingué(e) distinguished
entier, entière entire, whole
nerveux, nerveuse nervous
nul, nulle no, not a
plusieurs (invariable) several
poli(e) polite
régional(e) regional
sombre dark
traditionnel, traditionnelle traditional
vexé(e) vexed, hurt

à propos de about, concerning
ainsi thus, so, in this way
autant de as much
d'ailleurs moreover, besides
quant à as for
Enchanté(e) de faire votre connaissance. Glad to meet you.

Chapitre 18

À Montparnasse

Des artistes et des poètes de l'avant-garde, des écrivains de partout au monde, des exilés politiques de la Russie, tous ont gravité vers le quartier de Montparnasse à Paris au commencement du vingtième siècle. À un temps ou un autre des artistes comme Picasso, Modigliani et Chagall ont habité ici. Et Lénine, Trotsky, Hemingway, James Joyce, Albert Einstein et beaucoup d'autres ont discuté la politique et l'art dans ses cafés. Ce quartier, situé à l'ouest du Quartier Latin, reste jusqu'au présent un centre artistique dont l'ambiance est assez bohème.°

bohème *bohemian*

Les cafés et les boîtes de nuit de Montparnasse prospèrent° toujours aussi. Si vous êtes touriste, il ne faut pas oublier de prendre un verre à un café comme «La Rotonde», un des cafés les plus fameux de Montparnasse. Cet endroit a été et est encore le lieu de rendez-vous des plus grands artistes, écrivains et hommes politiques: si vous attendez, à tout moment quelqu'un de connu peut entrer. Ce qui est également intéressant, c'est de boire votre vin tranquillement et d'observer les gens ordinaires qui passent: en effet, tout le quartier peut se voir° ici—des monsieurs distingués, des jeunes, des sculpteurs, des ouvriers, des amoureux en tête-à-tête.°

prospèrent *are prospering*
se voir *be seen*   en tête-à-tête *intimate*

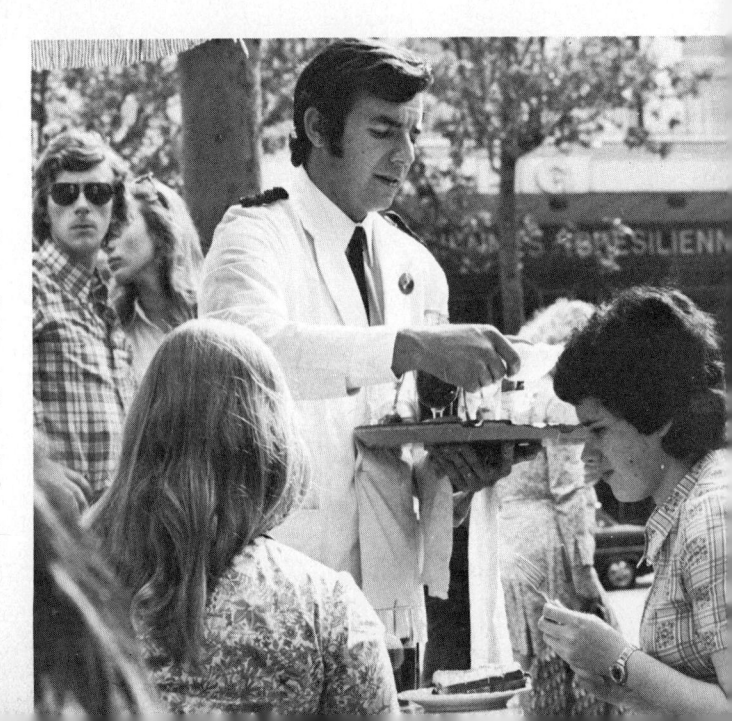

Si vous quittez «La Rotonde» et traversez le boulevard Raspail, vous voyez une énorme statue fameuse qui rappelle encore une fois le passé artistique du quartier: c'est la statue de Balzac par Rodin. La Société des Gens de Lettres avait demandé à Rodin de faire une sculpture de Balzac, le romancier célèbre du dix-neuvième siècle. Ils comptaient la mettre devant le Palais-Royal. Rodin y a travaillé pendant sept ans et le considérait comme son oeuvre la plus importante. Malgré l'accueil chaleureux° des critiques, des journalistes et des artistes, la Société en a été déçue et ne l'a pas acceptée. Rodin n'était pas encore vivant quand on a mis sa statue ici: il est mort en 1917 et on n'a mis la statue ici qu'en 1937.

accueil chaleureux *warm reception*

Or, il devient de plus en plus nécessaire que le nouveau coexiste avec le vieux dans le quartier de Montparnasse, comme presque partout à Paris. Par exemple, on a bâti la Tour Montparnasse, gratte-ciel moderne, au-dessus de° la gare de Montparnasse. Beaucoup de gens ont protesté sa construction, car ils craignaient qu'elle détruise un peu la beauté traditionnelle du vieux quartier. Mais quand vous vous trouverez là un jour, vous voudrez peut-être monter au 56ème étage où il y a un restaurant qui devient peu à peu, à son tour,° assez célèbre!

au-dessus de *above*   tour *turn*

questions

1. Quelles sortes de personnes ont gravité vers le quartier de Montparnasse pendant des années et des années? 2. Qu'est-ce qui distingue «La Rotonde»? 3. Pourquoi est-il intéressant de s'asseoir et de boire tranquillement son vin, à ce café? 4. Racontez l'histoire de la statue de Balzac par Rodin. 5. Est-ce que le nouveau coexiste maintenant avec le vieux dans le quartier de Montparnasse? Donnez un exemple. 6. Est-ce que cette altération de la beauté traditionnelle du quartier plaît à tout le monde à Paris? Pourquoi pas?

votre point de vue

1. Connaissez-vous des quartiers dans les grandes villes des États-Unis qui ressemblent un peu à Montparnasse? Comment y ressemblent-ils? Comment sont-ils différents? 2. Croyez-vous que la construction des gratte-ciel puisse altérer la beauté traditionnelle d'une vieille ville comme Paris? À votre avis, les gratte-ciel ont-ils embelli (*embellished*) les grandes villes américaines, ou est-ce qu'ils ont détruit leur beauté? 3. Le nouveau coexiste-t-il avec le vieux dans la ville où vous habitez? Si oui, donnez quelques exemples. Est-ce que ce contraste vous plaît, ou vous semble-t-il désagréable? 4. Les Français aiment beaucoup rester longtemps à la terrasse d'un café et observer les gens qui passent. Les Américains le font-ils aussi? Pourquoi, ou pourquoi pas?

CONSTRUCTIONS

I. *Le Futur Antérieur* (The Future Perfect)

LAURENCE: Je serai prêt à prendre des photos dès que *j'aurai mis* le film dans l'appareil.
GEORGETTE: D'accord. Entre-temps je termine mon verre.
LAURENCE: Tu sais, *nous aurons fait* pas mal de tourisme, aujourd'hui.
GEORGETTE: Tu parles! *Nous aurons vu* l'Arc de Triomphe, *nous aurons* aussi *visité* les Champs-Élysées et nous *nous serons reposés* ici à «La Rotonde», à Montparnasse. Et tout cela dans une journée!

1. Où Laurence et Georgette se reposent-elles? 2. Que fait Laurence en ce moment? 3. Quels endroits Laurence et Georgette ont-elles déjà visités à Paris?

A. The **futur antérieur** (*future perfect*) indicates what will have happened at a time in the future. It is formed with the future tense of the auxiliary verb + the past participle.

Nous aurons tout fait.   *We will have done everything.*

Il aura visité l'Arc de Triomphe.　　He will have visited the Arch of Triumph.
Nous nous serons reposé(e)s.　　We will have rested.

B. The future perfect is used after the conjunctions **quand, lorsque, aussitôt que,** and **dès que,** when the verb of the main clause is in the future tense or implies a future.

Je serai prêt(e) à prendre des photos quand j'aurai changé de film.　　I'll be ready to take pictures when I have changed film.
Veux-tu dîner dès que Paul sera rentré?　　Do you want to eat as soon as Paul comes home (has come home)?

travaux pratiques

1. Remplacez les mots en italique par les mots suggérés.

    a. *Nous* aurons terminé avant minuit.
       1. le peintre 2. les acteurs 3. je 4. vous 5. tu
    b. *Je* serai parti(e) dans quinze jours.
       1. les exilés 2. mon oncle 3. vous 4. nous 5. tu

2. Répondez aux questions suivantes selon le modèle.

    Vous aurez terminé avant moi. (et Jean?) → **Il aura terminé avant moi aussi.**

    1. Elle sera rentrée à onze heures. (et nous?)
    2. Vous serez parti(e) dans dix jours. (et elle?)
    3. Nous aurons pris assez de photos cet après-midi. (et Philippe et Claire?)
    4. Je serai arrivé(e) au café avant midi. (et toi?)
    5. Tu auras tout fait avant son arrivée. (et eux?)

3. Complétez les phrases suivantes avec la forme correcte du verbe entre parenthèses.

    Pierre ira en France en juillet. Il me téléphonera dès qu'il _____ (arriver). Puis, quand il _____ (trouver) un emploi, il m'écrira et je prendrai l'avion pour la France. Avant la fin de l'été nous _____ (voyager) un peu partout en France et nous _____ (dépenser) tout l'argent que Pierre _____ (gagner). Puis nous rentrerons aux États-Unis.

votre point de vue

1. Je serai prêt(e) à me marier dès que _____. 2. J'aurai l'argent pour voyager quand _____. 3. Je pourrai acheter une voiture dès que _____. 4. Lorsque _____, je trouverai un emploi (*job*). 5. Je serai satisfait(e) quand _____. 6. Je serai connu(e) quand _____.

II. Verbs Conjugated like *ouvrir*, and the Verb *suivre*

JOSÉPHINE: Je vois que tu *suis* ton régime. As-tu perdu beaucoup de poids?
FRANCINE: Tu parles! Je *souffre*. J'ai envie de manger. Chaque fois que j'*ouvre*

le réfrigérateur, j'ai du mal à me maîtriser. J'ai perdu 5 kilos mais j'ai *découvert* que ce n'est pas assez.

JOSÉPHINE: Je regrette que tu ne puisses pas m'accompagner au restaurant ce soir. Je vais m'*offrir* un repas superbe: escalope de veau à la crème avec des petits pois . . .

FRANCINE: Tais-toi, sadique!

JOSÉPHINE: . . . *suivie* de fromages, ou peut-être de pâtisseries exquises . . .

FRANCINE: Je *souffre!* Je *souffre!*

1. Que fait Francine pour perdre du poids? 2. Qu'est-ce qui arrive quand elle ouvre le réfrigérateur? 3. Combien de kilos a-t-elle perdu? En est-elle contente ou non? 4. Pourquoi prétend-elle que son amie est sadique?

A. Verbs like **ouvrir** (*to open*) are conjugated like -er verbs in the present indicative. The **-ir** of the infinitive is dropped, and the personal endings **-e, -es, -e, -ons, -ez,** and **-ent** are added to the stem. The past participles are irregular.

ouvrir

PRESENT TENSE		PAST PARTICIPLE
j' ouvre	nous ouvrons	ouvert
tu ouvres	vous ouvrez	
il/elle ouvre	ils/elles ouvrent	

Some verbs conjugated like **ouvrir** are:
couvrir *to cover*   offrir *to offer*
découvrir *to discover*   souffrir *to suffer*

Ouvrez la porte, s'il vous plaît.	*Open the door, please.*
Je découvre les joies du camping.	*I am discovering the joys of camping.*
Il m'a offert un cadeau.	*He offered me (gave me) a gift.*
Pendant l'hiver je souffrais de rhumes.	*During the winter, I suffered from colds.*

B. **Suivre** (*to follow*) is irregular in the present indicative and has an irregular past participle.

suivre

PRESENT TENSE		PAST PARTICIPLE
je suis	nous suivons	suivi
tu suis	vous suivez	
il suit	ils suivent	

Il m'a suivi(e) jusqu'à la maison.	*He followed me home.*
Il suivait le même itinéraire que moi.	*He was following the same itinerary as I was.*
Tu suis le même cours que moi.	*You are taking the same course I am.*

travaux pratiques

1. *Remplacez les mots en italique par les mots suggérés.*

a. *J'ouvre la porte de l'appartement.*
   1. nous 2. il 3. les ouvriers 4. vous 5. tu
b. *Elle suit un régime.*
   1. nous 2. mon frère 3. mes parents 4. vous 5. je 6. tu

2. *Répondez aux questions suivantes selon le modèle.*

   Nous lui offrons des bonbons. (et elle?) → **Elle lui offre des bonbons aussi.**

   1. Pierre ouvre un magasin. (et Jeanne et Marie?)
   2. Elle offre un cadeau aux nouveaux mariés. (et Pierre et vous?)
   3. Nous suivons le cours de M. Roche. (et toi?)
   4. Je découvre de nouvelles idées. (et les autres étudiants?)
   5. Le grand artiste souffre beaucoup. (et les petits poètes?)
   6. Nous souffrons de rhumes. (et toi?)

3. *Répondez aux questions suivantes selon le modèle.*

   Allez-vous ouvrir la porte? → **Je l'ai déjà ouverte.**

   1. Allez-vous la lui offrir?
   2. Allez-vous suivre le cours de M. Leblanc?
   3. Allez-vous souffrir de son injustice?
   4. Allez-vous découvrir la vérité dans vos études?
   5. Allez-vous ouvrir la fenêtre?

4. *Complétez les phrases suivantes avec l'**imparfait** ou le **passé composé** du verbe entre parenthèses.*

   1. Pierre chantait au moment où sa sœur _____ (ouvrir) la porte.
   2. Quand nous étions petit(e)s, nous _____ (suivre) un régime.
   3. Souvent ma grand-mère _____ (souffrir) terriblement de rhumatismes.
   4. Le professeur _____ (découvrir) le livre qu'il cherchait.
   5. Son oncle lui _____ (offrir) un petit cadeau tous les ans.

votre point de vue

1. Quelle est la douleur (*pain*) la plus intense que vous ayez jamais soufferte? Qu'est-ce qui vous était arrivé? 2. Quels grands sculpteurs ou peintres connaissez-vous? Avez-vous découvert leurs œuvres vous-même, ou avez-vous suivi un cours? Quel moyen (*way*) est préférable, selon vous? 3. Vous offrez-vous de temps en temps des plaisirs défendus? Lesquels? Sont-ils plus délicieux que ceux qui sont permis? 4. Avez-vous l'esprit ouvert? Si vous l'avez, est-ce que cela vous vient spontanément, ou faites-vous un effort pour l'avoir? Si vous ne l'avez pas, quels sont vos préjugés?

III. Expressions of Time and Duration (I)

ODILE: *Voilà* trois quarts d'heure que nous restons assises dans ce café. Je commence à m'ennuyer.

EUGÉNIE: Moi non. Regarder les gens passer, c'est mon plus grand plaisir à Paris. Je n'ai pas pu le faire *pendant* cinq ans.

ODILE: C'est vrai. Tu n'es revenue à Paris qu'*il y a* deux jours.
EUGÉNIE: Il me semble que je mène une vie d'exil *depuis* des années.

1. De quoi Odile se plaint-elle? 2. Pourquoi Eugénie ne s'ennuie-t-elle pas? 3. Quand Eugénie est-elle revenue à Paris? 4. Quelle sorte de vie mène-t-elle depuis longtemps?

A. **Depuis, il y a, ça fait,** and **voilà** are used in expressions of time and duration. When they are used with the present tense, they indicate that a state or action began in the past and continues into the present.

1. present tense + **depuis** + time expression:

   Je l'attends depuis ce matin.   I've been waiting for him
                                                 since this morning.
   Elle travaille ici depuis deux   She has been working here for
      mois.   two months.

2. **Il y a** + time expression + **que** + present tense:

   Il y a une heure que je vous   I have been waiting for you
      attends.   for an hour.
   Il y a dix ans qu'elle habite   She has been living here for
      ici.   ten years.

3. **Ça fait** + time expression + **que** + present tense:

   Ça fait trois quarts d'heure   I have been waiting for the bus
      que j'attends l'autobus.   for three quarters of an hour.
   Ça fait longtemps qu'on   We have been selling this
      vend ce vin.   wine a long time.

4. **Voilà** + time expression + **que** + present tense:

   Voilà bientôt trois ans que   It will soon be three years
      j'habite ici.   that I have lived here.
   Voilà trois mois qu'on cons-   They have been building that
      truit ce gratte-ciel.   skyscraper for three months.

B. **Depuis, il y avait, ça faisait,** and **voilà** are used with the imperfect tense to indicate that an action began in the past and was still continuing at another point in the past. The sentence word order is the same as that outlined above for the present tense.

   Je dormais depuis une heure.   I had been sleeping for an hour.
   Il y avait dix ans qu'elle y allait.   She had been going there for ten years.
   Ça faisait trois quarts d'heure que   We had been discussing the prob-
      nous discutions le problème.   lem for three quarters of an hour.
   Voilà trois ans que vous le faisiez.   You had been doing it for three years.

C. **Pendant** is used with the **passé composé** to express the duration of an action that was completed in the past. Compare:

   Nous sommes à Paris depuis   We've been in Paris for two days
      deux jours.   (and are still here).

Nous avons été à Paris pendant deux jours.
We were in Paris for two days (but then we left).

Ça fait trois mois que je travaille.
I've been working for three months.

Rodin a travaillé à cette statue pendant sept ans.
Rodin worked on that statue for seven years.

D. **Il y a** + time expression is also used to mean *ago*.

Je l'ai vu il y a dix minutes.
I saw him ten minutes ago.

Il a créé cette œuvre il y a vingt ans.
He created that work twenty years ago.

travaux pratiques

1. *Changez les phrases suivantes selon le modèle.*

   Vous attendez depuis longtemps? → **Il y a longtemps que vous attendez?**

   1. Vous travaillez ici depuis longtemps?
   2. Les artistes y habitent depuis des années.
   3. Nous nous ennuyons depuis une heure.
   4. Tu prends des photos depuis longtemps.
   5. Je cherche cette boîte de nuit depuis quelques jours.
   6. Ils se connaissent depuis longtemps.

2. *Répondez aux questions suivantes selon le modèle.*

   a. Vous attendez depuis longtemps? (une heure)
      → **Oui, j'attends depuis une heure.**

   1. Il y a longtemps que vous êtes ici? (un mois)
   2. Ça fait longtemps que vous avez un permis de conduire? (trois ans)
   3. Vous essayez de me téléphoner depuis longtemps? (deux heures)

   b. Vous avez regardé longtemps les passants? (une heure)
      → **Oui, j'ai regardé les passants pendant une heure.**

   1. Vous avez étudié longtemps la sculpture? (quatre ans)
   2. Avez-vous mené longtemps une vie d'exil? (sept ans)
   3. Est-ce que vous avez travaillé longtemps à cette œuvre? (quelques mois)

3. *Donnez l'équivalent français des phrases suivantes.*

   1. He has been building skyscrapers for years.
   2. I had been waiting for one hour when I saw the bus.
   3. They looked for you for three quarters of an hour.
   4. He had been suffering for five months.
   5. She was a painter for fifteen years.

votre point de vue

1. Travaillez-vous en ce moment? Si oui, depuis combien de temps? Est-ce bien payé? 2. Avez-vous travaillé l'été passé? Pendant combien de mois? Est-ce que c'était un travail intéressant ou monotone? 3. Faites-vous du ski nautique, de la voile, ou un autre sport de ce genre? Ça fait longtemps que

vous le faites? Est-ce dangereux? 4. Avez-vous un permis de conduire (*driver's license*)? Depuis combien de temps conduisiez-vous quand vous êtes venu(e) à l'université? 5. Suivez-vous un régime? Si oui, depuis combien de temps? Est-ce pour la santé, les sports ou la beauté?

IV. Verbs Having Multiple Uses and Meanings

ÉMILE: *Que penses-tu de* la statue de Balzac par Rodin?
CLAIRE: *J'ai fini par* comprendre pourquoi elle n'a pas plu à tous.
ÉMILE: Moi aussi, je *commence à* le comprendre. Balzac a l'air surhumain, ou bien on a l'impression qu'il vient de se réveiller en sursaut.
CLAIRE: C'est vrai: on *pense au* travail surhumain qu'il a fait dans ses romans et on l'imagine en train de se réveiller la nuit pour encore travailler à quelques pages!

1. Qu'est-ce que Claire a fini par comprendre? 2. Quelles deux impressions du Balzac de Rodin Émile a-t-il? 3. À quoi pense Claire quand elle regarde cette statue?

A verb that is used with more than one preposition may have different meanings, depending on the preposition used. For instance, **penser à** means *to have something or someone on one's mind*, while **penser de** means *to have an opinion about something or someone*.

Elle pense à son mari.   She is thinking about her husband.
Que pensez-vous de ce tableau?   What do you think about this painting?

Similarly, notice the different meanings of **commencer à** and **commencer par,** and of **finir de** and **finir par,** when followed by infinitives.

Je commence à comprendre.   I begin to understand.
Il a commencé par poser des questions.   He began by asking questions.

Il a fini de travailler.   He has finished working.
Nous finirons par le faire.   { We will finally do it.
{ We will end up doing it.

travaux pratiques

1. *Remplacez les mots en italique par les mots suggérés.*

   J'ai *commencé à* travailler.
   1. commencer par 2. finir de 3. finir par

2. *Complétez les phrases suivantes avec la forme correcte de* **penser à** *ou* **penser de.**

   1. Claire _____ travail surhumain de Balzac.
   2. Que _____-tu _____ ses romans?
   3. Nous ne _____ jamais _____ l'accident.
   4. Que _____-t-il _____ ces tableaux?
   5. Ils ne _____ pas _____ même artiste.

3. Donnez l'équivalent français des phrases suivantes.

1. What do you think of that sculptor?
2. I began by admiring him, but I ended up finding him ridiculous.
3. Yes, he is as silly as his works.
4. When I think of a great artist like Rodin, I know that this one has no talent (*le talent*).

votre point de vue

1. Si on parle d'une «vie de bohème» (*bohemian existence*), à quoi pensez-vous? Chez nous, quelles sortes de personnes mènent une vie de bohème? Où habitent-ils? Pourquoi? Que pensez-vous de cette manière de vivre? 2. Connaissez-vous vous-même des artistes ou des écrivains? Que pensez-vous d'eux? Est-ce qu'ils mènent une vie de bohème ou une vie assez ordinaire? 3. Est-ce qu'il y a des exilés politiques chez nous? Que pensez-vous d'eux? Êtes-vous content(e) qu'on les reçoive ici, ou est-ce que leur présence chez nous crée des problèmes?

ACTIVITÉS

choisissez

After a day of sightseeing, you decide to have dinner in the Montparnasse area. Read the following advertisements and choose a restaurant. Explain your choice.

climatisé *air-conditioned*

joyau *jewel*

méchoui à la broche *shish kebab*

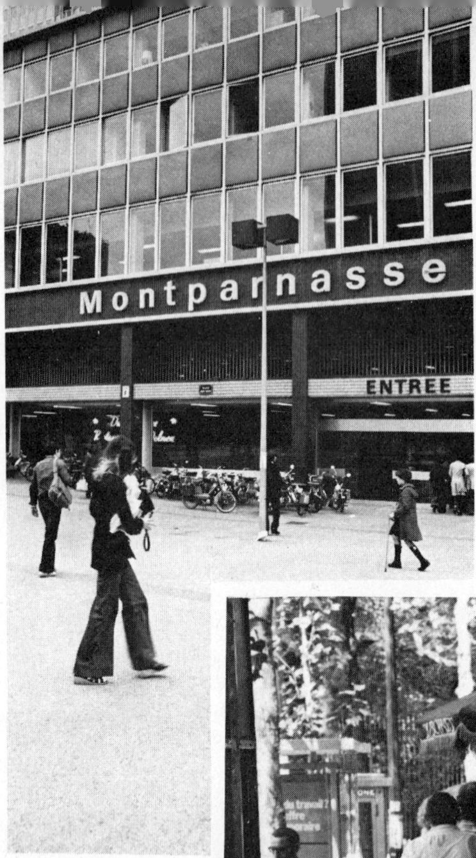
Montparnasse
ENTREE

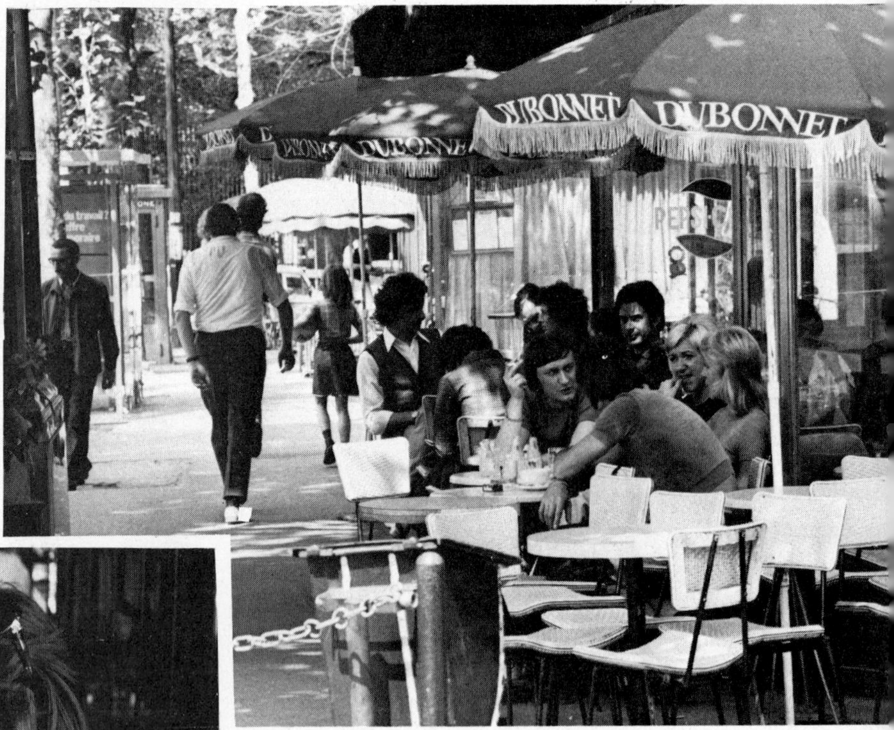
DUBONNET

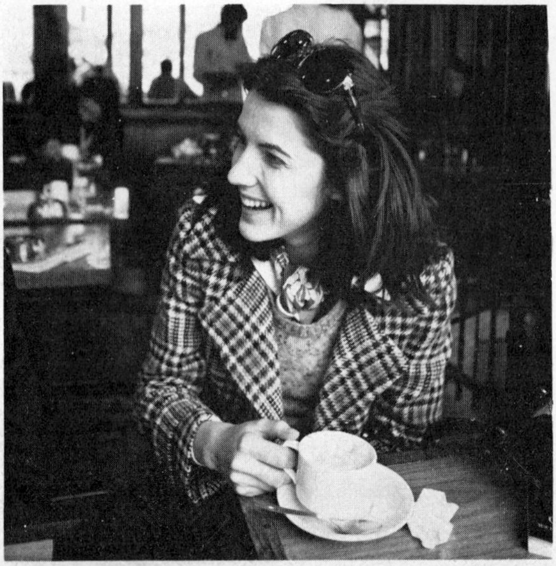

écrivez

*Imagine that you and a friend are sitting in a Montparnasse café such as «**La Rotonde.**» Write a short dialogue in which the two of you comment on these other people sitting around you:*

a sculptor
a painter
a well-known politician
a distinguished gentleman
some workers
some young lovers
some American tourists

vocabulaire

l' **amoureux** (m), l'**amoureuse** (f) *lover, person in love*
l' **appareil** (m) *camera*
l' **artiste** (m) *artist*
la **boîte de nuit** *night club*
le **cadeau** *gift*
le **critique** *critic*
l' **écrivain** (m) *writer*
l' **escalope de veau** (f) *veal scallops*
l' **exilé** (m), l'**exilée** (f) *exile*
le **gratte-ciel** *skyscraper*
l' **homme politique** (m) *politician*
le **lieu** *place*
l' **œuvre** (f) *work*
l' **ouvrier** (m), l'**ouvrière** (f) *worker*
le **passé** *past*
le **peintre** *painter*
le **poète** *poet*
la **politique** *politics*
le **présent** *present*
le **romancier** *novelist*
sadique (m, f) *sadist*
le **sculpteur** *sculptor*
la **statue** *statue*
le **tableau** *picture, painting*
la **tour** *tower*

coexister *to coexist*
couvrir *to cover*
créer *to create*
découvrir *to discover*
maîtriser *to master, to control*
mener *to lead;* **mener une vie** *to lead a life*
offrir *to offer*
ouvrir *to open*
quitter *to leave*
souffrir *to suffer*
suivre *to follow; to take (a course)*

célèbre *famous*
vivant(e) *living*
surhumain(e) *superhuman*

également *equally*

depuis *for, since*
vers *toward*

avoir du mal à *to have trouble (doing something)*
en sursaut *with a start*
encore une fois *again*
être en train de *to be in the act of*
pas mal de *a lot of*
prendre un verre *to have a drink*
Tu parles! *You can say that again! You bet!*

253
deux cent cinquante-trois

CHAPITRE DIX-HUIT

Chapitre 19

L'Art en France

Depuis la préhistoire, les habitants de la France s'intéressent à l'art. Les chasseurs° paléolithiques étaient peintres; ils ont couvert les murs des caves de Lascaux, en Dordogne, avec des dessins. Ils ont aussi été architectes et sculpteurs: on trouve les dolmens et menhirs,° laissés par eux, en Bretagne. Les Gaulois et leurs descendants, les Gallo-Romains, ont couvert la France de leurs oeuvres artistiques. Les Grecs, qui ont colonisé les côtes° méditerranéennes, ont laissé des céramiques extraordinaires. On trouve aussi de magnifiques amphithéâtres, aqueducs° et temples que les Romains ont construits après la conquête de la Gaule par Jules César.

chasseurs *hunters* dolmens et menhirs *dolmens and menhirs (ancient stone monuments)*
côtes *shores* aqueducs *aqueducts*

Autour de l'an mil, l'architecture romane° a commencé à paraître en France. Pour construire leurs grands édifices, les artisans de cette époque se sont servis souvent de vieilles pierres romaines. Ces édifices sont caractérisés par l'épaisseur° des murs et la petite taille° des fenêtres: ceci s'explique° par le fait qu'ils servaient très souvent de protection contre des forces ennemies. Vers l'an 1200 on a commencé à bâtir de majestueuses cathédrales gothiques. On trouve des cathédrales gothiques dans des villes telles° que Paris, Rouen, Amiens, Strasbourg et Chartres. Les cathédrales gothiques ont des vitraux aux couleurs vives, des tapisseries° qui sont riches en détail, ainsi que des fresques et statues religieuses.

romane *Romanesque* épaisseur *thickness* taille *size* s'explique *is explained*
telles *such* tapisseries *tapestries*

254
deux cent cinquante-quatre CHAPITRE DIX-NEUF

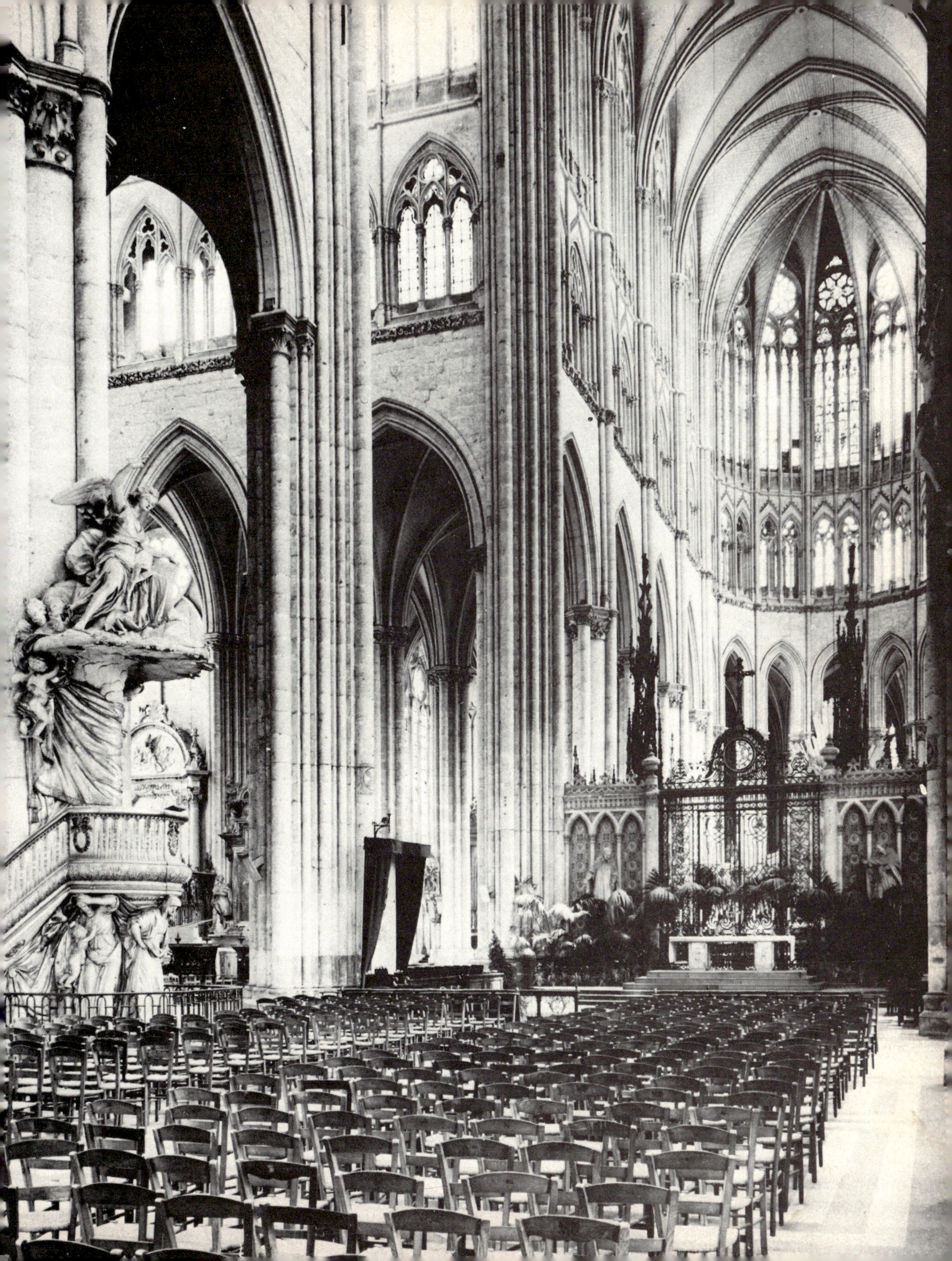

Pendant la Renaissance, les rois et les nobles français ont construit de très beaux châteaux. Les châteaux les plus connus de l'époque se trouvent dans la vallée de la Loire (Blois, Chenonceaux, Loches, etc.). Les châteaux ont été° décorés avec luxe et étaient le centre culturel de la France. Versailles, le palais de Louis XIV, date du XVIIème. Avec sa galerie des glaces° et ses vastes jardins, Versailles reste un exemple suprême des châteaux de la Renaissance.

ont été *were*   glaces *mirrors*

BLOIS

CHENONCEAUX

VERSAILLES

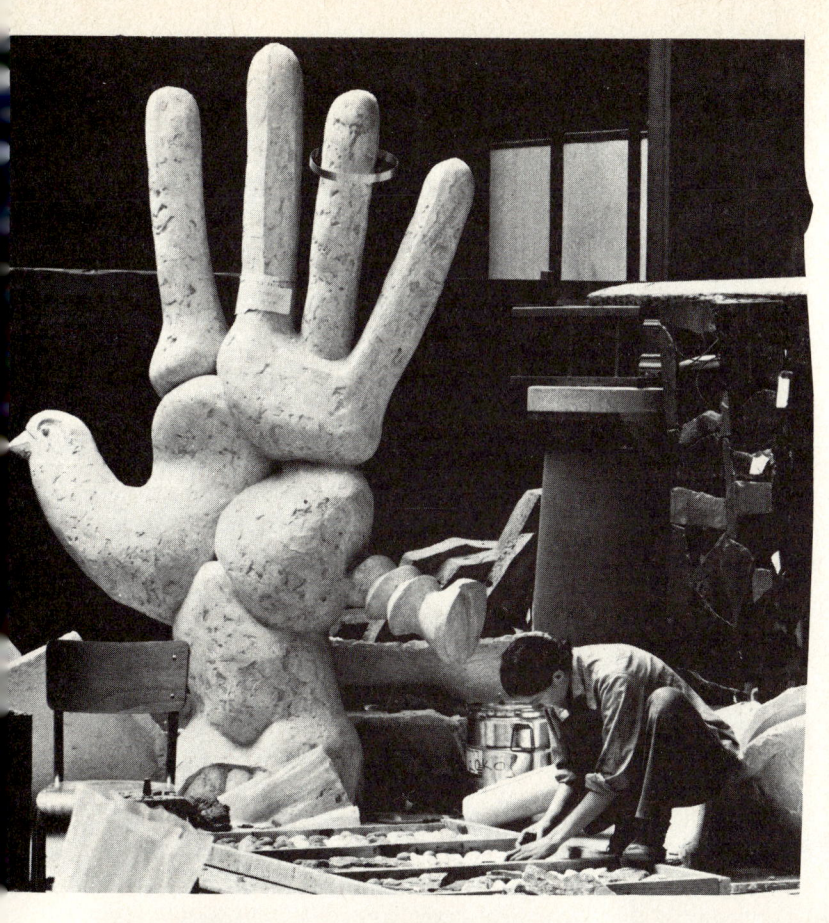

La tradition des artistes français continue de nos jours. L'École des Beaux-Arts à Paris attire des étudiants de partout au monde. Quand on marche à Paris on rencontre sur le chemin° des peintres de tout âge qui passent leur temps à dessiner Paris. Et puis il y a des expositions d'art en plein air. On en trouve devant des bâtiments universitaires, dans des parcs. L'art est partout en France.

chemin *way*

questions

1. Depuis quand les habitants de la France s'intéressent-ils à l'art? 2. Quels étaient les arts des chasseurs paléolithiques? des Grecs? des Romains? 3. Quels étaient les caractéristiques de l'architecture en France autour de l'an mil? 4. Qu'est-ce qui distingue les cathédrales gothiques? 5. Quelle sorte d'édifice nous reste de la Renaissance française? 6. Comment est-ce que la tradition des artistes français continue de nos jours?

votre point de vue

1. Regardez les images (*pictures*) de l'art en France aux pages 254-257. Quelles œuvres préférez-vous? Pourquoi? Essayez de caractériser celles qui vous plaisent. 2. L'art est partout en France. Est-ce qu'il est partout aussi en Amérique? En voyez-vous tous les jours? Où? Est-ce qu'il vous plaît ou non? 3. Les Américains s'intéressent-ils à l'art autant (*as much*) que les Français? Quelles différences trouvez-vous dans l'attitude de ces deux peuples envers (*toward*) les arts?

Constructions

I. *La Voix Passive* (The Passive Voice)

FRANCIS: Je viens d'apprendre que Versailles *a été construit* pour Louis XIV, «Le Roi-Soleil».

GILLES: Et savais-tu que les jardins *ont été dessinés* par Le Nôtre? Ils *ont été plantés* dans des formes géométriques et *ont été loués* et *admirés* par les gens de l'époque. Depuis ils *ont été admirés* par des millions de touristes.

FRANCIS: J'ai aussi appris que le palais *a été construit* par Le Vau et Mansart. Versailles *a été conçu* comme habitation royale pour éloigner le roi de Paris où il y avait trop de bruit et de monde.

GILLES: Sais-tu qu'avant la construction de Versailles le Louvre *était habité* par les rois français? C'est donc l'ancien palais royal.

1. Qui a dessiné les jardins de Versailles? Pour quel roi l'a-t-il fait? 2. Par qui ces jardins ont-ils été loués? 3. Qu'est-ce que Le Vau et Mansart ont fait? 4. Pourquoi Louis XIV voulait-il s'éloigner de Paris? 5. Où habitaient les rois avant la construction de Versailles?

A. In the passive voice the subject of the verb receives rather than performs the action. The passive voice consists of a form of **être** + the past participle. In the passive voice the past participle is used as an adjective and thus agrees in number and in gender with the subject. Compare:

ACTIVE:
Il sert le dîner.
PASSIVE:
Le dîner est servi.

He is serving dinner.

Dinner is served.

ACTIVE:
Les critiques louaient toujours ses œuvres.
PASSIVE:
Ses œuvres étaient toujours louées par les critiques.

The critics always praised his works.

His works were always praised by the critics.

ACTIVE:
Le Nôtre a dessiné les jardins de Versailles.
PASSIVE:
Les jardins de Versailles ont été dessinés par Le Nôtre.

Le Nôtre designed the gardens of Versailles.

The gardens of Versailles were designed by Le Nôtre.

B. Be careful not to confuse the passive voice with the compound tenses of verbs conjugated with **être** as the auxiliary. Compare:

Il est descendu du train.
La valise a été descendue par le douanier.

He got off the train.
The suitcase was taken down by the customs agent.

travaux pratiques

1. *Remplacez le mot en italique par les mots suggérés.*

    a. Je suis *impressionné* par vos œuvres.
       1. surpris 2. déçu 3. vexé 4. choqué 5. exaspéré
    b. Ma mère était souvent *impressionnée* par les vitraux gothiques.
       1. surprise 2. fascinée 3. charmée 4. émue (*moved*) 5. étonnée
    c. Le tableau a été *peint* par Paul.
       1. acheté 2. vendu 3. trouvé 4. découvert 5. offert

2. *Faites des phrases selon le modèle.*

    porte/fermer/Jeanne → **La porte a été fermée par Jeanne.**

    1. fenêtre/ouvrir/Pierre
    2. cadeau/offrir/Marie
    3. mur/couvrir/le peintre
    4. tableau/acheter/mes parents
    5. photo/prendre/Claude
    6. musée/construire/un architecte

3. *Changez les phrases suivantes selon le modèle.*

    Les copains ont préparé le repas. → **Le repas a été préparé par les copains.**

    1. Christiane a fait les hors-d'œuvre.
    2. Marie a acheté le gâteau.
    3. Georges a apporté le vin.
    4. Jacques a apporté un bouquet de fleurs.
    5. Jeanne a acheté le fromage.

votre point de vue

1. Avez-vous jamais été très déçu(e) par un film qui avait été loué par tout le monde? Lequel? Pourquoi avez-vous été si déçu(e)? 2. Par quelle grande œuvre d'art avez-vous été le plus impressionné(e)? Est-ce l'original que vous avez vu, ou seulement une copie? 3. Par quel personnage historique êtes-vous le plus fasciné(e)? Expliquez un peu votre réaction. 4. Par quel personnage contemporain êtes-vous le plus vexé(e)? Comment expliquer cette irritation intense?

II. Expressions of Time and Duration (II)

ALINE: C'est la sixième *fois* que je te demande d'aller au Louvre avec moi.
ROGER: Avant, ce n'était jamais le bon *moment*. Cette *fois*-ci j'ai le *temps*.
ALINE: *Pendant que* nous y sommes, voyons aussi les Impressionnistes au musée du Jeu de Paume.
ROGER: Je vois qu'*une fois* que tu commences, tu ne veux plus t'arrêter.
ALINE: Bien sûr. On pourra y passer des *heures*.
ROGER: Il ne faut pas faire tout *à la fois*. Pour le *moment*, ne visitons que le Louvre.

1. Qui veut aller au Louvre depuis longtemps? 2. Pourquoi Roger ne pouvait-il pas y aller? 3. Où est-ce qu'Aline veut aller en plus? Quoi faire? 4. Pourquoi Roger n'est-il pas d'accord?

A. **Temps** can mean *weather* or *time*. — abstrait

Quel temps fait-il?	How's the weather?
J'ai le temps d'aller avec toi.	I have time to go with you.
Je vais passer du temps avec Jean.	I am going to spend some time with John.
À ce temps-là on était en France.	At that time we were in France.

B. **Heure** can mean a specific hour of the day, or *hour* or *time* in a more abstract sense.

Il est onze heures du soir.	It's eleven o'clock at night.
Ça va durer une heure ou deux.	It will last an hour or two.
C'est l'heure du dîner.	It's dinner time.

C'est le temps du dîner — n'est pas correct.

C. **Moment** has various meanings.

J'arrive dans un moment.	I'm coming in an instant.
Après un moment, il est parti.	After a while, he left.
Ce n'est pas le bon moment pour voyager.	It's not the right time to travel.
Que fais-tu en ce moment?	What are you doing now?

deux cent soixante

CHAPITRE DIX-NEUF

D. **Fois** means *time* in the sense of a particular occasion.

C'est la première fois que je l'ait fait. It's the first time that I have done it.
Cette fois je vais y aller. This time I'm going to go there.
Il est venu me voir une ou deux fois. He came to see me once or twice (one or two times).

E. **Par** is used to express frequency or duration per unit of time.

Je le fais deux fois par jour. I do it twice a day.
Nous les voyons cinq mois par an. We see them five months a year.

travaux pratiques

1. *Répondez aux questions suivantes selon le modèle.*

   Combien de temps dure la pièce de théâtre? (trois heures)
   → **La pièce de théâtre dure trois heures.**

   1. Combien de temps dure le film? (deux heures)
   2. Combien de fois êtes-vous allé(e) le voir? (trois)
   3. À quelle heure commence la séance? (7:00)
   4. Quelle heure avez-vous maintenant? (6:45)
   5. Quand partons-nous? (dans un moment)

2. *Complétez les phrases suivantes avec le mot correct entre parenthèses.*

   1. Je passe beaucoup de _____ (temps, fois) au musée.
   2. _____ (une fois, un temps) on est allé au Jeu de Paume.
   3. Pour tout voir, il faut y aller plusieurs _____ (fois, temps).
   4. Malheureusement, ce n'était pas le bon _____ (temps, moment) pour regarder les tableaux de Monet.
   5. Aline a passé des _____ (temps, heures) devant les tableaux de Gauguin.
   6. Quelles sont les _____ (heures, temps) du musée?

3. *Donnez l'équivalent français des phrases suivantes. Ensuite lisez le dialogue avec un(e) camarade.*

   ROGER: It's five o'clock. We've been here for hours. We have to leave.
   ALINE: Not yet!
   ROGER: We have no more time, I tell you.
   ALINE: I have to see that painting again.
   ROGER: You've already seen it at least five times.
   ALINE: This will be the last time.
   ROGER: *I* am leaving!
   ALINE: Wait! I'm coming in an instant!

votre point de vue

1. Combien de fois par an visitez-vous un musée? 2. Combien de temps passez-vous à regarder la télévision pendant une soirée typique? Est-ce profitable, amusant, ou une perte (*waste*) de temps? 3. Combien d'heures par jour passez-vous à étudier? Est-ce trop peu, suffisant ou excessif? 4. Combien

de fois par mois avez-vous une gueule de bois? 5. Combien de fois par jour avez-vous une pensée vraiment originale? 6. Combien de temps par jour perdez-vous? (*do you waste*)?

III. *Le Conditionnel* (The Conditional)

JEANINE: Que *ferais*-tu si tu avais beaucoup d'argent?
PHILIPPE: Je *ferais* le tour du monde. J'*irais* d'ici aux États-Unis; de là je *partirais* en Orient, où je *visiterais* la Chine et le Japon. Puis j'*irais* au Moyen-Orient, puis en Russie. Ensuite, pour revenir ici, je *passerais* par les pays de l'Europe de l'Est.
JEANINE: Moi, je m'*achèterais* une belle villa au bord de la mer et un bâteau. Je *passerais* mes jours à lire, allongée au soleil.
PHILIPPE: C'est bien beau de rêver, mais revenons à la réalité. Si nous ne réussissons pas à l'examen demain, ce sera la catastrophe!

1. Qu'est-ce que Philippe aimerait faire, s'il était riche? Quels pays visiterait-il? 2. Où Jeanine veut-elle aller? Quoi faire? 3. Quelle est la réalité de leur situation?

A. The conditional often conveys the meaning *would* in English. It is formed by adding the imperfect endings to the future stem.

parler	
je parler**ais**	nous parler**ions**
tu parler**ais**	vous parler**iez**
il/elle parler**ait**	ils/elles parler**aient**

finir	
je finir**ais**	nous finir**ions**
tu finir**ais**	vous finir**iez**
il/elle finir**ait**	ils/elles finir**aient**

attendre	
j' attendr**ais**	nous attendr**ions**
tu attendr**ais**	vous attendr**iez**
il/elle attendr**ait**	ils/elles attendr**aient**

Verbs with an irregular future stem carry this irregularity into the conditional: **je viendrais, il faudrait,** etc.

B. You have already learned one way of indicating a future possibility, **si** + present tense, followed by the main verb in the future or the imperative.

Si nous avons le temps, nous irons au concert.   *If we have the time, we'll go to the concert.*

Si nous avons le temps, allons au concert.	*If we have the time, let's go to the concert.*

Si often introduces the imperfect tense as well.

Si on faisait une promenade?	*What if we went for a walk? (How about going for a walk?)*

When **si** + imperfect tense introduces a hypothetical condition, the main verb is in the conditional.

Si je savais dessiner, je deviendrais artiste.	*If I knew how to draw, I would become an artist.*
Si j'étais à ta place, je le ferais aussi.	*If I were you, I'd do it, too.*

The conditional is also used to show a projected or possible event in the future with respect to a past moment.

Marie a dit qu'elle nous retrouverait le lendemain.	*Marie said she would meet us the next day.*
Nous ne savions pas ce qu'il dirait.	*We did not know what he would say.*

The conditional form of **devoir** conveys the idea of *should* or *ought to*.

Je devrais le faire.	*I should (ought to) do it.*

travaux pratiques

1. *Remplacez les mots en italique par les mots suggérés.*

    a. *Elle* n'achèterait pas cette villa.
       1. il 2. nous 3. je 4. vous 5. les Dupont
    b. Il m'a dit qu'*elle* viendrait.
       1. vous 2. Lucie et Claire 3. le bâteau 4. tu 5. des touristes
    c. *Marc* irait au musée, s'il n'était pas si loin.
       1. tu 2. je 3. mes parents 4. vous 5. nous

2. *Faites des phrases selon le modèle.*

    être riche/voyager (je) → **Si j'étais riche, je voyagerais.**

    1. avoir le temps/visiter les musées (nous)
    2. être heureux/dormir bien (il)
    3. aimer les films/aller au cinéma (elles)
    4. parler français/faire un voyage en Afrique du Nord (vous)
    5. se coucher plus tôt/se lever plus tôt (tu)
    6. avoir du talent/devenir un grand artiste (je)

3. *Donnez l'équivalent français des phrases suivantes.*

    1. If I had time, I would take a trip around the world.
    2. The old should coexist with the new.
    3. I would invite friends more often if I had a bigger apartment.
    4. The critics ought to praise that building.
    5. I would become a journalist if I knew how to write better.
    6. If I traveled in France, I would see cathedrals everywhere.

votre point de vue

Complétez les phrases suivantes.

1. Si je n'avais que 24 heures à vivre, je _____. 2. Si je n'étais pas si timide, je _____. 3. Si les femmes gouvernaient le monde, _____. 4. Si un communiste devenait président des États-Unis, _____. 5. Si je _____, je serais admiré(e) par tout le monde. 6. Si _____, je serais étonné(e). 7. Si je _____, je ferais sensation. 8. Si je _____, je serais sans doute arrêté(e). 9. Si _____, ce serait une catastrophe immense.

ACTIVITÉS

décrivez

Below and on the next page are illustrations of two works of art, one of a traditionalist nature and the other quite modern. Describe your reaction to each, explaining which you prefer and why. You might begin by saying, **Je suis très impressionné(e) (choqué(e), ému(e), amusé(e), supris(e), etc.) par la peinture de droite. Elle me semble . . .**

PORTRAIT DE DIANE DE LA VAUPALIÈRE PAR DAVID.

interview

Interview a classmate about art and artists. Ask whether he/she finds art useful in modern society, whether art is as important as science, whether artists are different from other people, whether he/she prefers modern art, whether he/she goes to a museum often, and whether he/she thinks that art is important in life.

vocabulaire

le **bateau** *boat*
le **bâtiment** *building*
les **beaux-arts** (pl/m) *fine arts*
la **cathédrale** *cathedral*
la **conquête** *conquest*
le **dessin** *drawing*
le **détail** *detail*
l' **édifice** (m) *building*
le **fait** *fact*
la **Gaule** *Gaul*
le **Gaulois**, la **Gauloise** *Gaul*
l' **habitation** (f) *residence*
le **monde** *people*
le **Moyen-Orient** *Middle East*
le **mur** *wall*
le **palais** *palace*
la **villa** *villa*
le **vitrail**, les **vitraux** *stained-glass window*

allonger *to lie down, to stretch out*
dater de *to date from*
décorer *to decorate*
dessiner *to draw; to design*
durer *to last*
éloigner *to remove, to take away*
exaspérer *to exasperate*
fasciner *to fascinate*
louer *to praise*
passer *to spend* (time)

ému(e) *moved (emotionally)*

à la fois *at once, at the same time*
au bord de *on the edge of, by*
autour de *around*
de nos jours *in our time*
en ce moment *now, at present*
en plein air *outdoors*
faire le tour du monde *to go around the world*
perdre son temps *to waste one's time*

ANNELIES, TULIPES BLANCHES, ET ANÉMONES (OR THE READER) PAR MATISSE.

Chapitre 20
Réflexions d'un Cancre

Comme beaucoup de jeunes français, j'ai raté mon bac l'année dernière. J'ai donc été obligé de redoubler la classe terminale au lycée, et j'espère, naturellement, ne pas être collé° encore cette année. Or, mon interro de philo° n'a pas du tout marché cette fois-ci. Le prof a été vache.° Il a posé des questions impossibles. Je ne savais rien et au lieu de m'interroger davantage, il m'a flanqué un 7.° Si je n'avais pas oublié mon anti-sèche,° ça n'aurait pas marché comme ça. Dire que° j'ai travaillé toute la nuit à mettre sur mon blue-jean des réponses bien cachées!

être collé *to flunk*
interro de philo *philosophy exam*
a été vache *was a bastard*
m'a flanqué un 7 *gave me a D*
anti-sèche *crib sheet*
Dire que *to think that*

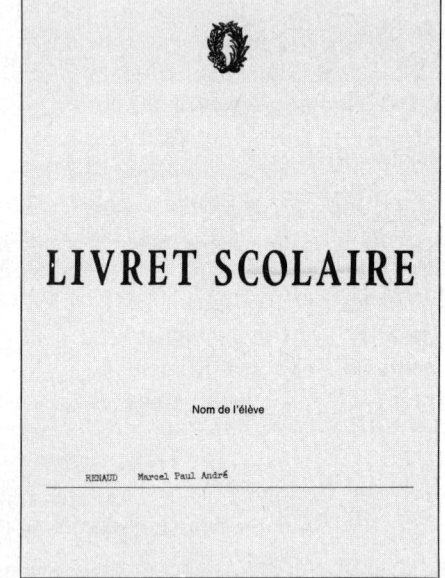

LIVRET SCOLAIRE

Nom de l'élève

RENAUD   Marcel Paul André

LIVRET SCOLAIRE

NOM de l'ELEVE: RENAUD
(en caractères majuscules d'imprimerie)

PRENOMS:(1) Marcel Paul André

Date de naissance: 18/11/1959

Lieu de naissance: Paris

Signature de l'Élève: *Marcel Paul André Renaud*

Nationalité: Français

LISTE DES ETABLISSEMENTS AUXQUELS L'ELEVE A APPARTENU			
ANNEE SCOLAIRE	CLASSE	NOM DE L'ETABLISSEMENT	ACADEMIE
1974—1975	Seconde	Lycée Jourdan	Versailles
1975—1976	Première	Lycée Jourdan	Versailles
1976—1977	Terminale A	Lycée Jourdan	Versailles
1977—1978	Terminale A	Lycée Jourdan	Versailles

(1) Dans l'ordre où ils sont inscrits dans l'Acte de Naissance: Souligner le prénom usuel.

Mon copain, Étienne, qui a réussi son bac et suit des cours à l'université pour obtenir un diplôme de lettres, insiste que ça n'aurait rien changé. J'aurais mieux fait d'étudier toute la nuit, prétend-il. Mais je sais que le résultat aurait été le même. Je suis incapable de comprendre Hegel et ça ne vaut même pas la peine d'essayer. À quoi Hegel va-t-il me servir dans la vie? On ne nous fait apprendre° que des choses qui ne nous servent à rien: c'est une perte de temps. Franchement, il y a longtemps que j'aurais quitté l'école si mes parents n'avaient pas fait des scènes: un père médecin n'arrange pas les choses.°

nous fait apprendre *make us learn*
n'arrange pas les choses *doesn't make things any better*

Pourtant, ma situation est grave. Si je suis collé une deuxième fois, je ne serai pas plus avancé.° Je crois qu'il serait une bonne idée de prendre des leçons particulières.° J'ai vu une belle petite dans ma classe de littérature. Je me demande si elle me donnerait des leçons. C'est toujours une manière de la draguer!°

plus avancé *any better off*
particulières *private*
draguer *to pick up*

Étienne a une autre idée: il vaudrait mieux que son copain qui fait de la philo à Paris me donne un coup de main. Mais quel jour me convient le mieux? Demain je sors avec Christine, et jeudi j'ai un match de foot,° et vendredi c'est le week-end qui commence. Samedi et dimanche sont pour les loisirs et lundi il y a une manifestation contre la sélection.° Et puis mardi . . . «Tu as le temps pour tout sauf le travail», dit Étienne. «Je te retrouverai un de ces jours quand tu seras balayeur° de rues! Quel avenir!» Mais tout m'intéresse sauf les études. Et c'est ma jeunesse qui passe: on ne retrouve jamais le temps perdu!

un match de foot *soccer game*   **sélection** *selective system (to weed out weak students)*
balayeur *sweeper*

questions

1. Pourquoi cet étudiant est-il obligé de redoubler la classe terminale? 2. De quoi se plaint-il? 3. Comment avait-il passé la nuit avant? Pourquoi cela ne l'a-t-il pas avancé? 4. Qu'est-ce que son copain Étienne étudie? 5. Selon Étienne, comment le cancre aurait il réussi à l'examen de philo? 6. Quelle est l'opinion du cancre sur l'utilité des études? 7. Pourquoi le cancre ne quitte-t-il pas l'école? 8. Pourquoi veut-il prendre des leçons particulières? 9. Quels sont ses projets pour la semaine à venir? 10. Quel avenir Etienne prévoit-il (*foresee*) pour son copain?

votre point de vue

1. Le cancre existe-t-il chez nous? En connaissez-vous quelques-uns? Est-ce qu'ils ressemblent au cancre français? Comment passent-ils le temps? 2. Avez-vous de la sympathie pour quelqu'un qui fait le cancre? Pourquoi ou pourquoi pas? 3. Vos parents feraient-ils des scènes si vous vouliez quitter l'école? Pourquoi? 4. Que pensez-vous de l'attitude du cancre qu'il perdra sa jeunesse s'il essaie de travailler?

CONSTRUCTIONS

I. *Le Conditionnel Passé* (The Conditional Perfect) and Review of *si* Clauses

ÉTIENNE: Si tu avais étudié davantage, tu n'*aurais* pas *raté* le bac.
LE CANCRE: Plutôt, je ne l'*aurais* pas *raté* si le prof n'avait pas été vache.
ÉTIENNE: Le prof n'*aurait* pas *été* vache si tu avais pris tes études au sérieux.
LE CANCRE: Mais je les *aurais prises* au sérieux, je t'assure, si seulement . . .
ÉTIENNE: Si seulement . . . ?
LE CANCRE: . . . je n'avais pas raté le bac!

1. Selon Étienne, pourquoi le cancre a-t-il raté le bac? 2. Selon le cancre, pourquoi l'a-t-il raté? 3. Selon Étienne, pourquoi le professeur était-il préjugé contre le cancre? 4. Selon le cancre, pourquoi ne prenait-il pas ses études au sérieux?

A. The **conditionnel passé** (*conditional perfect*) indicates what would have happened, or what would have been, if certain conditions had been fulfilled. The conditional perfect is formed by the conditional of the auxiliary verb + the past participle. The conditional perfect of **devoir** conveys the idea *should have* or *ought to have*.

Je le lui aurais demandé.   *I would have asked him for it.*
Nous y serions allé(e)s.   *We would have gone there.*
J'aurais dû le faire.   *I should have (ought to have) done it.*

Si + pluperfect in the subordinate clause is used to introduce a past situation. The main verb must then be in the conditional perfect and shows a hypothetical result.

Si Jeanne s'était levée à l'heure, nous serions arrivé(e)s à l'heure.	If Jeanne had gotten up on time, we would have arrived on time.
Nous serions parti(e)s s'il y avait eu des places dans l'avion.	We would have left if there had been seats on the plane.

B. You have learned three time sequences for conditional clauses, all using **si**:

Time Sequences with **si**

si + *Subordinate Verb* → *Main Verb*	
si + present	→ future or imperative
si + imperfect	→ conditional
si + pluperfect	→ conditional perfect

Si j'ai le temps, j'irai au cinéma.	If I have the time, I will go to the movies.
Si vous avez le temps, allez au cinéma.	If you have the time, go to the movies.
Si j'avais le temps, j'irais au cinéma.	If I had the time, I would go to the movies.
Si j'avais eu le temps, je serais allé(e) au cinéma.	If I had had the time, I would have gone to the movies.

travaux pratiques

1. *Remplacez les mots en italique par les mots suggérés.*

   a. *J'aurais* dû prendre la vie au sérieux.
      1. tu 2. nous 3. Caroline 4. mes amis 5. vous
   b. *Il serait* allé à la manifestation.
      1. René et Jean-Pierre 2. tu 3. vous 4. on 5. je

2. *Changez les phrases suivantes selon les modèles.*

   Il neige. Nous pouvons faire du ski. → **S'il neigeait, nous pourrions faire du ski.**
   → **S'il avait neigé, nous aurions pu faire du ski.**

   1. Il fait chaud. Nous prenons un verre.
   2. Il fait mauvais. Je reste chez moi.
   3. Il fait beau. Vous faites un tour au parc.
   4. Il fait froid. Elle porte une robe en laine.
   5. Il fait du soleil. Tu restes sur la plage.
   6. Il pleut. Ils achètent des billets de théâtre.

3. *Complétez les phrases suivantes avec la forme correcte du verbe entre parenthèses.*

   1. Si cela vous convient, nous vous _____ (donner) un coup de main.

2. Il ferait le tour du monde s'il _____ (avoir) un avion privé.
3. S'ils n'étaient pas malades, ils _____ (venir) au concert.
4. Si je voulais réussir, je _____ (prendre) des leçons particulières.
5. Il aurait acheté la voiture, si elle _____ (être) un peu moins chère.
6. Elle serait devenue un excellente journaliste, si elle _____ (travailler) davantage.

votre point de vue

Qu'auriez-vous fait à la place de chaque personne?

1. Martine était en train de préparer un examen quand sa camarade de chambre lui a proposé d'aller voir un film de Humphrey Bogart. Auriez-vous continué à étudier ou seriez-vous allé(e) voir le film?
2. Jacques allait s'acheter une nouvelle voiture quand son père a offert de lui acheter une voiture d'occasion (*used car*).
3. Christine avait promis à ses petits cousins d'aller au musée avec eux samedi après-midi. Mercredi matin un très beau garçon lui a demandé de sortir avec lui samedi après-midi.
4. Jeanne avait l'intention de regarder son programme préféré à la télévision mercredi soir. Elle a reçu une invitation à dîner chez des amis de ses parents le même soir.
5. Paul se dépêchait pour ne pas rater son train. À l'entrée de la gare un mendiant qui avait l'air tout à fait misérable lui a demandé très poliment un peu d'argent.
6. Alain allait voyager au Mexique. Un camarade lui a demandé de remporter (*bring back*) un peu de marijuana caché dans sa valise.

II. *Faire causatif*

BENOÎT: Notre professeur d'anglais est impossible! Il nous *fait répéter* tous les mots du vocabulaire si on fait une seule faute! Même si ce n'est qu'une faute de prononciation!

MATHIEU: Il est peut-être difficile, mais au moins il vous *fait apprendre* les mots qu'ils vous faut pour vous exprimer.

BENOÎT: Oui, mais *faire répéter* ne sert à rien; il vaudrait mieux qu'il nous *fasse raisonner* et *parler* davantage.

MATHIEU: Tu as peut-être raison, mais comment vous *faire parler* s'il ne vous *fait* pas *étudier* et *apprendre*?

1. Pourquoi Benoît se plaint-il? 2. Qu'est-ce qu'il faut faire si on fait une faute dans la classe d'anglais? 3. Qu'est-ce que Benoît aimerait que le professeur fasse? 4. Que pense Mathieu de ce que dit Benoît?

Faire + an infinitive is used to convey the idea of having something done. Compare:

Elle lave la voiture.	*She washes the car.*
Elle fait laver la voiture.	*She has the car washed.*

| Il ne demande pas aux élèves de raisonner. | He doesn't ask the students to think (reason). |
| Il ne fait pas raisonner les élèves. | He doesn't make the students think. |

travaux pratiques

1. *Remplacez le mot en italique par les mots suggérés.*

   Il fait *travailler* ses employés.
   1. obéir 2. réfléchir 3. sortir 4. mentir 5. souffrir

2. *Changez les phrases suivantes selon le modèle.*

   Marie demande à son frère d'attendre. → **Marie fait attendre son frère.**

   1. Nous demandons aux musiciens de jouer.
   2. Il demande au poète de lire.
   3. Ils demandent au médecin de venir.
   4. Je demande aux enfants de partir.
   5. On demande à l'homme politique de parler.
   6. Vous demandez au cancre de travailler.

3. *Changez les phrases suivantes selon le modèle.*

   Le professeur répète tous les mots. → **Le professeur fait répéter tous les mots.**

   1. Mademoiselle Cardin ouvre la porte.
   2. Pierre lit le paragraphe.
   3. Je cache les bombes.
   4. Christine peint le tableau.
   5. On demande à l'homme politique de parler.
   6. Le critique loue ces œuvres.

votre point de vue

1. Qu'est-ce qui vous fait travailler—l'ambition, l'avarice, l'habitude, le désir de savoir, la peur d'échouer, ou quoi? 2. Quel cours à l'université vous a fait réfléchir le plus? À quoi attribuez-vous cet effet: au professeur, aux livres qu'il vous fait lire, à la matière elle-même du cours, ou à la participation de la classe? 3. Si vous aviez un fils ou une fille qui était cancre, que feriez-vous pour le faire (ou la faire) travailler?

III. *Le Participe Présent* (The Present Participle)

ADÈLE: *En arrivant* dans une nouvelle ville, comment est-ce qu'on choisit un hôtel?

ERIC: *En choisissant* un hôtel, il faut d'abord décider du quartier, du prix, etc. *En regardant* le *Guide Michelin* vous trouverez ce que vous cherchez.

ADÈLE: Vous voulez dire qu'*en consultant* le guide on peut tout savoir?

ERIC: Regardons-le ensemble. *En indiquant* les hôtels, *en* les *classifiant* et *en donnant* leurs adresses, on vous donne tous les renseignements dont vous avez besoin.

1. Qu'est-ce qu'il faut décider en choisissant un hôtel? 2. Qu'est-ce qu'on peut consulter? 3. Qu'est-ce que le *Guide Michelin* vous donne comme renseignements?

A. The **participe présent** (*present participle*) corresponds to the *-ing* form in English (*going, doing,* etc.). The present participle is a verb form which can be used as an adjective or as a verbal expression. It is formed by adding **-ant** to the **nous** stem of the present indicative.

nous parlons: parl + **-ant** → **parlant**

| mangeant | *eating* | vendant | *selling* |
| finissant | *finishing* | buvant | *drinking* |

There are only three irregular present participles:

être → étant
avoir → ayant
savoir → sachant

B. When the present participle is used as an adjective, it agrees in number and in gender with the noun it modifies.

C'est un livre intéressant. — *It's an interesting book.*
Les films parlants ont suivi les films muets. — *Talking films followed silent films.*
Cette boisson est très rafraîchissante. — *This drink is very refreshing.*

C. When the present participle is used as a verb form it may be preceded by the preposition **en**, the only preposition which can be used with a present participle. **En** + present participle expresses an action performed by the subject of the main verb.

Je fais la cuisine en écoutant de la musique. — *I cook while listening to music.*
Il a gagné beaucoup d'argent en vendant ses tableaux. — *He made a lot of money by selling his paintings.*
Il faut faire attention en choisissant un hôtel. — *One must be careful when choosing a hotel.*

travaux pratiques

1. *Remplacez le mot en italique par les mots suggérés.*

   C'est en *travaillant* qu'on apprend.
   1. étudier 2. lire 3. répéter 4. penser 5. écrire

2. *Faites des phrases selon le modèle.*

   skier → **C'est en skiant qu'on apprend à skier.**

272

deux cent soixante-douze

CHAPITRE VINGT

1. conduire
2. écrire
3. raisonner
4. chanter
5. parler
6. voyager
7. peindre
8. mentir

3. *Changez les phrases suivantes selon le modèle.*

Quand on travaille, on reçoit de bonnes notes.
→ **En travaillant on reçoit de bonnes notes.**

1. Quand on sort trop souvent, on risque d'échouer.
2. Quand on travaille trop, on n'a pas le temps de s'amuser.
3. Quand on se fâche, on se fait des ennemis.
4. Quand on lit les journaux régulièrement, on sait ce qui se passe dans le monde.
5. Quand on choisit un hôtel, il faut décider du prix.

4. *Changez les phrases suivantes selon le modèle.*

C'est une œuvre *qui intéresse.* → **C'est une œuvre intéressante.**

1. Cette dame a un accent *qui chante.*
2. Pauline a une voiture *qui séduit.*
3. Connaissez-vous une histoire *qui amuse?*
4. C'est un travail *qui fatigue.*
5. Le *Balzac* de Rodin est une statue *qui fascine.*

votre point de vue

1. Est-il certain qu'on réussisse en travaillant, ou est-ce que c'est un vieux mythe suranné (*antiquated*)? Connaissez-vous des gens qui ont réussi—ou qui n'ont point réussi—en travaillant? 2. Selon vous, lesquelles des personnes suivantes perdent leur temps en travaillant: un artiste médiocre, un petit commerçant, un ouvrier ennuyé, un capitaliste avec ulcères, un pasteur, une secrétaire mal payée, un homme de politique, une ménagère (*housewife*), un astrologue. Pourquoi le travail de certains d'entre eux est-il une perte de temps? 3. Qu'est-ce qu'on apprend en voyageant? en lisant? en allant aux musées et aux concerts? en ne faisant rien du tout?

ACTIVITÉS

décidez

La classe terminale is the last year of the **lycée.** The **classe terminale** one attends depends on one's area of specialization. Following is a list of some of the **classes terminales**—lettered A, B, C, D, and E—which are found in a French **lycée,** along with the specific courses offered. Decide which **classe terminale** you would choose and why.

deux cent soixante-treize

CHAPITRE VINGT

HORAIRES DES CLASSES TERMINALES

	DISCIPLINES	A[1]					B[2]		C[3]	D[4]	E[5]
ENSEIGNEMENTS OBLIGATOIRES — TRONC COMMUN	Philosophie	8 h					5 h		3 h	3 h	3 h
	Histoire, géographie, inst. civique	4 h					4 h		3 h	3 h	—
	Langue vivante I	3 h					3 h		2 h	2 h	2 h
	Mathématiques	2 h					5 h		9 h	6 h	8 h
	Sciences physiques	—					—		5 h ($3\frac{1}{2}+1\frac{1}{2}$)	4 h (3+1)	5 h ($3\frac{1}{2}+1\frac{1}{2}$)
	Sciences naturelles	—					—		2 h ($\frac{1}{2}+1\frac{1}{2}$)	4 h (1+3)	—
	Sciences économiques	—					4 h (3+1)		—	—	—
	Construction (dessin industriel)	—					—		—	—	7 h (b)
	Travaux pratiques (atelier)	—					—		—	—	4 h
	Éducation physique	5 h					—		5 h	5 h	5 h
ENSEIGNEMENTS À OPTION	Options →	A1	A2	A3	A4	A5	B1	B2			
	Latin	3 h	—	—	—	—	3 h	—	—	—	—
	Grec	3 h	—	—	—	—	—	—	—	—	—
	Latin ou grec	—	3 h	3 h	—	—	3 h	—	—	—	—
	Langue vivante II	—	3 h	—	3 h	3 h	—	3 h	—	—	—
	Langue vivante III	—	—	—	—	3 h	—	—	—	—	—
	Mathématiques	—	—	2 h	2 h	—	—	—	—	—	—
	Total	28	28	27	27	28	29	29	29	27	34
ENSEIGNEMENTS FACULTATIFS	Français	2 h	2 h	2 h	2 h	2 h	2 h	2 h	2 h	2 h	2 h
	Latin	—	—	—	—	—	—	—	3 h	3 h	—
	Grec	—	—	—	—	—	—	—	3 h	3 h	—
	Latin ou grec	—	—	3 h	3 h	—	—	—	—	—	—
	Langue vivante II	—	—	3 h	—	—	—	—	3 h	3 h	—
	Langue vivante III	—	—	—	3 h	—	—	—	—	—	—
	Mathématiques	2 h	2 h	—	—	2 h	—	—	—	—	—
	Dessin	2 h	2 h	2 h	2 h	2 h	2 h	2 h	2 h	2 h	—
	Éducation musicale	1 h	1 h	1 h	1 h	1 h	1 h	1 h	1 h	1 h	—
	Travaux manuels	1 h	1 h	1 h	1 h	1 h	1 h	1 h	1 h	1 h	—

1. A = *Philosophie*
2. B = *Économie*
3. C = *Mathématique*
4. D = *Science*
5. E = *Mécanique*

horaires *schedules*
tronc commun *basic curriculum*
enseignements à option *optional courses*
enseignements facultatifs *electives*
atelier *workshop*

débattez

The **cancre** laments, «**. . . on ne nous fait apprendre que des choses qui ne nous servent à rien; c'est une perte de temps.**» *Debate the validity of higher education with fellow students. Choose students to support the pro and con sides of the question. Here are some of the points that might be discussed:*

1. À quoi sert l'enseignement supérieur: à préparer l'étudiant à un travail pratique assez précis, ou à lui donner une culture générale?
2. L'enseignement supérieur peut durer des années. Ne crée-t-il pas une classe privilégiée d'étudiants qui sont dispensés (*exempt*) de la discipline du travail payé?
3. L'enseignement supérieur n'est-il pas terriblement sélectif? Ce système n'est-il pas en contradiction avec une société démocratique?

décrivez

Describe in a sentence or two the purpose of the following objects. For example, to answer the question **À quoi sert un diplôme?** (*What is the purpose of a degree?*), *one might say,* **Un diplôme vous permet de faire des études supérieures,** *or* **On a besoin d'un diplôme pour . . .,** *or* **Un diplôme est utile (nécessaire, indispensable) si on veut . . .**

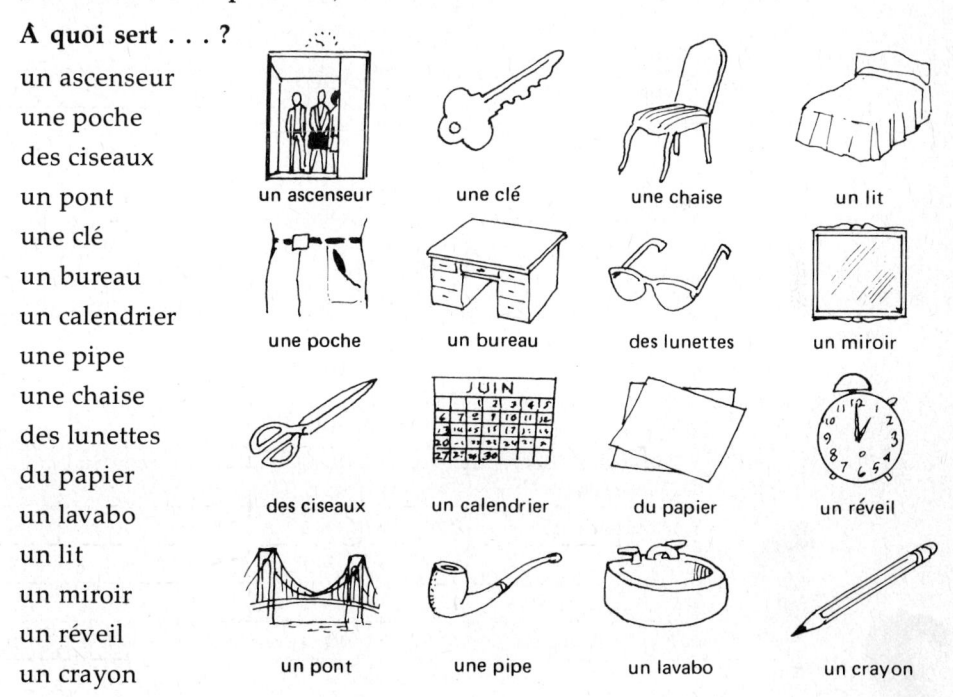

À quoi sert . . . ?

un ascenseur
une poche
des ciseaux
un pont
une clé
un bureau
un calendrier
une pipe
une chaise
des lunettes
du papier
un lavabo
un lit
un miroir
un réveil
un crayon

vocabulaire

l' **ascenseur** (m) *elevator*
l' **avenir** (m) *future*
le **bureau** *desk*
le **calendrier** *calendar*
le **cancre** *mediocre student who flaunts his indifference*
la **chaise** *chair*
les **ciseaux** (pl/m) *scissors*
la **clé** *key*
le **crayon** *pencil*
le **diplôme** *diploma, degree*
le **lavabo** *wash basin*
le **lit** *bed*
les **lunettes** (pl/f) *eyeglasses*
la **manifestation** *demonstration*
le **miroir** *mirror*
le **papier** *paper*
la **pipe** *pipe*
la **poche** *pocket*
le **pont** *bridge*
les **renseignements** (pl/m) *information*
　　le **renseignement** *piece of information*

le **résultat** *result*
le **réveil** *alarm clock*

cacher *to hide*
convenir à *to suit (someone)*
exprimer *to express*
interroger *to question*
raisonner *to reason*
redoubler *to repeat (a school year)*
servir à *to be of use for*

davantage *more*
franchement *frankly*

À quoi sert . . . ? *What is the purpose (use) of . . . ?*
Cela ne sert à rien. *That serves no purpose.*
donner un coup de main à *to help out, to give a hand*
faire des scènes *to make a fuss*
prendre quelque chose au sérieux *to take something seriously*

Optimisme
　Une jeune étudiante vient d'échouer au bac et envoie ce télégramme à ses parents: «Jury enthousiaste. Réclame seconde audition...»

Quatrième Récapitulation

I. verbs

A. Review the following irregular verbs: **devoir** (Chapter 16), verbs like **recevoir** (Chapter 17), verbs like **ouvrir** and the verb **suivre** (Chapter 18).

1. *Changez les phrases suivantes du singulier au pluriel ou vice versa.*

1. Recevez-vous beaucoup d'invitations agréables?
2. Il me déçoit souvent.
3. J'aperçois ses mauvaises intentions.
4. Elles reçoivent des magazines.
5. Nous concevons un projet formidable.
6. Tu dois lui dire de ne pas fumer.
7. Elle souffre beaucoup.
8. Nous ne suivons pas ses raisonnements.
9. Quelle vérité découvres-tu?
10. Vous devez cacher votre ignorance.

2. *Changez les phrases de l'exercice précédent du* **présent** *au* **passé composé**.

B. Subjunctive Mood

1. The impersonal **il** with the indicative and the subjunctive (Chapter 16)

a. *Changez les phrases suivantes en remplaçant* **devoir** + *infinitif par* **il faut que . . .**
1. Nous devons prendre l'autobus. 2. Il doit aller à l'aéroport. 3. Tu dois savoir tout. 4. Vous devez prendre un verre. 5. Ils doivent être raisonnables.

b. *Complétez les phrases avec la forme correcte du verbe entre parenthèses.*
1. Il me semble que nous _____ (s'entendre).
2. Il est incroyable que vous _____ (pouvoir) le prendre au sérieux.
3. Il paraît que vous _____ (se tromper).
4. Il est douteux qu'ils _____ (faire) cela.
5. Il est bon que tu _____ (venir) à Paris.
6. Il est certain que ce café _____ (être) célèbre.

2. **After certain conjunctions (Chapter 16)**

   Changez les phrases suivantes selon le modèle.

   (avant que) Elle arrive. Je pars. → **Elle arrive avant que je (ne) parte.**

   1. (pour que) Il revient. Nous pouvons partir.
   2. (à moins que) Je ne pars pas. Tu prends ce médicament.
   3. (jusqu'à ce que) Je vais étudier. J'apprends le subjonctif.
   4. (quoique) Nous sommes content(e)s de le voir. Il est en retard.
   5. (avant que) Je vais partir. Il revient.

C. **Pluperfect Indicative (Chapter 16)**

   1. *Faites des phrases selon le modèle.*

      enfant/triste/perdre/chat
      → **L'enfant était triste parce qu'il avait perdu son chat.**

      1. chauffeur/furieux/perdre/permis de conduire
      2. passagers/heureux/ne pas oublier/bagages
      3. nous/content/trouver/enfant
      4. vous/malheureux/ne pas voir/le marché arabe

   2. *Faites des phrases selon le modèle.*

      mon père/rentrer → **Mon père était déjà rentré quand je suis arrivé(e).**

      1. ma petite sœur/se coucher
      2. vous/ouvrir le cadeau
      3. les autres/partir
      4. tu/se cacher
      5. mon frère/peindre la maison

D. **Future (Chapter 17) and Future Perfect (Chapter 18)**

   Complétez les phrases suivantes avec le **futur** *ou le* **futur antérieur** *du verbe entre parenthèses.*

   1. Lorsque nous _____ (être) à Paris, nous visiterons le musée du Louvre.
   2. Nous aurons vu les tableaux des grands maîtres quand nous _____ (visiter) ce musée célèbre.
   3. Dès que nous _____ (voir) le *Balzac* de Rodin, nous vous _____ (envoyer) une carte postale.
   4. Quand nous _____ (terminer) notre visite, nous ferons une promenade dans le jardin des Tuileries.
   5. Nous vous parlerons de ce que nous avons vu aussitôt que nous _____ (rentrer) chez nous.

E. **Conditional (Chapter 19) and Conditional Perfect (Chapter 20)**

   Complétez les phrases suivantes avec la forme correcte du verbe entre parenthèses.

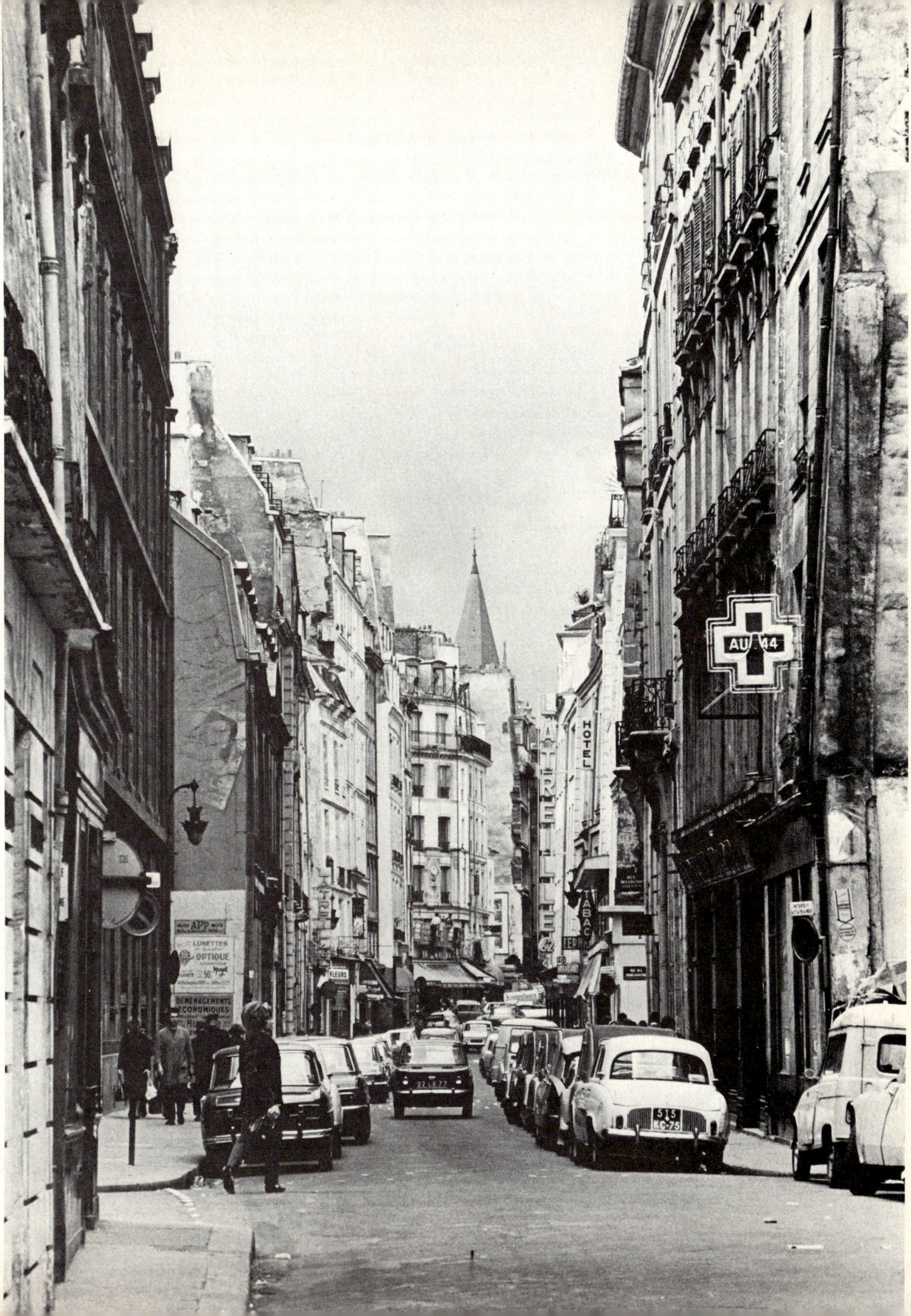
HOTEL
LUNETTES
OPTIQUE
FLEURS
515
KC-75

QUATRIÈME RÉCAPITULATION

1. Si nous avions pris des fruits, nous les _____ (manger) avec un couteau et une fourchette.
2. S'ils étaient polis, ils _____ (mettre) les deux mains sur la table.
3. Si on m'offre quelque chose et je n'en veux plus, je _____ (répondre) «Merci!»
4. Si elle connaissait les coutumes des Français, elle _____ (apporter) un bouquet de fleurs à son hôtesse.
5. Si j'avais su que nous allions dîner chez tes parents, je _____ (être) très nerveuse.

F. *Faire Causatif* (Chapter 20)

1. *Changez les phrases suivantes selon le modèle.*

Le roi construit un palais. → **Le roi fait construire un palais.**

1. Elle vend la maison.
2. Il ouvre la porte.
3. Je plante un jardin.
4. Ils respectent leurs coutumes.

2. *Changez les phrases suivantes selon le modèle.*

Il demande aux ouvriers de travailler. → **Il fait travailler les ouvriers.**

1. Il demande aux visiteurs de sortir.
2. Je vous demande d'obéir.
3. Nous demandons aux exilés de revenir.
4. Ils demandent aux camarades de chanter.

G. Passive Voice (Chapter 19)

Changez les phrases suivantes de la **voix active** *à la* **voix passive** *selon le modèle.*

Les Romains ont construit cet aqueduc.
→ **Cet aqueduc a été construit par les Romains.**

1. La cathédrale m'a beaucoup impressionné.
2. Des artisans ont décoré les murs.
3. Cette attitude m'exaspère.
4. L'art moderne le vexait toujours.
5. Les Arabes ont bâti cette mosquée.

II. expressions of time and duration (chapter 18 and chapter 19)

Donnez l'équivalent français des phrases suivantes.

1. How long have you been reading the paper?
2. We had been at the museum for an hour when we saw that painting.
3. We chatted for two hours.
4. What time does the film begin?
5. Do we have time to eat?

6. I've already visited Morocco three times.
7. She studies six hours a day.

III. pronouns

A. Possessive Pronouns (Chapter 17)

Changez les phrases suivantes en remplaçant les mots en italique par un pronom possessif.

1. Je préfère ma voiture à *la voiture de mes parents.*
2. Cette maison est plus jolie que *ma maison.*
3. Mon appartement est plus grand que *son appartement.*
4. Leurs enfants sont plus polis que *nos enfants.*
5. Mon père est plus sévère que *votre père.*

B. Indefinite Adjectives and Pronouns (Chapter 17)

1. *Répondez aux questions suivantes selon le modèle.*

Avez-vous vu des tableaux des Impressionnistes? (oui/plusieurs)
→ **Oui, j'en ai vu plusieurs.**

1. Avez-vous vu des statues de Rodin? (non/ne . . . aucune)
2. Avez-vous vu des tableaux de Picasso? (oui/quelques-uns)
3. Admirez-vous les compositions de ce peintre? (oui/certaines)
4. Ce sont tous vos livres sur l'histoire de l'art? (non/d'autres)
5. Connaissez-vous les musées de Paris? (oui/plusieurs)

2. *Donnez l'équivalent français des phrases suivantes.*

1. Do you see anyone famous in this café?
2. No one important is here now.
3. A few artists just left; others are at that table.
4. They were at the same table yesterday.
5. Do you know some of them?
6. No, but I know the works of each. All will become famous.

IV. dialogue

Donnez l'équivalent français des phrases suivantes.

MARIE: Hi, Jeanne. It's good that you're on time.
JEANNE: Oh, I'm always on time. How long have you been here?
MARIE: I just arrived. I'm sure that Louis will come in a moment.
JEANNE: It's rare for men to arrive on time. Let's start without him.
MARIE: O.K. But I don't have my car. Do you have yours?
JEANNE: Of course. Oh, there he is.
LOUIS: Hi! How long have you been waiting for me?
JEANNE: For a few minutes. Let's hurry. We don't have much time left.

V. essai dirigé

Imaginez ce que vous feriez pendant un voyage en Europe. Employez les questions suivantes pour vous aider.

1. D'où partiriez-vous?
2. Avec qui voyageriez-vous?
3. Iriez-vous pour le plaisir ou pour étudier?
4. Prendriez-vous le bateau ou l'avion pour y aller?
5. Où habiteriez-vous? Dans les grandes villes ou dans les petits villages? Dans des auberges de la jeunesse ou des hôtels?
6. Mangeriez-vous dans des restaurants élégants, des cafés ou des restaurants universitaires?
7. Combien de temps passeriez-vous dans les musées?
8. Quels tableaux verriez-vous?
9. Iriez-vous à un grand nombre de pays?
10. Si vous alliez à Paris, que feriez-vous? Pourquoi?
11. De quoi prendriez-vous des photos?
12. Pendant combien de temps durerait votre visite?
13. Quand reviendriez-vous aux États-Unis? Pourquoi?

À quoi sert le français?

Vous parlez français; vous lisez le français; vous pourriez bien vous débrouiller° dans un pays francophone. En somme,° avec le temps et l'argent, vous êtes capable d'être un voyageur mondain!°

Mais à quoi servira votre maîtrise° de la langue quand vous ne serez pas en voyage, quand vous vous trouverez dans le monde des affaires où vous devrez gagner la vie?

Si, par hasard,° vous voulez enseigner le français, ou la langue ou la littérature, l'utilité de vos études est évidente. Même si c'est une autre langue ou une autre littérature qui sera votre spécialité, vous trouverez qu'il est utile, et souvent essentiel, de connaître une deuxième langue étrangère.

vous débrouiller *get along*   En somme *in short*   mondain *worldly*
maîtrise *mastery*   par hasard *by chance*

Vous avez toute intention de fuir° le monde universitaire après avoir reçu votre diplôme? N'oubliez pas le français. Si les affaires étrangères vous intéressent, par exemple, et vous aspirez à un poste gouvernemental, vous trouverez que la maîtrise du français pourra être essentielle à vos progrès.° Évidemment, vous ne serez pas diplomate tout de suite, mais il est possible que vous soyez obligé(e) de parler avec des gens francophones de partout au monde, d'écrire des lettres en français, de vous familiariser avec la presse française.

Les affaires elles-mêmes exigent° de plus en plus la maîtrise d'une deuxième langue. Les opérations commerciales des banquiers et des hommes d'affaires ont plus que jamais un caractère international qui nécessite qu'on puisse communiquer et lire dans une autre langue—souvent le français. Même si on parle anglais le plus souvent, il faut être capable de communiquer avec vos clients français. Même pour les débutants° dans les affaires, il existe des postes intéressants pour ceux qui parlent français. Vous pourriez, par exemple, recevoir des gens francophones ou préparer des comptes rendus° en français ou traduire des documents commerciaux du français en anglais.

La maîtrise du français est également utile aux journalistes. Quel avantage pour un journaliste, par exemple, de pouvoir poser sans interprète des questions à une personne francophone—en Afrique et au Canada, aussi bien qu'en France.

fuir *flee* vos progrès *your progress*
exigent *requires* débutants *beginners* comptes rendus *reports*

À QUOI SERT LE FRANÇAIS?

Vous aimez les livres et vous voulez travailler dans une maison d'édition?° N'oubliez pas que la publication devient une entreprise vraiment internationale. D'un jour à l'autre, des livres traduits du français paraissent° aux États-Unis. Avant qu'ils ne paraissent, des rédacteurs° les ont lus en français pour les évaluer. Et d'autres les ont traduits en anglais.

En somme, si vous avez des intérêts cosmopolites, votre connaissance du français peut vous aider à trouver un poste et puis à remplir vos devoirs.° Qui sait à quoi servira votre maîtrise de la langue!

maison d'édition *publishing house* paraissent *are published* rédacteurs *editors*
remplir vos devoirs *carry out your duties*

votre point de vue

1. À quoi sert le français dans votre vie actuelle (*present*)? À quoi servira le français dans votre vie à l'avenir, croyez-vous? À quoi pourrait servir le français, à votre avis? 2. Espérez-vous avoir une carrière cosmopolite? une vie cosmopolite? Pourquoi? 3. Croyez-vous que l'étude des langues étrangères va devenir plus ou moins importante à cette université? 4. Est-il important, à votre avis, qu'un Américain sache une langue étrangère?

Appendix

Verbs

the passé simple

The **passé simple**, the equivalent of the English preterite (*I went, he ate*, etc.), is rarely used now in conversation, but it is still found in formal speeches and literature in third-person forms. The following information will enable you to recognize the **passé simple**, should you encounter it in your reading.

A. The stem of the **passé simple** is formed by dropping the **-er** from the infinitive of **-er** verbs, the **-ir** from **-ir** verbs, and the **-re** from **-re** verbs. Then the appropriate endings are added: for **-er** verbs, **-ai, -as, -a, -âmes, -âtes,** and **-èrent**; for **-ir** and **-re** verbs, **-is, -is, -it, -îmes, -îtes,** and **-irent**. All **nous** and **vous** forms take a circumflex.

parler: je + parl + **ai** → **je parlai**

parler		finir	
je parl**ai**	nous parl**âmes**	je fin**is**	nous fin**îmes**
tu parl**as**	vous parl**âtes**	tu fin**is**	vous fin**îtes**
il/elle parl**a**	ils/elles parl**èrent**	il/elle fin**it**	ils/elles fin**irent**

rendre	
je rend**is**	nous rend**îmes**
tu rend**is**	vous rend**îtes**
il/elle rend**it**	ils/elles rend**irent**

Il alla à la guerre.	He went to war.
Il descendit l'escalier.	He went down the stairs.

In the case of **-er** verbs, do not confuse the singular forms of the **passé simple** with the singular forms of the future tense.

Je parlai français.	I spoke French.
Je parlerai français.	I will speak French.

For verbs conjugated like **finir**, the singular forms of the **passé simple** are the same as those of the singular present indicative.

Il finit son livre.	He finished his book.
Il finit son livre.	He is finishing his book.

B. Avoir and être are irregular in the **passé simple**.

avoir		être	
j' eus	nous eûmes	je fus	nous fûmes
tu eus	vous eûtes	tu fus	vous fûtes
il/elle eut	ils/elles eurent	il/elle fut	ils/elles furent

deux cent quatre-vingt-huit

C. Many verbs which are irregular in the present indicative are also irregular in the **passé simple**. The **passé simple** of irregular verbs you have learned can be found in the verb charts that follow this section.

D. When the **passé simple** and **passé composé** occur within the same text, the **passé simple** refers to an event which occurred prior to that indicated by the **passé composé**.

On a souvent entendu dire que la démocratie naquit en Grèce.　　*We have often heard it said that democracy was born in Greece.*

regular verbs

INFINITIF	**parler**	
PARTICIPES		
Présent/Passé	parlant/parlé	
INDICATIF		
Présent	je parle, tu parles, il/elle parle nous parlons, vous parlez, ils/elles parlent	
Imparfait	je parlais, tu parlais, il/elle parlait nous parlions, vous parliez, ils/elles parlaient	
Passé simple	je parlai, tu parlas, il/elle parla nous parlâmes, vous parlâtes, ils/elles parlèrent	
Futur	je parlerai, tu parleras, il/elle parlera nous parlerons, vous parlerez, ils/elles parleront	
Conditionnel	je parlerais, tu parlerais, il/elle parlerait nous parlerions, vous parleriez, ils/elles parleraient	
Passé composé	j'ai parlé, tu as parlé, il/elle a parlé nous avons parlé, vous avez parlé, ils/elles ont parlé	
Plus-que-parfait	j'avais parlé, tu avais parlé, il/elle avait parlé nous avions parlé, vous aviez parlé, ils/elles avaient parlé	
Futur antérieur	j'aurai parlé, tu auras parlé, il/elle aura parlé nous aurons parlé, vous aurez parlé, ils/elles auront parlé	
Passé du conditionnel	j'aurais parlé, tu aurais parlé, il/elle aurait parlé nous aurions parlé, vous auriez parlé, ils/elles auraient parlé	
SUBJONCTIF		
Présent	que je parle, que tu parles, qu'il/elle parle que nous parlions, que vous parliez, qu'ils/elles parlent	
IMPÉRATIF	parle, parlons, parlez	

INFINITIF	**finir**	
PARTICIPES		
Présent/Passé	finissant/fini	
INDICATIF		
Présent	je finis, tu finis, il/elle finit nous finissons, vous finissez, ils/elles finissent	

	Imparfait	je finissais, tu finissais, il/elle finissait
		nous finissions, vous finissiez, ils/elles finissaient
	Passé simple	je finis, tu finis, il/elle finit
		nous finîmes, vous finîtes, ils/elles finirent
	Futur	je finirai, tu finiras, il/elle finira
		nous finirons, vous finirez, ils/elles finiront
	Conditionnel	je finirais, tu finirais, il/elle finirait
		nous finirions, vous finiriez, ils/elles finiraient
	Passé composé	j'ai fini, tu as fini, il/elle a fini
		nous avons finis, vous avez fini, ils/elles ont fini
	Plus-que-parfait	j'avais fini, tu avais fini, il/elle avait fini
		nous avions fini, vous aviez fini, ils/elles avaient fini
	Futur antérieur	j'aurai fini, tu auras fini, il/elle aura fini
		nous avons fini, vous avez fini, ils/elles ont fini
	Passé du conditionnel	j'aurais fini, tu aurais fini, il/elle aurait fini
		nous aurions fini, vous auriez fini, ils/elles auraient fini
SUBJONCTIF		
	Présent	que je finisse, que tu finisses, qu'il/elle finisse
		que nous finissions, que vous finissiez, qu'ils/elles finissent
IMPÉRATIF		finis, finissons, finissez

INFINITIF		**rendre**
PARTICIPES		
	Présent/Passé	rendant/rendu
INDICATIF		
	Présent	je rends, tu rends, il/elle rend
		nous rendons, vous rendez, ils/elles rendent
	Imparfait	je rendais, tu rendais, il/elle rendait
		nous rendions, vous rendiez, ils/elles rendaient
	Passé simple	je rendis, tu rendis, il/elle rendit
		nous rendîmes, vous rendîtes, ils/elles rendirent
	Futur	je rendrai, tu rendras, il/elle rendra
		nous rendrons, vous rendrez, ils/elles rendront
	Conditionnel	je rendrais, tu rendrais, il/elle rendrait
		nous rendrions, vous rendriez, ils/elles rendraient
	Passé composé	j'ai rendu, tu as rendu, il/elle a rendu
		nous avons rendu, vous avez rendu, ils/elles ont rendu
	Plus-que-parfait	j'avais rendu, tu avais rendu, il/elle avait rendu
		nous avions rendu, vous aviez rendu, ils/elles avaient rendu
	Futur antérieur	j'aurai rendu, tu auras rendu, il/elle aura rendu
		nous aurons rendu, vous aurez rendu, ils/elles auront rendu
	Passé du conditionnel	j'aurais rendu, tu aurais rendu, il/elle aurait rendu
		nous aurions rendu, vous auriez rendu, ils/elles auraient rendu
SUBJONCTIF		
	Présent	que je rende, que tu rendes, qu'il/elle rende
		que nous rendions, que vous rendiez, qu'ils/elles rendent
IMPÉRATIF		rends, rendons, rendez

INFINITIF	**partir**[1]
PARTICIPES	
Présent/Passé	partant/parti
INDICATIF	
Présent	je pars, tu pars, il/elle part nous partons, vous partez, ils/elles partent
Imparfait	je partais, tu partais, il/elle partait nous partions, vous partiez, ils/elles partaient
Passé simple	je partis, tu partis, il/elle partit nous partîmes, vous partîtes, ils/elles partirent
Futur	je partirai, tu partiras, il/elle partira nous partirons, vous partirez, ils/elles partiront
Conditionnel	je partirais, tu partirais, il/elle partirait nous partirions, vous partiriez, ils/elles partiraient
Passé composé	je suis parti(e), tu es parti(e), il est parti, elle est partie nous sommes parti(e)s, vous êtes parti(e)(s), ils sont partis, elles sont parties
Plus-que-parfait	j'étais parti(e), tu étais parti(e), il était parti, elle était partie nous étions parti(e)s, vous étiez parti(e)(s), ils étaient partis, elles étaient parties
Futur antérieur	je serai parti(e), tu seras parti(e), il sera parti, elle sera parti(e) nous serons parti(e)s, vous serez parti(e)(s), ils seront partis, elles seront parties
Passé du conditionnel	je serais parti(e), tu serais parti(e), il serait parti, elle serait partie nous serions parti(e)s, vous seriez parti(e)(s), ils seraient partis, elles seraient parties
SUBJONCTIF	
Présent	que je parte, que tu partes, qu'il/elle parte que nous partions, que vous partiez, qu'ils/elles partent
IMPÉRATIF	pars, partons, partez

[1] Some common verbs conjugated like **partir** are: **dormir, s'endormir, mentir, sentir, servir** and **sortir**.

spelling-changing verbs

INFINITIF **acheter (lever, mener, promener)**
PARTICIPES
   Présent/Passé   achetant/acheté
INDICATIF
   Présent   j'achète, tu achètes, il/elle achète
               nous achetons, vous achetez, ils/elles achètent
   Imparfait   j'achetais, tu achetais, il/elle achetait
               nous achetions, vous achetiez, ils/elles achetaient
   Passé simple   j'achetai, tu achetas, il/elle acheta
               nous achetâmes, vous achetâtes, ils/elles achetèrent
   Futur   j'achèterai, tu achèteras, il/elle achètera
               nous achèterons, vous achèterez, ils/elles achèteront
   Conditionnel   j'achèterais, tu achèterais, il/elle achèterait
               nous achèterions, vous achèteriez, ils/elles achèteraient
   Passé composé   j'ai acheté, *etc.*
   Plus-que-parfait   j'avais acheté, *etc.*
   Futur antérieur   j'aurai acheté, *etc.*
   Passé du conditionnel   j'aurais acheté, *etc.*
SUBJONCTIF
   Présent   que j'achète, que tu achètes, qu'il/elle achète
               que nous achetions, que vous achetiez, qu'ils/elles achètent
IMPÉRATIF   achète, achetons, achetez

INFINITIF **préférer (espérer, exagérer, inquiéter, répéter, sécher)**
PARTICIPES
   Présent/Passé   préférant/préféré
INDICATIF
   Présent   je préfère, tu préfères, il/elle préfère
               nous préférons, vous préférez, ils/elles préfèrent
   Imparfait   je préférais, tu préférais, il/elle préférait
               nous préférions, vous préfériez, ils/elles préféraient
   Passé simple   je préférai, tu préféras, il/elle préféra
               nous préférâmes, vous préférâtes, ils/elles préférèrent
   Futur   je préférerai, tu préféreras, il/elle préférera
               nous préférerons, vous préférerez, ils/elles préféreront
   Conditionnel   je préférerais, tu préférerais, il/elle préférerait
               nous préférerions, vous préféreriez, ils/elles préféreraient
   Passé composé   j'ai préféré, *etc.*
   Plus-que-parfait   j'avais préféré, *etc.*
   Futur antérieur   j'aurai préféré, *etc.*
   Passé du conditionnel   j'aurais préféré, *etc.*

SUBJONCTIF
Présent que je préfère, que tu préfères, qu'il/elle préfère
que nous préférions, que vous préfériez, qu'ils/elles préfèrent
IMPÉRATIF préfère, préférons, préférez

INFINITIF **manger (allonger, arranger, changer, corriger, déranger, diriger, encourager, nager)**

PARTICIPES
Présent/Passé mangeant/mangé

INDICATIF
Présent je mange, tu manges, il/elle mange
nous mangeons, vous mangez, ils/elles mangent
Imparfait je mangeais, tu mangeais, il/elle mangeait
nous mangions, vous mangiez, ils/elles mangeaient
Passé simple je mangeai, tu mangeas, il/elle mangea
nous mangeâmes, vous mangeâtes, ils/elles mangèrent
Futur je mangerai, tu mangeras, il/elle mangera
nous mangerons, vous mangerez, ils/elles mangeront
Conditionnel je mangerais, tu mangerais, il/elle mangerait
nous mangerions, vous mangeriez, ils/elles mangeront
Passé composé j'ai mangé, *etc.*
Plus-que-parfait j'avais mangé, *etc.*
Futur antérieur j'aurai mangé, *etc.*
Passé du conditionnel j'aurais mangé, *etc.*

SUBJONCTIF
Présent que je mange, que tu manges, qu'il/elle mange
que nous mangions, que vous mangiez, qu'ils/elles mangent
IMPÉRATIF mange, mangeons, mangez

INFINITIF **payer (ennuyer, envoyer, essayer, essuyer, renvoyer)**
PARTICIPES
Présent/Passé payant/payé

INDICATIF
Présent je paie, tu paies, il/elle paie
nous payons, vous payez, ils/elles paient
Imparfait je payais, tu payais, il/elle payait
nous payions, vous payiez, ils/elles payaient
Passé simple je payai, tu payas, il/elle paya
nous payâmes, vous payâtes, ils/elles payèrent
Futur je paierai, tu paieras, il/elle paiera
nous paierons, vous paierez, ils/elles paieront
Conditionnel je paierais, tu paierais, il/elle paierait
nous paierions, vous paieriez, ils/elles paieraient
Passé composé j'ai payé, *etc.*
Plus-que-parfait j'avais payé, *etc.*
Futur antérieur j'aurai payé, *etc.*
Passé du conditionnel j'aurais payé, *etc.*

SUBJONCTIF
 Présent que je paie, que tu paies, qu'il/elle paie
 que nous payions, que vous payiez, qu'ils/elles paient
IMPÉRATIF paie, payons, payez

INFINITIF **commencer**
PARTICIPES
 Présent/Passé commençant/commencé
INDICATIF
 Présent je commence, tu commences, il/elle commence
 nous commençons, vous commencez, ils/elles commencent
 Imparfait je commençais, tu commençais, il/elle commençait
 nous commencions, vous commenciez, ils/elles commençaient
 Passé simple je commençai, tu commenças, il/elle commença
 nous commençâmes, vous commençâtes, ils/elles commencèrent
 Futur je commencerai, tu commenceras, il/elle commencera
 nous commencerons, vous commencerez, ils/elles commenceront
 Conditionnel je commencerais, tu commencerais, il/elle commencerait
 nous commencerions, vous commenceriez, ils/elles commenceraient
 Passé composé j'ai commencé, *etc.*
 Plus-que-parfait j'avais commencé, *etc.*
 Futur antérieur j'aurai commencé, *etc.*
 Passé du conditionnel j'aurais commencé, *etc.*
SUBJONCTIF
 Présent que je commence, que tu commences, qu'il/elle commence
 que nous commencions, que vous commenciez, qu'ils/elles commencent
IMPÉRATIF commence, commençons, commencez

INFINITIF **jeter (rejeter)**
PARTICIPES
 Présent/Passé jetant/jeté
INDICATIF
 Présent je jette, tu jettes, il/elle jette
 nous jetons, vous jetez, ils/elles jettent
 Imparfait je jetais, tu jetais, il/elle jetait
 nous jetions, vous jetiez, ils/elles jetaient
 Passé simple je jetai, tu jetas, il/elle jeta
 nous jetâmes, vous jetâtes, ils/elles jetèrent
 Futur je jetterai, tu jetteras, il/elle jettera
 nous jetterons, vous jetterez, ils/elles jetteront
 Conditionnel je jetterais, tu jetterais, il/elle jetterait
 nous jetterions, vous jetteriez, ils/elles jetteraient
 Passé composé j'ai jeté, *etc.*
 Plus-que-parfait j'avais jeté, *etc.*

Futur antérieur	j'aurai jeté, *etc.*	
Passé du conditionnel	j'aurais jeté, *etc.*	

SUBJONCTIF

Présent	que je jette, que tu jettes, qu'il/elle jette
	que nous jetions, que vous jetiez, qu'ils/elles jettent

IMPÉRATIF   jette, jetons, jetez

INFINITIF   **appeler (rappeler)**

PARTICIPES

Présent/Passé	appelant/appelé

INDICATIF

Présent	j'appelle, tu appelles, il/elle appelle
	nous appelons, vous appelez, ils/elles appellent
Imparfait	j'appelais, tu appelais, il/elle appelait
	nous appelions, vous appeliez, ils/elles appelaient
Passé simple	j'appelai, tu appelas, il/elle appela
	nous appelâmes, vous appelâtes, ils/elles appelèrent
Futur	j'appellerai, tu appelleras, il/elle appellera
	nous appellerons, vous appellerez, ils/elles appelleront
Conditionnel	j'appellerais, tu appellerais, il/elle appellerait
	nous appellerions, vous appelleriez, ils/elles appelleraient
Passé composé	j'ai appelé, *etc.*
Plus-que-parfait	j'avais appelé, *etc.*
Futur antérieur	j'aurai appelé, *etc.*
Passé du conditionnel	j'aurais appelé, *etc.*

SUBJONCTIF

Présent	que j'appelle, que tu appelles, qu'il/elle appelle
	que nous appelions, que vous appeliez, qu'ils/elles appellent

IMPÉRATIF   appelle, appelons, appelez

auxiliary verbs

INFINITIF	**être**	
PARTICIPES		
Présent/Passé	étant/été	
INDICATIF		
Présent	je suis, tu es, il/elle est	
	nous sommes, vous êtes, ils/elles sont	
Imparfait	j'étais, tu étais, il/elle était	
	nous étions, vous étiez, ils/elles étaient	
Passé simple	je fus, tu fus, il/elle fut	
	nous fûmes, vous fûtes, ils/elles furent	
Futur	je serai, tu seras, il/elle sera	
	nous serons, vous serez, ils/elles seront	
Conditionnel	je serais, tu serais, il/elle serait	
	nous serions, vous seriez, ils/elles seraient	
Passé composé	j'ai été, tu as été, il/elle a été	
	nous avons été, vous avez été, ils/elles ont été	
Plus-que-parfait	j'avais été, tu avais été, il/elle avait été	
	nous avions été, vous aviez été, ils/elles avaient été	
Futur antérieur	j'aurai été, tu auras été, il/elle aura été	
	nous aurons été, vous aurez été, ils/elles auront été	
Passé du conditionnel	j'aurais été, tu aurais été, il/elle aurait été	
	nous aurions été, vous auriez été, ils/elles auraient été	
SUBJONCTIF		
Présent	que je sois, que tu sois, qu'il/elle soit	
	que nous soyons, que vous soyez, qu'ils/elles soient	
IMPÉRATIF	sois, soyons, soyez	

INFINITIF	**avoir**	
PARTICIPES		
Présent/Passé	ayant/eu	
INDICATIF		
Présent	j'ai, tu as, il/elle a	
	nous avons, vous avez, ils/elles ont	
Imparfait	j'avais, tu avais, il/elle avait	
	nous avions, vous aviez, ils/elles avaient	
Passé simple	j'eus, tu eus, il/elle eut	
	nous eûmes, vous eûtes, ils/elles eurent	
Futur	j'aurai, tu auras, il/elle aura	
	nous aurons, vous aurez, ils/elles auront	
Conditionnel	j'aurais, tu aurais, il/elle aurait	
	nous aurions, vous auriez, ils/elles auraient	
Passé composé	j'ai eu, tu as eu, il/elle a eu	
	nous avons eu, vous avez eu, ils/elles ont eu	
Plus-que-parfait	j'avais eu, tu avais eu, il/elle avait eu	
	nous avions eu, vous aviez eu, ils/elles avaient eu	

Futur antérieur	j'aurai eu, tu auras eu, il/elle aura eu
	nous aurons eu, vous aurez eu, ils/elles auront eu
Passé du conditionnel	j'aurais eu, tu aurais eu, il/elle aurait eu
	nous aurions eu, vous auriez eu, ils/elles auraient eu
SUBJONCTIF	
Présent	que j'aie, que tu aies, qu'il/elle ait
	que nous ayons, que vous ayez, qu'ils/elles aient
IMPÉRATIF	aie, ayons, ayez

irregular verbs

Each verb in this list is conjugated like the model indicated by number. See the table of irregular verbs for the models.

accueillir 7	introduire 4
admettre 13	mentir[1]
(s')apercevoir 22	paraître 5
apprendre 21	peindre 18
attendre 21	prévoir 28
commettre 13	promettre 13
comprendre 21	reconduire 4
concevoir 22	redire 8
construire 4	rejoindre 18
contredire 8	relire 12
couvrir 17	remettre 13
craindre 18	revenir 27
décevoir 22	revoir 28
découvrir 17	séduire 4
décrire 10	sentir[1]
déduire 4	servir[1]
devenir 27	sortir[1]
disparaître 5	souffrir 16
dormir[1]	surprendre 21
(s')endormir[1]	se taire 19
éteindre 18	tenir 27
inscrire 10	traduire 4

[1] **dormir, s'endormir, mentir, sentir, servir** and **sortir** are not, strictly speaking, irregular verbs since they are conjugated like **partir**.

INFINITIF	**aller**	1
PARTICIPES		
Présent/Passé	allant/allé	
INDICATIF		
Présent	je vais, tu vas, il/elle va nous allons, vous allez, ils vont	
Imparfait	j'allais, tu allais, il/elle allait nous allions, vous alliez, ils/elles allaient	
Passé simple	j'allai, tu allas, il/elle alla nous allâmes, vous allâtes, ils/elles allèrent	
Futur	j'irai, tu iras, il/elle ira nous irons, vous irez, ils/elles iront	
Conditionnel	j'irais, tu irais, il/elle irait nous irions, vous iriez, ils/elles iraient	
Passé composé	je suis allé(e), *etc.*	
Plus-que-parfait	j'étais allé(e), *etc.*	
Futur antérieur	je serai allé(e), *etc.*	
Passé du conditionnel	je serais allé(e), *etc.*	
SUBJONCTIF		
Présent	que j'aille, que tu ailles, qu'il/elle aille que nous allions, que vous alliez, qu'ils/elles aillent	
IMPÉRATIF	va, allons, allez	

INFINITIF	**s'asseoir**	2
PARTICIPES		
Présent/Passé	asseyant/assis	
INDICATIF		
Présent	je m'assieds, tu t'assieds, il/elle s'assied nous nous asseyons, vous vous asseyez, ils/elles s'asseyent	
Imparfait	je m'asseyais, tu t'asseyais, il/elle s'asseyait nous nous asseyions, vous vous asseyiez, ils elles s'asseyaient	
Passé simple	je m'assis, tu t'assis, il/elle s'assit nous nous assîmes, vous vous assîtes, ils/elles s'assirent	
Futur	je m'assiérai, tu t'assiéras, il/elle s'assiéra nous nous assiérons, vous vous assiérez, ils/elles s'assiéront	
Conditionnel	je m'assiérais, tu t'assiérais, il/elle s'assiérait nous nous assiérions, vous vous assiériez, ils/elles s'assiéraient	
Passé composé	je me suis assis(e), *etc.*	
Plus-que-parfait	je m'étais assis(e), *etc.*	
Futur antérieur	je me serai assis(e), *etc.*	
Passé du conditionnel	je me serais assis(e), *etc.*	
SUBJONCTIF		
Présent	que je m'assoie, que tu t'assoies, qu'il/elle s'assoie que nous nous assoyions, que vous vous assoyiez, qu'ils/elles s'assoient	
IMPÉRATIF	assieds-toi, asseyons-nous, asseyez-vous	

INFINITIF **boire** 3
PARTICIPES
Présent/Passé   buvant/bu
INDICATIF
Présent   je bois, tu bois, il/elle boit
nous buvons, vous buvez, ills/elles boivent
Imparfait   je buvais, tu buvais, il/elle buvait
nous buvions, vous buviez, ils/elles buvaient
Passé simple   je bus, tu bus, il/elle but
nous bûmes, vous bûtes, ils/elles burent
Futur   je boirai, tu boiras, il/elle boira
nous boirons, vous boirez, ils/elles boiront
Conditionnel   je boirais, tu boirais, il/elle boirait
nous boirions, vous boiriez, ills/elles boiraient
Passé composé   j'ai bu, *etc.*
Plus-que-parfait   j'avais bu, *etc.*
Futur antérieur   j'aurai bu, *etc.*
Passé du conditionnel   j'aurais bu, *etc.*
SUBJONCTIF
Présent   que je boive, que tu boives, qu'il/elle boive
que nous buvions, que vous buviez, qu'ils/elles boivent
IMPÉRATIF   bois, buvons, buvez

INFINITIF **conduire** 4
PARTICIPES
Présent/Passé   conduisant/conduit
INDICATIF
Présent   je conduis, tu conduis, il/elle conduit
nous conduisons, vous conduisez, ils/elles conduisent
Imparfait   je conduisais, tu conduisais, il/elle conduisait
nous conduisions, vous conduisiez, ils/elles conduisaient
Passé simple   je conduisis, tu conduisis, il/elle conduisit
nous conduisîmes, vous conduisîtes, ils/elles conduisirent
Futur   je conduirai, tu conduiras, il/elle conduira
nous conduirons, vous conduirez, ils/elles conduiront
Conditionnel   je conduirais, tu conduirais, il/elle conduirait
nous conduirions, vous conduiriez, ils/elles conduiraient
Passé composé   j'ai conduit, *etc.*
Plus-que-parfait   j'avais conduit, *etc.*
Futur antérieur   j'aurai conduit, *etc.*
Passé du conditionnel   j'aurais conduit, *etc.*
SUBJONCTIF
Présent   que je conduise, que tu conduises, qu'il/elle conduise
que nous conduisions, que vous conduisiez, qu'ils/elles conduisent
IMPÉRATIF   conduis, conduisons, conduisez

INFINITIF **connaître** 5
PARTICIPES
Présent/Passé connaissant/connu
INDICATIF
Présent je connais, tu connais, il/elle connaît
nous connaissons, vous connaissez, ils/elles connaissent
Imparfait je connaissais, tu connaissais, il/elle connaissait
nous connaissions, vous connaissiez, ils/elles connaissaient
Passé simple je connus, tu connus, il/elle connut
nous connûmes, vous connûtes, ils/elles connurent
Futur je connaîtrai, tu connaîtras, il/elle connaîtra
nous connaîtrons, vous connaîtrez, ils/elles connaîtront
Conditionnel je connaîtrais, tu connaîtrais, il/elle connaîtrait
nous connaîtrions, vous connaîtriez, ils/elles connaîtraient
Passé composé j'ai connu, *etc.*
Plus-que-parfait j'avais connu, *etc.*
Futur antérieur j'aurai connu, *etc.*
Passé du conditionnel j'aurais connu, *etc.*
SUBJONCTIF
Présent que je connaisse, que tu connaisses, qu'il/elle connaisse
que nous connaissions, que vous connaissiez, qu'ils/elles connaissent
IMPÉRATIF connais, connaissons, connaissez

INFINITIF **croire** 6
PARTICIPES
Présent/Passé croyant/cru
INDICATIF
Présent je crois, tu crois, il/elle croit
nous croyons, vous croyez, ils/elles croient
Imparfait je croyais, tu croyais, il/elle croyait
nous croyions, vous croyiez, ils/elles croyaient
Passé simple je crus, tu crus, il/elle crut
nous crûmes, vous crûtes, ils/elles crurent
Futur je croirai, tu croiras, il/elle croira
nous croirons, vous croirez, ils/elles croiront
Conditionnel je croirais, tu croirais, il/elle croirait
nous croirions, vous croiriez, ils/elles croiraient
Passé composé j'ai cru, *etc.*
Plus-que-parfait j'avais cru, *etc.*
Futur antérieur j'aurai cru, *etc.*
Passé du conditionnel j'aurais cru, *etc.*
SUBJONCTIF
Présent que je croie, que tu croies, qu'il/elle croie
que nous croyions, que vous croyiez, qu'ils/elles croient
IMPÉRATIF crois, croyons, croyez

INFINITIF **cueillir** 7
PARTICIPES
Présent/Passé cueillant/cueilli
INDICATIF
Présent je cueille, tu cueilles, il/elle cueille
nous cueillons, vous cueillez, ils/elles cueillent
Imparfait je cueillais, tu cueillais, il/elle cueillait
nous cueillions, vous cueilliez, ils/elles cueillaient
Passé simple je cueillis, tu cueillis, il/elle cueillit
nous cueillîmes, vous cueillîtes, ils/elles cueillirent
Futur je cueillerai, tu cueilleras, il/elle cueillera
nous cueillerons, vous cueillerez, ils/elles cueilleront
Conditionnel je cueillerais, tu cueillerais, il/elle cueillerait
nous cueillerions, vous cueilleriez, ils/elles cueilleraient
Passé composé j'ai cueilli, *etc.*
Plus-que-parfait j'avais cueilli, *etc.*
Futur antérieur j'aurai cueilli, *etc.*
Passé du conditionnel j'aurais cueilli, *etc.*
SUBJONCTIF
Présent que je cueille, que tu cueilles, qu'il/elle cueille
que nous cueillions, que vous cueilliez, qu'ils/elles cueillent
IMPÉRATIF cueille, cueillons, cueillez

INFINITIF **devoir** 8
PARTICIPES
Présent/Passé devant/dû
INDICATIF
Présent je dois, tu dois, il/elle doit
nous devons, vous devez, ils/elles doivent
Imparfait je devais, tu devais, il/elle devait
nous devions, vous deviez, ils/elles devaient
Passé simple je dus, tu dus, il/elle dut
nous dûmes, vous dûtes, ils/elles durent
Futur je devrai, tu devras, il/elle devra
nous devrons, vous devrez, ils/elles devront
Conditionnel je devrais, tu devrais, il/elle devrait
nous devrions, vous devriez, ils/elles devraient
Passé composé j'ai dû, *etc.*
Plus-que-parfait j'avais dû, *etc.*
Futur antérieur j'aurai dû, *etc.*
Passé du conditionnel j'aurais dû, *etc.*
SUBJONCTIF
Présent que je doive, que tu doives, qu'il/elle doive
que nous devions, que vous deviez, qu'ils/elles doivent
IMPÉRATIF —

INFINITIF	**dire** 9	
PARTICIPES		
Présent/Passé	disant/dit	
INDICATIF		
Présent	je dis, tu dis, il/elle dit	
	nous disons, vous dites, ils/elles disent	
Imparfait	je disais, tu disais, il/elle disait	
	nous disions, vous disiez, ils/elles disaient	
Passé simple	je dis, tu dis, il/elle dit	
	nous dîmes, vous dîtes, ils/elles dirent	
Futur	je dirai, tu diras, il/elle dira	
	nous dirons, vous direz, ils/elles diront	
Conditionnel	je dirais, tu dirais, il/elle dirait	
	nous dirions, vous diriez, ils/elles diraient	
Passé composé	j'ai dit, *etc.*	
Plus-que-parfait	j'avais dit, *etc.*	
Futur antérieur	j'aurai dit, *etc.*	
Passé du conditionnel	j'aurais dit, *etc.*	
SUBJONCTIF		
Présent	que je dise, que tu dises, qu'il/elle dise	
	que nous disions, que vous disiez, qu'ils/elles disent	
IMPÉRATIF	dis, disons, dites	

INFINITIF	**écrire** 10	
PARTICIPES		
Présent/Passé	écrivant/écrit	
INDICATIF		
Présent	j'écris, tu écris, il/elle écrit	
	nous écrivons, vous écrivez, ils/elles écrivent	
Imparfait	j'écrivais, tu écrivais, il/elle écrivait	
	nous écrivions, vous écriviez, ils/elles écrivaient	
Passé simple	j'écrivis, tu écrivis, il/elle écrivit	
	nous écrivîmes, vous écrivîtes, ils/elles écrivirent	
Futur	j'écrirai, tu écriras, il/elle écrira	
	nous écrirons, vous écrirez, ils/elles écriront	
Conditionnel	j'écrirais, tu écrirais, il/elle écrirait	
	nous écririons, vous écririez, ils/elles écriraient	
Passé composé	j'ai écrit, *etc.*	
Plus-que-parfait	j'avais écrit, *etc.*	
Futur antérieur	j'aurai écrit, *etc.*	
Passé du conditionnel	j'aurais écrit, *etc.*	
SUBJONCTIF		
Présent	que j'écrive, que tu écrives, qu'il/elle écrive	
	que nous écrivions, que vous écriviez, qu'ils/elles écrivent	
IMPÉRATIF	écris, écrivons, écrivez	

INFINITIF	**faire** 11	
PARTICIPES		
Présent/Passé	faisant/fait	
INDICATIF		
Présent	je fais, tu fais, il/elle fait	
	nous faisons, vous faites, ils/elles font	
Imparfait	je faisais, tu faisais, il/elle faisait	
	nous faisions, vous faisiez, ils/elles faisaient	
Passé simple	je fis, tu fis, il/elle fit	
	nous fîmes, vous fîtes, ils/elles firent	
Futur	je ferai, tu feras, il/elle fera	
	nous ferons, vous ferez, ils/elles feront	
Conditionnel	je ferais, tu ferais, il/elle ferait	
	nous ferions, vous feriez, ils/elles feraient	
Passé composé	j'ai fait, *etc.*	
Plus-que-parfait	j'avais fait, *etc.*	
Futur antérieur	j'aurai fait, *etc.*	
Passé du conditionnel	j'aurais fait, *etc.*	
SUBJONCTIF		
Présent	que je fasse, que tu fasses, qu'il/elle fasse	
	que nous fassions, que vous fassiez, qu'ils/elles fassent	
IMPÉRATIF	fais, faisons, faites	

INFINITIF	**lire** 12	
PARTICIPES		
Présent/Passé	lisant/lu	
INDICATIF		
Présent	je lis, tu lis, il/elle lit	
	nous lisons, vous lisez, ils/elles lisent	
Imparfait	je lisais, tu lisais, il/elle lisait	
	nous lisions, vous lisiez, ils/elles lisaient	
Passé simple	je lus, tu lus, il/elle lut	
	nous lûmes, vous lûtes, ils/elles lurent	
Futur	je lirai, tu liras, il/elle lira	
	nous lirons, vous lirez, ils/elles liront	
Conditionnel	je lirais, tu lirais, il/elle lirait	
	nous lirions, vous liriez, ils/elles liraient	
Passé composé	j'ai lu, *etc.*	
Plus-que-parfait	j'avais lu, *etc.*	
Futur antérieur	j'aurai lu, *etc.*	
Passé du conditionnel	j'aurais lu, *etc.*	
SUBJONCTIF		
Présent	que je lise, que tu lises, qu'il/elle lise	
	que nous lisions, que vous lisiez, qu'ils/elles lisent	
IMPÉRATIF	lis, lisons, lisez	

INFINITIF	**mettre** 13	
PARTICIPES		
Présent/Passé	mettant/mis	
INDICATIF		
Présent	je mets, tu mets, il/elle met	
	nous mettons, vous mettez, ils/elles mettent	
Imparfait	je mettais, tu mettais, il/elle mettait	
	nous mettions, vous mettiez, ils/elles mettaient	
Passé simple	je mis, tu mis, il/elle mit	
	nous mîmes, vous mîtes, ils/elles mirent	
Futur	je mettrai, tu mettras, il/elle mettra	
	nous mettrons, vous mettrez, ils/elles mettront	
Conditionnel	je mettrais, tu mettrais, il/elle mettrait	
	nous mettrions, vous mettriez, ils/elles mettraient	
Passé composé	j'ai mis, *etc.*	
Plus-que-parfait	j'avais mis, *etc.*	
Futur antérieur	j'aurai mis, *etc.*	
Passé du conditionnel	j'aurais mis, *etc.*	
SUBJONCTIF		
Présent	que je mette, que tu mettes, qu'il/elle mette	
	que nous mettions, que vous mettiez, qu'ils/elles mettent	
IMPÉRATIF	mets, mettons, mettez	

INFINITIF	**mourir** 14	
PARTICIPES		
Présent/Passé	mourant/mort	
INDICATIF		
Présent	je meurs, tu meurs, il/elle meurt	
	nous mourons, vous mourez, ils/elles meurent	
Imparfait	je mourais, tu mourais, il/elle mourait	
	nous mourions, vous mouriez, ils/elles mouraient	
Passé simple	je mourus, tu mourus, il/elle mourut	
	nous mourûmes, vous mourûtes, ils/elles moururent	
Futur	je mourrai, tu mourras, il/elle mourra	
	nous mourrons, vous mourrez, ils/elles mourront	
Conditionnel	je mourrais, tu mourrais, il/elle mourrait	
	nous mourrions, vous mourriez, ils/elles mourraient	
Passé composé	je suis mort(e), *etc.*	
Plus-que-parfait	j'étais mort(e), *etc.*	
Futur antérieur	je serai mort(e), *etc.*	
Passé du conditionnel	je serais mort(e), *etc.*	
SUBJONCTIF		
Présent	que je meure, que tu meures, qu'il/elle meure	
	que nous mourions, que vous mouriez, qu'ils/elles meurent	
IMPÉRATIF	meurs, mourons, mourez	

	INFINITIF	**naître** 15
	PARTICIPES	
	Présent/Passé	naissant/né
	INDICATIF	
	Présent	je nais, tu nais, il/elle naît
		nous naissons, vous naissez, ils/elles naissent
	Imparfait	je naissais, tu naissais, il/elle naissait
		nous naissions, vous naissiez, ils/elles naissaient
	Passé simple	je naquis, tu naquis, il/elle naquit
		nous naquîmes, vous naquîtes, ils/elles naquirent
	Futur	je naîtrai, tu naîtras, il/elle naîtra
		nous naîtrons, vous naîtrez, ils/elles naîtront
	Conditionnel	je naîtrais, tu naîtrais, il/elle naîtrait
		nous naîtrions, vous naîtriez, ils/elles naîtraient
	Passé composé	je suis né(e), *etc.*
	Plus-que-parfait	j'étais né(e), *etc.*
	Futur antérieur	je serai né(e), *etc.*
	Passé du conditionnel	je serais né(e), *etc.*
	SUBJONCTIF	
	Présent	que je naisse, que tu naisses, qu'il/elle naisse
		que nous naissions, que vous naissiez, qu'ils/elles naissent
	IMPÉRATIF	nais, naissons, naissez

	INFINITIF	**offrir** 16
	PARTICIPES	
	Présent/Passé	offrant/offert
	INDICATIF	
	Présent	j'offre, tu offres, il/elle offre
		nous offrons, vous offrez, ils/elles offrent
	Imparfait	j'offrais, tu offrais, il/elle offrait
		nous offrions, vous offriez, ils/elles offraient
	Passé simple	j'offris, tu offris, il/elle offrit
		nous offrîmes, vous offrîtes, ils/elles offrirent
	Futur	j'offrirai, tu offriras, il/elle offrira
		nous offrirons, vous offrirez, ils/elles offriront
	Conditionnel	j'offrirais, tu offrirais, il/elle offrirait
		nous offririons, vous offririez, ils/elles offriraient
	Passé composé	j'ai offert, *etc.*
	Plus-que-parfait	j'avais offert, *etc.*
	Futur antérieur	j'aurai offert, *etc.*
	Passé du conditionnel	j'aurais offert, *etc.*
	SUBJONCTIF	
	Présent	que j'offre, que tu offres, qu'il/elle offre
		que nous offrions, que vous offriez, qu'ils/elles offrent
	IMPÉRATIF	offre, offrons, offrez

trois cent cinq

VERBS

INFINITIF **ouvrir** 17
PARTICIPES
Présent/Passé ouvrant/ouvert
INDICATIF
Présent j'ouvre, tu ouvres, il/elle ouvre
nous ouvrons, vous ouvrez, ils/elles ouvrent
Imparfait j'ouvrais, tu ouvrais, il/elle ouvrait
nous ouvrions, vous ouvriez, ils/elles ouvraient
Passé simple j'ouvris, tu ouvris, il/elle ouvrit
nous ouvrîmes, vous ouvrîtes, ils/elles ouvrirent
Futur j'ouvrirai, tu ouvriras, il/elle ouvrira
nous ouvrirons, vous ouvrirez, ils/elles ouvriront
Conditionnel j'ouvrirais, tu ouvrirais, il/elle ouvrirait
nous ouvririons, vous ouvririez, ils/elles ouvriraient
Passé composé j'ai ouvert, *etc.*
Plus-que-parfait j'avais ouvert, *etc.*
Futur antérieur j'aurai ouvert, *etc.*
Passé du conditionnel j'aurais ouvert, *etc.*
SUBJONCTIF
Présent que j'ouvre, que tu ouvres, qu'il/elle ouvre
que nous ouvrions, que vous ouvriez, qu'ils/elles ouvrent
IMPÉRATIF ouvre, ouvrons, ouvrez

INFINITIF **plaindre** 18
PARTICIPES
Présent/Passé plaignant/plaint
INDICATIF
Présent je plains, tu plains, il/elle plaint
nous plaignons, vous plaignez, ils/elles plaignent
Imparfait je plaignais, tu plaignais, il/elle plaignait
nous plaignions, vous plaigniez, ils/elles plaignaient
Passé simple je plaignis, tu plaignis, il/elle plaignit
nous plaignîmes, vous plaignîtes, ils/elles plaignirent
Futur je plaindrai, tu plaindras, il/elle plaindra
nous plaindrons, vous plaindrez, ils/elles plaindront
Conditionnel je plaindrais, tu plaindrais, il/elle plaindrait
nous plaindrions, vous plaindriez, ils/elles plaindraient
Passé composé j'ai plaint, *etc.*
Plus-que-parfait j'avais plaint, *etc.*
Futur antérieur j'aurai plaint, *etc.*
Passé du conditionnel j'aurais plaint, *etc.*
SUBJONCTIF
Présent que je plaigne, que tu plaignes, qu'il/elle plaigne
que nous plaignions, que vous plaigniez, qu'ils/elles plaignent
IMPÉRATIF plains, plaignons, plaignez

INFINITIF	**plaire** 19	
PARTICIPES		
Présent/Passé	plaisant/plu	
INDICATIF		
Présent	je plais, tu plais, il/elle plaît	
	nous plaisons, vous plaisez, ils/elles plaisent	
Imparfait	je plaisais, tu plaisais, il/elle plaisait	
	nous plaisions, vous plaisiez, ils/elles plaisaient	
Passé simple	je plus, tu plus, il/elle plut	
	nous plûmes, vous plûtes, ils/elles plurent	
Futur	je plairai, tu plairas, il/elle plaira	
	nous plairons, vous plairez, ils/elles plairont	
Conditionnel	je plairais, tu plairais, il/elle plairait	
	nous plairions, vous plairiez, ils/elles plairaient	
Passé composé	j'ai plu, *etc.*	
Plus-que-parfait	j'avais plu, *etc.*	
Futur antérieur	j'aurai plu, *etc.*	
Passé du conditionnel	j'aurais plu, *etc.*	
SUBJONCTIF		
Présent	que je plaise, que tu plaises, qu'il/elle plaise	
	que nous plaisions, que vous plaisiez, qu'ils/elles plaisent	
IMPÉRATIF	plais, plaisons, plaisez	

INFINITIF	**pouvoir** 20	
PARTICIPES		
Présent/Passé	pouvant/pu	
INDICATIF		
Présent	je peux, tu peux, il/elle peut	
	nous pouvons, vous pouvez, ils/elles peuvent	
Imparfait	je pouvais, tu pouvais, il/elle pouvait	
	nous pouvions, vous pouviez, ils/elles pouvaient	
Passé simple	je pus, tu pus, il/elle put	
	nous pûmes, vous pûtes, ils/elles purent	
Futur	je pourrai, tu pourras, il/elle pourra	
	nous pourrons, vous pourrez, ils/elles pourront	
Conditionnel	je pourrais, tu pourrais, il/elle pourrait	
	nous pourrions, vous pourriez, ils/elles pourraient	
Passé composé	j'ai pu, *etc.*	
Plus-que-parfait	j'avais pu, *etc.*	
Futur antérieur	j'aurai pu, *etc.*	
Passé du conditionnel	j'aurais pu, *etc.*	
SUBJONCTIF		
Présent	que je puisse, que tu puisses, qu'il/elle puisse	
	que nous puissions, que vous puissiez, qu'ils/elles puissent	
IMPÉRATIF	—	

INFINITIF **prendre** 21
PARTICIPES
Présent/Passé   prenant/pris
INDICATIF
Présent   je prends, tu prends, il/elle prend
nous prenons, vous prenez, ils/elles prennent
Imparfait   je prenais, tu prenais, il/elle prenait
nous prenions, vous preniez, ils/elles prenaient
Passé simple   je pris, tu pris, il/elle prit
nous prîmes, vous prîtes, ils/elles prirent
Futur   je prendrai, tu prendras, il/elle prendra
nous prendrons, vous prendrez, ils/elles prendront
Conditionnel   je prendrais, tu prendrais, il/elle prendrait
nous prendrions, vous prendriez, ils/elles prendraient
Passé composé   j'ai pris, *etc.*
Plus-que-parfait   j'avais pris, *etc.*
Futur antérieur   j'aurai pris, *etc.*
Passé du conditionnel   j'aurais pris, *etc.*
SUBJONCTIF
Présent   que je prenne, que tu prennes, qu'il/elle prenne
que nous prenions, que vous preniez, qu'ils/elles prennent
IMPÉRATIF   prends, prenons, prenez

INFINITIF **recevoir** 22
PARTICIPES
Présent/Passé   recevant/reçu
INDICATIF
Présent   je reçois, tu reçois, il/elle reçoit
nous recevons, vous recevez, ils/elles reçoivent
Imparfait   je recevais, tu recevais, il/elle recevait
nous recevions, vous receviez, ils/elles recevaient
Passé simple   je reçus, tu reçus, il/elle reçut
nous reçûmes, vous reçûtes, ils/elles reçurent
Futur   je recevrai, tu recevras, il/elle recevra
nous recevrons, vous recevrez, ils/elles recevront
Conditionnel   je recevrais, tu recevrais, il/elle recevrait
nous recevrions, vous recevriez, ils/elles recevraient
Passé composé   j'ai reçu, *etc.*
Plus-que-parfait   j'avais reçu, *etc.*
Futur antérieur   j'aurai reçu, *etc.*
Passé du conditionnel   j'aurais reçu, *etc.*
SUBJONCTIF
Présent   que je reçoive, que tu reçoives, qu'il/elle reçoive
que nous recevions, que vous receviez, qu'ils/elles reçoivent
IMPÉRATIF   reçois, recevons, recevez

INFINITIF **rire** 23
PARTICIPES
Présent/Passé riant/ri
INDICATIF
Présent je ris, tu ris, il/elle rit
nous rions, vous riez, ils/elles rient
Imparfait je riais, tu riais, il/elle riait
nous riions, vous riiez, ils/elles riaient
Passé simple je ris, tu ris, il/elle rit
nous rîmes, vous rîtes, ils/elles rirent
Futur je rirai, tu riras, il/elle rira
nous rirons, vous rirez, ils/elles riront
Conditionnel je rirais, tu rirais, il/elle rirait
nous ririons, vous ririez, ils/elles riraient
Passé composé j'ai ri, *etc.*
Plus-que-parfait j'avais ri, *etc.*
Futur antérieur j'aurai ri, *etc.*
Passé du conditionnel j'aurais ri, *etc.*
SUBJONCTIF
Présent que je rie, que tu ries, qu'il/elle rie
que nous riions, que vous riiez, qu'ils/elles rient
IMPÉRATIF ris, rions, riez

INFINITIF **savoir** 24
PARTICIPES
Présent/Passé sachant/su
INDICATIF
Présent je sais, tu sais, il/elle sait
nous savons, vous savez, ils/elles savent
Imparfait je savais, tu savais, il/elle savait
nous savions, vous saviez, ils/elles savaient
Passé simple je sus, tu sus, il/elle sut
nous sûmes, vous sûtes, ils/elles surent
Futur je saurai, tu sauras, il/elle saura
nous saurons, vous saurez, ils/elles sauront
Conditionnel je saurais, tu saurais, il/elle saurait
nous saurions, vous sauriez, ils/elles sauraient
Passé composé j'ai su, *etc.*
Plus-que-parfait j'avais su, *etc.*
Futur antérieur j'aurai su, *etc.*
Passé du conditionnel j'aurais su, *etc.*
SUBJONCTIF
Présent que je sache, que tu saches, qu'il/elle sache
que nous sachions, que vous sachiez, qu'ils/elles sachent
IMPÉRATIF sache, sachons, sachez

INFINITIF **suivre** 25
PARTICIPES
Présent/Passé suivant/suivi
INDICATIF
Présent je suis, tu suis, il/elle suit
nous suivons, vous suivez, ils/elles suivent
Imparfait je suivais, tu suivais, il/elle suivait
nous suivions, vous suiviez, ils/elles suivaient
Passé simple je suivis, tu suivis, il/elle suivit
nous suivîmes, vous suivîtes, ils/elles suivirent
Futur je suivrai, tu suivras, il/elle suivra
nous suivrons, vous suivrez, ils/elles suivront
Conditionnel je suivrais, tu suivrais, il/elle suivrait
nous suivrions, vous suivriez, ils/elles suivraient
Passé composé j'ai suivi, *etc.*
Plus-que-parfait j'avais suivi, *etc.*
Futur antérieur j'aurai suivi, *etc.*
Passé du conditionnel j'aurais suivi, *etc.*
SUBJONCTIF
Présent que je suive, que tu suives, qu'il/elle suive
que nous suivions, que vous suiviez, qu'ils/elles suivent
IMPÉRATIF suis, suivons, suivez

INFINITIF **valoir** 26
PARTICIPES
Présent/Passé valant/valu
INDICATIF
Présent je vaux, tu vaux, il/elle vaut
nous valons, vous valez, ils/elles valent
Imparfait je valais, tu valais, il/elle valait
nous valions, vous valiez, ils/elles valaient
Passé simple je valus, tu valus, il/elle valut
nous valûmes, vous valûtes, ils/elles valurent
Futur je vaudrai, tu vaudras, il/elle vaudra
nous vaudrons, vous vaudrez, ils/elles vaudront
Conditionnel je vaudrais, tu vaudrais, il/elle vaudrait
nous vaudrions, vous vaudriez, ils/elles vaudraient
Passé composé j'ai valu, *etc.*
Plus-que-parfait j'avais valu, *etc.*
Futur antérieur j'aurai valu, *etc.*
Passé du conditionnel j'aurais valu, *etc.*
SUBJONCTIF
Présent que je vaille, que tu vailles, qu'il/elle vaille
que nous valions, que vous valiez, qu'ils/elles vaillent
IMPÉRATIF vaux, valons, valez (*rare*)

INFINITIF **venir** 27
PARTICIPES
Présent/Passé   venant/venu
INDICATIF
Présent   je viens, tu viens, il/elle vient
nous venons, vous venez, ils/elles viennent
Imparfait   je venais, tu venais, il/elle venait
nous venions, vous veniez, ils/elles venaient
Passé simple   je vins, tu vins, il/elle vint
nous vînmes, vous vîntes, ils/elles vinrent
Futur   je viendrai, tu viendras, il/elle viendra
nous viendrons, vous viendrez, ils/elles viendront
Conditionnel   je viendrais, tu viendrais, il/elle viendrait
nous viendrions, vous viendriez, ils/elles viendraient
Passé composé   je suis venu(e), *etc.*
Plus-que-parfait   j'étais venu(e), *etc.*
Futur antérieur   je serai venu(e), *etc.*
Passé du conditionnel   je serais venu(e), *etc.*
SUBJONCTIF
Présent   que je vienne, que tu viennes, qu'il/elle vienne
que nous venions, que vous veniez, qu'ils/elles viennent
IMPÉRATIF   viens, venons, venez

INFINITIF **voir** 28
PARTICIPES
Présent/Passé   voyant/vu
INDICATIF
Présent   je vois, tu vois, il/elle voit
nous voyons, vous voyez, ils/elles voient
Imparfait   je voyais, tu voyais, il/elle voyait
nous voyions, vous voyiez, ils/elles voyaient
Passé simple   je vis, tu vis, il/elle vit
nous vîmes, vous vîtes, ils/elles virent
Futur   je verrai, tu verras, il/elle verra
nous verrons, vous verrez, ils/elles verront
Conditionnel   je verrais, tu verrais, il/elle verrait
nous verrions, vous verriez, ils/elles verraient
Passé composé   j'ai vu, *etc.*
Plus-que-parfait   j'avais vu, *etc.*
Futur antérieur   j'aurai vu, *etc.*
Passé du conditionnel   j'aurais vu, *etc.*
SUBJONCTIF
Présent   que je voie, que tu voies, qu'il/elle voie
que nous voyions, que vous voyiez, qu'ils/elles voient
IMPÉRATIF   vois, voyons, voyez

INFINITIF **vouloir** 29

PARTICIPES

Présent/Passé   voulant/voulu

INDICATIF

Présent   je veux, tu veux, il/elle veut
nous voulons, vous voulez, ils/elles veulent

Imparfait   je voulais, tu voulais, il/elle voulait
nous voulions, vous vouliez, ils/elles voulaient

Passé simple   je voulus, tu voulus, il/elle voulut
nous voulûmes, vous voulûtes, ils/elles voulurent

Futur   je voudrai, tu voudras, il/elle voudra
nous voudrons, vous voudrez, ils/elles voudront

Conditionnel   je voudrais, tu voudrais, il/elle voudrait
nous voudrions, vous voudriez, ils/elles voudraient

Passé composé   j'ai voulu, *etc.*

Plus-que-parfait   j'avais voulu, *etc.*

Futur antérieur   j'aurai voulu, *etc.*

Passé du conditionnel   j'aurais voulu, *etc.*

SUBJONCTIF

Présent   que je veuille, que tu veuilles, qu'il/elle veuille
que nous voulions, que vous vouliez, qu'ils/elles veuillent

IMPÉRATIF   veuille, veuillons, veuillez

Glossary of Grammatical Terms

As you learn French, you may come across grammatical terms in English with which you are not familiar. The following glossary is a reference list of grammatical terms and definitions with examples. You will find that these terms are used in the grammatical explanations of this book. If the terms are unfamiliar to you, it will be helpful to refer to this list.

adjective a word used to modify, qualify, define, or specify a noun or noun equivalent. (*intricate* design, *volcanic* ash, *medical* examination)
    demonstrative adjective designates or points out a specific item (*this* area)
    descriptive adjective provides description (*narrow* street)
    interrogative adjective asks or questions (*Which* page?)
    possessive adjective indicates possession (*our* house)
In French, the adjective form must agree with, or show the same gender and number as, the noun it modifies.

adverb a word used to qualify or modify a verb, adjective, another adverb, or some other modifying phrase or clause (soared *gracefully*, *rapidly* approaching train)

agreement the accordance of forms between subject and verb, in terms of person and number, or between tenses of verbs (The *bystander witnessed* the accident but *failed* to report it.)
In French, the form of the adjective must conform in gender and number with the modified noun or noun equivalent.

article a determining or nondetermining word used before a noun
    definite article limits, defines, or specifies (*the* village)
    indefinite article refers to a nonspecific member of a group or class (*a* village, *an* arrangement)
In French, the article takes different forms to indicate the gender and number of a noun.

auxiliary a verb or verb form used with other verbs to construct certain tenses, voices, or moods (He *is* leaving. She *has* arrived. You *must* listen.)

clause a group of words consisting of a subject and a predicate and functioning as part of a complex or compound sentence rather than as a complete sentence.
    subordinate clause modifies and is dependent upon another clause (*Since the rain has stopped,* we can have a picnic.)
    main clause is capable of standing independently as a complete sentence (If all goes well, *the plane will depart in twenty minutes.*)

cognate a word having a common root or being of the same or similar origin and meaning as a word in another language (*university* and *université* in French)

command See **mood (imperative)**.

comparative level of comparison used to show an increase or decrease of quantity or quality or to compare or show inequality between two items (*higher* prices, the *more* beautiful of the two mirrors, *less* diligently, *better* than)

comparison modification of the form of an adjective or adverb to show change in the quantity or quality of an item or to show the relation between items

conditional a verb construction used in a contrary-to-fact statement consisting of a condition or an *if*-clause and a conclusion (If you had told me you were sick, *I would have offered* to help.)
See also **mood (subjunctive)**.

conjugation the set of forms a verb takes to indicate changes of person, number, tense, mood, and voice

conjunction a word used to link or connect sentences or parts of sentences

contraction an abbreviated or shortened form of a word or word group (*can't, we'll*)

gender the classification of a word by sex. In English, almost all nouns are classified as masculine, feminine, or neuter according to the biological sex of the thing named; in French, however, a word is classified as feminine or masculine (there is no neuter classification) primarily on the basis of its linguistic form or derivation.

idiom an expression that is grammatically or semantically unique to a particular language (*I caught a cold. Happy birthday.*)

imperative See **mood**.

indicative See **mood**.

infinitive the basic form of the verb, and the one listed in dictionaries, with no indication of person or number; it is often used in verb constructions and as a verbal noun, usually with "to" in English or with "-er," "-ir" or "-re" in French.

inversion See **word order (inverted)**.

mood the form and construction a verb assumes to express the manner in which the action or state takes place.
    imperative mood used to express commands (*Walk* to the park with me.)
    indicative mood the form most frequently used, usually expressive of certainty and fact (My neighbor *walks* to the park every afternoon.)
    subjunctive mood used in expression of possibility, doubt, or hypothetical situations (I *doubt* that he is sick.)

noun a word that names something and usually functions as a subject or an object (*lady, country, family*)

number the form a word or phrase assumes to indicate singular or plural (*light/lights, mouse/mice, he has/they have*)
    cardinal number used in counting or expressing quantity (*1, 23, 6,825*)
    ordinal number refers to sequence (*second, fifteenth, thirty-first*)

object a noun or noun equivalent
    direct object receives the action of the verb (The boy caught a *fish*.)
    indirect object affected by the action of the verb (Please do *me* a favor.)

orthographic See **verb (orthographic-changing)**.

participle a verb form used as an adjective or adverb and in forming tenses
   past participle relates to the past or a perfect tense and takes the appropriate ending (*written* proof, the door has been *locked*)
   present participle assumes the progressive "-ing" ending in English (*protesting* loudly; *seeing* them)
   In French, a participle used as an adjective or in an adjectival phrase must agree in gender and number with the modified noun or noun equivalent.

passive See **voice (passive)**.

person designated by the personal pronoun and/or by the verb form
   first person the speaker or writer (*I, we*)
   second person the person(s) addressed (*you*)
   In French, there are two forms of address: the familiar and the polite.
   third person the person or thing spoken about (*she, he, it, they*)

phrase a word group that forms a unit of expression, often named after the part of speech it contains or forms

prefix a letter or letter group added at the beginning of a word to alter the meaning (*non*committal, *re*discover)

preposition a connecting word used to indicate a spatial, temporal, causal, affective, directional, or some other relation between a noun or pronoun and the sentence or a portion of it (We waited *for* six hours. The article was written *by* a famous journalist.)

pronoun a word used in place of a noun
   demonstrative pronoun refers to something previously mentioned in context (If you need hiking boots, I recommend *these*.)
   indefinite pronoun denotes a nonspecific class or item (*Nothing* has changed.)
   interrogative pronoun asks about a person or thing (*Whose* is this?)
   object pronoun functions as a direct, an indirect, or a prepositional object (Three persons saw *her*. Write *me* a letter. The flowers are for *you*.)
   possessive pronoun indicates possession (The blue car is *ours*.)
   reciprocal pronoun refers to two or more persons or things equally involved (Marie and Jean saw *each other* today.)
   reflexive pronoun refers back to the subject (They introduced *themselves*.)
   subject pronoun functions as the subject of a clause or sentence (*He* departed a while ago.)

reciprocal construction See **pronoun (reciprocal)**.

reflexive construction See **pronoun (reflexive)**.

sentence a word group, or even a single word, that forms a meaningful complete expression.
   declarative sentence states something and is followed by a period (The museum contains many fine examples of folk art.)
   exclamatory sentence exhibits force or passion and is followed by an exclamation point (I want to be left alone!)
   interrogative sentence asks a question and is followed by a question mark (Who are you?)

subject a noun or noun equivalent acting as the agent of the action or the person, place, thing, or abstraction spoken about (*The fishermen* drew in their nets. *The nets* were filled with the day's catch.)

suffix a letter or letter group added to the end of a word to alter the meaning or function (lik*eness*, transport*ation*, joy*ous*, love*ly*)

superlative level of comparison used to express the utmost or lowest level or to indicate the highest or lowest relation in comparing more than two items (*highest* prices, the *most* beautiful, *least* diligently)
    absolute superlative when a very high level is expressed without reference to comparison (the *very beautiful* mirror, *most diligent*, *extremely well*)

tense the form a verb takes to express the time of the action, state, or condition in relation to the time of speaking or writing.
    imparfait relates to an action which continued over a period of time in the past (It *was existing*. We *were learning*.)
    futur antérieur relates to something that has not yet occurred but will have taken place and be complete by some future time (It *will have* existed. We *will have* learned.)
    future tense relates to something that has not yet occurred (It *will* exist. We *will* learn.)
    passé antérieur relates to an occurrence which began and ended before or by a past event or time spoken or written of (It *had existed*. We *had learned*.)
    passé composé relates to an occurrence that began at some point in the past but was finished by the time of speaking or writing (It *has existed*. We *have learned*.)
    passé simple relates to an occurrence that began and ended at some point in the remote past. This is a literary tense. (He *died* in 1705. The revolution *took* place in 1971.)
    present tense relates to now, the time of speaking or writing, or to a general, timeless fact (It *exists*. We *learn*. Fish *swim*.)
    progressive tense relates an action that is, was, or will be in progress or continuance (It *is happening*. It *was happening*. It *will be happening*.)

verb a word that expresses action or a state or condition (*walk, be, feel*)
    intransitive verb no receiver is necessary. (The light *shines*.)
    orthographic-changing verb undergoes spelling changes in conjugation (infinitive: buy; past indicative: *bought*)
    transitive verb requires a receiver or an object to complete the predicate (He *kicks* the ball.)

voice the form a verb takes to indicate the relation between the expressed action or state and the subject
    active voice indicates that the subject is the agent of the action (The child *sleeps*. The professor *lectures*.)
    passive voice indicates that the subject does not initiate the action but that the action is directed toward the subject (I *was contacted* by my attorney. The road *got slippery* from the rain. He *became* tired.)

word order the sequence of words in a clause or sentence
    inverted word order an element other than the subject appears first (*If the weather permits*, we plan to vacation in the country. *Please* be on time. *Have* you met my parents?)
    normal word order the subject comes first, followed by the predicate (*The people celebrated the holiday*.)

Vocabularies

french-english vocabulary

This vocabulary includes contextual meanings of words used in this book. Proper and geographical names are not included in this list.

The gender of nouns is indicated by the form of the definite article, or by the abbreviation *m.* or *f.* if the article does not show gender. Adjectives are listed under the masculine form. Idiomatic expressions are listed under the major word in the phrase, usually a noun or verb.

The following abbreviations have been used:

adj.	adjective	*m.*	masculine
adv.	adverb	*part.*	participle
art.	article	*pl.*	plural
f.	feminine	*pron.*	pronoun

The symbol * indicates words beginning with an aspirate h.

A

à to, at, in, on
l'**abbaye** *f.* abbey
abolir to abolish
l'**abondance** *f.* abundance
abord: d'abord at first
absent (e) absent
absurde absurd
l'**accent** *m.* accent
accepter to accept
l'**accident** *m.* accident
accompagner to accompany
accomplir to accomplish
l'**accord** *m.* agreement; **d'accord** fine, agreed
s' **accorder** to agree
l'**accueil** *m.* reception, welcome
accueillir to welcome
l'**achat** *m.* purchase
acheter to buy
acquis acquired (*past part.* of **acquérir** to acquire)
acquitter to acquit
l'**acteur** *m.* actor
actif, active active
l'**activité** *f.* activity
l'**actrice** *f.* actress
actuel, actuelle actual
l'**addition** *f.* bill, check (in a restaurant)
l'**adjectif** *m.* adjective
admettre to admit, to grant
administrer to administer
admirer to admire
admis (e) admitted
adorer to adore
l'**adresse** *f.* address
l'**adulte** *m.* or *f.* adult
adverbial, adverbiale adverbial
l'**aéroport** *m.* airport
l'**affaire** *f.* affair; **les affaires** belongings; business; **voyage d'affaires** business trip
affectueux, affectueuse affectionate
l'**affiche** *f.* poster
l'**affirmatif** *m.* affirmative
africain (e) African
l'**Afrique** *f.* Africa
l'**âge** *m.* age; **d'un certain âge** middle-aged; **Moyen Âge** Middle Ages
âgé (e) aged
l'**agence** *f.* agency
l'**agent** *m.* agent; **agent de police** policeman
s' **agir (de)** to be about; **il s'agit de** it is about, concerns
agité (e) upset

agréable pleasant
agressif, agressive aggressive
aider to aid, to assist, to help
aigu (e) acute
l'**ail** *m.* garlic
ailleurs: d'ailleurs besides, moreover; **par ailleurs** besides, moreover
aimer to like, to love; **s'aimer** to love one another
ainsi thus
l'**air** *m.* air; manner; **avoir l'air de** to seem; **en plein air** outdoors
l'**aise** *f.* ease, comfort; **être à l'aise** to be comfortable
aisé (e) easy
ajouter to add
alcoolique alcoholic
Alger *m.* Algiers
l'**Algérie** *f.* Algeria
l'**Allemagne** *f.* Germany
aller to go; **aller à merveille** to look very well (on someone); **s'en aller** to go away
l'**alliance** *f.* alliance
Allo! Hello!
allonger to stretch out
alors then
les **Alpes** *f. pl.* Alps
l'**altération** *f.* deterioration; alteration
altérer to alter
l'**altitude** *f.* altitude
l'**ambassadeur** *m.* ambassador
l'**ambiance** *f.* atmosphere, setting
ambitieux, ambitieuse ambitious
l'**ambition** *f.* ambition
l'**ambulance** *f.* ambulance
américain (e) American
l'**Américain (e)** American
l'**Amérique** *f.* America; **Amérique du Sud** South America

l'**ami** *m.* friend
amical (e) friendly
l'**amie** *f.* friend
amoureux, amoureuse in love
l'**amoureux, l'amoureuse** lover; person in love
l'**amphithéâtre** *m.* amphitheater
amusant (e) amusing
l'**amusement** *m.* amusement, entertainment
amuser to amuse; **s'amuser** to enjoy oneself
l'**an** *m.* year; **avoir dix-sept ans** to be seventeen years old
analyser to analyze
ancien, ancienne former
anglais (e) English
l'**Angleterre** *f.* England
l'**animal** *m.* animal
animé (e) animated; **dessin animé** cartoon
l'**année** *f.* year; **année scolaire** *f.* school year
l'**anniversaire** *m.* anniversary; birthday
annoncer to announce
l'**annuaire** *m.* directory
l'**anti-américanisme** *m.* anti-Americanism
anti-féministe anti-feminist
l'**anti-sèche** *f.* crib sheet
l'**août** *m.* August
apercevoir to notice, to perceive; **s'apercevoir** to notice, to be aware of, to realize
l'**apéritif** *m.* a pre-dinner drink
apparaître to appear
l'**appareil** *m.* apparatus, machine
l'**apparition** *f.* apparition
l'**appartement** *m.* apartment
appeler to call; **s'appeler** to be named; **je m'appelle** my name is;

comment vous appelez-vous? what is your name?
l'**appendicite** *f.* appendicitis
l'**appétit** *m.* appetite
apporter to bring
apprécier to appreciate
apprendre to learn
appuyer to press
après after
l'**après-midi** *m.* afternoon
l'**aqueduc** *m.* aqueduct
arabe Arab
l'**arbitre** *m.* umpire
l'**arbre** *m.* tree
l'**Arc de Triomphe** *m.* Arch of Triumph
l'**architecte** *m.* architect
l'**architecture** *f.* architecture
l'**argent** *m.* money; silver
l'**Argentine** *f.* Argentina
argumenter to argue
arranger to arrange
l'**arrêt** *m.* stop
arrêter to stop; **s'arrêter** to stop, to halt
arrière back; **arrière grand-père** great-grandfather
l'**arrivée** *f.* arrival
arriver to arrive; to happen; to succeed; **arriver à temps** to arrive on time
l'**art** *m.* art
l'**article** *m.* article; item
artificiel, artificielle artificial
l'**artisan** *m.* craftsman; artisan
l'**artiste** *m.* or *f.* artist
artistique artistic
l'**ascenseur** *m.* elevator
l'**Asie** *f.* Asia
l'**aspect** *m.* aspect
les **asperges** *f.* asparagus
aspirer to aspire
l'**aspirine** *f.* aspirin
l'**assassin** *m.* assassin
l'**assassinat** *m.* assassination, murder

l'**assemblée** *f.* assembly
s' **asseoir** to sit down, be seated; **asseyez-vous** sit down
assez enough
l'**assiette** *f.* plate
assis (e) seated (*past part.* of **asseoir** to seat)
assister (à) to attend
associer to associate
l'**assurance maladie** *f.* health insurance
assurer to account for; to assure
l'**astrologie** *f.* astrology
l'**astrologue** *m.* astrologer
l'**astronaute** *m.* astronaut
astronomique astronomical
l'**astrophysique** *f.* astrophysics
l'**athlète** *m.* athlete
l'**athlétisme** *m.* decathlon
l'**Atlantique** *m.* Atlantic
l'**atmosphère** *f.* atmosphere
l'**attaque** *f.* attack
attendre to wait, to wait for
attentif, attentive attentive
l'**attention** *f.* attention **Attention!** watch out!
attentivement attentively
atterrir to land
attirer to attract
l'**attitude** *f.* attitude
attraper to catch; to get (a disease); **attraper un coup de soleil** to get sunburned
attribuer to attribute
au = à + le; au revoir good-bye
l'**auberge** *f.* inn
aucun none, not a
audacieux, audacieuse audacious
au-dessus above
augmenter to increase
aujourd'hui today
auquel, à laquelle (*pl.* **auxquels, auxquelles**) *see* **lequel**

aussi as, also; **aussi . . . que** as . . . as; **aussi bien** also, as well
aussitôt que as soon as
autant de as much as
autant que as much as
l'**auteur** *m.* author
authentique authentic
l'**auto** *f.* automobile, car
l'**autobus** *m.* bus
l'**autocar** *m.* bus, inter-urban bus
l'**automne** *m.* autumn
l'**automobiliste** *m.* or *f.* driver
l'**autonomie** *f.* autonomy
l'**autoroute** *f.* highway
l'**auto-stop** *m.* hitchhiking
l'**auto-stoppeur** *m.* hitchhiker
autour (de) around
autre other; another
l'**avalanche** *f.* avalanche
avaler to swallow, to swallow up
l'**avance** *f.* advance; **en avance** early, ahead of time
avancer to advance
avant before; **avant de** before; **avant Jésus-Christ** B.C., before Jesus Christ
avant que before
l'**avantage** *m.* advantage
avantageux, avantageuse advantageous, becoming
l'**avarice** *f.* greed
avec with
l'**avènement** *m.* advent
l'**avenir** *m.* future
l'**aventure** *f.* adventure
l'**avion** *m.* airplane
l'**avis** *m.* opinion
l'**avocat** *m.* lawyer
l'**avocat** *m.* avocado
avoir to have; **avoir à** to have to; **avoir l'air (de)** to seem; **avoir besoin (de)** to need; **avoir de la chance** to be lucky; **avoir chaud** to be hot;

avoir droit (à) to have a right (to); **avoir envie (de)** to want; **avoir faim** to be hungry; **avoir froid** to be cold; **avoir une gueule de bois** to have a hangover; **avoir mal (à)** to have a pain (in); **avoir du mal à** to have trouble doing something; **avoir le mauvais numéro** to have the wrong number; **avoir mal au coeur** to feel nauseous, sick; **avoir l'occasion (de)** to have an opportunity (to); **avoir peur (de)** to be afraid (of); **avoir le temps** to have time; **avoir la tête qui tourne** to feel dizzy; **avoir tout raté** to miss everything; **avoir le vertige** to feel dizzy
avril April
ayant having
l'**azur (e)** blue; **la Côte d'Azur** the Mediterranean Coast, the Riviera

B

le **bac**, le **baccalauréat** baccalaureate
le **bagage** baggage
la **bague** ring
la **baguette** a long thin loaf of bread
le **bain** bath; **maillot de bain** bathing suit
se **balader** to stroll
le **balayeur** sweeper
la **ballade** ballad
la **balle** ball
le **banc** bench
le **banquier** banker
le **bar** bar
barbant (e) boring
la **barbe** beard; **quelle barbe!** what a bore!
la **barque** barge
les **bas** *m. pl.* stockings

bas, basse low
basé (e) based
la basilique basilica
le bateau boat
le bâtiment building
bâtir to build
le bâton stick
bavard (e) talkative
bavarder to chat
beau, bel, belle beautiful, handsome
beaucoup a great deal
la beauté beauty
les beaux-arts m. pl. fine-arts
le bébé baby
bel see beau
la Belgique Belgium
belle see beau
le besoin need; avoir besoin (de) to need
la bête beast; adj. silly
le beurre butter
la bibliothèque library
la bicyclette bicycle
bien fine, good, well; aller bien to feel well; bien sûr of course; eh bien! well! très bien fine
bien que although
bientôt soon; à bientôt see you soon
le bifteck steak
le bikini bikini
le billet ticket
la biologie biology
bizarre strange
la blague joke
blanc, blanche white
blessé (e) injured; wounded
bleu (e) blue
blond (e) blond
la blouse smock
le blue-jean blue jeans
bohémien, bohémienne Bohemian
boire to drink
la boisson beverage, drink
la boîte box; boîte de nuit night club

la bombe bomb
bon, bonne good, fine; le bon vivant one fond of good living
le bonbon candy
bondé (e) crowded, packed
bonjour good morning, hello
bonsoir good evening, hello
le bord edge; au bord de la mer at the seashore
bordé (e) bordered
la bouche mouth
la boucherie butcher shop
la boulangerie bakery
le boulevard boulevard
le bouquet bouquet
le bourg borough, burg
bousculer to rush, to push, to hurry
la bouteille bottle
la boutique shop
le bouton pimple; button
le bras arm
bravo! bravo!
bref, brève brief
le Brésil Brazil
la Bretagne Brittany
breton, bretonne Breton
la brièveté brevity
brillant (e) brilliant
le bruit noise
brun (e) brown
bu past part. of boire to drink
le buffet buffet
le bulletin notice; bulletin météorologique weather report
le bureau office; desk; bureau de poste post office; bureau de tabac bar-café (also sells stamps, cigarettes, newspapers, etc.)
la bureaucratie bureaucracy
le but goal; gardien de but goalie
la buvette refreshment stand

C

ça see cela that (fam.)
ça va O.K.
la cabine booth; cabine téléphonique phone booth
cacher to hide
le cadeau gift
le cadre official
le café coffee; café
le cahier notebook
la caisse cashier's desk, window
le calendrier calendar
calme calm
le calme calm
calmer to calm, quiet; se calmer to quiet down
le (la) camarade friend
la campagne country
le camping camping; camp site
le Canada Canada
canadien, canadienne Canadian
le cancre mediocre student who flaunts his indifference
le candidat candidate
la capitale capital
le capitalisme capitalism
le capitaliste capitalist
le caprice caprice
car for, because
le caractère nature, character
caractériser to characterize
caresser to pet
la carotte carrot
le carrefour crossroad
la carte card; carte postale postal card
le cas the case; en tout cas at any rate
casser to break
la catastrophe catastrophe
la cathédrale the cathedral
causatif, causative causative
cause: à cause de because of
la cave cave
ce pron. it, they, these; adj. ce, cet, cette; ces this, that, these; those

ceci this
la **ceinture** belt; **ceinture de sécurité** safety belt
cela that
célèbre famous
célébré (e) celebrated
celui, celle; *pl.* **ceux, celles** *demon. pron.* this, that; these, those
cent hundred; **pour cent** percent
la **centaine** about a hundred
le **centime** cent
central (e) central
le **centre** center
la **céramique** ceramics
le **cercle** circle
certain (e) sure, certain; *pron.* some
certainement certainly
César, Jules Julius Caesar
chacun (e) each, every
la **chaîne** chain; mountain range
la **chaise** chair
chaleureux, chaleureuse warm
la **chambre** room; chamber
le **champagne** champagne
le **championnat** championship
la **chance** luck; **bonne chance** good luck
changer to change; **changer de** to change one thing for another
la **chanson** song; **chanson folklorique** folk song
chanter to sing
le **chanteur** singer
le **chapeau** hat
la **chapelle** chapel
le **chapitre** chapter
chaque each, every
charmant (e) charming
charmer to charm
le **charmeur** charmer; le **charmeur de serpents** snake charmer
chasser to chase
le **chasseur** hunter

le **chat** cat
le **château** castle; **château de sable** sand castle
chaud (e) hot; warm; **avoir chaud** to be hot, warm
le **chauffeur** driver
la **chaussette** sock
la **chaussure** shoe
la **cheminée** chimney; turret
la **chemise** shirt
le **chèque** check
cher, chère dear; expensive; **coûter cher** to be expensive
chercher to look for
chéri (e) dear, darling
le **cheval** horse
chez at the house (office, place) of; **chez nous** at our house, place; **chez vous** at your place (house)
chic smart, stylish
le **chien** dog
le **chiffre** number
la **Chine** China
chinois (e) Chinese
le **chocolat** chocolate
choisir to choose
le **choix** choice
la **chose** thing
chou: le **chou à la crème** cream puff
chrétien, chrétienne Christian
le **christianisme** Christianity
la **cigarette** cigarette
le **cinéma** movies
la **cinématographie** cinematography
cinq five
cinquante fifty
cinquième fifth
la **circonstance** circumstance
la **circulation** traffic
circuler to circulate
les **ciseaux** *m. pl.* scissors
la **cité** city; **la Cité Universitaire** large

residential complex in Paris housing students from many countries
citer to mention
la **civilisation** civilization
civilisé (e) civilized
civiliser to civilize
clair (e) clear
clandestin (e) clandestine
la **classe** class
classifier to classify
la **clef (clé)** key
le **client** customer
le **clignotant** blinker (on a car)
le **club** club
le **coca** Coca-Cola, Coke
le **coeur** heart; **avoir mal au coeur** to feel sick, nauseous
coexister to coexist
le **coffre** trunk (of a car)
cohérent (e) coherent
le **coin** corner
le **collier** necklace
la **collision** collision
la **Colombie** Columbia
la **colonie** colony
la **colonisation** colonization
coloniser to colonize
combien de how much, how many
comique comic
commander to order
comme as; **comme ci comme ça** so-so
commencer to begin
comment how, what
le **commerçant** merchant; **petit commerçant** small businessman
le **commerce** business
commercial (e) commercial
commercialisé (e) commercialized
la **commission** commission
commode convenient
commun (e) common; mutual
la **communication** communication

le **communisme** Communism
la **compagnie** company, business firm
la **comparaison** comparison
comparer to compare
le **compartiment** compartment
la **compassion** compassion
le **compatriote** compatriot
compétent (e) competent
compétitif, compétitive competitive
compléter to complete
compliqué (e) complicated
se **comporter** to behave
composer to compose; to write; to dial
la **composition** composition
comprendre to understand
compris (e) included
compter to count; to intend
concerner to concern; **en ce qui concerne** concerning; with regard to
le **concert** concert
concevoir to conceive
le **concierge**, la **concierge** concierge
conclure to conclude
la **conclusion** conclusion
le **concorde** Concorde (plane)
le **concours** competitive examination
la **condition** condition
conduire to drive
la **conférence** meeting; lecture
confidentiel, confidentielle confidential
conformiste conformist
le **confort** comfort
confortable comfortable
le **congrès** congress
la **connaissance** acquaintance

connaître to know
connu (e) known (*past part.* of **connaître** to know)
la **conquête** conquest
le **conseil** advice; council; **conseil de gestion** administrative council
la **conséquence** consequence
conservateur, conservatrice conservative
conserver to conserve
considérer to consider
constamment constantly
la **construction** construction, building
construire to construct, to build
construit built (*past part.* of **construire** to build)
la **consultation** consultation; doctor's visit
consulter to consult
contemporain (e) contemporary
content (e) happy, pleased
le **continent** continent
continuer to continue
la **contradiction** contradiction
la **contrainte** restraint
contraire contrary; **au contraire de** unlike
le **contraire** contrary; opposite
le **contraste** contrast
contre against; **par contre** on the other hand
contredire to contradict
contribuer to contribute
le **contrôle** hour exam
controversé (e) controversial
convenir à to suit (someone)
la **conversation** conversation
converser to converse
le **copain** pal, chum, friend

la **copie** copy
la **copine** friend
la **Corée** Korea
correct (e) correct
le **correspondant** person calling on the phone; reporter
le **corridor** corridor
corriger to correct
la **corruption** corruption
le **cosmopolitanisme** cosmopolitanism
cosmopolite cosmopolitan
le **costume** costume
la **côte** coast; **la Côte d'Azur** the Mediterranean Coast, the Riviera; **la Côte d'Ivoire** Ivory Coast
le **côté** side; **à côté** nearby; **d'un côté à l'autre** from one end to the other
le **cou** neck
coucher to put to bed; **se coucher** to go to bed
le **coude** elbow
la **couleur** color
le **coup** blow, slap; **coup de fil** phone call; **donner un coup de main** to help out; **coup de soleil** sunburn; **coup de téléphone** phone call; **valoir le coup** to be worthwhile
la **coupe** cut (of clothes)
couper to cut; **se couper** to cut oneself
le **couple** couple
le **courage** courage
courageux, courageuse courageous
couramment fluently
courir to run
le **cours** course
la **course** race; errand; trip; **faire des courses** to do errands
court (e) short; **courts métrages** short films
courtois (e) courtly
le **cousin** la **cousine** cousin

le **couteau** knife
coûter to cost; **coûter cher** to be expensive
coûteux, coûteuse costly
la **coutume** custom
couvert (e) covered (*past part.* of **couvrir** to cover); **couvert (e) de** covered with
le **couvert** covering; **poser le couvert** to set the table
couvrir to cover
craindre to fear
la **cravate** tie
le **crayon** pencil
la **création** creation
crédule credulous
créer to create
la **crème** cream; **à la crème** in cream
crevé (e) exhausted
crier to cry, to shout
le **crime** crime
le **criminel** criminal
la **crise** crisis
la **critique** criticism
le **critique** critic
croire to believe
croissant (e) growing, increasing
le **croissant** crescent-shaped roll
cru believed (*past part.* of **croire** to believe)
cruel, cruelle cruel
cruellement cruelly
cueillir to gather
la **cuillère** teaspoon
la **cuillerée** spoonful, ladleful
la **cuisine** kitchen; cooking; **faire la cuisine** to do the cooking
cuisiner to cook
la **cuisinière** stove; cook
cultivé (e) cultured
cultiver; se cultiver l'esprit to improve one's mind
la **culture** culture
culturel, culturelle cultural

la **cure** visit to a spa
curieux, curieuse curious
le **cyclisme** bicycling

D

la **dame** lady
dangereux, dangereuse dangerous
dans in
danser to dance
la **date** date
dater de to date from
le **dauphin** dauphin (crown prince)
davantage more
de *prep.* of, about, in, from; *art.* some, any
débattre to debate
debout standing
le **début** beginning; **au début** at, in the beginning
la **décadence** decadence
décadent (e) decadent
décembre December
la **déception** disappointment
décevoir to deceive; to disappoint, to be disappointed
décider to decide
la **décision** decision
déclarer to declare
décontracté (e) relaxed
le **décor** setting
décorer to decorate
découragé (e) discouraged
découvrir to discover
décrire to describe
décrocher to take the phone off the hook, to pick up (the receiver)
dedans within
défendu (e) forbidden
le **défilé** parade
déjà already
le **déjeuner** lunch; **petit déjeuner** breakfast
déjeuner to have lunch
délicieux, délicieuse delicious
demain tomorrow; **à demain** see you tomorrow

demander to ask; to demand; **demander pardon** to beg someone's pardon; to ask forgiveness; **se demander** to wonder
démarrer to start
demi (e) half
la **démocratie** democracy
démocratique democratic
la **demoiselle** young lady
la **dent** tooth
dental (e) dental
le **départ** departure
le **département** department
dépasser to exceed; to pass, to overtake
dépêcher to hurry; **se dépêcher** to hurry up
dépenser to spend
déposer to put down
depuis since
déraisonnable unreasonable
le **dérangement** disorder; **en dérangement** out of order
déranger to upset, to disturb
dernier, dernière last
dernièrement recently, lately
des = de + les
dès que as soon as
désagréable disagreeable
le **désastre** disaster
le **descendant** descendant
descendre to come down; to take down
désespéré (e) desperate
le **désir** desire
désirer to wish, to want, to desire
désolé (e) very sorry
le **désordre** disorder
desquels, desquelles *see* **lequel**
le **dessert** dessert
le **dessin** drawing; **dessin animé** cartoon
dessiner to draw; to design

le **détail** detail
détendu (e) relaxed
détestable hateful, terrible
détester to hate, to dislike intensely
détruire to destroy
deux two; **vous deux** both of you
deuxième second
devant in front of, before
devenir to become
la **devise** motto, proverb
le **devoir** duty; homework, lesson
devoir to have to, must; to owe
dévoué (e) devoted
le **dialecte** dialect
le **dialogue** dialogue
la **dictature** dictatorship
le **dieu** god; **Mon Dieu!** good heavens!
la **différence** difference
différent (e) different
difficile difficult, hard
difficilement with difficulty
le **dignitaire** dignitary
le **dimanche** Sunday
la **dinde** turkey
le **dîner** dinner
dîner to have dinner, to dine
le **diplomate** diplomat
diplomatique diplomatic
le **diplôme** diploma
dire to say, to tell
direct (e) direct; **en directe** direct (for a phone call)
directement directly
dirigé (e) directed
diriger to direct; **se diriger** to go
la **discipline** field of study, discipline
la **discothèque** discotheque
discret, discrète discreet
discrètement discreetly
la **discussion** discussion
discuter to discuss
disparaître to disappear
le **dispensaire** dispensary

le **disque** record
distinctif, distinctive distinctive
la **distinction** distinction
distingué (e) distinguished
distinguer to distinguish
la **distraction** distraction
dit said (*past part.* of **dire** to say)
divers different, varied
dix ten
dix-huit eighteen
dix-huitième eighteenth
dix-neuf nineteen
dix-neuvième nineteenth
dix-sept seventeen
dix-septième seventeenth
la **dizaine** (about) ten
docile docile
docilement gently, with docility
le **document** document
dogmatique dogmatic
le **doigt** finger
le **dolmen** dolmen, an ancient stone monument
la **domicile** residence
dominer to dominate
dommage: c'est dommage that's too bad
donc therefore, so; this
le **donjon** dungeon, castle keep
donner to give; **donner des frissons** to give one the shivers; **donner un coup de main** to help out, give a hand; **donner un coup de poing (à)** to punch
dont from, of, with whom, what
dormir to sleep
dorsal (e) back; **épine dorsale** backbone, spine
le **douanier** customs officer
doucement gently, quietly, easily
le **doute** doubt; **sans doute** without a doubt

douter to doubt; **se douter de** to suspect something to be so
douteux, douteuse doubtful
la **douzaine** (about a) dozen
douze twelve
douzième twelfth
draguer to flirt, to try to pick someone up
la **drogue** drug
droit (e) right; **tout droit** straight ahead; **à droite** on, to the right
le **droit** right
drôle funny, amusing
le **druide** druid
du = de + le
dû had to (*past part.* of **devoir** to have to)
duquel *see* **lequel**
dur (e) hard
durer to last
dynamique dynamic

E

l'**eau** *f.* water
l'**échange** *m.* exchange
l'**écharpe** *f.* scarf
échouer to fail
l'**éclair** *m.* eclair
économique economical
écossais (e) Scotch
écouter to hear, to listen to
écraser to crush; to run over
écrire to write
écrit (e) written (*past part.* of **écrire** to write)
l'**écrivain** *m.* writer
l'**édifice** *m.* building
l'**effet** *m.* effect; **en effet** indeed
efficace efficient
l'**effort** *m.* effort
également also
s'**égarer** to get lost
l'**église** *f.* church
l'**élection** *f.* election
élégant (e) elegant
l'**éléphant** *m.* elephant
l'**élève** *m.* or *f.* student

l'**élimination** f. elimination
elle she; her; it
éloigner to move away, to go away; **s'éloigner** to go away
élu (e) elected
l'**émail** m. (pl. **émaux**) enamel
l'**embouteillage** m. traffic jam
embrasser to hug, to kiss
l'**émigration** f. emigration
émigrer to emigrate
émouvant (e) moving
empêcher to prevent; **n'empêche que** nevertheless
l'**employé** m. employee
employer to use
emprunter to borrow
ému (e) moved (past part. of **émouvoir** to affect, to touch)
l'**enceinte** f. enclosure
enchanté (e) delighted; **enchanté (e) de faire votre connaissance** pleased to meet you
encore again, still
encourager to encourage
s'**endormir** to fall asleep
l'**endroit** m. place
énergique energetic
l'**enfant** m. or f. child, baby
enfin finally
l'**énigme** f. riddle
l'**ennemi** m. enemy
l'**ennui** m. boredom
ennuyer to bore
ennuyeux, ennuyeuse boring
énorme enormous
énormément enormously
s'**enrichir** to get rich
l'**enseigne** f. sign
l'**enseignement** m. teaching; **enseignement supérieur** higher education
enseigner to teach
ensemble together
l'**ensemble** m. outfit

ensuite then
s'**ensuivre** to result
entendre to hear; **s'entendre (avec)** to get along (with)
entendu: c'est entendu fine, O.K., agreed
enthousiaste enthusiastic
entier, entière entire, whole
entourer to surround
s'**entraîner** to train
entre between
s'**entrecroiser** to crisscross
l'**entrée** f. entrance
entrer to enter
entre-temps meantime
l'**envie** f. desire; **avoir envie (de)** to long for, want, desire
les **environs** m. pl. vicinity, neighborhood
envoyer to send
l'**épaisseur** f. thickness
l'**épicerie** f. grocery
l'**épicier** m. grocer
l'**époque** f. epoch, age
l'**épouse** f. wife
l'**équipe** f. team
l'**équivalent** m. equivalent
l'**erreur** f. error
l'**escalier** m. stairs
l'**escalope de veau** f. veal scallops
l'**Espagne** f. Spain
l'**espèce** f. species, kind, type
espérer to hope
l'**espoir** m. hope
l'**essai** m. essay
essayer to try, to attempt; to try on
l'**essence** f. gasoline; **être en panne d'essence** to be out of gas
essentiel, essentielle essential
essuyer to dry, to wipe
l'**est** m. east
estimer to estimate; to esteem
l'**estomac** m. stomach

et and
établir to establish
l'**établissement** m. establishment
l'**étage** m. floor (in a building)
étant being
l'**état** m. state
les **États-Unis** m. pl. United States
l'**été** m. summer
été been (past part. of **être** to be)
éteindre to put out (light)
éternuer to sneeze
l'**étoile** f. star
étonnant (e) astonishing
étonner to surprise, amaze
étranger, étrangère strange; foreign; foreigner
être to be; **être à** to belong to; **être à l'aise** to be comfortable; **être collé (e)** to flunk; **être en face** to be opposite, across; **être de garde** to be on duty; **être à l'heure** to be on time; **être de régime** to be on a diet; **être de retour** to be back; **être sans façons** to be informal; **être en train de** to be in the act of
étroit (e) narrow
étroitement narrowly, closely
l'**étude** f. study
l'**étudiant** m. student
l'**étudiante** f. student
étudier to study
eu had (past part. of **avoir** to have)
l'**Europe** f. Europe
l'**Européen** m. European
l'**Européenne** f. European
évaluer to evaluate
l'**événement** m. event
évidemment evidently
l'**évidence** f. evidence
évident (e) evident
éviter to avoid
exactement exactly

exagérer to exaggerate
l'**examen** *m.* examination
examiner to examine
exaspérer to exasperate
excellent (e) excellent
exceptionnel, exceptionnelle exceptional
exceptionnellement exceptionally
excessif, excessive excessive
excessivement excessively
exclusivement exclusively
excuser to excuse
l'**exemple** *m.* example; **par exemple** for example
l'**exercice** *m.* exercise
exilé (e) exiled
existentiel, existentielle existential
exotique exotic
l'**exotisme** *m.* exoticism
l'**expérience** *f.* experience
expert (e) expert
l'**expertise** *f.* expertise
l'**explication** *f.* explanation
expliquer to explain
l'**explorateur** *m.* explorer
l'**explosion** *f.* explosion
l'**exposition** *f.* exhibit
l'**express** *m.* express
l'**expression** *f.* expression
exprimer to express
exquis (e) exquisite
extraordinaire extraordinary
extravagant (e) extravagant
extrême extreme
extrêmement extremely

F

fabriquer to make, to manufacture
la **face** face; **être en face** to be opposite, across; **face à face** opposite, against each other
fâcher to anger; **se fâcher** to get angry
facile easy
la **façon** manner, way; **de cette façon** in that way; **de toute façon** in any case
faible weak
la **faim** hunger; **avoir faim** to be hungry
faire to do; to make; **se faire** to become; **se faire à** to get used to; **s'en faire** to worry, get upset; **faire des consultations** to have office hours; **faire des courses** to do errands; **faire exprès** to do purposely; **faire le ménage** to keep house; **faire jour** to be day (time); **faire du mal** to do harm; **faire nuit** to be night (time); **faire passer le temps** to pass time; **faire une promenade** to take a walk; **faire des scènes** to make a fuss; **faire sensation** to be a hit; **faire du ski nautique** to waterski; **faire le tour du monde** to go around the world; **faire du ski** to go skiing; **faire du sport** to go in for sports; **faire un tour** to go for a stroll; **faire la vaisselle** to do the dishes; **faire un voyage** to travel, to take a trip
le **fait** *m.* fact
fait made, did (*past part.* of **faire** to make, do)
falloir to have to
fameux, fameuse famous
familial (e) family
se **familiariser (avec)** to become familiar (with)
la **famille** family
fanatique fanatic
fantastique fantastic
la **farine** flour
fascinant (e) fascinating
fasciner to fascinate
fatigant (e) tiring
fatigué (e) tired
faut: il faut it is necessary, one must
la **faute** fault
faux, fausse false
féminin (e) feminine
féministe feminist
la **femme** woman, lady
la **fenêtre** window
fermer to close
la **fête** holiday; celebration
fêter to celebrate
le **feu** fire; traffic light; le **feu rouge** red light; **feu vert** green light
février February
les **fiançailles** *f. pl.* engagement
le **fiancé, la fiancée** fiancé; fiancée
la **fièvre** fever
le **file** lane
la **fille** girl
le **film** film
le **fils** son
la **fin** end
final (e) final
finalement finally
financé (e) financed
la **finesse** finesse
finir to finish
fixe fixed, set
fixer to fix
le **flacon** bottle (of perfume)
flâner to stroll
le **flash** flash (for a camera)
la **fleur** flower
la **fois** time; **à la fois** at the same time; **une fois** once; **deux fois** twice; **encore une fois** again
folle *see* **fou** foolish
follement madly, exceedingly
la **fonction** function, purpose
fonctionner to work
fonder to found, to establish

la **force** force
la **forêt** forest
la **forme** form, shape
formidable great, marvelous, wonderful
la **formule** formula
fortifier to fortify
la **fortune** fortune
le **fou** fool, madman
fou, fol, folle foolish, mad
le **fouet** whip
fouiller to search
le **foulard** scarf
la **fourchette** fork
les **frais** *m. pl.* expenses
frais, fraîche fresh
le **franc** franc
français (e) French; **en français** in French
le **Français** Frenchman
la **Française** Frenchwoman
la **France** France
franchement frankly
francophone francophile, French-speaking
le **frein** brake
freiner to brake
fréquenter to frequent
le **frère** brother
la **fresque** fresco
le **frisson** shiver
frivole frivolous
le **froid** cold; **avoir froid** to be cold
froidement coldly
le **fromage** cheese
la **frontière** frontier, border
le **fruit** fruit
frustré (e) frustrated
fumer to smoke
furieusement furiously
furieux, furieuse furious
futur (e) future
le **futur** future tense; **futur antérieur** future perfect tense

G

gagner to win, to earn; **gagner la vie** to earn a living
galant (e) gallant
la **galerie** gallery
gallois (e) Welsh
le **gangster** gangster
le **gant** glove
le **garage** garage
garanti (e) guaranteed
garantir to guarantee
le **garçon** boy; waiter
la **garde** watching; **être de garde** to be on duty
garder to keep
le **gardien** keeper; **gardien de but** goalie
la **gare** station
le **gâteau** cake
gâter to spoil
la **gauche** left; **à gauche** on, to the left
la **Gaule** Gaul
gaulois (e) Gallic
le **gaz** gas
le **général** general
général (e) general; **en général** generally
généralement generally, usually
la **génération** generation
généreux, généreuse generous
le **genou** knee
le **genre** kind; **ce n'est pas mon genre** that's not my type; **de tout genre** of all kinds
les **gens** *m. pl.* people
gentil, gentille nice, pleasant
la **géographie** geography
géographiquement geographically
géométrique geometric
germanique Germanic
la **glace** ice; ice cream
la **gloire** glory
glorieux, glorieuse glorious
la **gorge** throat
gothique gothic
le **goût** taste
goûter to taste
la **goutte** drop
le **gouvernement** government

gouverner to govern
le **gradin** step; **les gradins** tiers in a stadium
grand (e) big, large; tall; la **Grande Bretagne** Great Britain
grandiose imposing
la **grand-mère** grandmother
les **grands-parents** *m. pl.* grandparents
le **gratte-ciel** skyscraper
gratuitement free of charge
grave serious
gravement gravely
graviter to gravitate
le **grec** Greek
la **grippe** flu
gris (e) grey
grotesque grotesque
le **groupe** group
guérir to heal
la **guerre** war
le **guide** guide; guidebook
la **Guinée** Guinea
la **Guyane** Guiana

H

habiller to dress; **s'habiller** to get dressed
l'**habit** *m.* costume, attire
l'**habitant** *m.* inhabitant
l'**habitation** *f.* dwelling
habiter to live, to dwell
l'**habitude** *f.* habit, custom; **d'habitude** usually
***haut (e)** loud; high; **en haut** above, high, on high, up above; la **Haute Volta** Upper Volta
hélas! alas!
l'**hémisphère** *m.* hemisphere
hérité (e) inherited
le **héros**, l'**héroïne** hero, heroine
l'**heure** *f.* hour, time; **à l'heure** on time; **à quelle heure** at what time; **à tout à l'heure** see you later; **être à**

l'heure to be on time; **heure de pointe** rush hour; **quelle heure est-il?** what time is it?
heureusement fortunately
heureux, heureuse happy
hier yesterday; **hier soir** last night
l'histoire *f.* history; story
l'historien *m.* historian
historique historical
l'hiver *m.* winter
l'homme *m.* man; **homme politique** politician; **homme d'affaires** businessman
l'honneur *f.* honor
l'hôpital *m.* hospital
l'horizon *m.* horizon
le °hors-d'oeuvre pre-dinner appetizer
hospitalier, hospitalière hospitable
l'hôtel *m.* hotel; mansion
l'hôtelier *m.* hotel manager
l'hôtesse *f.* hostess
l'huile *f.* oil
°huit eight
°huitième eighth
l'humeur *f.* mood
l'hypocondriaque *m.* or *f.* hypochondriac
hypocrite hypocritical

I

ici here
idéal (e) ideal
idéaliste idealistic
l'idée *f.* idea
idéologique ideological
il he, it; **il y a** there is, there are
l'île *f.* island; **l'Île du Prince-Édouard** *f.* Prince Edward Island
l'illusion *f.* illusion
illustrer to illustrate
imaginer to imagine
l'imbécile *m.* fool, idiot
immangeable inedible
immense immense
l'immeuble *m.* building

immoral (e) immoral
l'imparfait *m.* imperfect tense
impatient (e) impatient
l'imperméable *m.* raincoat
impoli (e) impolite
l'impolitesse *f.* impoliteness
l'importance *f.* importance
important (e) important
impossible impossible
l'impression *f.* impression
impressionner to impress
l'Impressionniste *m.* Impressionist
impressionnant (e) impressive
imprudent (e) imprudent
impulsif, impulsive impulsive
inattendu (e) unexpected
incapable incapable
inconnu (e) unknown
inconstant (e) inconstant
incontestablement incontestably
incroyable incredible, unbelievable
indépendant (e) independent
l'indicatif *m.* indicative mood; area code
indifférent (e) indifferent
indigné (e) indignant
indiquer to indicate, point out
indirect (e) indirect
indispensable indispensable, essential
l'individu *m.* individual
individualiste individualistic
indulgent (e) indulgent
l'industrie *f.* industry
industrieux, industrieuse industrious
inévitable inevitable
infiniment infinitely
l'infirmier *m.*, **l'infirmière** *f.* nurse
inflexible inflexible
l'influence *f.* influence

influencer to influence
l'information *f.* information; news
l'ingénieur *m.* engineer
l'injustice *f.* injustice
innocemment innocently
l'innovation *f.* innovation
inquiet, inquiète worried, concerned
s' **inquiéter** to worry
l'inquiétude *f.* uneasiness
insister to insist
l'insomnie *f.* insomnia
inspecter to inspect
l'inspecteur *m.* inspector
inspiré (e) inspired
l'instant *m.* instant, moment
instantanément instantly
l'institution *f.* institution
l'instruction *f.* instruction
l'insulte *m.* insult
insulter to insult
l'intellectuel *m.* intellectual
intelligemment intelligently
l'intelligence *f.* intelligence
intelligent (e) intelligent
intense intense
intensif, intensive intensive
l'intention *f.* intention
intéressant (e) interesting
s' **intéresser (à)** to be interested (in)
l'intérêt *m.* interest
international (e) international
interroger to interrogate, to question
interurbain (e) long distance; **coup de téléphone interurbain** long distance call
l'interview *m.* interview
l'intonation *f.* intonation
introduire to introduce
inutile useless
l'invalidité *f.* invalidity
l'invasion *f.* invasion
inventé (e) invented

l'**invitation** *f.* invitation
invité (e) invited
l'**invité** *m.* guest
l'**invitée** *f.* guest
inviter to invite
irlandais (e) Irish
irrégulier, irrégulière irregular
l'**irritation** *f.* irritation
l'**Italie** *f.* Italy
italien, italienne Italian
l'**italique** *m.* italics; **en italique** in italics
l'**itinéraire** *m.* itinerary

J

jaloux, jalouse jealous
jamais never; **ne . . . jamais** never (*without* **ne** ever)
la **jambe** leg
janvier January
le **Japon** Japan
le **jardin** garden
jaune yellow
le **jazz** jazz
je I
les **jeans** *m. pl.* jeans
jeter to throw
le **jeton** *m.* token
le **jeu** *m.* game
le **jeudi** Thursday
jeune young; le **jeune** young person; **jeune fille** young girl; **jeunes mariés** newlyweds
la **jeunesse** youth
joli (e) pretty
la **joue** cheek
jouer to play; **jouer au tennis, au golf** play tennis, golf
le **joueur**, la **joueuse** player
le **jour** day; **faire jour** to be day (light); **jour férié** legal holiday; **de nos jours** in our time; **tous le jours** every day
le **journal** newspaper
le **journaliste** journalist
la **journée** day
juger to judge

juillet July
juin June
la **jupe** skirt
jusque until; **jusqu'à** up to; as far as; **jusqu'à ce que** until
juste correct, exact; just
la **justice** justice
justifié (e) justified

K

le **kilo (kilogramme)** kilogram (2.2 lbs.)
le **kilomètre** kilometer (.62 mile)
le **kiosque** stand, stall

L

la *art.* the; *pron.* it; her
là-bas over there
le **laboratoire** laboratory
le **labyrinthe** labyrinth
le **lac** lake
la **laine** wool
laisser to leave; to allow
le **lait** milk
la **lame** blade
lamentable lamentable, sad
lancer to throw, launch
la **langue** language, tongue; **la langue morte** dead language; **langue vivante** modern language
le **lapin** rabbit
large wide
latin (e) Latin
le **lavabo** wash basin
laver to wash; **se laver** to wash (oneself) up
le *art.* the; *pron.* it, him
la **leçon** lesson
légaliser to legalize
léger, légère light
le **légume** vegetable
le **lendemain** day after tomorrow, next day
lent (e) slow
lentement slowly
lequel *m.*, **laquelle** *f.*, **lesquels** *m. pl.*, **lesquelles** *f. pl.*
(contracted with **à** and **de** to **auquel, auxquel(le)s, duquel, desquel(le)s** *rel. pron.* who, whom, which; *interrog. pron.* which (one)
les *art.* the (plural); *pron.* them
la **lettre** letter; **lettres** humanities
leur *adj.* (*pl.* **leurs**) their; *pron.* to them
lever to get up; to raise; **se lever** to get up
la **lèvre** lip
libéral (e) liberal
la **libération** liberation
se libérer to free oneself
la **liberté** liberty, freedom
libre free
librement freely
lier to link, bind
le **lieu** place; **avoir lieu** to take place; **au lieu de** instead of; **donner lieu à** to provoke
la **ligne** line
lire to read
la **liste** list
le **lit** bed
la **littérature** literature
le **livre** book
le **livret scolaire** scholastic record
la **loi** law
loin far; **au loin** in the distance
le **loisir** leisure
long, longue long; **le long de** along
longer to walk along
longtemps for a long time
longuement long, for a long time
lorsque when
louer to rent; to praise
la **Louisiane** Louisiana
lourd (e) heavy
lu read (*past. part.* of **lire** to read)
lui he, him; to him, to her
la **lumière** light

le **lundi** Monday
la **lune** moon
les **lunettes** *f. pl.* eyeglasses
la **lutte** fight
le **luxe** luxury
le **Luxembourg** Luxemburg
le **lycée** high school
Lyon Lyons

M

ma my
la **machine** machine; **machine à laver** washing machine
le **machiniste** machinist
madame Mrs.
mademoiselle Miss
le **magasin** shop, store; **le grand magasin** department store
la **magazine** magazine
magnifique magnificent
mai May
le **maillot: maillot de bain** bathing suit
la **main** hand; **donner un coup de main** to help out
maintenant now
mais but
la **maison** house, home
le **maître** master; teacher
la **maîtresse** mistress
maîtriser to master
majestueux, majestueuse majestic
la **majorité** majority
mal *adv.* badly; **aller mal** to do, go badly; **pas mal** not bad; **pas mal de** a lot of
le **mal** pain, illness; **avoir mal (à)** to have pain (in); **avoir mal au coeur** to feel ill; **avoir mal à la tête** to have a headache
malade ill, sick
le **malade** patient
la **maladie** disease, illness
malgré in spite of
le **malheur** misfortune

malheureusement unfortunately
la **maman** mother
la **manche** sleeve
manger to eat
la **manière** manner, way; **de cette manière** in that way, thus; **de toute manière** anyway
la **manifestation** demonstration
la **manipulation** manipulation
le **manoeuvre** unskilled worker
manquer de to lack
le **manteau** coat
le **marchand** merchant, shopkeeper
le **marché** market; **bon marché** inexpensive
marcher to walk; to go; **ça marche bien** things are going well
le **mardi** Tuesday
le **mari** husband
le **mariage** marriage
marié (e) married
se **marier** to get married
le **marijuana** marijuana
le **Maroc** Morocco
le **Marocain** Moroccan
marron (e) brown
mars March
le **match** match, tournament
la **maternité** maternity
les **mathématiques** *f. pl.* mathematics
la **matière** material, subject (matter)
le **matin** morning
la **matinée** morning
mauvais bad
me me, to me
le **mécanicien** mechanic
la **médaille** medal
le **médecin** doctor
la **médecine** (field of) medicine
médical (e) medical
le **médicament** medicine
médicinal (e) medicinal

médiéval (e) medieval
médiocre mediocre
la **Méditerranée** Mediterranean (Sea)
méditerranéen, méditerranéenne Mediterranean
meilleur, meilleure better; **les meilleurs** the best
mélanger to mix
le **membre** member
même each, every; **le même, la même, les mêmes** same
menaçant (e) menacing
le **ménage** household; **faire le ménage** to keep house, to do housework
le **mendiant** beggar
mener to lead; **mener une vie** to lead a life
le **menteur** liar
mentir to lie
le **menu** menu
le **menuisier** carpenter
la **mer** sea; **au bord de la mer** seashore
merci thank you
le **mercredi** Wednesday
la **mère** mother
mériter to merit, to deserve
mes my (*plural*)
le **message** message
la **messe** mass
la **métaphysique** metaphysics
météorologique weather; **bulletin météorologique** weather report
le **métro** subway
le **metteur en scène** stage director
mettre to place, to put; **mettre la table** to set the table; **se mettre à** to begin to
le **meuble** furniture
le **Mexique** Mexico
le **midi** noon
le **mien (la mienne, les miens, les miennes)** mine

mieux better; **le mieux** best; **valoir mieux** to be better (to)
mignon, mignonne cute, darling
la **migraine** headache
mil thousand
le **milieu** middle; setting; **au milieu** in the middle
le **militaire** soldier
mille thousand
la **mille-feuille** a type of pastry
le **milliard** billion
le **millier** thousand
le **million** million
le **millionnaire** millionaire
le **mime** mime
la **minorité** minority
minuit *m.* midnight
la **minute** minute
miraculeux, miraculeuse miraculous
le **miroir** mirror
mis put (*past part.* of **mettre** to put)
misérable miserable
mitigé: accueil mitigé mixed welcome
la **mode** style, fashion; **à la mode** in fashion, fashionable
le **modèle** model
modéré (e) moderate
moderne modern
modeste modest
moi I, me
moins minus; less; **à moins que** unless; **du moins** at least; **de moins en moins** less and less
le **mois** month
moite moist, damp; humid
la **moitié** half; **à moitié** half
le **moment** moment, instant, time, while; **en ce moment** now, at present
mon my
la **monarchie** monarchy

le **monde** world; **tout le monde** everyone
mondial (e) world-wide
la **monnaie** small change, money, coins
monotone monotonous
le **monsieur** gentleman; Mister
la **montagne** mountain
monter to climb; to take up
montrer to show
le **monument** monument
le **moraliste** moralist
le **morceau** piece, bit
mort (e) dead
la **mort** death
mortel, mortelle mortal
la **mosquée** mosque
le **mot** word
la **moto** motorcycle
la **motocyclette** motorcycle
mourir to die
la **moutarde** mustard
le **mouvement** movement
le **moyen** means; **pas moyen (de)** no way (to)
moyen, moyenne average, middle-level; **Moyen Âge** Middle Ages; **Moyen Orient** Middle East
muet, muette mute, silent
les **munitions** *f. pl.* ammunition
le **mur** wall
le **musée** museum
le **musicien** musician
la **musique** music
musulman (e) Moslem
le **mystère** mystery
mystérieux, mystérieuse mysterious
le **mysticisme** mysticism
mystique mystical
le **mythe** myth

N

nager to swim
naïf, naïve naive
naître to be born
Napoléon Napoleon
le **narrateur** narrator

narratif, narrative narrative
la **nation** nation, country
national (e) national
le **nationalisme** nationalism
la **nature** nature
naturel, naturelle natural
naturellement naturally
ne: ne . . . guère hardly; **ne . . . jamais** never; **ne . . . ni . . . ni** neither . . . nor; **ne . . . personne** no one; **ne . . . plus** no longer; **ne . . . point** not any, none; **ne . . . que** only; **ne . . . rien** nothing
nécessaire necessary
le **négatif** negative
négligent (e) negligent
la **neige** snow
neiger to snow
nerveux, nerveuse nervous
neuf nine
neuf, neuve new
neuvième ninth
le **nez** nose
ni: ne . . . ni . . . ni neither . . . nor
le **noble** noble
noir (e) black
le **nom** name
le **nombre** number
nombreux, nombreuse numerous, many
nommer to name
non no; **non plus** neither
nonchalant (e) nonchalant
le **nom** noun, name
le **nord** north
la **Normandie** Normandy
nos our
la **note** grade, bill
notre our
le **nôtre (la nôtre, les nôtres)** ours
nous us, to us
nouveau, nouvel, nouvelle new; **de nouveau** once again
la **Nouvelle Orléans** New Orleans

les **nouvelles** *f. pl.* news
novembre November
la **nuit** night
nul, nulle none, not a
le **numéro** number

O

obéir to obey
l'**objet** *m.* object
obligatoire compulsory, obligatory
obligé (e) obliged
l'**observation** *f.* observation
observer to observe
l'**obstacle** *f.* obstacle
obtenir to obtain
occidental (e) western
l'**occupation** *f.* occupation
occupé (e) busy; taken, occupied
l'**ocre** *f.* ochre
ocre ochre
octobre October
l'**odeur** *f.* odor
l'**oeil** *m.* (*pl.* **yeux**) eye
l'**oeuf** *m.* egg
l'**oeuvre** *f.* work
officiel, officielle official
offrir to offer
olympique Olympic
l'**omelette** *f.* omelet
on one; we, they (*impersonal*)
l'**oncle** *m.* uncle
onze eleven
l'**opéra** *m.* opera
l'**opération** *f.* operation
l'**opératrice** *f.* telephone operator
l'**opinion** *f.* opinion
optimiste optimistic
or but
oral (e) oral
orange orange
l'**orange** *f.* orange
ordinaire ordinary; **d'ordinaire** usually
l'**ordonnance** *f.* prescription
l'**ordre** *m.* order
l'**oreille** *f.* ear

l'**organisateur** *m.* organizer
l'**organisation** *f.* organization
l'**orient** *m.* Orient, East; **Moyen Orient** Middle East
original (e) original; odd, queer
l'**original** *m.* original
l'**origine** *f.* beginning
oser to dare
ou or
où where; when; **d'où** from whence
oublier to forget
l'**ouest** *m.* west
oui yes
outre beyond; **en outre** moreover; **outre-atlantique** across the Atlantic; **outre-marine** across the sea; **outre-mer** overseas
ouvert (e) open (*past part.* of **ouvrir** to open)
l'**ouvreuse** *f.* usherette
l'**ouvrier** *m.* worker
ouvrir to open

P

le **pacifiste** pacifist
la **page** page
le **pain** bread
la **paire** pair
la **paix** peace, quiet
le **palais** palace
paléolithique paleolithic
le **palmier** palm tree
le **pamplemousse** grapefruit
la **panne** breakdown; **être en panne d'essence** to run out of gas
le **pantalon** trousers, pants
le **pape** pope
le **papier** paper
par by
le **paragraphe** paragraph
paraître to appear; **il paraît que** it seems that
le **parc** park
parce que because
le **pardessus** overcoat

le **pardon** pardon; **pardon!** excuse me!; **demander pardon** to beg someone's pardon
pardonner to pardon, to excuse
pareil, pareille like, similar; **sans pareil** without equal
la **parenthèse** parenthesis; **entre parenthèses** in parentheses
les **parents** *m. pl.* parents; relatives
le **paréo** (Tahitian) sarong
paresseux, paresseuse lazy
parfois sometimes
e **parfum** perfume
le **parfumeur** one who sells perfume
parisien, parisienne Parisian
parler to talk, to speak; **à proprement parler** strictly speaking; **se parler** to talk together, to each other
parmi among
partager to share, to divide
le **parti** (political) party
le **participant** participant
la **participation** participation
participer to participate
particulier, particulière private, particular
particulièrement particularly, especially
la **partie** part
partir to leave, depart; **à partir de** from; as of
partout everywhere
pas: ne ... pas not; **pas mal** not bad; **pas moyen de** no way to
passable passable
le **passager** passenger
le **passant** passer-by
le **passé** past
passé (e) past, last
le **passeport** passport

333

trois cent trente-trois

VOCABULARIES

passer to pass; to go; to spend (time); **en passant** incidentally, once in a while; **se passer** to happen, occur; **passer un examen** to take a test; **passer par** to go by way of
le **passe-temps** pastime
passif, passive passive
la **passion** passion
passionner to fascinate, to enthrall
le **pasteur** minister
le **pâté** meat paste; small pastry filled with meat or fish
la **patience** patience
patienter to be patient, to wait patiently
la **pâtisserie** pastry shop
le **patron** boss, owner of a business
le **pauvre** poor one
payer to pay for
le **pays** country, land
le **paysage** landscape, scenery
la **peau** skin
la **pêche** fishing; **pêche au gros** deep-sea fishing
le **peigne** comb
peindre to paint
la **peine** difficulty; **à peine** hardly; **valoir la peine** to be worthwhile
le **peintre** painter
la **peinture** painting
pendant during; **pendant que** while
pénétrant (e) penetrating
penser to think; **penser à** to have something or someone on one's mind; **penser de** to have an opinion about
perceptible perceptible
perdre to lose; **perdre le nord** to get confused; **perdre du poids** to lose weight; **perdre son temps** to waste one's time

le **père** father
la **période** period
périr to perish
permettre to allow, to permit
persister to persist
le **personnage** person; character (in a play)
la **personne** person
personnel, personnelle personal
personne pron. **ne . . . personne** nobody, no one, anybody; **personne . . . ne** no one
la **perte** loss; **perte de temps** waste of time
pessimiste pessimistic
la **pétanque** bowls (game)
petit (e) little, small; **petit commerçant** small businessman; **petit déjeuner** breakfast; **petit à petit** little by little; **petits pois** peas
peu little; **à peu près** about; **peu à peu** little by little
peuplé (e) inhabited, populated
le **peuple** people
la **peur** fear; **avoir peur** to be afraid
peut-être maybe
la **pharmacie** pharmacy
le **pharmacien** pharmacist
le **philosophe** philosopher
la **philosophie** philosophy
le **phonographe** record player
la **photo** photograph
photographier to photograph
la **phrase** sentence
le **piano** piano
le **pic** mountain peak
le **pichet** pitcher
la **pièce** room; play; coin; **pièce de théâtre** play
le **pied** foot
la **pierre** stone
le **piéton** pedestrian
la **pipe** pipe

le **pique-nique** picnic
pire adj. worse; **le pire** the worst
pis adv. worse; **le pis** the worst; **tant pis** too bad, never mind
la **piscine** swimming pool
pittoresque picturesque
le **placard** poster
la **place** seat; square; **sur place** on the spot
placer to place
la **plage** beach
plaindre to complain; **se plaindre de** to complain about
plaint complained (past part. of **plaindre** to complain)
plaire to please; **s'il vous plaît** please; **se plaire** to enjoy oneself
le **plaisir** pleasure; **avec plaisir** gladly
le **plan** map
la **planète** planet
planter to plant
plat (e) flat
le **plat** dish; **plat du jour** daily specialty
plein (e) full; **en plein air** outdoors
le **pleur** tear
pleuvoir to rain; **il pleut** it's raining
plier to fold, to bend
plu pleased; rained (past part. of **plaire** to please; past part. of **pleuvoir** to rain)
le **pluriel** plural
plus more; **de plus** moreover; **de plus en plus** more and more; **en plus** in addition, besides; **ne . . . plus** no more, no longer; **non plus** neither, either
plusieurs several
plutôt que rather
le **pneu** tire
la **poche** pocket
le **poème** poem

le **poète** poet
le **poids** weight; **perdre du poids** to lose weight
le **point: point de vue** opinion
point: ne . . . point not any, none, not (*emphatic*)
la **pointe** tip; **heure de pointe** rush hour
la **poire** pear
le **pois** pea; **petits pois** peas
le **poisson** fish
la **poissonnerie** fish store
la **poitrine** chest
le **poivre** pepper
poli (e) polite
la **police** police
le **policier** policeman
poliment politely
la **politesse** politeness, courtesy
la **politique** politics
politique political; **homme politique** politician
polluer to pollute
la **pollution** pollution
polytechnique polytechnic
la **pomme** apple
le **pont** bridge
populaire popular
la **popularité** popularity
la **population** population
la **pornographie** pornography
le **port** harbor; port
la **porte** door, gate
le **portefeuille** wallet
porter to wear; to bear
le **portrait** portrait
le **Portugal** Portugal
poser to put; to put down; to ask; **poser le couvert** to set the table; **poser des questions** to ask questions
posséder to possess
possessif, possessive possessive
la **possibilité** possibility

possible possible
la **poste** mail; **bureau de poste** post office; **employé de poste** mail clerk
le **poste** post
pour for; **pour cent** per cent; **pour une fois** once and for all; **pour que** so that, in order that
le **pourboire** tip
pourpre purple
pourquoi why
pourtant nevertheless
pouvoir to be able (to)
pratiquer to practice
précédent (e) preceding
précis (e) precise
précisément precisely, exactly
prédire to foretell, to predict
préférable perferable
préféré (e) preferred
préférer to prefer
la **préhistoire** prehistoric times
préhistorique prehistoric
le **préjugé** prejudice
préjugé (e) prejudiced
premier, première first
prendre to take; **prendre du poids** to put on weight
la **préoccupation** preoccupation
préparer to prepare
près de near
la **présence** presence
le **présent** present tense
présent (e) present
présenter to present
préservé (e) preserved
le **président** president
présidentiel, présidentielle presidential
presque almost
la **presse** press; **pressé** in a hurry
prêt (e) ready
prétendre to claim, to assert

prêter to lend
prévenir to warn
préventif, préventive preventive
prévoir to foresee
prévu (e) foreseen (*past part.* of **prévoir** to foresee)
prier to pray; to ask, to request
principal (e) principal, chief
le **principe** principle; **en principe** in theory
le **printemps** spring
pris took (*past part.* of **prendre** to take)
privé (e) private
privilégié (e) privileged
le **prix** price; prize
probable probable; **peu probable** unlikely
probablement probably
le **problème** problem
prochain (e) next
produire to produce
le **produit** product
le **professeur** teacher
la **profession** profession
professionel, professionelle professional
profitable profitable
profond (e) profound, deep
le **programme** program
le **progrès** progress
la **prohibition** prohibition
le **projet** project, plan
projeter to project
prolonger to prolong
la **promenade** walk, stroll
se **promener** to stroll, to walk
la **promesse** promise
promettre to promise
le **pronom** pronoun
prononcer to pronounce
propager to spread
la **proportion** proportion
propos: à propos de concerning, about
proposer to propose

la **proposition** proposition
propre own
le **prospectus** prospectus, brochure
prospère prosperous
prospérer to prosper
la **prostitution** prostitution
la **protection** protection
le **protectorat** protectorate
protéger to protect
protester to protest
le **proverbe** proverb
la **province** province
provoquer to provoke
la **prudence** prudence
prudent (e) prudent, wise, cautious
le **psychiatre** psychiatrist
la **psychologie** psychology
pu could (*past part.* of **pouvoir** to be able)
le **public** public
public, publique public
la **publication** publication
puis then
le **pull** pullover

Q

le **quai** dock
la **qualité** quality
quand when
quant à as for
quarante forty
le **quart** quarter
le **quartier** neighborhood; le **Quartier Latin** Latin Quarter
quasi almost
quatorze fourteen
quatre four
quatre-vingt-dix ninety
quatre-vingts eighty
quatrième fourth
que what; **ne . . . que** only; **qu'est-ce que** what?
qu'est-ce que c'est? what is it?
quel, quelle which, what
quelconque of some kind or other

quelque some, a few; something, somewhat; **quelque chose** something
quelquefois sometimes
quelqu'un (e) someone (*pl.* **quelques-uns, quelques-unes** some)
la **question** question
la **queue** line
qui who; whom; **avec qui** with whom; **chez qui** at whose house; **pour qui** for whom; **qui est-ce qui?** who? **qui est-ce que?** who? **qu'est-ce qui?** what?
la **quinzaine** (about) fifteen
quinze fifteen
quitter to leave; **ne quittez pas** please hold on (telephone)
quoi what, which
quoique although

R

raccrocher to hang up (phone)
raconter to tell
le **raisin** grape
la **raison** reason; **avoir raison** to be right
raisonnable reasonable
raisonner to reason
ralentir to slow down
la **rame** ream
ranger to put away
rapide rapid, swift
rapidement quickly
le **rapide** rapid train
la **rapidité** rapidity
rappeler to call back; to remind; **se rappeler** to remember
rapporter to bring back
rare rare
rater to miss (train, bus, plane)
ravissant (e) ravishing, lovely
le **rayon** department (in a store)

la **réaction** reaction
réactionnaire reactionary
réaliser to realize
réaliste realistic
la **réalité** reality
la **récapitulation** recapitulation
récemment recently
récent (e) recent
le **récepteur** receiver (phone)
la **réception** reception
recevoir to receive
recommencer to start again
recomposer to redial
reconnu recognized (*past part.* of **reconnaître** to recognize)
reçu received (*past part.* of **recevoir** to receive); **être reçu (e)** to pass an examination, be admitted
reculer to step back
redire to say again
redoubler to increase; to repeat
réfléchir to reflect
le **réfrigérateur** refrigerator
refuser to refuse
le **regard** look
regarder to look at
le **régime** diet
la **région** region
régional (e) regional
la **règle** rule
le **règne** reign
regretter to regret
régulièrement regularly
rejoindre to join, meet
relatif, relative relative
religieux, religieuse religious
relire to read again
remarquable remarkable
remarquer to remark
rembourser to reimburse
le **remède** remedy
remercier to thank
remettre to hand in; to put back in place; to

postpone; **se remettre** to get better, to feel better
remonter to date back; to get in again
le **rempart** rampart
remplacer to replace
remplir to fill
le **Renaissance** Renaissance
rencontrer to meet
le **rendez-vous** appointment
rendre to give back; to return; **rendre visite à** to visit; **se rendre compte de** to realize
renommé (e) famous
renseigné (e) informed
le **renseignement** information
la **rentrée** resumption of classes in the fall
rentrer to return, to come back, to go home
le **repas** meal
répéter to repeat
répondre to answer
la **réponse** answer
le **repos** rest
se **reposer** to rest
représenter to represent
la **réservation** reservation
réserver to reserve
résigner to resign
respecter to respect
responsable responsible
ressembler to resemble
le **restaurant** restaurant
le **reste** remainder
rester to remain
le **résultat** result
résumer to summarize
rétablir to reestablish
le **retard** delay; **en retard** late
le **retour** return
retourner to return
retrouver to meet, to find
réussir to succeed; to pass (an examination)
le **rêve** dream
le **réveil** alarm clock
réveiller to wake, to waken; se **réveiller** to wake up

revenir to come back
rêver to dream
revêtu (de) covered (with)
revoir to see again; to revise, to review; **au revoir** good-bye
la **révolte** revolt
la **révolution** revolution
révolutionnaire revolutionary
le **revolver** revolver
la **revue** magazine
le **rhumatisme** rhumatism
le **rhume** cold
riche rich
la **richesse** wealth, richness
ridicule ridiculous
rien: de rien not at all, you're welcome; **ne . . . rien** nothing; **rien . . . ne** nothing; **rien de spécial** nothing special
rire to laugh
risquer to risk
le **rite** rite
la **robe** dress
rocheux, rocheuse rocky
le **rock** rock music
le **roi** king
le **rôle** role, part
romain (e) Roman
le **roman** novel
le **romancier** novelist
roman (e) Romanesque
rompre to break off
le **rond** round
rond (e) round
le **rosbif** roast beef
rose rosy, pink
rosé (e) rosy, light red
rouge red
la **route** road, highway; **en route** on the way
royal (e) royal
la **rue** street
le **rugby** rugby
russe Russian

S

sa his, her
le **sac: sac à main** pocketbook

sacré (e) sacred
sadique sadist
le **saint** saint
saint (e) saintly
le **Saint-Laurent** Saint Lawrence (River)
la **saison** season
la **salade** salad
le **salaire** wages, salary
le **salarié** wage earner
sale dirty
la **salle** room; **salle à manger** dining room; **salle de cinéma** movie (theater); **salle de classe** classroom
le **salon** living room
le **salut** greeting
le **samedi** Saturday
le **sandwich** sandwich
sans without; **sans doute** no doubt; **sans que** without
la **santé** health
la **sauce** sauce
sauf except
sauver to save
savoir to know
scandaliser to shock, to scandalize
la **scène** scene
sceptique skeptical
la **science** science
le **sculpteur** sculptor
la **sculpture** sculpture
la **séance** session, performance, showing
sec, sèche dry
sécher (un cours) to skip (a class)
secondaire secondary
le **secret** secret
secret, secrète secretive
le (la) **secrétaire** secretary
la **sécurité** security; la **sécurité sociale** social security
séduire to attract, to entice
seize sixteen
le **sel** salt
la **semaine** week
sembler to seem

le **séminaire** seminar
le **sénateur** senator
le **sens** direction; **sens unique** one way
sensationnel, sensationnelle sensational
le **sens** sense
sentimental (e) sentimental
sentir to feel; to smell
séparément separately
séparer to separate
sept seven
septembre September
septième seventh
sérieusement seriously
sérieux, sérieuse serious
serré (e) tight
serrer to hug, to hold tight; to tighten; **serrer la main** to shake hands
la **serveuse** waitress
le **service** service
la **serviette** napkin
servir to serve; **se servir de** to use
ses his, her
seul (e) alone, only
seulement only
sévère severe, strict
si if
le **siècle** century
le **sien** (la **sienne**, les **siens**, les **siennes**) his, hers
le **signe** sign
le **silence** silence
simple simple
le **singe** monkey
le **singulier** singular
sinon if not
la **situation** situation
situé (e) situated, located
six six
sixième sixth
le **ski** skiing; **ski nautique** water skiing; **station de ski** ski resort
skier to ski
le **socialiste** socialist
la **société** society; company (business)
la **sociologie** sociology
le **sociologue** sociologist

la **soeur** sister
la **soie** silk
la **soif** thirst; **avoir soif** to be thirsty
soigner to take care of
le **soir** evening
la **soirée** evening
soixante sixty
le **solde** surplus; **en solde** on sale
le **soleil** sun; **coup de soleil** sunburn
solitaire solitary
la **solitude** solitude
la **sollicitude** solicitude
la **solution** solution
sombre dark, somber
la **somme** total
le **sommeil** sleep; **avoir sommeil** to be sleepy
le **sommet** summit
somptueux, somptueuse sumptuous
son his, her
le **son** sound
le **sondage** survey
sonner to ring
la **sorte** kind
sortir to go out, to leave
soudain (e) sudden; suddenly
soudainement suddenly
souffrir to suffer
souhaitable desirable
le **soulier** shoe
la **soupe** soup
sourd (e) deaf
le **sourire** smile
sous under
le **souvenir** souvenir
souvent often
spécial (e) special
se spécialiser to specialize
le **spécialiste** specialist
la **spécialité** specialty
le **spectacle** spectacle
le **spectateur** spectator
splendide splendid
spontané (e) spontaneous
spontanément spontaneously
le **sport** sport
le **sportif** sportsman

sportif, sportive sport; athletic
le **stade** stadium
la **station** station; resort; **station de ski** ski resort
stationner to park; **se stationner** to be parked
la **statue** statue
le **stéréo** stereo
le **stéréotype** stereotype
stimulant (e) stimulating
le **store** window shade
stricte strict
stupide stupid
le **style** style
stylisé (e) stylized
su knew (*past part.* of **savoir** to know)
subir to undergo
le **subjonctif** subjunctive mood
subtil (e) subtle
le **succès** success
le **sucre** sugar
le **sud** south
suffisant (e) sufficient, enough
suggéré (e) suggested
la **Suisse** Switzerland
suisse Swiss
la **suite** continuation, consequence; **par la suite** later
suivant (e) following, according to
suivi followed (*past part.* of **suivre** to follow)
suivre to follow; to take (a course)
le **sujet** subject
superbe superb
superflu (e) superfluous
supérieur (e) higher, upper-level
le **supermarché** supermarket
supersonique supersonic
le **supplément** supplement
supposer to suppose
suprême supreme
sur on
sûr (e) sure, certain; **bien sûr** of course

338

trois cent trente-huit

VOCABULARIES

sûrement surely
surhumain (e) superhuman
le surpeuplement overpopulation
surprendre to surprise
le sursaut jump; en sursaut with a start
surtout above all, especially
suspect (e) suspicious
la sympathie sympathy
sympathique (sympa) likable, nice
la symphonie symphony
le symptôme symptom
le système system

T

ta your
le tabac tobacco
la table table
le tableau painting
le tablier apron
tâcher to try
le tact tact
la taille size
le tailleur tailor
taire to keep quiet; se taire to say nothing, to be silent
tandis que while
tant (de) so much, so many; tant pis never mind, too bad
la tante aunt
taper to tap, to strike; taper sur les nerfs to get on one's nerves
la tapisserie tapestry
tard late
le tarif tariff, fare
le tas pile
la tasse cup
tâter to feel
le taxi taxi
te you, to you
la technologie technology
technologique technological
le teint complexion
tel, telle such
le téléphone telephone
téléphoner to telephone
téléviser to televise
la télévision television
tellement so
le temple temple
le temps time; weather; à temps on time; de temps en temps from time to time; de tous temps in all ages; en même temps at the same time; quel temps fait-il? what's the weather like? temps de loisir leisure time
la tendance tendancy
la tentation temptation
terminal (e) terminal, last
terminer to end, to terminate
le terrain ground
la terrasse outdoor sitting area in front of a café; terrace
la terre land; par terre on the ground
terriblement terribly
le territoire territory
tes your
la tête head; avoir mal à la tête to have a headache; avoir la tête qui tourne to be dizzy; en tête-à-tête intimate
le texte text, textbook
le Thanksgiving Thanksgiving
le thé tea
le théâtre theater
le tien (la tienne, les tiens, les tiennes) yours
tiens! well! so! hey!
le timbre stamp
timide timid
le tissu fabric
toi you
le toit roof
la tomate tomato
le tombeau tomb
tomber to fall; tomber malade to get sick
ton your
la tonalité dial tone
le tort wrong; avoir tort to be wrong
le torticolis stiff neck
tôt soon
total (e) total
toujours always
la tour tower
le tour turn; faire un petit tour to take a stroll; tour de force feat (of strength); Tour de France annual bicycle race
le tourisme tourism
le touriste tourist
touristique touristic
le tourment torment
tourner to turn; avoir la tête qui tourne to be dizzy
le tournoi tournament
la tourtière Canadian meat pie
tousser to cough
tout (e) (tous, toutes) adj. all; tout le monde everybody; tous les trois all three
tout adv. quite, very; tout de même even so; tout à fait completely; tout en haut very high (up); tout à l'heure shortly; à tout à l'heure see you later; tout en parlant while speaking; tout de suite at once
la trace trace
la tradition tradition
traditionaliste traditionalist
traditionel, traditionelle traditional
traduire to translate
le train train; être en train de to be (doing something)
traiter to treat
la tranche slice
tranquil, tranquille quiet
tranquillement quietly
le transistor transistor (radio)
le travail work

travailler to work
traverser to cross
treize thirteen
trente thirty
très very
la **tribu** tribe
tricher to cheat
triste sad
trois three; **tous les trois** all three
troisième third
tromper to deceive, to fool; **se tromper** to be mistaken
trop too much
le **trou** hole
troublant (e) disturbing
trouver to find; **se trouver** to find oneself; to be (located)
le **T-shirt** T-shirt
tu you
la **tuberculose** tuberculosis
la **Tunisie** Tunisia
la **tyrannie** tyranny

U

l'**ulcère** *m.* ulcer
un, une one, a, an
unique only; **sens unique** one way
universitaire university; **restaurant universitaire** cafeteria
l'**université** *f.* university
l'**urbanisme** *m.* urbanism
l'**urgence** *f.* emergency
l'**usage** *m.* usage
l'**usine** *f.* factory
utile useful
utiliser to use
l'**utilité** *f.* usefulness

V

les **vacances** *f. pl.* vacation; **vacances scolaires** school vacation; **les grandes vacances** summer vacation
vagabond (e) wandering, roving

vaincu conquered (*past part.* of **vaincre** to conquer)
la **vaisselle** dishes
la **valise** valise
la **vallée** valley
valoir to be worth; **valoir le coup** to be worth the trouble; **valoir mieux** to be better; **valoir la peine** to be worthwhile
valu worth (*past part.* of **valoir** to be worth)
vanter to laud
variable variable
varié (e) varied
varier to vary
la **variété** variety
le **vase** vase
vaste vast
le **veau** calf; veal
vécu lived (*past part.* of **vivre** to live)
véhément (e) vehement
véhémentement vehemently; violently
le **vendeur** seller; salesman
vendre to sell
le **vendredi** Friday
venir to come; **venir de faire quelque chose** to have just done something
le **ventre** stomach
le **verbe** verb
verdoyant (e) green, verdant
la **vérité** truth
le **verre** glass; drink; **prendre un verre** to have a drink
vers toward
vert (e) green
vertige: avoir le vertige to feel dizzy
la **vertu** virtue
le **vêtement** garment; *pl.* clothing
veuillez please, kindly
vexé (e) vexed, hurt
la **viande** meat
le **vice** vice

vice versa vice versa
le **victime** victim
vide empty
la **vie** life
le **vieillard** old man
le **Viêt-Nam** Vietnam
vieux, vieil, vieille old
vif, vive bright
la **vigne** vine
le **vignoble** vineyard
la **villa** country home
le **village** village
la **ville** city; **en ville** downtown, in town
le **vin** wine
le **vinaigre** vinegar
vingt twenty
la **violence** violence
violer to violate
le **visage** face, countenance
la **visite** visit; **visite à domicile** house call
visiter to visit
la **vitamine** vitamin
vite quick, quickly, fast
le **vitrail** stained-glass window
la **vitrine** store window
vivant (e) alive
le **vivant** living person; **de son vivant** while he was alive
vivre to live
le **vocabulaire** vocabulary
voici here is, here are
voilà there is, there are; **me voilà** here I am
la **voile** sail; **faire de la voile** to go sailing
voilé (e) veiled
voir to see
le **voisin,** la **voisine** neighbor
la **voiture** car; **voiture à bras** pushcart
la **voix** voice
voler to fly
le **voleur** thief
vos your
voter to vote
le **voteur** voter
votre your

le **vôtre, les vôtres** yours
vouloir to wish, to want; to be willing to; **en vouloir à** to be unhappy, angry with
voulu wanted (*past part.* of **vouloir** to want)
vous you, to you; **vous deux** both of you
le **voyage** trip; **voyage d'affaires** business trip
voyager to travel
vrai (e) true
vraiment truly, really
vu saw (*past part.* of **voir** to see)

W

le **wagon** car (of a train); **wagon restaurant** dining car

le **week-end** weekend
le **whisky** whisky

Y

les **yeux** *m. pl.* eyes (*sing.* **l'oeil**)
le **yoga** yoga

Z

zut! darn it!

english-french vocabulary

The following abbreviations have been used:

fam. familiar
f. feminine
m. masculine
indef. art. indefinite article
adj. adjective
vb. verb
interr. interrogative
inv. invariable
poss. possessive

pers. personal
subj. subject
dir. direct
imperf. imperfect
adv. adverb
pron. pronoun
rel. relative
vb. verb

A

a *indef. art.* un, une
absent absente
accomplish accomplir
adore adorer
afraid: to be afraid of avoir peur de
afternoon après-midi *m.*
age âge *m.*; **how old are you?** quel âge avez-vous?
agree être d'accord
airport aéroport *m.*
already déjà
also aussi
always toujours
A.M.: (nine) A.M. (neuf heures) du matin
American *adj.* américain (e)
and et
angry: to get angry se fâcher
answer répondre
any longer ne . . . plus
apartment appartement *m.*

April avril *m.*
Argentina Argentine *f.*
around autour
arrive arriver
ask: ask a question about poser une question sur
aspirin aspirine *f.*
at à
atmosphere atmosphère *f.*
August août *m.*
aunt tante *f.*
autumn automne *m.*

B

back: to go back (home) rentrer; **to be back** être de retour
bad: that's too bad c'est dommage
baggage bagage *m.*
bakery boulangerie *f.*
bathroom salle de bains *f.*
be être
beautiful beau (bel, belle)
become devenir

bed lit *m.*; **to put to bed** coucher
beer bière *f.*
before (*in time*) avant
begin commencer
Belgium Belgique *f.*
belong to être à, appartenir à
big grand (e)
biology biologie *f.*
book livre *m.*
boy garçon *m.*
Brazil Brésil *m.*
bread pain *m.*
bring apporter
brother frère *m.*
brown brun (e), marron (*inv.*)
build bâtir
bus autobus *m.*
but mais
butcher shop boucherie *f.*; charcuterie *f.* (for pork and prepared meats)
buy acheter

C

café café *m.*
call appeler, téléphoner (on telephone)
can pouvoir
Canada Canada *m.*
candy bonbon *m.*
carrot carotte *f.*
castle château *m.*
century siècle *m.*
certainly certainement
change l'échange *m.*
child enfant *m.*
city ville *f.*
class cours *m.*, classe *f.*
close *vb.* fermer
coffee café *m.*
cold cuts charcuterie *f.*
come venir; **come from** venir de
come back revenir
comfortable confortable
competent compétent (e)
conversation conversation *f.*
cook *vb.* cuisiner
cost *vb.* coûter
cough tousser
courage courage *m.*
course cours *m.*
of course bien sûr
crazy fou, fol, folle
customer client *m.*
customs agent douanier *m.*
cutlet escalope *f.*

D

December décembre *m.*
design dessiner
difficult difficile
dinner dîner *m*; **to have dinner** dîner
do faire; **don't you? doesn't it?** n'est-ce pas?
doctor médecin *m.*
door porte *f.*
doubt *vb.* douter
draw dessiner
dress robe *f.*
drink *vb.* boire
drink boisson *f.*; **to get a drink** prendre une boisson, prendre un verre
driver le conducteur, le chauffeur

E

early tôt
egg œuf *m.*
elegant élégant (e)
eleven onze
end la fin
England Angleterre *f.*
English *adj.* anglais (e)
enjoy oneself s'amuser
enough assez
even so quand même
exam examen *m.*
excuse: excuse me excusez-moi
exhausted épuisé (e)
eye œil *m.*

F

fantastic fantastique
fast vite
father père *m.*
favorite favori (favorite)
February février *m.*
feel: to feel like avoir envie de
feminine féminin (e)
fever fièvre *f.*; **to have a fever** avoir de la fièvre
finally finalement
find trouver
finish finir
fireplace cheminée *f.*
flu grippe *f.*
fly *vb.* voler
for pour; depuis; pendant
fortunately heureusement
France France *f.*
French *adj.* français (e)
Frenchman Français *m.*
Friday vendredi *m.*
friend ami *m.*, amie *f.*
front: in front of devant
fruit fruit *m.*; **fruit and vegetable merchant** marchand *m.* de quatre-saisons

G

garden jardin *m.*
Germany Allemagne *f.*
get prendre, recevoir; **to get out** sortir; **to go to get** aller chercher; **to come to get** venir chercher; **to get up** se lever; **to get home** rentrer; **to get on** monter; **to get off** descendre; **to get dressed** s'habiller; **to get in, to get into** entrer, monter
girl fille *f.*
give donner; **to give back** rendre
go aller; **it is going to** il va; **to go away** partir, s'en aller; **to go along with** venir avec, accompagner; **to go to bed** se coucher; **to go down** descendre; **to go in** entrer; **to go out** sortir
good bon (bonne); **good morning** bonjour; **good-bye** au revoir
grade (in school) note *f.*
grandfather grand-père *m.*
grandmother grand-mère *f.*

H

half demi(e)
ham jambon *m.*
handsome beau (bel, belle)
happen arriver
happy heureux (heureuse), content (e)
hat chapeau *m.*
hate *vb.* détéster
have avoir; **to have something to eat or drink** prendre quelque chose; **to have to** devoir
he il, lui, ce (c')
hear entendre
hello bonjour; allô (on the telephone)

help aider
her *pers. pron.* la, lui, elle; *poss. adj.* son, sa, ses
here ici
hers le sien, la sienne, les siens, les siennes
hi! bonjour!
him *pers. pron.* le, lui; *poss. adj.* son, sa, ses; **his** *poss. pron.* le sien, la sienne, les siens, les siennes
homework devoir *m.*
hope *vb.* espérer
hospital hôpital *m.*
hot chaud (e); **it is hot** (weather) il fait chaud; **to be hot** avoir chaud
hour heure *f.*; **a half hour** une demi-heure; **in one hour** dans une heure
house maison *f.*; **to leave the house** quitter la maison
how comment; **how are you?** comment allez-vous? **how do you say . . . ?** comment dit-on . . . ?
hungry: to be hungry avoir faim
hurry: hurry up dépêchez-vous
hurt: to have a pain in . . . avoir mal à . . .

I

I je, moi; **I'm O.K., so-so** je vais assez bien; **I'm fine/well.** je vais bien
illness maladie *f.*
in dans; **in front of** devant; **in French** en français; **in order to** pour
instant le moment
intelligence intelligence *f.*
intelligent intelligent (e)
interesting intéressant (e)
invite inviter
it *subj. pron.* il, elle, ce (c'); *dir. obj. pron.* le, la, l'; *ind. obj. pron.* y; **of it** en

J

January janvier *m.*
Japan Japon *m.*
job travail *m.*
journalist journaliste *m./f.*
juice jus *m.*
July juillet *m.*
June juin *m.*

K

key clef *f.* / clé *f.*
king roi *m.*
know savoir, connaître

L

lack *vb.* manquer de
last dernier (dernière); **last week** la semaine dernière; **last night** hier soir
late tard; **to be late** être en retard
leave *vb.* partir, sortir, quitter
lecture conférence *f.*
letter lettre *f.*
life vie *f.*
like *vb.* aimer
little *adj.* petit (e); **a little** un peu
long long (longue)
look: to look (seem) avoir l'air; **to look at** regarder; **to look for** chercher; **it looks very well on you** cela vous va très bien
lot: a lot beaucoup
Lyon Lyons

M

magazine magazine *m.*, revue *f.*
magnificent magnifique
man homme *m.*
many beaucoup de
March mars *m.*
May mai *m.*
me me, moi
milk lait *m.*

mine le mien, la mienne, les miens, les miennes; **it is a friend of mine** c'est un ami (une amie) à moi
miss mademoiselle
mistake erreur *f.*
Monday lundi *m.*
money argent *m.*
monument monument *m.*
more plus
morning matin *m.*, matinée *f.*
mother mère *f.*
movies cinéma *m.*
much beaucoup
mussels moules *f.pl.*
must devoir
my mon, ma, mes; **my name is . . .** je m'appelle . . .

N

name nom *m.*
necessary nécessaire
necklace collier *m.*
need *vb.* avoir besoin de
neither: neither . . . nor ne . . . ni . . . ni . . .
nephew neveu *m.*
never jamais, ne . . . jamais
new nouveau (nouvel, nouvelle)
nice gentil (gentille)
niece nièce *f.*
no non, ne . . . pas de; **no one** personne, ne . . . personne
noon midi *m.*
North Africa Afrique *f.* du Nord
not ne . . . pas
nothing rien, ne . . . rien, **nothing else** rien d'autre
November novembre *m.*
now maintenant

O

October octobre *m.*
of course bien sûr

often souvent
O.K. d'accord
only *adv.* seulement, ne . . . que
open *vb.* ouvrir
or ou
other autre
our notre, nos
ours le nôtre, la nôtre, les nôtres
outfit ensemble *m.*

P

painter peintre *m.*
painting peinture *f.*, tableau *m.*
park parc *m.*
party soirée *f.*
pastry shop pâtisserie *f.*
patience patience *f.*
peas petits pois *m. pl.*
person personne *f.*
photograph photo *f.*
picnic pique-nique *m.*
place: to take place avoir lieu
plan plan *m.*
plane avion *m.*
play *vb.* jouer; **to play tennis** jouer au tennis
please s'il vous plaît
P.M.: (two) P.M. (deux heures) de l'après-midi; **(ten) P.M.** (dix heures) du soir
point: point of view point *m.* de vue
Portugal Portugal *m.*
prefer préférer
pretty joli (e)
price prix *m.*
put mettre; **to put to bed** coucher

Q

quarter quart *m.*
quickly vite

R

rain pluie *f.*
rare rare
rash bouton *m.*
raw cru (e)
read lire
really vraiment
require avoir besoin de
reservation réservation *f.*
response réponse *f.*
rest *vb.* se reposer
restaurant restaurant *m.*
return *vb.* retourner, revenir, rendre
rice riz *m.*
rich riche
right: to be right avoir raison
room chambre *f.*, pièce *f.*
run courir
Russian (language) russe *m.*; *adj.* russe

S

same le même, la même, les mêmes
Saturday samedi *m.*
say dire
scarf foulard *m.*; **écharpe** *f.*
school école *f.*
see voir; **see you later** à tout à l'heure
seem (appear) avoir l'air
sell vendre
seminar séminaire *m.*
sensational sensationnel, sensationelle
September septembre *m.*
serious sérieux (sérieuse)
set: to set the table mettre le couvert
shoe soulier *m.*
short court (e)
shout *vb.* crier
silk soie *f.*
silver argent *m.*
since depuis
Sir Monsieur
sister sœur *f.*
sit s'asseoir
six six
ski *vb.* faire du ski
sleep dormir
sleepy: to be sleepy avoir sommeil
small petit (e)
snow neige *f.*; **to snow** neiger
so that pour que
some du, de la, de l', des, en
something quelque chose
soon: as soon as aussitôt que
sorry: to be sorry regretter
Spain Espagne *f.*
speak parler
splendid splendide, superbe
sports sports *m. pl.*
spring printemps *m.*
stand up se lever
start *vb.* commencer
station gare *f.*
steak bifteck *m.*
stomach ache mal au ventre *m.*; **to have a stomach ache** avoir mal au ventre
stop *vb.* arrêter, s'arrêter
store magasin *m.*
student étudiant *m.*, étudiante *f.*
study *vb.* étudier
succeed *vb.* réussir
suddenly soudainement
sugar sucre *m.*
suit complet *m.*, costume *m.*
suitcase valise *f.*
summer été *m.*
sun soleil *m.*
Sunday dimanche *m.*
sunny: it is sunny il fait du soleil
supermarket supermarché *m.*
suppose supposer
sure: to be sure être certain (e)
sweater pull *m.*
swimming pool piscine *f.*
Switzerland Suisse *f.*
symptom symptôme *m.*

T

take prendre; **to take a walk** faire une promenade; **to take place** avoir lieu; **to take an exam** passer un examen; **how long does**

it take? combien de temps faut-il?
talk *vb.* parler; **to talk about/over** parler de
teacher professeur *m.*
telephone téléphone *m.*, téléphoner *v.*
television télévision *f.*
ten dix
terrace terrasse *f.*
test test *m.*, examen *m.*
than que; **more (less)... than** plus (moins)... que
thank *vb.* remercier; **thank you** merci
their *poss. adj.* leur, leurs; *pron.* le leur, la leur, les leurs
then alors, ensuite, puis
there is/are il y a; voilà
they ils *m.*, elles *f.*, on
think croire, penser; **to think of** (have an opinion of) penser de; **to think of/about** (*i.e.* a person) penser à; **to think so** croire que oui
thirsty: to be thirsty avoir soif
three trois
Thursday jeudi *m.*
ticket billet *m.*
tie cravate *f.*
time temps *m.*, heure *f.*, fois *f.*, moment *m.*; **what time is it?** quelle heure est-il? **to have enough time** avoir assez de temps; **on time** à l'heure; **some time ago** il y a quelque temps; **the first time** la première fois; **several times** plusieurs fois; **for a long time** depuis longtemps
tired fatigué (e)
to à, dans, pour
today aujourd'hui
tomorrow demain
tonight ce soir
too trop; aussi

traffic circulation *f.*
train station gare *f.*
travel *vb.* voyager
trip voyage *m.*
true vrai (e)
trunk coffre *m.*
try (on) essayer
Tuesday mardi *m.*
two deux

U

uncle oncle *m.*
United States Etats-Unis *m.pl.*
university université *f.*
until jusqu'à, jusqu'à ce que; **until tomorrow** à demain
used to *expressed by imperf.*

V

veal veau *m.*
vegetable légume *m.*
very très
virtue vertu *f.*
visit *vb.* visiter; **visit (a person)** rendre visite à

W

wait attendre
waiter garçon *m.*
wake up se réveiller
walk *vb.* aller à pied; **to take a walk** faire une promenade, se promener
walk promenade *f.*
want vouloir
was: I was j'étais, j'ai été
watch *vb.* regarder
water-ski faire du ski nautique; **water-skiing** ski *m.* nautique
we *subj. pron.* nous
wear *vb.* porter, mettre
wedding mariage *m.*
Wednesday mercredi *m.*
weekend le week-end
well bien; **I am well** je vais bien
what *interr. adj.* quel, quelle, quels, quelles; *interr. pron.* que; (after

prepositions) quoi; **what time?** quelle heure?; **what is your name?** comment vous appelez-vous?
when quand
where où
which *adj. interr.* quel, quelle, quels, quelles; *pron. rel.* que; *pron. interr.* lequel, laquel, lesquels, lesquelles
who *interr. pron.* qui? qui est-ce qui? *rel. pron.* qui; lequel, laquelle, lesquels, lesquelles
whom *interr. pron.* qui? qui est-ce que?; *rel. pron.* que; lequel, laquelle, lesquels, lesquelles; **of whom** dont, de laquelle, duquel, desquels, desquelles; **to whom** à qui
why pourquoi
wife femme *f.*
wine vin *m.*
winter hiver *m.*
with avec
without sans
woman femme *f.*
wonder *vb.* se demander
wool laine *f.*
work travailler; **work** travail *m.*
world monde *m.*
worry *vb.* s'inquiéter
write écrire
wrong: what's wrong? qu'est-ce qui ne marche pas?

Y

year an *m.*, année *f.*
yes oui
you vous (*formal*), tu (*fam.*), te, toi
young jeune
your ton, ta, tes; votre, vos
yours le tien, la tienne, les tiens, les tiennes; le vôtre, la vôtre, les vôtres

Grammatical Index

à
   contractions with **le, les** 34
adjectives
   comparative 116–17
   comparison of equality 117
   demonstrative 20–21
   gender of 18–19, 43–45
   indefinite 237
   plural of 19, 45
   position of 19, 45–46
   possessive 76–77
   superlative 117
adverbs
   comparative and superlative 119
   formation of 119
   position of 118–19
aller
   future 235
   in expressions about health 31
   + infinitive 31
   present indicative 31
   present subjunctive 206
articles
   definite 16, 84
   gender of 16–17
   indefinite 16–17, 59–60
   omission of 17
   partitive 58–60
avoir
   + **à** 187
   expressions with 42–43
   future 235
   imperative 152
   passé composé 131–33
   present indicative 42
   present subjunctive 205–06

beau 45
bien
   comparative and superlative of 119

boire
   past participle 148
   present indicative 96
bon
   comparative 117
   superlative 117

capitalization 5
ce
   c'est, ce sont 20–21
   vs. **il** 221
conditional
   formation of 262
   usage 262–63
   with *if*-clauses 263
conditional perfect
   formation of 268
   usage 268–69
   with *if*-clauses 269
conduire 179
conjunctions
   with future 235
   with future perfect 245
   with subjunctive 218–19
connaître 188–89
croire
   past participle 148
   present indicative 96

dates 84
days of the week 83–84
de
   contractions with **le, les** 35
   instead of **des** before pl. adj. 60
   with definite article in partitive sense 58–59
depuis 247–48
devoir 223–24
   future 235
diacritical marks 5

347
trois cent quarante-sept   **VOCABULARIES**

dire
  past participle 148
  present indicative 96

écrire
  past participle 148
  present indicative 147

en
  + present participle 272
  pronoun 60, 95, 137

-er verbs
  conditional 262
  conditional perfect 268
  future 234–35
  imperative 152
  imperfect 162–63
  orthographic changes 120–21, 234–35
  present indicative 6–7
  present subjunctive 201
  preterite 288

être
  future 235
  imperative 152–53
  imperfect 162–63
  passé composé 134–35
  present indicative 14–15
  present subjunctive 205–06

expletive **ne** 219

expressions
  dates 84
  days of the week 83–84
  months 83
  seasons 83
  time and duration 247–49, 260–61
  time of day 64–66
  weather (with **faire**) 90–91
  with **faire** 91

faire
  ça fait 248
  expressions with 90–91
  future 235
  + infinitive (**faire causatif**) 270–71
  present indicative 90
  present subjunctive 206

falloir 186–87
  future 235
  present subjunctive 206

future
  aller + infinitive 31
  formation of 234–35
  irregular future stems 235
  orthographic changes in 234–35
  with *if*-clauses 235

future perfect
  formation of 244–45
  uses 244–45

if-clauses 235, 262–63, 269
  time sequences 269

il y a 248–49

imperative 152–53

imperfect
  formation of 162–63
  of **être** 163
  orthographic changes 163
  usage of 163
  vs. **passé composé** 164–65

impersonal **il** 220–21
  + **faire** expressing weather 90–91

impersonal verbs
  see **falloir, pleuvoir, valoir,** and special uses of **faire**

infinitive
  as an object 161
  as a subject 160–61
  past infinitive 161
  vs. subjunctive 204
  with a preposition 161

interrogative
  adjectives 79–80
  pronouns 80–81

-ir verbs
  conditional 262
  conditional perfect 268
  future 234
  imperative 152
  imperfect 162–63
  present indicative (like **finir**) 62
  present indicative (like **partir**) 78

present subjunctive 201
preterite 288

lire
  past participle 148
  present indicative 96

mal
  comparative and superlative of 119

mauvais
  comparative 117
  superlative 117

mettre
  past participle 148
  present indicative 146–47
months 83

negatives 32–33, 176–78
nouns
  gender 18, 19
  plural 18
nouveau 45
numbers
  cardinal 48–49, 63–64
  collective 108
  ordinal 108

ouvrir 246

partitive 58–60
passé composé 131–33, 134–35
  vs. imperfect 164–65
  vs. preterite 430
passive voice 258–59
past participle
  formation of 132
  irreg. past participles 133, 148–49
  used as an adjective 132
plaindre 193
plaire (à) 208
pleuvoir
  future 235
  present subjunctive 206
pluperfect 222
possessive pronouns 232–33
pouvoir
  future 235
  past participle 148

present indicative 130
present subjunctive 206
prendre
  past participle 148
  present indicative 147
prepositions
  à and **de** 34–35
  contractions with 34–35, 104
  en + present participle 272
  with geographical names 150–51
present participle 271–72
preterite
  of regular verbs 288
  of irregular verbs (verb charts) 297–312
  vs. **passé composé** 289
pronouns
  demonstrative 21, 190
  direct object 92–93
  en 60, 95
  indefinite 237–38
  indirect object 94–95
  on 15
  possessive 232–33
  relative 103–05, 190
  stressed 174–75
  subject 6–7
pronunciation
  intonation 181
  liaison 194–95
  of consonants 84–85, 97–98, 109, 125–26
  of nasal consonants 137–38
  of nasal vowels 67
  of semi-vowels 154–55
  of the unstable /ə/ 166–67
  of vowels 22–23, 36, 49–50
punctuation 6

questions 28–30

recevoir 239
reflexive verbs 122–24
-re verbs (regular)
  conditional 262
  conditional perfect 268
  future 234
  imperative 152

imperfect 162–63
present indicative 102–03
present subjunctive 201
preterite 288

savoir 188
future 235
past participle 188
present indicative 188
present subjunctive 206
seasons 83
subjunctive, present
formation of irregular
verbs 206
regular verbs 201
uses of 200–02, 203–04,
218–19, 221
vs. infinitive 204
suivre 246

time of day 64–66

valoir 208
venir
future 235
past participle 149
present indicative 106
venir de + infinitive 106
vieux 45
voilà 248
voir
future 235
present indicative 96
vouloir
+ **bien** 131
+ **dire** 131
future 235
imperative 153
present indicative 130
present subjunctive 206

weather (expressions with
faire) 90–91

y 136–37

photo credits

by page number

Michel Simonet, Rapho Photo Researchers: 3; HRW: 2, 26, 72, 171, 173, 198 (top), 217 (top), 242 (left), 255, 265; Janine Niépce: 2, 12, 40, 173 (top), 184 (bottom), 216 (bottom), 231, 267 (2); Helena Kolda: 10, 12-13, 13 (2), 27, 36, 37, 38, 41 (3), 50, 70, 72, 88, 100 (top), 101 (top left and right), 114 (2), 115 (2), 158 (left), 184 (left), 199 (top), 209, 242, 243 (right), 252 (2), 257 (4), 267 (right), 282; J. Gerard Smith, Monkmeyer: 24; Marc Riboud, Magnum: 26; © Universal Photo: 27; Bernard Chelet: 55, 75 (top), 185 (top), 256 (bottom); French Government Tourist Office: 56, 57, 256 (middle), 280; Ciccione, Rapho Photo Researchers: 57 (left); Knecht: 57 (right), 252 (middle); French Embassy Press and Information Division: 72 (bottom left), 158 (right), 159 (top), 169, 170, 182 (top), 199 (bottom), 254 (2), 280 (right); Canadian Office of Tourism: 74, 86; Iris Kleinman: 75 (bottom); Canadian Government Travel Bureau: 75 (middle), 85; Belgian Tourist Bureau: 85 (bottom); Design Photo International: 101 (bottom); French Cultural Services: 110, 243 (left), 264; Photo Unifrance film: 113 (3—Philippe R. Doumic (right), Etienne George (bottom)); Photo Alphapress: 112; Air France: 114 (top), 182 (bottom); François Vikar: 128 (top), 198 (bottom); Hugh Rogers, Monkmeyer: 89, 226; Roger Viollet: 89 (2); French National Railroad: 128 (bottom); Swiss National Tourist Office: 129 (left top and bottom); Club Méditerrannée: 144 (2), 145 (2), 155, 156; Gisèle Freund, Monkmeyer Press: 159 (bottom); Guide Michelin Rouge: 168; Robert Rapelye, Editorial Photocolor Archives: 172 (top); Susan McCartney, Photo Researchers: 172-3 (bottom); Rapho Photo Researchers: 180; Laurence Brun: 185; Chris Black, Rapho Photo Researchers: 213; Carl Frank, Rapho Photo Researchers: 216 (left); Silberstein, Monkmeyer Press: 217 (bottom); Russell Dian: 230; Alan Keler, Editorial Photocolor Archives: 230 (right), 231; Peter Buckley: 267; Mario Rossi, Rapho Photo Researchers: 279; Les Editions d'Art: 280; Jimmy Fox, Magnum: 284; Sybil Shelton, Monkmeyer Press: 285 (2).

Cover photograph

Frances Bannett, Design Photographers International.

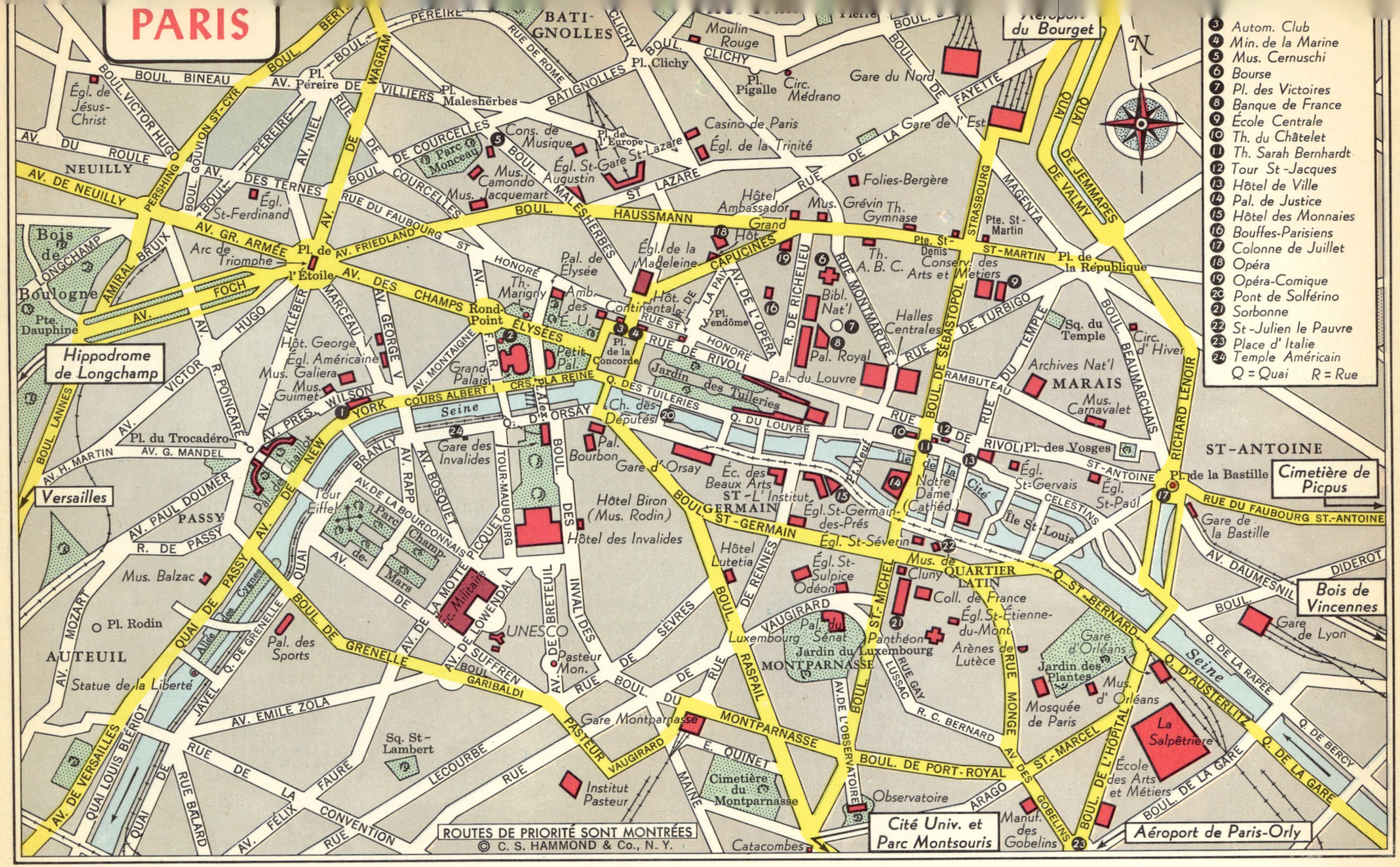
PARIS
3 Autom. Club
4 Min. de la Marine
5 Mus. Cernuschi
6 Bourse
7 Pl. des Victoires
8 Banque de France
9 École Centrale
10 Th. du Châtelet
11 Th. Sarah Bernhardt
12 Tour St-Jacques
13 Hôtel de Ville
14 Pal. de Justice
15 Hôtel des Monnaies
16 Bouffes-Parisiens
17 Colonne de Juillet
18 Opéra
19 Opéra-Comique
20 Pont de Solférino
21 Sorbonne
22 St-Julien le Pauvre
23 Place d'Italie
24 Temple Américain
Q = Quai R = Rue
Aéroport du Bourget
Hippodrome de Longchamp
Versailles
Cimetière de Picpus
Bois de Vincennes
Aéroport de Paris-Orly
Cité Univ. et Parc Montsouris
ROUTES DE PRIORITÉ SONT MONTRÉES
© C. S. HAMMOND & Co., N. Y.

FRANCE

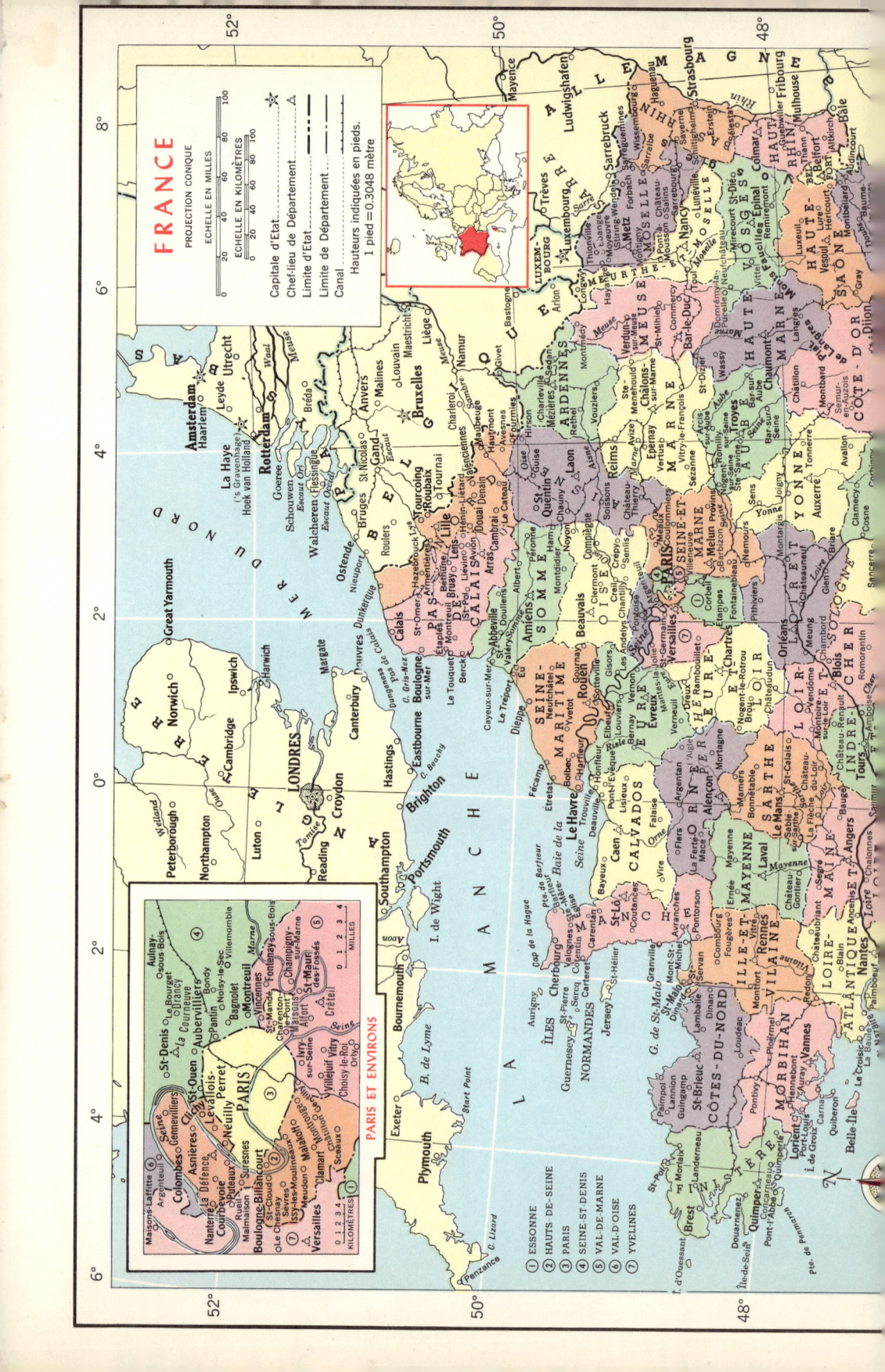

PROJECTION CONIQUE

ECHELLE EN MILLES
ECHELLE EN KILOMÈTRES

Capitale d'Etat
Chef-lieu de Département
Limite d'Etat
Limite de Département
Canal
Hauteurs indiquées en pieds.
1 pied = 0,3048 mètre

PARIS ET ENVIRONS

① ESSONNE
② HAUTS-DE-SEINE
③ PARIS
④ SEINE-ST-DENIS
⑤ VAL-DE-MARNE
⑥ VAL-D'OISE
⑦ YVELINES

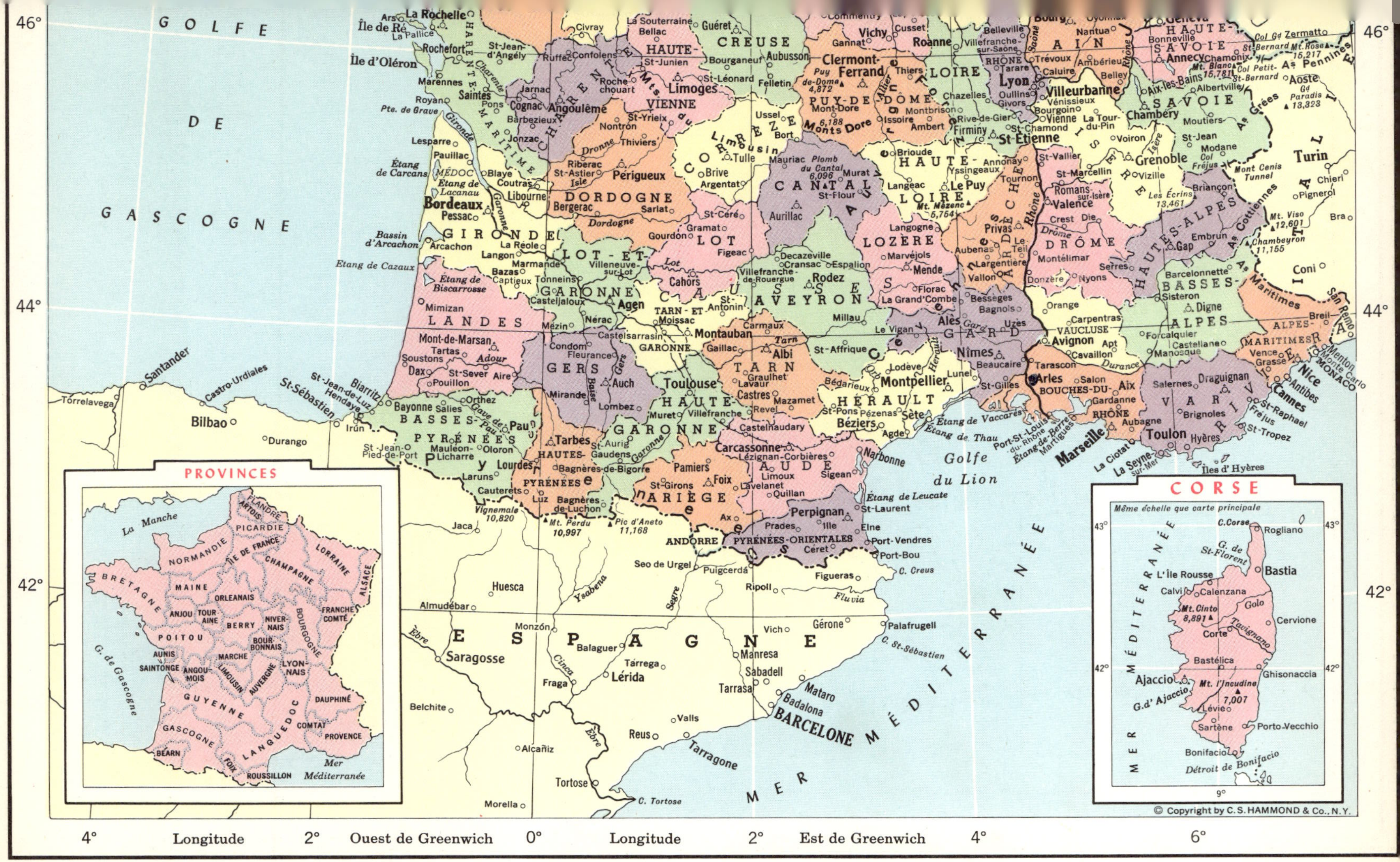
GOLFE DE GASCOGNE
MER MÉDITERRANÉE
Golfe du Lion
ESPAGNE
HAUTE-VIENNE
CREUSE
CHARENTE
CHARENTE-MARITIME
DORDOGNE
CORRÈZE
CANTAL
PUY-DE-DÔME
LOIRE
HAUTE-LOIRE
RHÔNE
AIN
HAUTE-SAVOIE
SAVOIE
ISÈRE
DRÔME
ARDÈCHE
HAUTES-ALPES
BASSES-ALPES
ALPES-MARITIMES
VAUCLUSE
BOUCHES-DU-RHÔNE
VAR
GARD
HÉRAULT
LOZÈRE
AVEYRON
LOT
TARN
TARN-ET-GARONNE
LOT-ET-GARONNE
GIRONDE
LANDES
GERS
HAUTE-GARONNE
BASSES-PYRÉNÉES
HAUTES-PYRÉNÉES
ARIÈGE
AUDE
PYRÉNÉES-ORIENTALES
ANDORRE
MONACO
ITALIE
Bordeaux
Toulouse
Marseille
Montpellier
Lyon
Grenoble
Nice
Perpignan
Clermont-Ferrand
Limoges
BARCELONE
Saragosse
Bilbao
Turin
PROVINCES
FLANDRE
ARTOIS
PICARDIE
NORMANDIE
ÎLE DE FRANCE
CHAMPAGNE
LORRAINE
ALSACE
BRETAGNE
MAINE
ORLEANAIS
ANJOU
TOURAINE
BERRY
NIVERNAIS
BOURGOGNE
FRANCHE COMTÉ
POITOU
BOURBONNAIS
AUNIS
SAINTONGE
ANGOUMOIS
MARCHE
LIMOUSIN
AUVERGNE
LYONNAIS
DAUPHINÉ
GUYENNE
GASCOGNE
BÉARN
FOIX
LANGUEDOC
ROUSSILLON
COMTAT
PROVENCE
La Manche
G. de Gascogne
Mer Méditerranée
CORSE
Même échelle que carte principale
Bastia
Ajaccio
Corte
Bonifacio
Détroit de Bonifacio
Mt. Cinto 8,891
Mt. l'Incudine 7,007
4° Longitude 2° Ouest de Greenwich 0° Longitude 2° Est de Greenwich 4° 6°
46°
44°
42°

FRANCE

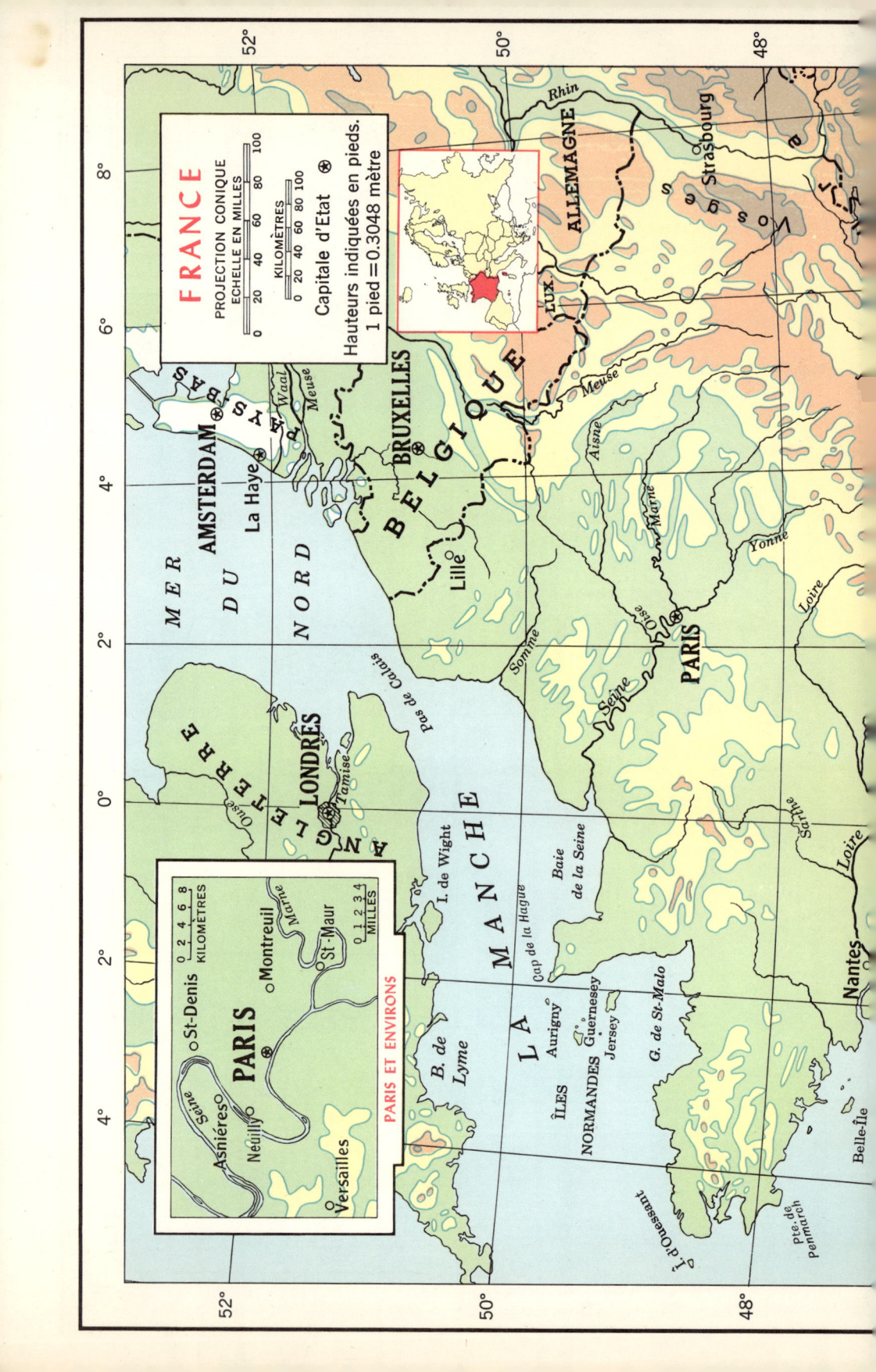

PROJECTION CONIQUE
ÉCHELLE EN MILLES

KILOMÈTRES

⊛ Capitale d'État

Hauteurs indiquées en pieds.
1 pied = 0.3048 mètre

PARIS ET ENVIRONS

KILOMÈTRES
MILLES

St-Denis
Asnières
Neuilly
PARIS
Montreuil
St-Maur
Seine
Marne
Versailles

ALLEMAGNE
Rhin
Strasbourg
Vosges
Meuse
LUX.
BELGIQUE
BRUXELLES
PAYS-BAS
AMSTERDAM
La Haye
Waal
Meuse
Lille
MER DU NORD
Aisne
Marne
Yonne
Somme
Oise
PARIS
Seine
Loire
Pas de Calais
ANGLETERRE
LONDRES
Tamise
Ouse
I. de Wight
B. de Lyme
LA MANCHE
Cap de la Hague
Baie de la Seine
Aurigny
Guernesey
Jersey
ÎLES NORMANDES
G. de St-Malo
Sarthe
Loire
Nantes
Belle-Île
I. d'Ouessant
pte. de Penmarch

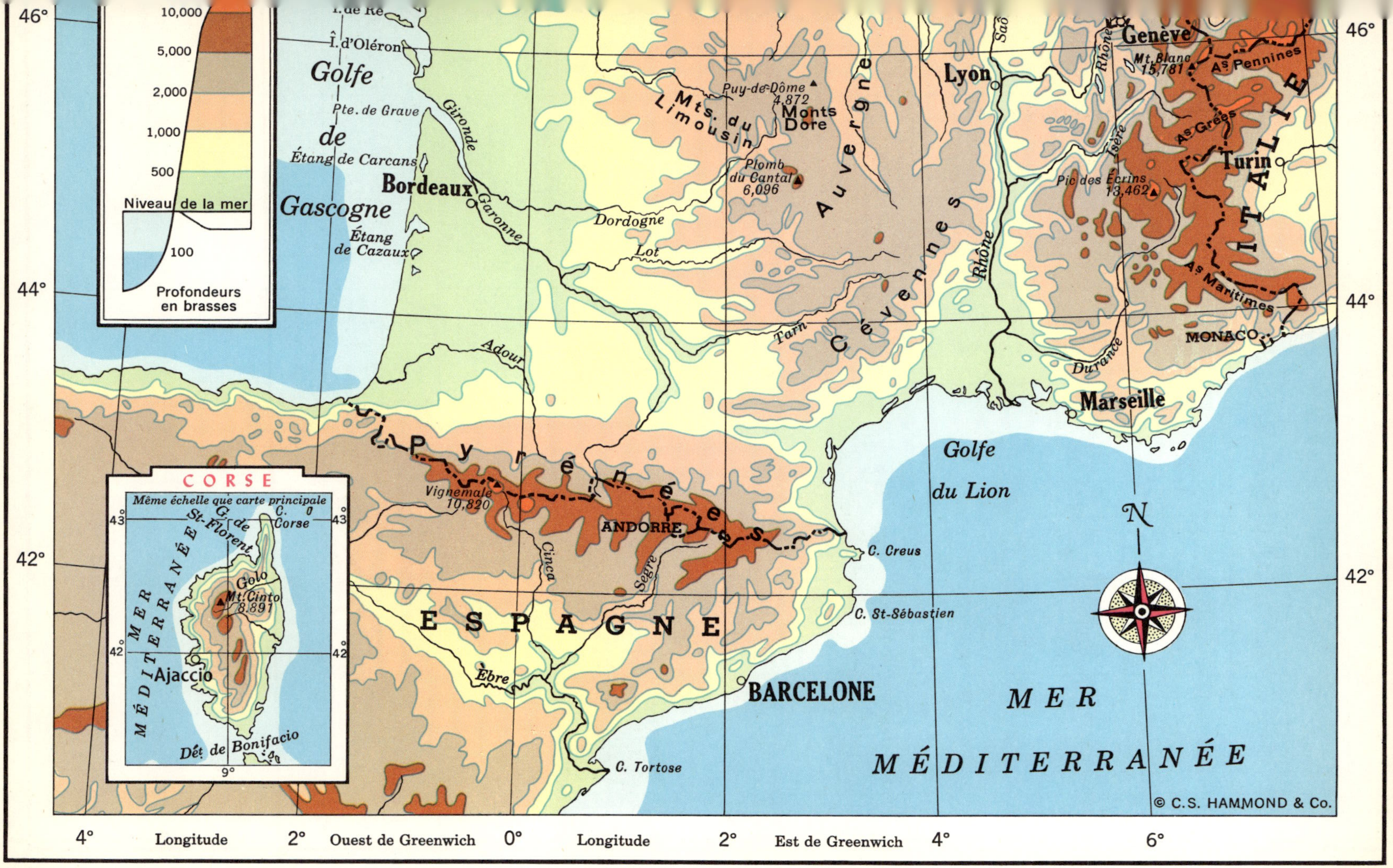
46°
44°
42°
10,000
5,000
2,000
1,000
500
Niveau de la mer
100
Profondeurs en brasses
Î. de Ré
Î. d'Oléron
Golfe de Gascogne
Pte. de Grave
Gironde
Étang de Carcans
Bordeaux
Garonne
Étang de Cazaux
Dordogne
Lot
Adour
Mts. du Limousin
Puy-de-Dôme 4,872
Monts Dore
Plomb du Cantal 6,096
Auvergne
Cévennes
Tarn
Lyon
Rhône
Saô
Genève
Mt. Blanc 15,781
As. Pennines
As. Grées
Isère
Turin
ITALIE
Pic des Écrins 13,462
As. Maritimes
MONACO
Durance
Marseille
Golfe du Lion
Pyrénées
Vignemale 10,820
ANDORRE
Cinca
Segre
C. Creus
C. St-Sébastien
ESPAGNE
Èbre
BARCELONE
C. Tortose
MER MÉDITERRANÉE
CORSE
Même échelle que carte principale
G. de St-Florent
C. Corse
Golo
Mt. Cinto 8,891
Ajaccio
MER MÉDITERRANÉE
Dét de Bonifacio
43°
42°
9°
© C.S. HAMMOND & Co.
4° Longitude 2° Ouest de Greenwich 0° Longitude 2° Est de Greenwich 4° 6°

MAPPEMONDE

PROJECTION DE MERCATOR
ÉCHELLE A L'EQUATEUR

MILLES
0 500 1000 1500 2000 2500

KILOMÈTRES
0 500 1000 1500 2000 2500

Capitales d'Etats ●

© C.S. HAMMOND & Co., Maplewood, N.J.

Territoire à langue française

World Map (French)

Latitudes (top)
60° 40° 20° 0° 20° 40° 60° 80°

Greenland / Arctic
- MER DE LINCOLN
- TERRE DE PEARY
- TERRE DU ROI FRÉDÉRIC VIII
- Bassin de Kane
- Thule
- Baie de Baffin
- GROENLAND (Dan.)
- Upernavik
- Godhavn
- Détroit de Davis
- TERRE DU ROI CHRISTIAN IX
- Bras Scoresby
- Angmagssalik
- Godthaab
- Reykjavik — ISLANDE
- Frederikshaab
- C. Farewell
- C. Chidley — Julianehaab
- ARCHIPEL FRANÇOIS JOSEPH
- I. Graham Bell
- I. Wilczek
- SVALBARD (SPITZBERG) (Nor.)
- Terre du Nord-Est
- Spitzberg Occ.
- I. Edge
- I. de l'Ours (Nor.)
- NOVAÏA ZEMLIA
- MER DU GROENLAND
- MER DE BARENTS
- MER DE KARA
- I. Jan Mayen (Nor.)
- Détroit du Danemark
- Cercle Polaire Arctique
- MER DE NORVÈGE

Europe
- Is. Féroé (Dan.)
- Is. Shetland
- Is. Orcades
- Is. Hébrides
- ROYAUME-UNI
- Glasgow
- IRLANDE
- Londres
- MER DU NORD
- Copenhague
- PAYS-BAS
- BELG.
- ALLEM.
- Berlin
- Paris — FRANCE
- G. de Gascogne
- C. Finisterre
- PORTUGAL
- Lisbonne
- C. St-Vincent
- Dét. de Gibraltar
- ESPAGNE
- Madrid
- Barcelone
- Marseille
- Milan
- SUISSE
- AUTR.
- Vienne
- TCHÉCO.
- POLOGNE
- Varsovie
- HONGRIE
- ROUM.
- YOUGO.
- Belgrade
- Bucarest
- BULGARIE
- Rome — Sicile
- Sardaigne
- Athènes — GRÈCE
- TURQUIE
- CHYPRE
- MER MÉDITERRANÉE
- Tromsø
- Is. Lofoten
- C. Nord
- Mburmansk
- MER BLANCHE
- Arkhangelsk
- Oslo
- Stockholm
- Helsinki
- Tallinn
- Leningrad
- Riga
- Kalinin
- Vilnius
- Moscou
- Minsk
- Kiev
- Kharkov
- Odessa
- Istanbul — MER NOIRE
- Ankara
- L. Onega
- L. Ladoga
- NORVÈGE — SUÈDE — FINLANDE
- MER BALTIQUE

USSR / Asia
- UNION DES RÉPUBLIQUES SOCIALISTES SOVIÉTIQUES
- Perm
- Gorki
- Kazan
- Sverdlovsk
- Tcheliabinsk
- Omsk
- Tomsk
- Novo-Sibirsk
- Rés. Kouibychev
- Mouibychev
- Voronej
- Saratov
- Volgograd
- Astrakhan
- Rostov
- Tbilissi
- Bakou
- MER D'ARAL
- Karaganda
- Semipalatinsk
- Alma-Ata
- Tachkent
- Douchanbe
- Ourountchi
- SINKIANG
- CHINE
- TIBET
- Lhassa
- Kaboul — AFGHANISTAN
- Rawalpindi
- PAKISTAN
- Delhi
- New Delhi
- NÉPAL
- Calcutta
- INDE
- Bombay
- Hyderabad
- Bangalore
- Madras
- CEYLAN
- Colombo
- C. Comorin
- LAQUEDIVES (Inde)
- IS. MALDIVES
- Tehran
- IRAN
- Bagdad
- Bassora
- SYRIE
- LIB.
- ISR.
- JOR.
- Le Caire
- Alexandrie
- Benghazi
- Tripoli
- Tunis
- Alger
- Rabat
- Casablanca
- Madère (Port.)
- IS. CANARIES (Esp.)
- IFNI
- El Aaiún
- SAHARA ESP.
- MAROC
- ALGÉRIE
- LIBYE
- ÉGYPTE
- Suez
- Er Riad
- ARABIE SAOUDITE
- La Mecque
- MER ROUGE
- YÉMEN
- ARABIE DU SUD
- Mascate
- D'OMAN
- Karachi
- Ahmadabad
- Golfe du Bengale

Africa
- SAHARA
- MAURITANIE
- Nouakchott
- C. Blanc
- IS. DU CAP VERT (Port.)
- Dakar — SÉN.
- GAMBIE
- Bamako — MALI
- GUINÉE PORT.
- GUINÉE
- SIERRA LEONE
- LIBERIA
- CÔTE D'IVOIRE
- HAUTE-VOLTA
- Niamey — NIGER
- TCHAD
- Ft. Lamy
- NIGERIA
- Lagos
- Accra
- Abidjan
- GHANA
- TOGO
- DAHOMEY
- CAMEROUN
- RÉP. CENTRAFR.
- Khartoum
- SOUDAN
- ÉTHIOPIE
- Addis Abéba
- SOMALIE
- Socotra (Arabie du Sud)
- OUGANDA
- KENYA
- Nairobi
- Mogadiscio
- RIO MUNI
- GABON
- CONGO
- Léopoldville
- Brazzaville
- Loanda
- Cabinda (Ang.)
- ANGOLA
- Nova Lisboa
- Elisabethville
- TANGANYIKA
- TANZANIE
- Zanzibar
- Dar-es Salam
- Golfe de Guinée
- Équateur
- RHOD.
- ZAMBIE
- MALI.
- MOZAMBIQUE
- Canal de Mozambique
- SEYCHELLES (Br.)
- Is. Comores (Fr.)
- RÉP. MALGACHE
- Tananarive
- MADAGASCAR
- C. Ste-Marie
- I. Maurice (Br.)
- I. de la Réunion (Fr.)
- Is. Rodrigues (I. Maurice)
- SUD-OUEST AFRICAIN (Prov. du Cap.)
- Walvis Bay
- Windhoek
- BOTSWANA
- Salisbury
- Pretoria
- Johannesburg
- SWAZIL.
- Lourenço Marques
- Orange
- LESOTHO
- AFRIQUE DU SUD
- Durban
- Cape Town
- C. de Bonne Espérance
- Port Elizabeth
- Is. Tchagos

South America
- AMÉRIQUE DU SUD
- BRÉSIL
- Caracas — VENEZUELA
- Georgetown
- Paramaribo
- Cayenne
- GUY. FR.
- SUR.
- GUY. BR.
- Manaus
- Belém
- Fortaleza
- Natal
- C. de São Roque
- Recife
- Salvador
- Brasília
- Belo Horizonte
- São Paulo
- Santos
- Rio de Janeiro
- Porto Alegre
- Montevideo — URUGUAY
- Rio de la Plata
- Buenos Aires
- La Paz — BOLIVIE
- Sucre
- Asunción
- Tucumán
- Córdoba
- Rosario
- Bahia Blanca
- Rawson
- Sta. Cruz
- IS. FALKLAND (Br.)
- Stanley
- Terre de Feu
- Cap Horn
- Détroit de Drake
- ARGENTINE
- CHILI
- PÉROU
- ÉQUATEUR
- COLOMBIE

North America / Caribbean
- Labrador
- QUÉBEC
- Schefferville
- TERRE-NEUVE
- Dét. de Belle-Isle
- St-Pierre et Miquelon (Fr.)
- St-Johns
- C. Race
- St. Laurent
- Halifax
- Boston
- New York
- Philadelphie
- Washington
- C. Hatteras
- Norfolk
- Ottawa
- Is. Bermudes (Br.)
- Tropique du Cancer
- BAHAMA (Br.)
- RÉP. DOM.
- PUERTO RICO (E.U.)
- Guadeloupe (Fr.)
- Martinique (Fr.)
- ANT. NÉERLAND.
- DES CARAÏBES
- Baie d'Hudson

Atlantic / Islands
- IS. AÇORES (Port.)
- OCÉAN ATLANTIQUE
- I. Ascension (Ste. Hélène)
- I. Ste-Hélène (Br.)
- Tropique du Capricorne
- Tristan da Cunha (Br.)
- I. Gough (Br.)
- I. Bouvet (Nor.)
- IS. SANDWICH DU SUD (Br.)
- Géorgie du Sud (Br.)
- Is. Prince Edouard (S. Afr.)
- Is. Crozet (Fr.)
- I. Kerguélen (Fr.)
- I. Amsterdam (Fr.)
- I. St-Paul (Fr.)
- Is. McDonald (Austr.)
- I. Heard (Austr.)
- OCÉAN INDIEN
- Is. Shetland du Sud (Br.)
- Is. Orcades du Sud (Br.)
- PÉN. ANTARCTIQUE
- Cercle Polaire Antarctique
- C. Batterbee
- PÉN. DE RIISER-LARSEN
- Longitude Ouest de Greenwich | Longitude Est de Greenwich

FRANCE
ANCIENNES PROVINCES
ECHELLE EN MILLES
0 50 100 150
KILOMÈTRES
0 50 100 150
Capitale d'État
MER DU NORD
PAYS-BAS
Amsterdam
Le Haye
ANGLETERRE
Londres
BELGIQUE
Bruxelles
ALLEMAGNE
Meuse
Rhin
Moselle
La Manche
Calais
Lille
FLANDRE
ARTOIS
Arras
PICARDIE
Somme
Amiens
Mézières
Cherbourg
Le Havre
Rouen
NORMANDIE
Seine
Caen
ÎLE-DE-FRANCE
Soissons
Oise
Aisne
Reims
PARIS
CHAMPAGNE
Troyes
Yonne
Metz
LORRAINE
Nancy
ALSACE
Strasbou
St-Malo
Brest
BRETAGNE
Rennes
Laval
MAINE
Le Mans
Orléans
ORLÉANAIS
Vannes
ANJOU
Angers
Tours
Loire
Nantes
TOURAINE
Dijon
BOURGOGNE
FRANCHE-COMTÉ
Besançon
Berne
SUISSE
Lac Léman
Bourges
BERRY
NIVERNAIS
Nevers
Chalon-sur-Saône
Saône
POITOU
Poitiers
Vienne
Moulins
BOURBONNAIS
GOLFE DE GASCOGNE
La Rochelle
AUNIS
Guéret
MARCHE
Genève
SAVOIE
Saintes
SAINTONGE
ANGOUMOIS
Angoulême
Limoges
LIMOUSIN
Clermont-Ferrand
AUVERGNE
Lyon
LYONNAIS
Rhône
ITALIE
Gironde
Périgueux
Grenoble
DAUPHINÉ
Valence
Bordeaux
GUYENNE
Dordogne
Aurillac
Mende
LANGUEDOC
COMTAT VENAISSIN
Agen
Garonne
Tarn
Avignon
NICE
GASCOGNE
Adour
Auch
Toulouse
Montpellier
PROVENCE
Aix
Santander
Bayonne
Pau
BÉARN
Narbonne
Marseille
Toulon
Foix
FOIX
Golfe du Lion
Perpignan
ROUSSILLON
MER MÉDITERRANÉE
Èbre
Cinca
ESPAGNE
Saragosse
Serge
Barcelone
Madrid
Même échelle que carte principale
Bastia
CORSE
Ajaccio
MER MÉDITERRANÉE
4° 0° 4° 8° 52° 48° 44° 40° 9° 43° 42°
© C. S. HAMMOND & Co., Maplewood, N. J.
Longitude Ouest de Greenwich 0° Longitude Est de Greenwich